高等院校经济管理类系列教材

质量管理理论与实务

白宝光　苏红梅　主　编

清華大學出版社
北京

内 容 简 介

按照质量管理理论与知识模块的逻辑关系，本书共分十章，包括质量管理基本理论、ISO 9000 标准与质量管理体系认证、过程质量控制、质量检验与抽样检验理论、质量设计优化技术、质量成本管理、服务质量管理、顾客满意度测评、6σ管理、卓越绩效模式等内容。考虑到内容的完整性以及便于读者学习，本书每章除了附有习题外，还精心安排了具有针对性的案例，以弥补同类教材理论联系实际的不足。

本书既可以作为高等院校管理类专业本科生、研究生教材，也可以作为工科类专业本科生与研究生选修课教材，还可作为工商管理硕士的教材。

图书在版编目(CIP)数据

质量管理理论与实务/白宝光，苏红梅主编. —北京：清华大学出版社，2022.9
高等院校经济管理类系列教材
ISBN 978-7-302-60763-2

Ⅰ. ①质… Ⅱ. ①白… ②苏… Ⅲ. ①质量管理—高等学校—教材 Ⅳ. ①F273.2

中国版本图书馆 CIP 数据核字(2022)第 076098 号

责任编辑：孙晓红
封面设计：李　坤
责任校对：周剑云
责任印制：杨　艳
出版发行：清华大学出版社
　　网　　址：http://www.tup.com.cn, http://www.wqbook.com
　　地　　址：北京清华大学学研大厦 A 座　　　**邮　　编**：100084
　　社 总 机：010-83470000　　　**邮　　购**：010-62786544
　　投稿与读者服务：010-62776969, c-service@tup.tsinghua.edu.cn
　　质量反馈：010-62772015, zhiliang@tup.tsinghua.edu.cn
　　课件下载：http://www.tup.com.cn, 010-62791865
印 装 者：三河市天利华印刷装订有限公司
经　　销：全国新华书店
开　　本：185mm×260mm　　**印　张**：19.75　　**字　数**：480 千字
版　　次：2022 年 10 月第 1 版　　**印　次**：2022 年 10 月第 1 次印刷
定　　价：59.00 元

产品编号：094201-01

前　言

质量管理是管理科学中发展最迅速、实践最广泛的学科之一，它通过不断吸收自然科学和社会科学的最新研究成果，使其理论研究和实践应用取得了举世公认的丰硕成果。时至今日，质量管理涉及的内容已经十分丰富。比如，从将现代管理思想和数理统计等数学方法成功地用于质量控制，到以传统的质量控制为主向更注重质量改进的“稳健设计理论”，以及“6σ管理理论”的提出；从以狭义的产品质量、服务质量为控制对象，到更注重过程质量、工作质量为管理对象的ISO 9000标准、顾客满意度理论的提出；从纯技术的符合性质量观到追求顾客满意的适用性质量观、再到追求相关方满意的卓越绩效模式的提出等。这些理论的发展反映了质量管理的内涵与外延均发生了巨大的变化。为了体现这些变化以及当今社会对质量管理知识的新需求，我们组织该领域的专家、学者编写了这本质量管理理论与实务。

本书在编写过程中，在指导思想上力求继承质量管理学科的传统性。同时，为适应时代发展的要求，又力求体现以下特点。

(1) 先进性：本书紧密结合质量管理的发展动态，吸纳质量管理最新理论，使一些章节体现质量管理的学科前沿。

(2) 新颖性：本书所采用的抽样检验标准和ISO 9000标准均为国内外的现行有效版本，有关章节是按照ISO 9000标准的最新版加以阐述。

(3) 实践性：本书强调理论联系实际，每一章都精心安排了具有针对性的案例，通过这些案例来演示理论付诸实践的应用过程。这也是当下同类质量管理教材中少有的、能够体现本书特色之处。

(4) 逻辑性：本书的理论体系构架体现了质量管理知识模块的逻辑关系。

本书凝聚了作者多年从事质量管理教学、科研与实践的成果与经验，作者在广泛参阅了国内外质量管理最新理论与方法的基础上编著而成。

本书由白宝光与苏红梅共同担任主编，并提出编写总体思路和编写大纲。参加各章编写的人员有：白宝光教授/博士(第一章、第四章、第五章)、苏红梅副教授/博士(第二章、第九章)、赵云辉教授/博士和白宝光教授/博士(第三章、第六章)、温慧君副教授/博士(第七章)、张剑副教授/博士(第八章)、张哲副教授/博士和白宝光教授/博士(第十章)。最后由白宝光与苏红梅对全书进行通稿、定稿。

本书在编写过程中，参考了与质量管理相关的大量著作与教材，在案例编写时广泛参阅了中国知网的硕士与博士学位论文，引用了部分研究成果，在此，向原作者深表谢意。但是，难免挂一漏万，可能存在部分参考资料没能列入参考文献中，因此，我们向所有参考资料的作者再次表示感谢，不足之处敬请大家谅解。

质量管理的理论与实践发展很快，尽管我们尽了最大努力，希望能够为广大读者提供一本高质量的质量管理教材，但由于水平有限，在全书的内容组织，尤其是在案例的取材上难免有不足和疏漏之处，因此我们竭诚希望使用本书的教师和广大读者提出宝贵意见。

编　者

目　　录

第一章　质量管理基本理论

本章介绍了质量、质量管理及其相关联的一系列重要概念，描述了质量形成的规律，阐述了全面质量管理的基本理论，总结了国际质量专家提出的质量管理理论要点。

第一节　质量概念及其相关术语

一、质量的概念

(一)质量

《ISO 9000—2015 质量管理体系基础和术语》简称“国际标准 ISO 9000：2015”，对质量及其相关术语作了明确的定义。

质量(quality)是指“客体的一组固有特性满足要求的程度”。

注 1：术语“质量”可使用形容词来修饰，如差、好或优秀。

注 2：“固有的”(其反义是“赋予的”)意味着存在于客体中。

定义中的其他相关术语，国际标准 ISO 9000：2015 也作了明确的解释。

(1) 客体(object)：可感知或可想象到的任何事物。比如，产品、服务、过程、人员、组织、体系、资源等。

(2) 特性(characteristic)：指“可区分的特征”。可以从以下几方面加深理解。

① 特性可以是固有的或赋予的。固有特性是指某事物中本来就有的，尤其是永久的特性，如螺栓的直径、机器的功率，它们是产品在实现的过程中形成的属性。而赋予特性是人为的，如人为地赋予产品的价格。

② 不同产品的固有特性和赋予特性可能不相同。某些产品的赋予特性对另一种产品来说可能是固有特性。例如对硬件产品而言，交货期及运输方式都属于赋予特性，而对运输服务业来说就属于固有特性。

(3) 要求(requirement)：是指“明示的、通常隐含的或必须履行的需求或期望”。可以从以下几个方面加深理解。

① 明示的需求是规定要求，如标准、规范、图样、技术要求和其他文件中已作出规定的要求。

② “通常隐含”是指组织、顾客和其他相关方的惯例或一般做法，所考虑的需求或期望是不言而喻的。即通常隐含的需求是人们公认的，不必明确地要求。

显然，在合同情况下或法规规定的情况下，要求是明确规定的；在其他情况下，比如，非合同环境(市场环境)下应该对隐含要求加以分析、识别并加以确定。

③ 要求可由不同的相关方或组织自己提出。

综上所述，“质量”的概念是广义的，可以从以下几个方面加深理解。

(1) 质量不仅是指产品质量或服务质量，也可以是某项活动或过程的工作质量，还可以是质量管理体系的运行质量。

(2) 对质量的要求除了考虑满足顾客的需要之外，还应考虑组织自身利益、提供原材料和零部件等的供方的利益、社会的利益等多种需要。例如需考虑安全性、环境保护、节约能源等外部的强制性要求。

(3) 质量具有“动态性”和“相对性”。所谓“动态性”，是指质量内涵会随技术发展和要求变化而改变。所谓“相对性”，是指不同地区、不同文化背景和消费习惯会对质量形成不同的判断。

(二)质量概念的演变

随着科学技术的发展和市场需求的变化，质量的概念也在不断地拓展、深化和完善。它经历了符合性质量、适用性质量、顾客及相关方满意质量的发展过程。

1. 符合性质量

符合性质量就是要符合产品或服务的设计要求。因此，符合性质量的判断依据是“标准”，符合标准的产品或服务就是合格品。这种符合性质量观表述比较直观、具体，即产品质量状态只有两种情况：要么合格，要么不合格。它的不足之处在于只是从生产者的立场出发，静态地反映产品的质量水平，而忽略了最重要的另一方面——顾客的需求。此外，标准的水平有高低之分，有国际标准、国家标准、部颁标准等；有时还将产品分为优等品、一等品、合格品等。这样就难以用符合性质量的概念进行评价了。

2. 适用性质量

适用性是指产品在使用过程中满足顾客要求的程度。适用性质量最早由著名的质量管理专家朱兰博士提出。

随着市场竞争的加剧和人们生活水平的提高，人们发现很多产品即使符合了设计要求，达到了技术标准，却不一定能够被顾客接受。顾客更关心的是产品能否满足自己的需要。因此，适用性质量的判断依据是顾客要求。这一表述跳出了生产者的框框，把对质量的评判权交给了用户，对质量评价具有了动态的意识。这是质量概念认识上的一次飞跃。

由于顾客的要求包括生理的、心理的和伦理的等多方面，因此，适用性质量的内涵也在不断地拓展和丰富。

3. 顾客及相关方满意的质量

适用性质量观追求的是顾客满意。顾客及相关方满意的质量观，是在追求顾客满意的同时，还要追求所有者、员工、供应商与合作伙伴、社会等相关方的满意。以这种质量概念对质量评价的对象从产品与服务扩展到过程、体系等所有方面。因此，这种质量观的质量内涵有了极大的拓展。

二、其他相关术语

在上述概念中，出现了一些未加解释的术语。为了帮助读者理解这些概念，有必要对这些概念中的术语加以解释。

1. 产品

国际标准 ISO 9000：2015 对产品(product)的定义是："在组织和顾客之间未发生任何交易的情况下，组织产生的输出。"可以从以下几个方面加深理解。

(1) 产品是组织输出的一种形式。"产品"和"服务"的概念同属于组织的输出，"产品"与"服务"的区别在于组织是否与顾客发生了交易。未发生交易的情况下，组织输出是"产品"。若发生了交易，就包含了"服务"的因素，即产品交付后往往与"服务"同时存在，如安装、维修、保修等。

(2) ISO 9000：2015 标准中的"产品"主要是指有形的产品，包括硬件、软件和流程性材料，或是它们的任意组合。硬件是指具有特定形状的可分离的有形产品，如发动机机械零件、轮胎。软件是指由承载媒体上的信息组成的知识产品，它以方法、论文或程序的形式存在，计算机程序是软件的一个示例。流程性材料是指通过将原材料转化成某一预定状态所形成的有形产品，其状态可以是液体、气体、粒状、块状、线状或板状，通常以桶、袋、罐、瓶、管道或者卷筒的形式交付。

2. 服务

国际标准 ISO 9000：2015 对服务(service)的定义是："在组织和顾客之间完成至少一项活动的组织的输出。"可从以下几个方面加深理解。

(1) 服务是组织输出的一种形式，产品也是组织输出的一种形式，服务与产品的区别在于"是否与顾客接触"。服务至少有一项活动是在组织和顾客之间的接触面上完成的。服务的主要特征是无形，有些服务活动的过程和结果是同时发生和同步进行的。

(2) 服务的提供可能涉及以下情况：在顾客提供的有形产品(如维修的汽车)上完成的活动；在顾客提供的无形产品(如为准备纳税申报单所需的损益表)上完成的活动；无形产品的交付(如知识传授方面的信息提供)；为顾客创造氛围(如在宾馆和饭店)。

(3) 通常，服务过程伴随着顾客体验，也就是顾客在与组织接触或使用产品后的最直接的感受。这种贯穿于售前、售中和售后的顾客体验，无疑也关乎组织的绩效。组织应高度重视顾客体验的信息反馈。

3. 相关方

国际标准 ISO 9000：2015 对相关方(interested party)的定义是："能影响决策或活动，受决策或活动所影响，或感觉自身受到决策或活动影响的个人或组织。"可从以下几个方面加深理解。

(1) 相关方相对于某一特定的组织，指的是与该组织有利益或利害关系的群体，该群体中任一组织或个人的利益均与该组织的业绩有关。相关方可以是顾客、所有者、组织内的人员、供方、银行、监管者、工会、合作伙伴，还可以是竞争对手或相对立的社会群体。

(2) 识别利益相关方需求及其变化，可以应对组织的风险与机遇。

4. 供方

国际标准 ISO 9000：2015 对供方(provider)的定义是："提供产品或服务的组织。"可从以下几个方面加深理解。

(1) 供方可以是制造商、批发商、产品的零售商。

(2) 供方可以是组织内部的，也可以是外部的。

(3) 在合同情况下，供方可称为"承包方"。

5. 过程

国际标准 ISO 9000：2015 对过程(process)的定义是："利用输入产生预期结果的相互关联或相互作用的一组活动。"可从以下几个方面加深理解。

(1) 过程的"预期结果"称为输出，也可称为产品或服务，取决于所用的场合和语境。

(2) 每一项工作或活动都可以视为一个过程，比如，生产活动、设计活动、服务活动都是过程。一旦它们被视为过程，就可以将其分解为"输入""输出"和"活动"三项内容。输入是实现过程的基础、前提和条件，输出是完成过程的结果，活动是过程的核心。过程的输入和输出之间是增值转化的关系，过程的目的就是为了增值。

(3) 过程具有连续性，一个过程的输入通常是其他过程的输出，一个过程的输出通常可以作为其他过程的输入而相互关联，形成过程网络。

三、细化的质量概念

国际标准化组织(ISO)对质量的定义是宽泛和广义的，而在现实中我们遇到或研究的又多是具体和狭义的质量概念。因此，需要对质量概念进行细化。细化后的质量概念主要有产品质量、服务质量和工作质量。

(一)产品质量

1. 产品质量的概念

国际标准化组织(ISO)在给出质量的定义之前，几乎所有的文献都是从产品的角度来研究质量，即产品质量。关于产品质量的概念世界各国有着不同的理解，在遵从 ISO 标准来理解产品质量的概念之前，有两种具有代表性的产品质量概念。

(1) 朱兰(J.M.Juran)的定义。在 20 世纪 60 年代，美国著名的质量管理专家朱兰博士从用户对产品使用要求的角度，提出了"产品质量就是指产品的适用性"概念。他还认为适用性就是"产品在使用过程中能够满足用户需要的程度"。具体来说，就是用产品能否满足人们的需要以及满足的程度来衡量产品质量的好坏和高低。朱兰认为，产品质量的好坏最终要由用户来评价，他强调用户的主观感觉。由此可见，朱兰对产品质量的定义体现了收益导向原则。

朱兰的"适用性"定义实际上包括两个要素：一是使用过程；二是满足程度。而产品在使用过程中满足用户的程度是受许多因素影响的，具体影响因素如下。

① 使用时间。在过去人们认为适用性很好的东西，随着时间的推移、社会的发展，会变成落后的东西。现在质量先进的产品，将来不一定是先进的。

② 使用地点。在某一地区受欢迎的产品，因为受技术因素、人文因素、地理因素、气候因素等影响，在另一地区不一定受欢迎。

③ 使用对象。因为使用对象的年龄、性别、职业、经济条件、宗教信仰、文化修养等的不同，而对产品适用性都有不同的要求。

④ 社会环境。社会的发展，经济形势的变化，会使人们对适用性的要求随之发生改变。例如发生能源危机，使原来认为质量上乘的豪华大轿车无人问津，而节油的汽车却备受欢迎。

⑤ 市场竞争形势。原来认为适用性较好的产品，会由于竞争产品的出现，而使人们改变了对适用性的评价，对产品质量提出了新的要求。

也就是说，产品适用性会受到时间、地点、使用对象、社会环境、市场竞争等因素的影响。所以，朱兰“适用性”定义的意义在于：揭示了产品质量是一个动态的、变化的、相对的、发展的概念。另一层意义是：和单纯的符合标准要求的符合性质量观相比较，朱兰提出的观点更多的是站在用户的立场上反映用户对质量的感觉、期望和利益的，它恰当地揭示了质量最终体现在使用过程中产生的价值观。朱兰的这种思想作为一种质量理念，成为用户型质量观的一种代表性理论。

(2) 田口玄一(Genichi Taguchi)的定义。在 20 世纪 70 年代初，日本著名的质量管理专家田口玄一从产品在使用过程中给人们造成损失的角度，提出“产品质量是指产品出厂后，直到使用寿命完结为止，给社会带来的损失程度”的定义。 定义中的“损失”包括“有形损失”和“无形损失”。有形损失是指使用者在购买产品后，为了发挥或维持产品的功能，除购置费之外，还要支付维持保养、事故处理等费用。无形损失是指第三者，即非物品购买者或使用者所蒙受的损失，虽然他们并没有得到物品发挥功能时所带来的效益，但他们蒙受了劣质物品所带来的损失，比如噪声、废气、污染以及各种质量事故等。

根据田口玄一的定义，所谓质量好的产品，应该是产品出厂后，带给使用者损失与带给第三者损失之和为最小的产品。田口玄一这种质量概念的意义在于为质量的定量化带来了方便。相对于朱兰的定义，田口玄一对产品质量的定义体现了成本导向原则。

2. 产品的质量特性

国际标准 ISO 9000：2015 对质量特性的定义是：“与要求有关的，客体的固有特性。”

任何产品都是为了满足用户的特定需要而生产制造的，所以产品质量体现了产品的使用价值。就质量特性而言，不同的产品具有不同的质量特性，所以它们的用途各不相同，分别满足人们的不同需要。而同一种产品虽然具有相同的质量特性，但由于质量特性的水平和等级不同，所以满足人们需要的程度也不同。因此，产品质量特性是帮助识别与区分产品质量的可描述与可度量的一种属性。尽管具体产品的质量特性或多或少存在着差异，但从性质上可归纳为以下五个方面。

(1) 性能，反映了顾客和社会的需要对产品所规定的功能。

(2) 可信性，反映了产品在规定的时间内，在规定的条件下，完成规定任务(功能)的能力。

(3) 安全性，反映了把伤害或损害的风险限制在可接受的水平上。

(4) 适应性，反映了产品适应外界环境变化的能力。

(5) 经济性，反映了产品合理的寿命周期费用，指产品质量应该是使用价值与价格统一的适宜质量。

在产品质量特性中，有的可以直接衡量，如钢材的强度、硬度，机器的功率、能耗等，通过测定这些特性就可以判断产品质量的优劣，我们称这种能直接测定的质量特性为真正质量特性。但是，在很多情况下，产品质量特性是无法直接测定出来的，比如汽车轮胎的使用寿命、设备的灵敏度等，这时就需要找出一些能够反映这些真正质量特性的代用质量特性来代替。以轮胎为例，真正质量特性是寿命，但测不出来，只好用耐磨度、抗压强度、抗拉强度等代用质量特性来反映真正的质量特性。

(二)工作质量

1. 工作质量的概念

工作质量是指与同产品或服务质量有关的工作对产品或服务质量的保证程度。工作质量涉及企业各个层次、各个部门、各个岗位工作的有效性。因此，工作质量取决于企业员工的素质，包括员工的质量意识、责任心、业务水平等。企业决策层的工作质量起主导作用，管理层和执行层的工作质量起保证和落实作用。

产品质量与工作质量是既不相同而又有密切联系的两个概念。产品质量取决于工作质量，它是企业各部门质量的综合反映。工作质量是产品质量的保证，产品质量问题绝不是靠抓产品质量本身就能解决的，更重要的是抓工作质量。因此，企业应该把相当一部分精力放在抓工作质量上，通过提高工作质量来保证和提高产品质量。

2. 工作质量的特点与度量

工作质量的好坏是比较难以度量的，工作质量的好坏一般是通过产品质量和服务质量来反映的。比如通过产品质量的高低、不合格品率的多少来间接反映和度量。在质量指标中，当全数检查时，有一部分质量指标就属于工作质量指标，例如不合格品率、废品率等；另一部分指标属于产品质量指标，如性能、可靠性指标等。在抽样验收的情况下，一批产品的不合格品率是判断这批产品是否被接收或拒收的依据。这时，不合格品率既反映工作质量又反映产品质量，即反映了被验收的这批产品的总的质量状况。

区分产品质量和工作质量这两个概念的意义，就在于能促使人们注意不断地改进工作，从而提高企业管理水平，提高产品质量水平，增强企业素质。

第二节 产品质量形成过程

一、朱兰螺旋曲线

在质量管理领域中，人们在研究了产品质量之后认为，产品质量有一个产生、形成和实现的过程。这个过程是从市场的调查研究开始，经过产品的设计、制造、销售，直到为用户服务为止。美国质量管理专家朱兰率先采用一条螺旋式上升的曲线来表达这一过程，被称为“朱兰螺旋曲线”，如图 1-1 所示。这一曲线反映了产品质量产生、形成和发展的客观规律(为简便起见，也可简称为产品质量形成规律)，对质量管理具有重要的指导作用。

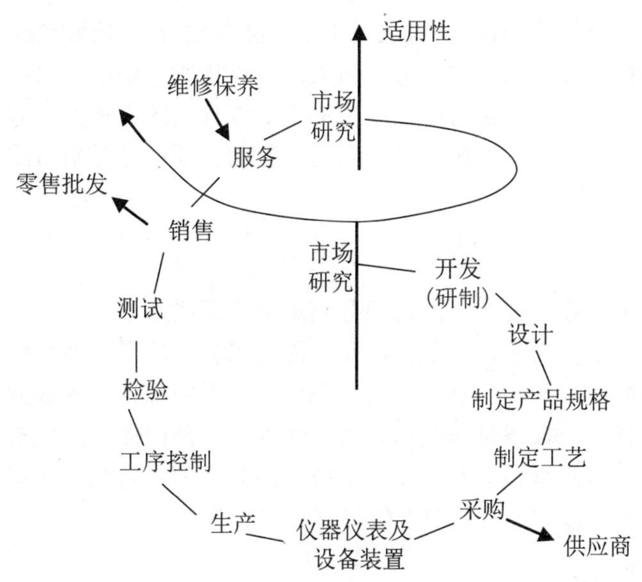

图 1-1　朱兰螺旋曲线

从朱兰螺旋曲线可以看到：

(1) 产品质量形成的全过程包括：市场研究、开发(研制)、设计、制定产品规格、制定工艺、采购、仪器仪表及设备装置、生产、工序控制、检验、测试、销售、服务，共十三个环节。它们共处于一个系统之中，相互依存、相互联系、相互促进。

(2) 产品质量形成的过程是一个不断上升、不断提高的过程。这种规律借助了螺旋循环上升曲线加以表达，“循环”在推动着事物的发展，每一次循环到达“服务”环节之后，又以更高的水平进入下一次循环的起点——市场研究。可见，人类追求质量的活动是不会中止的，为了满足人们不断发展的需要，产品质量要不断改进、不断提高。

(3) 要完成产品质量形成的全过程，就必须将上述各个环节的质量管理活动落实到各个部门以及有关的人员。要对产品质量进行全过程的管理。

(4) 在螺旋曲线中有三个箭头分别指向供应商、零售批发商以及用户(图 1-1 中的维修保养)，这表明，要完成产品质量的形成过程，还涉及企业外的单位、部门和个人。所以，质量管理也是一个社会系统工程，需要充分考虑外部因素的影响。

(5) 产品质量形成全过程的每一个环节都需要依靠人员的参与才能完成，人的质量以及对人的管理是过程质量和工作质量的基本保证。所以，人是产品质量形成全过程中最重要、最具能动性的因素。现代质量管理十分强调以人为本的管理，其理论根据即在于此。

朱兰质量螺旋曲线形象而深刻地揭示了产品质量形成的客观规律。它在 ISO 9000 族标准中得到了充分体现，构成了 ISO 9001 质量管理体系的理论基础。

二、质量职能和质量职责

1. 质量职能

质量职能(puality function)是指在质量形成的全过程中，为实现质量目标，企业各部门应发挥的作用及承担的职责。比如，从图 1-1 中可以看出，为了实现产品的适用性，企业各部门要发挥十三项质量职能(这是朱兰对质量职能的划分)。按照企业中各个部门所承担的不同工作，可以把企业内部的机构分为两类：一类是质量职能的执行机构，另一类是质量职能的综合管理机构。前者是与产品质量形成过程有关的，承担一项或几项质量职能的部门；后者是不承担任何一项质量职能的部门，它的主要任务是负责质量职能机构之间的协调、检查、督促等工作。

2. 质量职责

质量职能应该由企业的各个职能部门分别承担，但质量职能不等于部门质量职责，它们之间有联系也有区别。质量职责是由质量职能而来的，质量职能分配、落实到相应的部门，就成为该部门的质量职责，将这些质量职责写成书面文件，就成为该部门的质量责任制度。需要说明的是，一项质量职能可以展开成为几个部门的质量职责，由几个部门共同承担，也可能由一个部门承担着几项质量职能。因此，可以认为，质量职能是制定质量职责的依据，而质量职责是发挥质量职能的基础和有效手段。

第三节　质量管理及其发展过程

一、质量管理

(一)质量管理的定义

国际标准 ISO 9000：2015 对质量管理(quality management)的定义是：“关于质量的管理。”

注：质量管理包括制定质量方针和质量目标，以及通过质量策划、质量保证、质量控制和质量改进实现这些质量目标的过程。

上述定义可以从以下几个方面来理解。

(1) 质量管理就是在质量方面指挥和控制组织的协调的活动，是实现质量目标的过程。

(2) 质量管理的内涵在定义的注释中予以说明。注释中指出了质量管理的任务和职责是：正确制定质量方针与质量目标，并为实现质量目标进行质量策划，实施质量控制、质量保证和质量改进等活动。

(3) 企业为了实施质量管理，需要建立质量管理体系。质量管理体系是企业实施质量管理活动的载体。

(二)与质量管理有关的重要概念

1. 质量方针(quality policy)

国际标准 ISO 9000：2015 对质量方针的定义是：“关于质量的方针。”

注 1：通常，质量方针与组织的总方针相一致，可以与组织的愿景和使命相一致，并为制定质量目标提供框架。

注 2：国际标准 ISO 9000：2015 中提出的质量管理原则可作为制定质量方针的基础。

理解要点：

(1) 质量方针是由最高管理者正式发布的关于质量方面的宗旨和方向，是组织总的发展方向的一部分，应与组织确定的愿景和使命协调一致。

(2) 质量方针作为方向性的引导，可引导组织向更高的目标前进。因此，必须明确可识别，可供组织制定质量目标参考和理解。只有明确的质量方针，才有可行的质量目标支撑质量方针的实现。

(3) 质量方针是组织全体员工开展各项质量活动的准则。这个准则一般是通过对满足顾客的需要和期望，以及开展持续改进所作出的承诺来体现的。需要强调的是，这种承诺不能以几句空洞的标语口号予以表达，它必须切合本组织的实际情况且具有实质性的内容。

2. 质量目标(quality objective)

国际标准 ISO 9000：2015 对质量目标的定义是："关于质量的目标。"

注 1：质量目标通常依据组织的质量方针而制定。

注 2：通常，根据组织的相关职能、层级和过程分别制定质量目标。

理解要点：

(1) 质量目标是依据质量方针而制定的质量方面的指标。因此，质量目标应是可以测量的，以便在检查和评价是否达到目标时作出判断。

(2) 根据质量方针制定的质量目标一般是组织整体层面的总目标，需要将总质量目标展开并分解到组织各个相关职能、层级和过程当中，建立各部门的质量目标。各层级质量目标的实现是总质量目标实现的基础。

3. 质量策划(quality planning)

国际标准 ISO 9000：2015 对质量策划的定义是：质量策划是质量管理的一部分，致力于制定质量目标并规定必要的运行过程和相关资源以实现质量目标。

注：编制质量计划可以是质量策划的一部分。

理解要点：

(1) 定义明确提出了质量策划的主要内容：一是制定质量目标；二是为实现质量目标应采取哪些必要的作业过程，以及提供哪些人力、设备等必要的资源条件。

(2) 质量策划的输出可以规定配置某种资源、提出某项工作，或者明确某件工作的方法，其形式可以多种多样，可以是便于组织理解和执行的任何形式，如可以是方案、程序、指令或图纸等。当针对规定的项目来编制如何实施的文件时，就称其为质量计划。质量计划是质量策划活动的结果之一。质量计划可以是质量策划活动的一种输出——产生一种书面文件。

4. 质量保证(quality assurance)

国际标准 ISO 9000：2015 对质量保证的定义是：质量保证是质量管理的一部分，致力于提供质量要求会得到满足的信任。

理解要点：

(1) 质量保证是指组织针对顾客和其他相关方的要求，对自身在产品质量形成全过程中某些环节的质量控制活动提供必要证据，以取得信任。

(2) 质量保证可分为外部质量保证和内部质量保证两种类型。前者是向组织外部提供诸如第三方认证的证明，以取得顾客对本组织产品的信任；后者是为了使组织的管理者确信组织内各职能部门和人员对质量控制的有效性。

5. 质量控制(quality Control)

国际标准 ISO 9000：2015 对质量控制的定义是：质量控制是质量管理的一部分，致力于满足质量要求。

理解要点：

(1) 质量控制的工作内容包括专业技术和管理技术两个方面，其实质是指为满足质量要求而对产品质量形成全过程中上述两方面的诸因素进行控制，消除可能引起不合格产品的因素。

(2) 质量控制的具体方式方法既取决于组织的产品的性质，也取决于对产品质量要求的更新和改变。

6. 质量改进(quality improvement)

国际标准 ISO 9000：2015 对质量改进的定义是：质量改进是质量管理的一部分，致力于增强满足质量要求的能力。

注：质量要求可以是有关任何方面的，如有效性、效率或可追溯性。

理解要点：

(1) 质量改进的目的是提高组织的有效性和效率。

(2) 质量改进是通过产品实现和质量管理体系中运行的各个过程的改进来实现的，它涉及组织的各个方面，在生产经营全过程中各个阶段、环节、职能、层次都可能需要改进。

二、质量管理的发展过程

质量管理的发展，同科学技术、生产力水平以及管理科学化和现代化的发展密不可分。从工业发达国家解决产品质量问题的方法与手段来看，质量管理的发展大体经历了以下三个阶段，如图 1-2 所示。

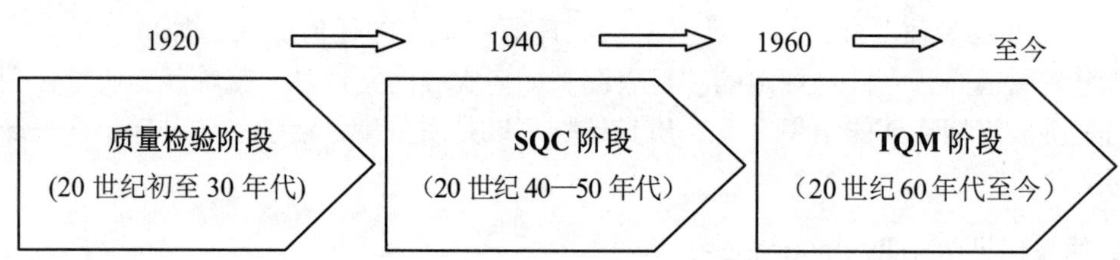

图 1-2　质量管理发展的三个阶段

(一)质量检验阶段

20 世纪初，美国工程师泰勒(F.W.Taylor)根据 18 世纪末工业革命以来大工业生产的管理经验与实践，提出了“科学管理”理论，创立了“泰勒制度”。泰勒的主张之一就是计划与执行必须分开，因而需要有“专职检验”这一环节，以判明执行情况是否偏离计划，是否符合标准。与此同时，随着资本主义大公司的发展、生产规模的扩大，人们对零件的互换性、标准化的要求也越来越高。因此，大多数企业都设置了专职检验人员和部门，并直属经理(或厂长)领导，负责全厂各生产部门产品(零部件)质量的检验工作和管理工作。那时，人们对质量管理的理解还只限于质量的检验，即依靠检验手段挑出不合格品，并对不合格品只进行统计而已，管理的作用非常薄弱。这种“检验的质量管理”有下列缺点：一是解决质量问题缺乏系统的观念；二是只注重结果，缺乏预防，一旦发现废品，一般很难进行补救；三是它要求对成品进行100%的检验，这在大批量生产的情况下是不经济的，在一定条件下也是不允许的。直至20世纪40年代初期，国外绝大多数企业仍处于“检验的质量管理”阶段。我国改革开放前绝大多数工业企业的质量管理也都处于这个发展阶段。

(二)统计质量控制(SQC)阶段

1924年，美国贝尔研究所的休哈特(W.A.Shewhart)运用数理统计的原理提出了经济控制生产过程中产品质量的“6σ”法，即后来发展完善的“质量控制图”和“预防缺陷”理论。其目的是预防生产过程中不合格品的产生。1931年，休哈特出版了《工业产品质量的经济控制》专著。1929年，贝尔研究所的道奇(H.F.Dodge)和罗米格(H.G.Romig)发表了“挑选型抽样检查法”论文，目的是解决在破坏性检验情况下如何保证产品质量，并使检验费用减少的问题。他们是最早把数理统计方法引入到质量管理领域的三位学者。但是，由于在20世纪30年代世界资本主义经济危机频频发生，这些科学的方法未能在质量管理中发挥其应有的作用。据统计，直到1937年，在质量管理中应用控制图和抽样验收的美国大公司尚不足10家。

第二次世界大战初期，美国生产民用品的许多公司转向生产各种军需品。当时面临的一个严重问题是：由于事先无法控制不合格品而不能满足交货期的要求。美国国防部为了解决这一难题，特邀请休哈特、道奇、罗米格、华尔特(A.Wald)等专家以及美国材料与试验协会、美国标准协会、美国机械工程师协会等有关人员研究，并于1941—1942年先后制定和公布了《美国战时质量管理标准》，即Z1.1《质量管理指南》、Z1.2《数据分析用的控制图法》和Z1.3《质量管理用的控制图法》，并在全国各地举办七天一期的讲习班，宣讲这些标准，强制要求生产军需品的各公司、企业实行统计质量控制。实践证明，统计质量控制方法是在制造过程中保证产品质量、预防不合格品的一种有效方法。此外，由于军需品大多属于破坏性检验，不允许事后全检，这就使得具有数理统计意义的抽样检验理论和方法开始盛行。

由于统计质量控制方法给公司带来巨额利润，所以“二战”后转入民用品生产的企业，在生产过程中仍然乐意运用这一方法，而且，其他公司看到有利可图，也纷纷采用，于是统计质量控制方法风靡一时。20世纪50年代初期，统计质量控制达到高峰。据报道，在联合国教科文组织的赞助下，通过国际统计学会等一些国际性组织的努力，“二战”后很多国家积极开展统计质量控制活动，并取得了成效。

由于这一阶段利用了数理统计原理来预防废品发生，因此质量职能在方式上由专职检验人员转移给了专业的质量控制工程技术人员。这标志着将事后检验的观念改变为预防质量事故发生的预防观念。但是，这一阶段由于过分强调了质量控制的数理统计方法，又不注意数理统计方法的通俗化和普及化工作，使得人们误认为“质量管理就是数理统计方法”“数理统计方法理论深奥”“质量管理工作是数学家的事情”，因而对质量管理产生了一种高不可攀的感觉，影响了管理作用的发挥和数理统计方法在质量管理中的普及和运用。

20 世纪 50 年代末和 60 年代初，我国第一机械工业部和中国科学院“质量控制”研究小组共同举办了第一个统计质量控制学习班，并在部分机械工业企业里进行统计质量控制的试点工作，取得了一定的效果。但是由于宣传普及工作做得不够，未能引起各级领导的重视。

(三)全面质量管理(TQM)阶段

20 世纪 50 年代以来，随着社会生产力的迅速发展，科学技术以及社会经济与文化的不断进步，质量管理领域出现了许多新情况。

(1) 人们对产品质量要求更高了。过去，对产品的要求一般只注重其性能；现在又增加了耐用性、可靠性、安全性、经济性等要求。

(2) 在生产技术和企业管理中广泛应用系统分析的概念，把质量管理看成是处于较大系统中的一个子系统。

(3) 管理理论又有了新发展，其中突出的一点是所谓“重视人的因素”“参与管理”，强调依靠职工搞好管理。

(4) “保护消费者利益”运动的兴起。20 世纪 60 年代初，广大消费者以及中小企业主在大公司垄断控制市场的情况下，为了保护自己的利益，纷纷组织起来同垄断组织抗争。

(5) 随着市场竞争，尤其是国际市场竞争的加剧，各国企业都很重视“产品责任”和质量保证问题。

由于上述情况的出现，显然仅仅依赖质量检验和运用数理统计方法是很难保证与提高产品质量的。同时，把质量职能完全交给专业的质量控制工程技术人员承担也是不妥的。因此，自 20 世纪 50 年代起，许多企业开始有了全面质量管理的实践。

最早提出全面质量管理概念的是美国通用电气公司的质量总经理费根堡姆(A.V. Feigenbaum)。1961 年，他出版了《全面质量管理》一书。该书强调质量职能应由公司全体人员来承担，解决质量问题不能仅限于产品制造过程，质量管理应贯穿于产品质量产生、形成和实现的全过程；且解决质量问题的方法是多种多样的，不能仅限于检验和数理统计方法。他指出：“全面质量管理是为了能够在最经济的水平上以及在考虑到充分满足用户要求的条件下进行市场研究、设计、生产和服务，把企业各部门的研制质量、维持质量和提高质量的活动构成一个有效的体系。”

全面质量管理理论和方法的提出，深深地影响着世界各国质量管理的深入发展。第二次世界大战后，日本从美国引进了科学的质量管理理论和方法，20 世纪 60 年代又学习了美国的全面质量管理，并结合自己的国情，实行了全公司质量管理。日本人的一些做法和在产品质量方面取得的成就，引起了世界各国的注意。20 世纪 60 年代以来，全面质量管理的概念已逐步被世界各国所接受。20 世纪 80 年代以后，科学技术水平又有了新发展，人们认识到了仅用“全面质量管理”来概括质量管理学的内容是远远不够的，于是又出现了各种概念，例如美国的“质量管理”，欧洲一些国家提出的“全面质量保证”等。

除港澳台地区外，我国工业企业自 1978 年开始推行全面质量管理活动，经过十几年的实践，已经取得了初步效果，涌现出一批好的典型，得到了原国家经委和中国质量管理协会的表彰。但是要形成具有中国特色的质量管理，还有待于进一步总结，并借鉴和学习国外的质量管理的先进经验。

关于质量管理理论的演变和发展，如图 1-3 所示。

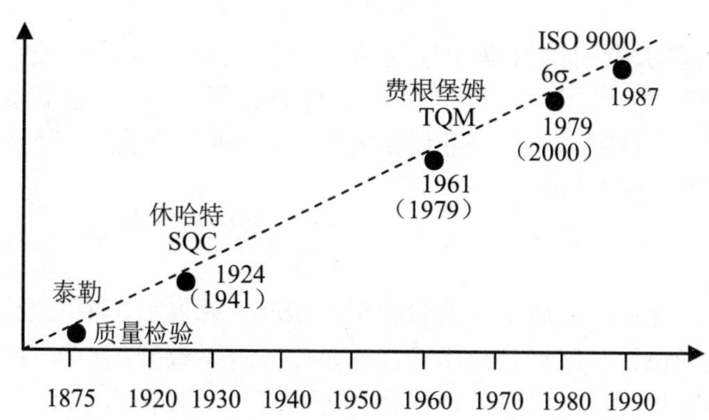

图 1-3　质量管理理论的演变和发展

注：图中（　）内的年份表示开始大幅度推广的时间

第四节　全面质量管理概述

全面质量管理的英文是 Total Quality Control，缩写为 TQC，源于美国，后来一些工业发达国家开始开展全面质量管理活动，并在实践中各有所长，于是就有了各种各样的叫法。比如，日本称为全公司质量管理(Company-Wide Quality Control，CWQC)，欧洲有些国家称为全面质量(Total Quality，TQ)，现在国际上把它统称为 TQM(Total Quality Management)。

1994 年，国际标准化组织把全面质量管理定义为："一个组织以质量为中心，以全员参与为基础，目的在于通过让顾客满意和本组织所有成员受益而达到长期成功的管理途径。"

一、全面质量管理的基本指导思想

全面质量管理是人们有目的的活动，要使这种活动能够顺利、有效地进行，管理者就必须在"质量第一"的方针指导下，树立正确的指导思想，以此来指导人们的行动。全面质量管理的基本指导思想包括以下几方面。

1. 用户至上

"用户至上"就是要树立以用户为中心、为用户服务的思想。企业的产品是为用户生产的，产品只有受到用户的欢迎才能销售出去，占领市场，产生经济效益。要使产品受到欢迎，必须在质量上使用户满意，并做好售后服务工作。因此，企业必须牢固确立用户至上的思想，并以此来指导企业的全面质量管理工作。

需要强调的是，全面质量管理所指的"用户"是广义的，它有两方面的含义：一是企业内部生产过程中的用户，即下一道工序是上一道工序的用户，上一道工序要为下一道工序服务；二是企业产品的使用者。

2. 预防为主

这个指导思想要求企业的管理工作重点应从传统的“事后把关”转移到“事前预防”，把从控制产品质量这个“结果”变为管理产品质量的影响“因素”，做到防检结合、以防为主，把不合格品消灭在产品质量的形成过程中。真正体现好的产品是设计、制造出来的，而不是检验出来的。

3. 用数据说话

要想正确地反映企业产品质量和质量管理的状况，并揭示其中的规律，必须以客观事实为依据，用数据来说话。数据是科学管理的基础，有了数据，不仅可以反映质量的规律性，说明管理的实际状况，而且在处理问题时还能有一个客观的标准，避免人的主观随意性。因此，“用数据说话”的指导思想，就是使质量管理工作从主观、定性的管理上升为科学、定量的管理。

需要强调的是，用数据说话，必须掌握一定的数据分析方法，学会对数据的收集、整理和分析，学会正确地、灵活地运用数据。

4. 不断改进

这是指企业职工要具有高度的质量意识，善于发现各类质量问题，并对它进行不断改善和提高的思想，其实质是促使企业不断提高管理水平、改善产品质量、生产出满足用户需要的产品。

不断改进的思想，包含了质量意识、问题意识和改进意识三个方面的内容。质量意识是前提，问题意识是先导，改进意识是结果，这三者相辅相成，促进质量工作奋发向上。

5. 重视人的因素

与质量检验阶段和统计质量控制阶段相比较，全面质量管理非常强调调动人的积极性。这是因为现代化生产大多呈现出大规模系统，环节众多，联系密切复杂的状况，要想提高产品质量，远非单纯靠质量检验或统计方法就能奏效。必须调动人的积极因素，发挥人的主观能动性。此外，从质量形成过程来看，在每一个环节中人的因素都起着决定性的作用。无论是质量决策的正确与否，还是各项质量职能的落实；无论是质量计划的制订、质量控制的实施，还是质量改进的推行，离开人的积极性和能动性，就很难有满意的结果。人的工作质量是一切过程质量的保证。要想持久、有效地开展全面质量管理，必须高度重视人的因素。

二、全面质量管理的基本要求

全面质量管理的基本要求是“三全、一多样”。

1. 全员的质量管理

产品质量的优劣，取决于企业里上至经理下至工人的全体人员对产品质量的认识和与此有密切关系的工作质量的好坏。提高产品质量需要依靠全体人员的共同努力，以自己优异的工作质量来确保产品质量的产生、形成和实现。因此，全员的质量管理中的“全员”，首先是指必须提高企业全体成员的素质，对他们进行质量管理教育，强化质量管理意识，使每个员工都树立“质量第一”的思想，保证和提高产品质量；其次还应广泛发动工人参加质量管理活动，这是生产优质产品的群众基础和有力保证。

实行全员参加的质量管理，企业要广泛开展以提高质量，讲求以经济效益为中心的各种群众活动，要建立群众性的质量管理小组。质量管理小组简称 QC 小组，是组织工人参加质量管理、开展群众性质量管理活动的基本组织形式。

2. 全过程的质量管理

“朱兰螺旋曲线”反映，产品质量有一个产生、形成和实现过程的规律。所谓全过程的质量管理，就是根据这一规律，把产品质量形成全过程的各个环节和有关因素控制起来，让不合格品消灭在质量的形成过程中，做到防检结合，以防为主。

实行全过程的质量管理，要体现以防为主的管理理念。一方面要把管理工作和工作重点从管事后的产品质量转到控制事前的生产过程质量上来，在设计和制造过程的管理上下功夫，在生产过程的一切环节上加强质量管理，保证生产的过程质量良好，消除产生不合格的种种隐患，做到防患于未然。另一方面，要以顾客为中心，逐步建立一个包括从市场调查、设计、制造到销售、使用的全过程的，能够稳定地生产合格产品的质量管理体系。

3. 全企业的质量管理

全企业的质量管理可以从以下两个方面来理解。

(1) 从组织层级的角度，可以把企业管理分为上层、中层和基层管理，“全企业的质量管理”就是要求企业各个管理层次都有明确的质量管理活动内容。当然，各层次活动的侧重点不同：上层管理侧重质量决策，制定企业的质量方针、质量目标、质量政策和质量计划，并统一组织、协调企业各部门、各环节、各类人员的质量管理活动；中层管理侧重贯彻落实上层管理的质量决策，更好地执行各自的质量职能，并对基层质量工作进行具体的管理；基层管理要求每个职工要严格地按标准、按规程进行生产，并开展质量管理小组活动。

(2) 从质量职能角度看，各部门应充分发挥所承担的质量职能。企业的质量职能分散在相关部门，虽然各部门的质量职责和作用不同，但是，深入开展质量管理活动的要求是一样的。同时，为了有效地进行全面质量管理，就必须加强各部门之间的组织协调，必须建立质量管理体系，使企业研制、生产和改进的质量管理活动能够有效实施。

4. 多方法的质量管理

随着现代科学技术的发展，顾客对产品质量的要求越来越高，影响产品质量的因素也越来越复杂。这里既有物的因素，又有人的因素；既有技术的因素，又有管理的因素；既有企业内部的因素，又有企业外部的因素。要把这些诸多因素系统地控制起来，全面管理好，就必须根据不同情况，区别不同影响因素，广泛、灵活地运用多种多样的先进的科学技术方法和现代化的管理方法来解决质量问题。这些方法有：计划—执行—检查—处理(PDCA)的工作程序、数理统计方法、价值分析法、系统分析法、优选法以及现代化的检测手段和电子计算机等。其中，应特别注意运用统计方法。

三、全面质量管理的基础工作

开展全面质量管理必须做好一系列基础工作。基础不好，质量管理的有效性就难以发挥。全面质量管理的基础工作主要包括以下内容。

(一)质量教育工作

有效开展全面质量管理必须“始于教育，终于教育”。原因是：首先，现代的质量管理有丰富的科学内涵，它有别于传统的管理。要使这些新知识被企业的领导者和职工所掌握，就必须进行教育。掌握了新知识，才能引发新的质量行为。其次，质量教育可以提高人们对质量重要性的认识，能够增强质量意识，这将有利于提高职工搞好质量工作的自觉性。再次，质量教育可以提高干部和职工的素质，提高工人的技术水平和操作技能，为搞好质量工作提供必要的条件。

一般来说，质量教育的内容包括三个方面。

1. 质量意识教育

质量意识是人的意识在质量这一特定领域中的反映。它是人们对质量的认识程度和重视程度。质量意识的形成和增强需要一个过程，可概括为五个阶段：①模糊阶段；②启蒙阶段；③明白阶段；④行为阶段；⑤自觉阶段。

2. 质量管理知识教育

这是质量教育的主要内容。它包括质量管理的基本理论和质量管理所采用的基本方法。在具体实施时，还应根据不同对象分层施教，在内容和方法上有所区别。

3. 专业技术和技能教育

专业技术教育的内容随着行业的不同而有所区别，对于企业的工程技术人员来说，主要是学习本行业的新知识、新技术，更新自己的知识；对于工人来说，主要是加强基础技术训练和操作的基本功训练，提高操作水平。

(二)标准化工作

1. 标准与标准化的概念

国家标准 GB/T 20000.l—2002《标准化工作指南 第 1 部分：标准化和相关活动的通用词汇》对标准的定义：“为了在一定范围内获得最佳秩序，经协商一致制定并由公认机构批准，共同使用的和重复使用的一种规范性文件。”

国家标准 GB/T 20000.l—2002 对标准化的定义：“为了在一定范围内获得最佳秩序，对实现问题或潜在问题制定共同使用和重复使用的条款的活动。”

2. 标准化工作的内容

企业标准化工作的主要内容是制定其“基础标准”并实施。“基础标准”由三部分组成，即技术标准、管理标准、工作标准。这三者构成基础标准体系，如图 1-4 所示。该图反映，企业最终推向市场的是产品，而直接影响产品质量的是“技术标准”，贯彻“技术标准”要靠“管理标准”，实施“管理标准”又得靠“工作标准”中的“岗位办事细则”。另一方面，实现“技术标准”还要靠“工作标准”中的“操作规程”。

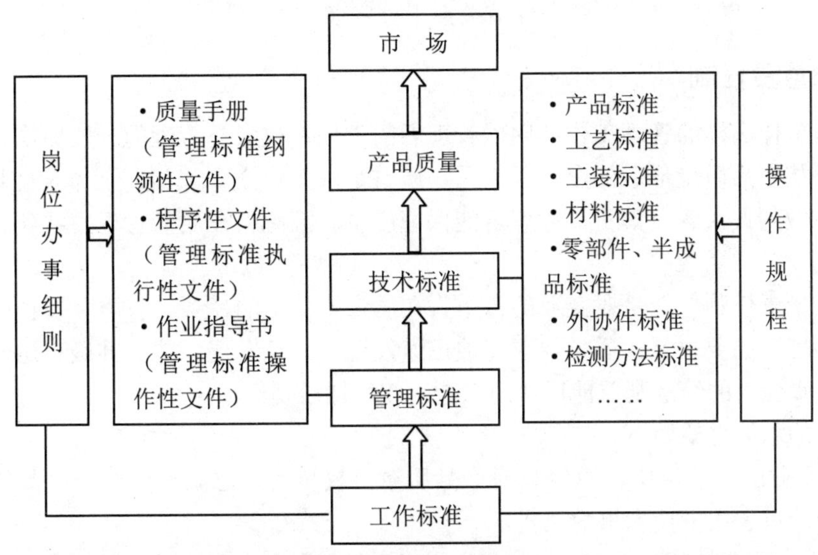

图 1-4 “基础标准”关系

“技术标准”一般由国家制定(如国家标准、部颁标准)和国家权威机构(ISO)制定(国际标准)。企业的任务是将其有选择地加以引进，纳入本企业标准，选择的原则是就高不就低。

“管理标准”与“工作标准”一般由企业自行制定。但是，在质量管理领域，国际标准化组织颁布了规范化的管理体系标准即 ISO 9000 族标准。

(三)计量工作

产品质量和各项技术指标是否符合标准，需要通过检测技术进行判断，这项工作就是“计量工作”。虽然产品是通过机器设备生产出来的，但是，如果没有“仪器”的检测，就无法判断生产过程是否稳定、产品是否合格。一些出口产品，往往被拒之门外，就是因为我们的检测技术落后，一些超标的指标检测不出来，反倒被国外的检测机构检测出来，可见计量工作的重要性。

显然，从原辅材料进厂的验收、制造过程的质量监控到成品的质量终检，都要进行大量的计量检测，其检测结果就是信息。这项由计量工作提供的信息，使得“用数据说话”这一 TQM 基本指导思想能够落地，同时，也证明了这一基本指导思想的正确性。

为了使计量管理工作与国际接轨，我国企业应采用国际标准，即 ISO 10012：2003《测量管理体系　测量过程和测量设备的要求》。该标准对企业的测量设备提出了质量保证要求，确保其以预定的准确度和稳定性进行测量。

(四)质量信息工作

质量信息是指反映产品在“产”“供”“销”各环节的质量情况，以数据为主并辅以简要的文字、图形的原始资料。它是质量决策的依据。因此，对其要求是：准确无误、迅速及时、全面系统。其具体的操作是：全面收集、整理分类、分析汇总、传递立档。

质量信息主要来自：产品使用过程、制造过程，以及国内外同行企业和科研情报。这些方面与“产”“供”“销”三个环节关系十分密切。

(五)质量责任制

不论从事什么样的管理工作，明确管理者的责任和权限是管理的一般原则，质量管理也不例外。从产品质量形成的全过程来看，质量是由企业众多部门、全体人员共同努力的结果，只有做到人人各负其责，才有可能保证质量。因此，在质量管理中要建立“质量责任制”。

所谓质量责任制，就是对企业的每个人在质量工作上的任务、权限和责任所作的明确规定。该制度总的要求是：质量问题能被迅速发现；一旦发现，能够准确、迅速地追查到责任人；对责任人的经济利益能以“质量否决权”加以制约。

该制度的总体框架如下。

(1) 在企业的决策层中，总经理对产品质量全权负责，总工程师对新产品的设计、开发和生产中的重大质量技术事故负责。

(2) 分厂领导(或车间主任)对本部门的加工质量问题负全责；总工长对本工段的加工质量问题负责；值班工长对当班的加工质量问题负责。

(3) 工人应严守工艺纪律，遵守检验制度，对操作质量问题负责。

这三条是责任制的总体框架，也是责任制的“管理标准”。该标准能否付诸实现，还应建立相应的“工作标准”并配以经济手段为内容的奖惩条例。该制度的核心是“质量否决权”。

四、全面质量管理的工作程序——PDCA 循环

要搞好全面质量管理，除了要有正确的指导思想之外，还必须有一定的工作程序和管理方法。

(一)PDCA 循环的含义与内容

PDCA 循环是指质量改进工作中四项活动的英文单词首字母。其中，P 表示计划(Plan)，D 表示执行(Do)，C 表示检查(Check)，A 表示处理或总结(Action)。任何一项质量改进活动都要遵循 PDCA 循环规则，都要经过“计划—执行—检查—处理(或总结)”四个阶段。

(1) P 阶段。这个阶段要制定改进项目的质量目标、技术经济指标以及达到目标的措施和方法。

(2) D 阶段。这个阶段将制定的计划和措施付诸实施。

(3) C 阶段。这个阶段是对照计划，检查执行的情况和效果，及时发现计划执行过程中的经验和问题。

(4) A 阶段。这个阶段在检查的基础上，把成功的经验加以肯定，形成标准，便于今后照此办理；同时也吸取教训，以免重犯错误。对于还没有解决的问题，则留到下一次循

环解决。

如果将上述工作程序具体化，则可分为八个步骤。

(1) 分析现状，找出存在的质量问题。

(2) 分析产生质量问题的各种影响因素。

(3) 在影响质量的诸因素中，找出主要的影响因素。

(4) 针对影响质量的主要因素，制定工作计划和活动措施。

以上四个步骤属于 P 阶段。该阶段要明确回答六个问题，这六个问题简称 5W1H 问题。①Why：为何制定此计划？②What：此计划要达到什么目标？③Where：此计划在何处实施？④When：何时实施此计划？⑤Who：此计划由谁负责实施？⑥How：采用什么方法实施此计划？

(5) 按照制定的计划认真执行。这一步属于 D 阶段。

(6) 根据计划的要求，检查实际执行的结果，看看是否达到预期的目标。这一步属于 C 阶段。

(7) 根据检查的结果进行总结，把成功的经验和失败的教训形成一定的标准、制度或规定，以便指导今后的工作。

(8) 提出这一循环中尚未解决的问题，让其转入下一次循环去解决。第(7)、(8)步属于 A 阶段。

(二)PDCA 循环的特点

1. 大环套小环，相互衔接，互相促进

在一个组织中，既有组织整体性的 PDCA 循环，又有各部门和各科室的 PDCA 循环。将整个组织看成是一个大的 PDCA 循环，组织内各部门和各科室看成是一个小的 PDCA 循环，依次又有更小的 PDCA 循环，直至落实到每个人，这就形成了大环套小环的情况。上一级 PDCA 循环是下一级 PDCA 循环的制定依据，下一级 PDCA 循环又是上一级 PDCA 循环的贯彻落实和具体化。通过循环把组织各项工作有机地联系起来，相互衔接，互相促进，如图 1-5 所示。

2. 不断上升的循环

PDCA 是周而复始的循环，而且，每经过一次循环就会有新的内容和目标，因而就会前进一步，每解决一批质量问题，质量水平就有新的提高。就如上楼梯一样，每经过一次循环，就登上一级新台阶，这样一步一步地不断上升提高。根据这一原理，提高质量是一项永无止境的活动，如图 1-6 所示。

3. 推动循环的关键环节在于总结

对于质量管理来说，经验和教训都是宝贵的，只有总结经验教训，形成一定的标准、制度或规定，才能使工作做得更好，才能使质量水平不断提高。

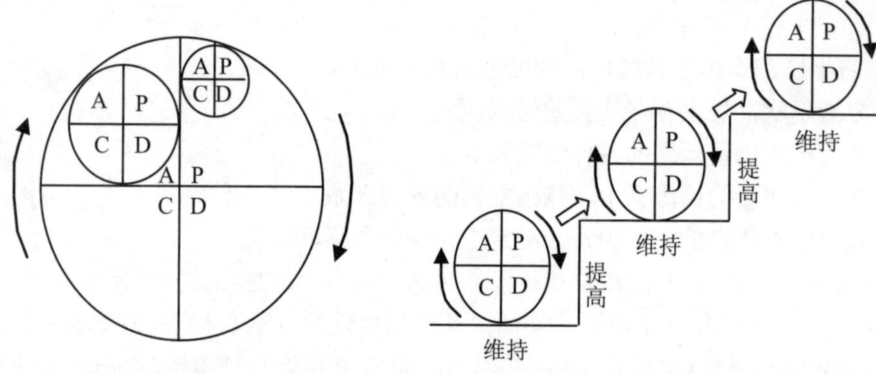

图 1-5　PDCA 循环大环套小环　　图 1-6　PDCA 不断上升的循环

第五节　国际质量专家在质量管理领域的贡献

在质量管理理论的发展与实践过程中，有许多质量管理专家作出了巨大贡献。他们提出的质量管理学说对质量管理这门学科的发展产生了深远影响。到目前为止，在世界质量领域被公认的质量专家有：戴明(W.Edward Deming)、朱兰(Joseph M.Juran)、克劳斯比(Philip B.Crosby)、费根堡姆(A.V.Feigenbaum)、石川馨(Kaoru Ishikawa)、田口玄一(Genichi Taguchi)等。由于他们对质量管理的巨大贡献，他们被尊称为质量大师。本节将介绍这些大师们的主要观点和贡献。

一、戴明的贡献

戴明(W.E.Deming，1900—1993)，耶鲁大学物理学博士。20 世纪 20 年代，曾在美国西方电气公司霍桑工厂工作。早年以统计抽样专家的形象活跃于世。后来与质量管理专家休哈特共事之后，才逐渐转向质量管理领域。1947 年以抽样理论专家的身份赴日，对日本工商界人士传授统计质量管理，对于日本的质量管理作出了巨大贡献。以戴明命名的“日本戴明奖”，从 1950 年至今已经成为世界著名三大质量奖项之一。戴明在质量管理领域的主要贡献如下。

(一)提出质量管理十四点原则

戴明于 1986 年在其《走出危机》(*Out of the Crisis*)一书中提出，为了向以顾客满意为宗旨的质量型组织转变，组织的管理者必须关注 14 个质量管理要点或必须承担 14 个方面的义务。1987 年 8 月在美国召开 Deming 国际学术研讨会上，戴明又以“迎接挑战，摆脱危机”为题，重点阐述了其著名的 14 条质量管理要点，具体如下。

(1) 建立改进产品和服务的坚定目标。要使产品具有竞争力并占领市场，就应把改进产品和服务质量作为长期目标。

(2) 提倡新的质量观念。无论是最高管理者还是组织的其他成员，都必须不断地学习，不断地更新质量观念。

(3) 消除依靠大量检查的做法来保证质量。对产品质量而言，无论检验结果如何，质量好坏既成事实，无法挽回。因此，在改进质量活动方面，应该积极地依靠科学的方法，掌握统计控制技术，摆脱对大批量检验的依赖性。

(4) 采购不应只注重价格。没有质量的低价格是没有意义的，应要求供货商提供质量管理体系的有关资料，废除传统的只凭最低价格得标的竞争体系，要综合考虑供货商的供货能力。

(5) 不断地改进生产和服务系统。组织所处的环境是复杂多变的，其运作过程总是存在或出现质量问题，持续改进才能使组织体系长久地满足发展变化的要求。

(6) 实行岗位职能培训。要设计与工作岗位相关的培训内容，并对员工进行有针对性的培训，目的是让员工能够正确有效地工作。无论是质量观念还是质量管理方法，都存在着发展变化。因此，需要不断地进行员工的继续教育和培训。

(7) 高层管理者的工作在于领导。在组织的质量活动中，高层管理者的主要任务是创造并提供符合质量要求的、舒适的工作环境，包括使每个员工获得必要的工具和文件、能够认识和理解工作的要求、具备合适的工作能力等。

(8) 排除恐惧，让每个人都能有效工作。渴望改进质量的高层管理者应该认识到在组织中经常存在使员工恐惧的问题。比如，当员工面临问题并寻求改变之道时，反而会被认为是问题制造者或能力不足者；许多员工还会认为过程改进是解雇员工的主要借口。因此，要增强组织内部的信息沟通，减少对员工的束缚，消除对员工的不信任感并帮助员工建立克服困难的信心，营造一个鼓励创新的工作氛围。

(9) 拆除部门间的壁垒。要发扬团队合作精神，鼓励研发、设计、生产、销售等部门协同作战，共同预测产品或服务在生产和使用过程中可能遇到的问题。

(10) 不要流于形式的质量运动。最高管理者不要为了达到“零缺陷”和提高生产率而给组织员工制定过多的口号、告诫和目标，因为大多数造成低质量和低生产率的原因在于系统本身，超过了员工的控制范围。因此，想通过告诫来达到目标可能会适得其反。

(11) 慎重看待工作标准及数量化的定额。如果工作定额把焦点放在数量而非质量上，就会对产品质量产生影响。比如，按照这个原则制定一个适中的工作标准，对于工作能力强的员工可能就会丧失持续改进的动力，因为他们很容易达到这一数量的定额要求。

(12) 排除那些不能让工人以其工作成果为荣的障碍。工作成果应该成为员工继续努力工作的动力，要鼓励员工在各方面都能为自己的进步或成果而自豪，比如技术水平的提高、目标任务的完成、发现一个不易被察觉的缺陷或解决一个质量问题等。

(13) 鼓励学习和自我提高。通过学习，不断增强员工的专业知识和能力，让员工最大限度地发挥潜能。

(14) 采取积极的行动推动组织的变革。最高管理者对于质量的责任是实现顾客的要求，让顾客感到满意并忠诚于组织。因此，必须不断地推动组织的变革以适应环境的发展变化，从而增强组织的竞争力和保持组织的竞争优势。

(二)戴明的其他贡献

(1) 提出 PDCA 循环理论，亦称“戴明环”。PDCA 循环是能使任何一项活动有效进行的一种合乎逻辑的工作程序，特别是在质量改进活动中得到了广泛的应用，是一个基本的质量管理工具。本章第四节对其作了详细介绍。

(2) 提出“渊博知识体系”。随着戴明对质量认识的不断深入，他的质量哲学也发生着变化，1989 年他提出了一套所谓的渊博知识体系(Profound Knowledge System)，该套体系是在上述质量管理十四点原则基础上的系统化。

二、朱兰的贡献

朱兰(Joseph M.Juran，1904—2008)博士，世界著名的质量管理专家，曾任职于著名的西方电气公司芝加哥霍索恩工作室检验部。出版的《朱兰质量手册》被称为当今世界质量科学的名著(1951 年第 1 版，前四版的书名为《质量控制手册》，1999 年出版的第五版更名为《朱兰质量手册》)。该著作为奠定全面质量(TQM)的理论基础和基本方法作出了卓越的贡献。1979 年，朱兰建立了朱兰学院，以利于广泛传播他的观点，朱兰学院如今已成为世界上领先的质量管理咨询机构。1994 年，在美国质量协会第 48 届质量大会上，朱兰提出“21 世纪是质量的世纪”的著名观点。在 20 世纪，朱兰所倡导的质量管理理念和方法始终影响着世界以及世界质量管理的发展。朱兰在质量管理领域的主要贡献如下。

(一)提出质量三步曲

朱兰认为搞好质量管理，必须抓住计划—控制—改进三个主要环节，即质量计划、质量控制以及质量改进，一般称为朱兰质量三步曲。

1. 质量计划

“计划”乃是管理的主要功能之一，质量管理同样必须首先做好质量计划工作，这是为达到质量目标而进行筹划的过程。质量计划从认知质量差距开始。看不到差距，就无法确定目标。而这种差距的定位，要从顾客的满意与否入手，追溯生产设计和制造过程，就能使存在的问题清晰化。现实中存在的质量差距，主要有以下几方面：第一类差距是理解差距，也就是对顾客的需要缺乏理解；第二类差距是设计差距，即使完全了解顾客的需要和感知，很多组织还是不能设计出与这种了解完全一致的产品或服务；第三类差距是过程差距，由于创造有形产品或提供服务的过程不能始终与设计相符合，使许多优秀的设计遭遇失败，这种过程能力的缺乏是各种质量差距中最持久、最难缠的问题之一；第四类差距是运作差距，也就是用来运作和控制过程的各种手段在最终产品或服务的提供中会产生副作用。为了消除上述各种类型的质量差距，并确保最终的总质量差距最小，作为质量计划的解决方案，朱兰列出了六个步骤：①设立项目；②确定顾客；③发现顾客的需要；④根据顾客的要求开发产品；⑤设计该产品的生产流程；⑥根据工作运行情况制订控制计划以及其中的调控过程。

2. 质量控制

朱兰将质量控制定义为：制定和运用一定的操作方法，以确保各项工作过程按原设计方案进行并最终达到目标。朱兰强调，质量控制并不是优化一个过程(优化表现在质量计划和质量改进之中，如果控制中需要优化，就必须回过头去调整计划，或者转向质量改进)，而是对计划的执行。他列出了质量控制的七个步骤：①选定控制对象——控制什么；②配置测量设备；③确定测量方法；④建立作业标准；⑤判断操作的正确性；⑥分析与现行标准的差距；⑦对差距采取行动。

总体来讲，质量控制就是在经营中达到质量目标的过程控制，关键在于掌握何时采取何种措施，最终结果是按照质量计划开展经营活动。

3. 质量改进

质量改进是指管理者通过打破旧的平稳状态而达到新的管理水平。质量改进的步骤是：①证实改进的必要，即争取立项；②确立专门的改进项目，即设立项目组；③对项目组织指导，强调领导人的参与；④组织诊断，确认质量问题产生的原因；⑤采取补救措施；⑥在操作条件下验证补救措施的有效性；⑦在新水平上控制、保持已取得的成果。

质量改进同质量控制性质完全不一样。质量控制是要严格实施计划，而质量改进是要突破计划。通过质量改进，达到前所未有的质量性能水平，最终结果是以明显优于计划的质量水平进行经营活动。质量改进有助于发现更好的管理工作方式。

(二)朱兰的其他贡献

(1) 提出产品质量的“适用性”概念，并且逐渐发展成为一种质量观，即“适用性”质量观。与“适用性”质量观相对应的是“符合性”质量观。“符合性”质量观一直是我国企业的主流质量观。

(2) 提出“质量螺旋”理论。朱兰认为，为获得产品的最佳使用效果，需要进行一系列相关的质量管理活动。这些活动主要包括市场调查、开发设计等 13 个环节。同时，这些环节又在整个过程周而复始的循环中螺旋式上升。本章第二节对其作了详细介绍。

(3) 将经济概念帕累托原理(又称 20/80 原则)应用于质量问题。朱兰最早把帕累托原理引入质量管理中，提出“关键的少数，次要的多数”原理。朱兰通过大量的实际调查和统计分析认为，在所发生的所有质量问题中，仅有 20%是由基层操作人员的失误造成的，而其中 80%的质量问题是由领导者造成的。此外，他还得出 80%的质量问题是在 20%的环节中产生的。

三、克劳斯比的贡献

克劳斯比(Philip B.Crosby，1926—2001)是世界著名的质量管理专家。他曾任美国国际电话电报公司(ITT)副总裁。1979 年他在佛罗里达创立了 PCA 公司(*Philip Crosby Associates*, Inc.)和克劳斯比质量学院。克劳斯比出版的《质量免费》(*Quality is Free*)，由于引发一场美国以及欧洲的质量革命而备受称赞，该书被译成了 16 种文字。克劳斯比在质量管理领域的主要贡献如下。

1. 提出“零缺陷”理论

克劳斯比认为“工作标准必须是零缺陷”，而不是“差不多就好”。零缺陷的工作标准意味着任何时候都要满足工作过程的全部要求。它是一种庄重的个人承诺，即按大家都同意的要求去做。如果要让工作具有质量，那么就绝不能向不符合要求的情形妥协，而是要极力预防错误的发生，这样顾客就不会得到不符合要求的产品或服务。“零缺陷”观点强调“第一次就把事情做好”。

2. 克劳斯比认为质量的衡量标准是“不符合要求的代价”

这里主要是认识到质量成本，尤其是“不符合要求的花费成本”。所谓“不符合要求的花费成本”，是指所有做错事情的花费，这种花费是不必要的浪费。这种浪费是十分惊人的——在制造业约占总营业额的 20%以上，在服务业高达 35%。“符合要求的花费”，包括大部分专门性的质量管理、防范措施和质量管理教育等，即为了把事情做好而花费的成本。为了追求零缺陷，改善与预防最重要，而要建立这样的观念，应先了解提高预防成本是可以降低总质量成本的。克劳斯比将预防成本与鉴定成本合称为符合成本，而提高预防成本可以降低鉴定成本，并影响提高质量，但不一定会增加符合成本。

3. 提出了质量改进 14 个步骤，作为组织推行零缺陷运动的依据

其内容是：①管理阶层对质量的承诺；②组织质量改进团队；③设定清晰明确的标准；④审慎而客观地掌握质量成本；⑤对员工灌输质量意识，使之成为企业文化的一部分；⑥找出问题，并从根本上解决它；⑦策划“零缺陷”活动；⑧对员工进行质量教育和培训；⑨开展“零缺陷日”活动(ZD 日)；⑩经由团队讨论，设定一个短期目标，逐步达成最后的总目标——零缺陷；⑪消除产生错误的原因，要求每个员工说出自己在工作上遇到的问题，并加以解决；⑫选出质量改善标杆，给予其象征性意义的奖励；⑬成立质量委员会，质量管理专家集聚一堂，互相切磋，改善质量；⑭通过观察、参与、学习与从头再来，以获取更卓越的成就。

四、费根堡姆的贡献

费根堡姆(A.V.Feigenbaum，1920—　)1951 年毕业于麻省理工学院(MIT)，获工程博士学位，曾任美国通用电气公司制造和质量经理、美国质量管理协会主席、国际质量研究院第一任主席。

费根堡姆在质量管理领域的最大贡献是提出了全面质量管理理论。他于 1961 年在其所著的《全面质量管理》一书中首次提出了“全面质量管理”的概念。他主张解决质量问题不能只局限于制造过程，因为 80%的质量问题是在制造过程以外产生的。解决问题的手段仅局限于统计方法是不够的，必须是多种多样的。他认为全面质量管理就是用最经济的方法充分满足顾客的要求，因此，组织的质量管理应将设计、制造和销售服务部门共同组成一个有效的质量管理体系。

五、石川馨的贡献

石川馨(Kaoru Ishikawa，1915—1989)于 1939 年毕业于东京大学工程系，主修应用化学专业，同年获得哲学博士学位。曾任日本东京大学教授，日本武藏工业大学校长，日本质量管理学会会长，日本质量管理小组总部部长，ISO/TC 69 日本国内委员长。

石川馨在质量管理领域的最大贡献是发明了“因果图”(cause-and-effect diagram)，也称为“鱼刺图”或“石川馨图”。他曾经利用这个工具在 Kawasaki 钢铁公司帮助工人追踪故障的原因，后来把应用从制造业扩展到服务业，并且传播到世界各地。他主张要培训员工能应用排列图、因果图、调查表、直方图、散布图、控制图、分层法 7 种工具，认为

组织中95%的质量问题可用这些工具来解决。

六、田口玄一的贡献

田口玄一博士(Genichi Taguchi，1924—2012)是日本青山大学教授。曾任职于日本电话与电报公司电子通讯实验室。担任过普林斯顿访问教授、日本质量研究院主任、日本标准协会顾问、美国供货商协会执行总裁等职务。曾两次获得戴明个人奖。田口玄一在质量管理领域的主要贡献如下。

(1) 从产品在使用过程中给人们造成损失的角度，给产品质量下了定义：“产品质量是指产品出厂后，直到使用寿命完结止，给社会带来的损失程度。”与传统收益导向原则的定义不同的是，田口玄一的定义是基于成本导向原则。这种质量定义的意义在于为质量的定量化表述带来了方便。

(2) 提出了质量损失函数。这给研究质量与成本问题提供了有效的分析工具。

(3) 创造了著名的“三次设计”理论。“三次设计”理论在国际上被称为“田口方法”。该理论的提出，为“稳健设计技术”的产生与发展奠定了坚实的基础。

本 章 习 题

1. 什么是质量？你认为应该怎么理解质量的概念？
2. 什么是产品质量？什么是工作质量？它们之间有什么关系？
3. 质量管理的含义是什么？你认为应该如何理解这个概念？
4. 质量管理的发展经历了哪几个阶段？各阶段的特点是什么？
5. 什么是质量职能？质量职能与质量职责有什么区别？
6. 全面质量管理的基本思想和基本要求是什么？
7. 全面质量管理的基础工作有哪些？
8. 质量管理的工作程序是什么？它包括哪些内容？
9. 一些质量大师在质量管理领域的主要贡献有哪些？
10. 请谈一谈提高质量的意义。

第二章　ISO 9000 标准与质量管理体系认证

学习要点

本章阐述了 ISO 9000 标准的产生背景与发展过程，ISO 9000 标准的构成与特点；介绍了 ISO 9000 核心标准的基本内容；总结了质量管理体系的总体设计，以及质量管理体系的运行、评价和改进方法；介绍了质量认证制度的产生和发展过程，以及产品质量认证和质量管理体系认证的方法与步骤。

第一节　ISO 9000 标准的产生与发展

一、ISO 9000 标准产生的背景

ISO 9000 标准是质量管理和质量保证标准，它的产生是现代科学技术发展的必然结果，也是质量管理学发展到一定阶段的产物。我们知道，任何标准都是为了适应科学、技术、社会、经济等客观因素发展变化的需要而产生的。ISO 9000 标准是世界上第一个有关管理方面的国际标准，它的出现必然有着深刻的时代背景。

(一)它是科学技术发展和生产力水平提高的产物

在早期的商品社会中，产品结构简单，商品的流通和交换往往在生产者与用户之间直接进行。用户能够凭借自己的知识、经验或感官来判断产品质量的好坏，卖方则奉行“货物离柜，概不负责”的宗旨，由买方承担质量风险，生产者和消费者不实施质量保证，也不承担产品责任。随着生产力的发展，生产方式变成社会化大生产，产品的结构也日趋复杂，商品一般通过流通领域进行销售。用户很难凭借自己的能力和经验判断产品的优劣。生产者为了避免产品积压的风险，使用户确信自己的产品质量，于是便采用了对商品提供担保的对策，如“包退、包换、包赔”等。这样，便产生了质量保证的萌芽。

由于科学技术的迅速发展，新产品不断出现。其中相当一部分是具有高安全性、高可靠性或高价值的产品，这些产品在质量上的缺陷给用户带来的损害相当大，有的后果相当严重，不但影响到用户，甚至影响到国家安全、生态环境和人类生存。比如核电站、飞机、火车、化学毒品、桥梁、隧道等，这些都是多环节的产物，一旦某些环节失控，不能保证质量，就会发生质量事故，影响范围之大、损失之巨，是难以估计的。据美国产品安全委员会 1970 年的统计报告，全球每年因使用具有缺陷的消费品而使身体受到伤害的有 2000 万人，其中，终身致残的约 11 万人，致死者约 3 万人。

另一方面，企业为了避免由于质量问题而造成损失，同时，也为了提高自身的信誉和竞争能力，开始自觉地加强质量管理，开展质量保证活动。这样就使得质量保证的形式逐渐发展起来，为 ISO 9000 标准的产生创造了必要的客观条件。

(二)各国推行质量管理和质量保证活动的成功经验，为质量保证标准的产生奠定了基础

第二次世界大战期间，世界军事工业得到了迅猛发展。有些国家的政府在采购军品时，不但提出了对产品特性的要求，还对供应厂商提出了质量保证的要求。1959 年美国发布了 MIL-Q-9858A《质量大纲要求》，成为世界上最早的有关质量保证方面的标准。之后，美国国防部制定和发布了一系列对生产武器和承包商评定的质量保证标准。

20 世纪 70 年代初，借鉴军用质量保证标准的成功经验，美国标准化协会(ANSI)和美国机械工程师协会(ASME)分别发布了一系列有关原子能发电和压力容器生产方面的质量保证标准。

美国军品生产方面的质量保证活动的成功经验，在世界范围内产生了很大影响。一些工业发达国家，如英国、美国、法国和加拿大等国在 20 世纪 70 年代末先后制定和发布了用于民用品生产的质量管理和质量保证标准。随着世界各国经济的相互合作和交流，对供方质量体系的审核已逐渐成为国际贸易和国际合作的需求。世界各国先后发布了一些关于质量管理体系及审核的标准。但是，由于各国标准在内容和要求上存在很大差异，给国际贸易带来了障碍，所以质量管理和质量保证的国际化成为当时世界各国的迫切需要。

(三)贸易的国际化加速了质量管理和质量保证标准的产生

20 世纪 60 年代，随着国际交往的日益增多，产品的流动日益国际化。产品超越国界必然带来的是产品质量保证和产品责任的国际化问题。到了 20 世纪 70 年代，这个问题已引起国际社会的广泛关注。为了解决国际间产品质量争端和产品质量责任问题，1973 年在荷兰海牙召开的海牙国际司法会议上通过了《关于产品责任适用法律公约》。之后，欧洲理事会在丹麦特拉斯堡缔结了《关于造成人身伤害和死亡的产品责任欧洲公约》。为了有效地开展国际贸易，一些地区国际性的组织开始研究质量管理国际化问题。20 世纪 70 年代末，随着世界贸易量的增多，质量管理国际化已成为世界性的迫切需要，许多国家和地区性组织发布了一系列质量管理和质量保证标准，作为贸易往来供需双方认证的依据和评价的规范。但由于缺乏国际统一的评价标准，给不同国家的企业之间在技术合作、质量认证和贸易往来等方面带来了困难。在这样的背景下，国际标准化组织在 1979 年成立了“质量保证技术委员会”，开始着手制定质量管理和质量保证方面的国际标准。

二、ISO 9000 标准的制定与发展

(一)国际标准化组织——ISO

ISO 是国际标准化组织的英语简称，其全称是 International Organization for Standardization。它成立于 1947 年 2 月 23 日，它的前身是 1928 年成立的“国际标准化协会国际联合会”(简称 ISA)。ISO 在创建时有 25 个成员国，现在全世界已有 131 个国家的标准化机构参加了这一组织，它是世界上最大的、最具权威性的标准化专门机构，是联合

国经社理事会和贸发理事会的最高一级咨询组织。

国际标准化组织的宗旨是："在全世界范围内促进标准化工作的发展，以便于产品和服务的国际交往，并扩大在知识、科学、技术和经济方面的合作。"它的主要活动是制定ISO 标准，协调世界范围内的标准化工作，报道国际标准化的交流情况，以及同其他国际性组织进行合作，共同研究有关标准化问题。

国际标准化组织的宪章规定，ISO 成员国分正式成员和通讯成员。ISO 的正式成员，必须是本国最具有代表性的全国性标准化机构，而且每个国家只能有一个团体被接纳为正式成员。而未建立全国性标准化机构的发展中国家可作为通讯成员参加 ISO 的工作。正式成员可参加 ISO 各技术委员会的活动，并有投票权；而通讯成员不能参加 ISO 的技术工作，只能与 ISO 保持联系，及时得到有关领域的技术情报。在召开 ISO 全体会议时，通讯成员可以观察员的身份出席会议。

(二)质量管理和质量保证技术委员会

1979 年，英国标准化协会(BSI)向国际标准化组织(ISO)递交了一份建议，要求制定有关质量保证技术和实践的国际标准，以便对管理活动和通用特性进行标准化。根据 BSI 的建议，于 1979 年 9 月在 ISO 理事会全体会议上通过决议，决定正式成立质量管理和质量保证技术委员会(代号"TC176")，专门研究国际质量保证领域内的标准化问题，并负责制定质量管理和质量保证国际标准的工作。ISO/TC 176 的秘书国是加拿大，正式成员国有美、英、法、德等 209 个国家，并有一些国家作为观察员参加该委员会。我国于 1981 年参加了 TC176 技术委员会，现已成为正式成员。TC176 除秘书(加拿大)外，还有 3 个分技术委员会，即 SC1：概念及术语分委员会(法国)；SC2：质量体系分委员会(英国)；SC3：支持技术分委员会(荷兰)。此外，还有 10 多个工作组(WG)。

(三)ISO 9000 标准的制定

质量管理和质量保证技术委员会(TC176)在总结各国质量管理经验的基础上，经过各国质量管理专家的努力工作，于 1986 年正式发布了 ISO 8402《质量——术语》标准，1987 年发布了 ISO 9000《质量管理和质量保证标准——选择和使用指南》、ISO 9001《质量体系——设计开发、生产、安装和服务的质量保证模式》、ISO 9002《质量体系——生产和安装的质量保证模式》、ISO 9003《质量体系——最终检验和试验的质量保证模式》、ISO 9004《质量管理和质量体系要素——指南》等六项标准，通称为 1987 版 ISO 9000 系列标准。其中，ISO 9000 为该系列标准的选择和使用提供原则与指导；ISO 9001、ISO 9002、ISO 9003 是三个质量保证模式；ISO 9004 是指导企业建立质量体系、强化内部质量管理的指南。

(四)ISO 9000 标准的发展

ISO 9000 族标准自发布以来，共进行了四次修订，分别是 1994 版、2000 版、2008 版和 2015 版，一直在努力提高标准的通用性。最新的 2015 版国际标准的发布，更进一步增强了标准的通用性，不仅适用于制造业，同时也将适用范围拓展到服务业。为解决标准的通用性与适用性的矛盾，ISO 9000 标准中减少了规定性要求，增加了原则性要求。

三、我国采用 ISO 9000 标准的情况

采用国际标准是我国的一项重要技术经济政策。采用国际标准分为等同采用和等效采用两种。

所谓等同采用，通常用“idt.(identical)”或符号“≡”表示，是指国家标准在采用国际标准时，在技术内容和编写方法上与国际标准完全相同。

所谓等效采用，通常用“eqv.(equivalent)”或符号“=”表示，是指国家标准在采用国际标准时，在技术内容上基本相同，但在编写方法上与国际标准不完全相同。

1987 年 3 月 ISO 9000 系列标准正式发布后，我国在原国家标准局部署下组成了“全国质量保证标准化特别工作组”。1988 年 12 月，我国正式发布了等效采用 ISO 9000 标准的 GB/T 10300《质量管理和质量保证》系列国家标准，并于 1989 年 8 月 1 日起在全国实施。

1992 年 5 月，我国决定从此等同采用 ISO 9000 标准。

我国对口 ISO/TC 176 技术委员会的全国质量管理和质量保证标准化技术委员会(以下简称 CSBTS/TC 151)，是国际标准化组织(ISO)的正式成员，参与了有关国际标准和国际指南的制定工作，在国际标准化组织中发挥了十分积极的作用。CSBTS/TC 151 承担着将 ISO 9000 标准转化为我国国家标准的任务，对 ISO 9000 标准在我国的顺利转化起到了十分重要的作用。

第二节 ISO 9000 族标准

一、ISO 9000 族标准的构成

ISO 9000 族标准主要由核心标准和其他支持性的标准和文件组成，如表 2-1 所示。

表 2-1 2015 版 ISO 9000 族标准的文件结构

核心标准	
ISO 9000	质量管理体系 基础和术语
ISO 9001	质量管理体系 要求
支持性标准	
ISO 10001	质量管理 顾客满意 组织行为规范指南
ISO 10002	质量管理 顾客满意 组织处理投诉指南
ISO 10003	质量管理 顾客满意 组织外部争议解决指南
ISO 10004	质量管理 顾客满意 监视和测量指南
ISO 10005	质量管理体系 质量计划指南
ISO 10006	质量管理体系 项目质量管理指南
ISO 10007	质量管理体系 技术状态管理指南
ISO 10008	质量管理 顾客满意 企业-消费者 电子商务交易指南
ISO 10012	测量管理体系 测量过程和测量设备的要求

续表

支持性标准	
ISO/TR 10013	质量管理体系文件指南
ISO 10014	质量管理 实现财务和经济效益的指南
ISO 10015	质量管理 培训指南
ISO/TR 10017	GB/T 19001-2000 的统计技术指南
ISO 10018	质量管理 人员参与和能力指南
ISO 10019	质量管理体系咨询师的选择及其服务使用的指南
ISO 19011	管理体系审核指南

二、ISO 9000：2015 《质量管理体系 基础和术语》

ISO 9000：2015《质量管理体系 基础和术语》是 ISO 9000 族标准的基础性标准。本标准为质量管理体系(QMS)提供了基本概念、原则和术语，并为质量管理体系的其他标准奠定了基础。本标准旨在帮助使用者能够更好地理解质量管理体系，并且，为组织能有效地实施质量管理体系而提供一种更加广泛的思考方式。

本标准适用于所有组织，无论其规模、复杂程度或经营模式有多大不同。本标准在满足顾客、相关方的需求和期望，以及在实现其产品和服务的满意度方面，可起到增强组织义务和承诺的意识。

(一)范围

本标准表述的质量管理的基本概念和原则一般适用于以下几方面。

(1) 通过实施质量管理体系寻求持续成功的组织。

(2) 对组织稳定提供符合其要求的产品和服务的能力寻求信任的顾客。

(3) 对在供应链中其产品和服务要求能得到满足寻求信任的组织。

(4) 通过对质量管理中使用的术语的共同理解，寻求促进相互沟通的组织和相关方。

(5) 依据 GB/T 19001 的要求进行合格评定的组织。

(6) 质量管理的培训、评价和咨询的提供者。

(7) 相关标准的起草者。

(二)基本概念

ISO 9000：2015 标准在基本概念的内容中，不是给出这些概念的定义(定义均在“术语”部分中给出)，而是强调这些概念的意义和所具有的作用。

1. 质量

本标准从以下三个方面强调了对质量重要性的认识。

(1) 一个关注质量的组织倡导一种通过满足顾客和其他有关相关方的需求和期望来实现其价值的文化，这种文化将反映在其行为、态度、活动和过程中。

(2) 组织的产品和服务质量取决于满足顾客的能力，以及对有关相关方的有意和无意的影响。

(3) 产品和服务的质量不仅包括其预期的功能和性能，而且还涉及顾客对其价值和受益的感知。

2. 质量管理体系

本标准从以下四个方面强调了质量管理体系的作用。

(1) 质量管理体系包括组织确定其目标以及为获得期望的结果确定其过程和所需资源的活动。

(2) 质量管理体系管理相互作用的过程和所需的资源，以向有关相关方提供价值并实现结果。

(3) 质量管理体系能够使最高管理者通过考虑其决策的长期和短期影响而优化资源的利用。

(4) 质量管理体系给出了在提供产品和服务方面，针对预期和非预期的结果确定所采取措施的方法。

3. 组织环境

本标准强调在实现组织目标时，要考虑组织的内部和外部因素。

理解组织环境是一个过程，这个过程确定了影响组织的宗旨、目标和可持续性的各种因素。它既需要考虑内部因素，如组织的价值观、文化、知识和绩效，还需要考虑外部因素，如法律、技术、竞争、市场、文化、社会和经济环境。

组织的宗旨可被表述为包括愿景、使命、方针和目标。

4. 相关方

本标准强调在实现组织目标时，要考虑相关方的利益。

相关方的概念扩展了仅关注顾客的观点，而考虑所有有关相关方是至关重要的。

识别相关方是理解组织环境的过程的组成部分。有关相关方是指若其需求和期望未能满足，将对组织的持续发展产生重大风险的那些相关方。为降低这些风险，组织需确定向有关相关方提供何种必要的结果。

组织的成功，有赖于吸引、赢得和保持有关相关方的支持。

5. 支持

本标准强调质量管理体系的有效运行，必须得到各方支持。

最高管理者能够提供充分的人力和其他资源，确定和评估风险和机遇，监视过程和结果，以实现组织目标。

(三)质量管理原则

随着质量管理的实践与理论研究的深入，在质量管理领域逐渐形成了一些有影响的原则与思想。但是，不同的学者与专家对这些原则和思想的表述不同，比如戴明提出了质量信条十四点，朱兰提出了质量三步曲，克劳斯比提出了零缺陷的思想等。

为了使 ISO 9000 族标准有一个理论基础作为支持，ISO 组织对这些国际知名专家的不同提法进行了归纳总结，整理出八项质量管理原则。2015 版 ISO 9000 标准又将八项原则整合成七项。这七项质量管理原则是质量管理实践经验的高度概括和总结，是质量管理最基本、最通用的规律，它为 ISO 9001 标准奠定了基础，给组织提供了更加开阔的思考方式。

对一个组织来说，这些原则不仅是制定质量方针、质量目标和编制质量管理体系文件时应贯彻的基本精神，也是拟定长期质量战略的基本依据。因此将其融入组织，构成组织质量文化，在质量管理体系建立、实施、保持、改进的过程中，可全面、充分地体现质量管理原则，从而取得质量管理体系绩效。

1. 以顾客为关注焦点

在该原则中，ISO 9000 标准提出：“质量管理的首要关注点是满足顾客要求并且努力超越顾客期望。”

在该原则中，ISO 9000 标准还明确了以下内容。

1) 该原则的理论依据

组织只有赢得和保持顾客和其他有关相关方的信任才能获得持续成功。与顾客相互作用的每个方面，都提供了为顾客创造更多价值的机会。理解顾客和其他相关方当前和未来的需求，有助于组织的持续成功。

2) 实施该原则的益处

(1) 增加顾客价值。

(2) 增强顾客满意。

(3) 增进顾客忠诚度。

(4) 增加重复性业务(如顾客重复购买)。

(5) 提高组织信誉。

(6) 扩展顾客群。

(7) 增加收入和市场份额。

3) 贯彻该原则的实施要点

(1) 识别为组织创造价值的直接顾客和间接顾客。

(2) 理解顾客当前和未来的需求和期望。

(3) 将组织的目标与顾客的需求和期望联系起来。

(4) 在整个组织沟通顾客的需求和期望。

(5) 为满足顾客需求和期望，对产品和服务进行策划、设计、开发、生产、交付和支持。

(6) 测量和监视顾客的满意度情况，并采取适当措施。

(7) 在有可能影响到顾客满意度的有关相关方的需求和适宜的期望方面，确定并采取措施。

(8) 主动管理与顾客的关系，以实现持续成功。

2. 领导作用

在该原则中，ISO 9000 标准提出：“各级领导建立统一的宗旨和方向，并创造全员积极参与实现组织的质量目标的条件。”

在该原则中，ISO 9000 标准还明确了以下内容。

1) 该原则的理论依据

统一的宗旨和方向的建立以及全员的积极参与，能够使组织将战略、方针、过程和资源协调一致，以实现其目标。

2) 发挥该原则的益处

(1) 提高实现组织质量目标的有效性和效率。

(2) 使组织的过程更加协调。

(3) 改善组织各层级、各职能部门间的沟通。

(4) 开发和提高组织及其员工的能力，以获得期望的结果。

3) 充分发挥该原则的实施要点

(1) 在整个组织内，就其使命、愿景、战略、方针和过程进行沟通。

(2) 在组织的所有层级建立并保持共同的价值观，以及公平和道德的行为模式，培育诚信和正直的文化。

(3) 鼓励在整个组织范围内履行对质量的承诺。

(4) 确保各级领导者成为组织中的榜样。

(5) 为员工提供履行职责所需的资源、培训和权限，激发、鼓励和表彰员工的贡献。

3. 全员积极参与

在该原则中，ISO 9000 标准提出："整个组织内各级胜任、经授权并积极参与的人员，是提高组织创造和提供价值能力的必要条件。"

在该原则中，ISO 9000 标准还明确了以下内容。

1) 该原则的理论依据

为了有效和高效地管理组织，尊重并使各级人员参与是重要的。通过表彰、授权和提高能力，促进全员积极参与实现组织的质量目标。

2) 实施该原则的益处

(1) 增进组织内人员对质量目标更深入的理解并激发内在动力，以实现目标。

(2) 提高员工参与改进活动的热情。

(3) 提高员工的满意度。

(4) 增强组织内部的相互信任和合作。

(5) 促进整个组织对共同价值观和文化的关注。

3) 贯彻该原则的实施要点

(1) 与员工沟通，以增强他们对个人贡献的重要性的认识。

(2) 促进整个组织内部的协作。

(3) 提倡公开讨论，分享知识和经验。

(4) 授权员工确定工作中的制约因素，并积极主动参与。

(5) 赞赏和表彰员工的贡献、学识和进步。

(6) 针对个人目标进行绩效的自我评价。

(7) 调查员工满意度，沟通结果，并采取相应措施。

4. 过程方法

在该原则中，ISO 9000 标准提出：“将活动作为相互关联、功能连贯的过程组成的体系来理解和管理时，可更加有效和高效地得到一致的、可预知的结果。”该过程方法原则是由 2008 版 ISO 9000 标准中的“过程方法”和“管理的系统方法”两个原则合并而成。

在该原则中，ISO 9000 标准还明确了以下内容。

1) 该原则的理论依据

质量管理体系是由相互关联的过程组成的。理解体系是如何产生结果的，能够使组织尽可能地完善其体系并优化绩效。

2) 实施该原则的益处

(1) 提高关注关键过程的结果和改进的机会的能力。

(2) 通过协调一致的过程构成的体系，达成预期的结果。

(3) 通过有效的过程管理、资源的高效利用以及减少职能部门之间的壁垒，提高组织的绩效。

(4) 使组织能够向相关方提供关于其一致性、有效性和效率方面的信任。

3) 贯彻该原则的实施要点

(1) 确定体系的目标和实现这些目标所需的过程。

(2) 确定管理过程的职责、权限和义务。

(3) 了解组织的能力，预先确定资源约束条件。

(4) 确定过程相互依赖的关系，并分析每个过程的变更对整个体系的影响。

(5) 将过程及其相互关系作为一个体系进行管理，以有效和高效地实现组织的质量目标。

(6) 确保可获得过程运行和改进的必要信息，并监视、分析和评价整个体系的绩效。

(7) 管理可能影响过程输出和质量管理体系整体结果的风险。

5. 改进

在该原则中，ISO 9000 标准还明确了以下内容。

1) 该原则的理论依据

改进对于组织保持当前的绩效水平，对其内、外部条件的变化作出反应，并创造新的机会都是极其重要的。

2) 实施该原则的益处

(1) 提高过程绩效、组织能力和顾客满意度。

(2) 增强发现问题、查找原因以及后续采取预防和纠正措施的能力。

(3) 提高对内外部的风险和机遇的预测和反应的能力。

(4) 兼顾采取渐进式改进和突破式改进模式。

(5) 加强提高改进能力的学习。

(6) 增强创新的驱动力。

3) 贯彻该原则的实施要点

(1) 在组织的所有层级建立改进目标。

(2) 对各层级员工进行教育和培训，使其懂得如何应用基本工具和方法实现改进目标。

(3) 确保员工有能力筹划并成功地完成改进项目。

(4) 开发和展开过程，以在整个组织内实施改进项目。

(5) 跟踪、评审和审核改进项目的计划、实施、完成和结果。

(6) 将改进与新的或变更的产品、服务和过程的开发结合在一起予以考虑。

(7) 赞赏和表彰改进。

6. 循证决策

在该原则中，ISO 9000 标准提出：“基于数据和信息的分析和评价的决策，更有可能产生期望的结果。”

在该原则中，ISO 9000 标准还明确了以下内容。

1) 该原则的理论依据

决策是一个复杂的过程，并且总是包含某些不确定性。它经常涉及多种类型和来源的理解，而这些理解可能是主观的。重要的是理解因果关系和潜在的非预期后果。对事实、证据和数据的分析可使得决策更加客观、可信。

2) 实施该原则的益处

(1) 改进决策过程。

(2) 改进对过程绩效和实现目标的能力的评估。

(3) 改进运行的有效性和效率。

(4) 提高评审、挑战和改变观点和决策的能力。

(5) 提高证实以往决策有效性的能力。

3) 贯彻该原则的实施要点

(1) 确定、测量和监视证实组织绩效的关键指标。

(2) 使相关人员能够获得所需的全部数据。

(3) 确保数据和信息足够准确、可靠和安全。

(4) 使用适宜的方法对数据和信息进行分析和评价。

(5) 确保人员有能力分析和评价所需的数据。

(6) 依据证据，权衡经验和直觉进行决策并采取措施。

7. 关系管理

在该原则中，ISO 9000 标准提出：“为了持续成功，组织需要管理与有关相关方(如供方)的关系。”

在该原则中，ISO 9000 标准还明确了以下内容。

1) 该原则的理论依据

有关相关方影响组织的绩效。当组织管理与所有相关方的关系，以尽可能有效地发挥其在组织绩效方面的作用时，持续成功更有可能实现。组织对供方及合作伙伴的关系网的管理是尤为重要的。

2) 实施该原则的益处

(1) 通过对每一个与相关方有关的机会和限制的响应，提高组织及其相关方的绩效。

(2) 对目标和价值观，与相关方有共同的理解。

(3) 通过共享资源和能力，以及管理与质量有关的风险，提高为相关方创造价值的能力。

(4) 具有管理良好、可稳定提供产品和服务的供应链。

3) 贯彻该原则的实施要点

(1) 确定有关的相关方(如供方、合作伙伴、顾客、投资者、雇员或整个社会)及其与组织的关系。

(2) 确定和排序需要管理的相关方的关系。

(3) 建立平衡短期利益与长远利益的关系。

(4) 收集并与有关的相关方共享信息、专业知识和资源。

(5) 适当时，测量绩效并向相关方反馈，以增加改进的主动性。

(6) 与供方、合作伙伴及其他相关方合作开展开发和改进活动。

(7) 鼓励和表彰供方与合作伙伴的改进和成绩。

(四)术语和定义

术语和定义是理解 ISO 9000 族标准的基础，它统一了各国的标准使用者对标准内容的理解。ISO 9000：2015 标准共包括与质量管理体系有关的 13 个方面 138 个术语。

(1) 有关人员的术语(6 个)：最高管理者、质量管理体系咨询师、参与、积极参与、技术状态管理机构和调解人。

(2) 有关组织的术语(9 个)：组织、组织环境、相关方、顾客、供方、外部供方、调解过程提供方、协会和计量职能。

(3) 有关活动的术语(13 个)：改进、持续改进、管理、质量管理、质量策划、质量保证、质量控制、质量改进、技术状态管理、更改控制、活动、项目管理和技术状态项。

(4) 有关过程的术语(8 个)：过程、项目、质量管理体系实现、能力获得、程序、外包、合同、设计和开发。

(5) 有关体系的术语(12 个)：体系、基础设施、管理体系、质量管理体系、工作环境、计量确认、测量管理体系、方针、质量方针、愿景、使命、战略。

(6) 有关要求的术语(15 个)：客体、质量、等级、要求、质量要求、法律要求、法规要求、产品技术状态信息、不合格、缺陷、合格、能力、可追溯性、可信性、创新。

(7) 有关结果的术语(11 个)：目标、质量目标、成功、持续成功、输出、产品、服务、绩效、风险、效率、有效性。

(8) 有关数据、信息和文件的术语(15 个)：数据、信息、客观证据、信息系统、文件、成文信息、规范、质量手册、质量计划、记录、项目管理计划、验证、确认、技术状态纪实、特定情况。

(9) 有关顾客的术语(6 个)：反馈、顾客满意、投诉、顾客服务、顾客满意行为规范、争议。

(10) 有关特性的术语(7 个)：特性、质量特性、人为因素、能力、计量特性、技术状态、技术状态基线。

(11) 有关确定的术语(9 个)：确定、评审、监视、测量、测量过程、测量设备、检验、试验、进展评价。

(12) 有关措施的术语(10 个)：预防措施、纠正措施、纠正、降级、让步、偏离许可、放行、返工、返修、报废。

(13) 有关审核的术语(17 个)：审核、多体系审核、联合审核、审核方案、审核范围、审核计划、审核准则、审核证据、审核发现、审核结论、审核委托方、受审核方、向导、审核组、审核员、技术专家、观察员。

本书对上述一些重要术语在第一章进行了解释和说明，其他术语请参阅 ISO 9000：2015《质量管理体系——基础和术语》。

三、ISO 9001：2015 《质量管理体系 要求》

ISO 9001：2015《质量管理体系 要求》是 ISO 9000 族标准中用于认证的标准。该标准为各类组织建立质量管理体系提出了基本要求，为质量管理体系的评价提供了基本准则。该标准采用过程方法，并结合了“策划—实施—检查—处置”(PDCA)循环和基于风险的思维。过程方法使组织能够策划过程及其相互作用；基于风险的思维使组织能够识别可能导致其过程和质量管理体系偏离策划结果的各种因素，进而采取预防措施，减少可能出现的风险，并识别和利用可能出现的机遇；PDCA 循环能够应用于所有过程和整个质量管理体系。

(一)概述

为了有助于理解该标准，下面对该标准的内容设计以及引言中的总则和标准结构进行简要介绍。

1. ISO 9001：2015 标准的内容设计

ISO 9001：2015 标准的内容如下。

前言
引言
1 范围
2 规范性引用文件
3 术语和定义
4 组织环境
5 领导作用
6 策划
7 支持
8 运行
9 绩效评价
10 改进

2. 总则

在引言的总则中明确了按照 ISO 9001 标准建立质量管理体系的作用是：采用质量管理体系是组织的一项战略决策，能够帮助其提高整体绩效，为推动可持续发展奠定良好基础。

总则中还明确了按照 ISO 9001 标准实施质量管理体系的潜在益处。

(1) 稳定地提供满足顾客要求以及适用的法律法规要求的产品和服务能力。

(2) 促成增强顾客满意的机会。

(3) 应对与组织环境和目标相关的风险和机遇。

(4) 证实符合规定的质量管理体系要求的能力。

3. ISO 9001：2015 标准的结构

引言中给出了 ISO 9001：2015 标准的结构在 PDCA 循环中的展示，如图 2-1 所示。

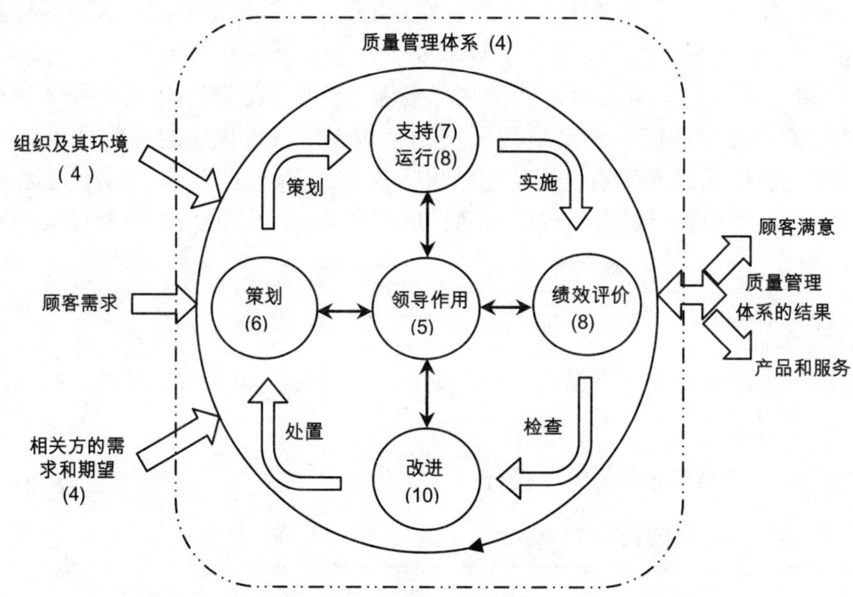

图 2-1　ISO 9001：2015 标准的结构在 PDCA 循环中的展示

对图 2-1 理解如下。

(1) 在质量管理体系的策划过程中，顾客要求至关重要，组织及其环境、相关方要求对于组织稳定地提供符合顾客要求和适应的法律法规要求的产品和服务的能力产生影响和潜在影响，因此构成了质量管理体系的输入；输出是质量管理体系结果，其中包括了提供顾客期望的产品和服务、实现顾客满意。

(2) 组织质量管理体系过程在质量管理体系边界范围内(图 2-1 中虚线方框内)，包括领导作用(5)、策划(6)、支持(7)、运行(8)、绩效评价(9)、改进(10)等过程。这些过程相互关联、相互作用，构成了一个系统。质量管理体系的过程是以领导作用为核心的 PDCA 循环过程，最高管理者发挥领导作用是质量管理体系成功的关键。

(3) 标准的结构在 PDCA 循环中的展示图体现了七项质量管理原则要求。

① 质量管理体系需要识别顾客要求，质量管理体系输出结果包括顾客满意、产品和服务，体现了“以顾客为关注焦点”的质量管理原则。

② 质量管理体系的实施过程是以领导作用为核心的 PDCA 循环过程，体现了“领导作用”的质量管理原则。

③ 质量管理体系的支持(7)和运行(8)，需要全员积极参与，体现了“全员参与”的质量管理原则。

④ 质量管理体系过程的输入即顾客要求、组织环境、相关方要求，输出即质量管理体系的结果包括顾客满意、产品和服务；为了实现输出结果，组织策划并实施的质量管理体系所需要的过程及其相互作用(5～10)，体现了“过程方法”的质量管理原则。

⑤ 质量管理体系实施过程包括“改进”(10)环节，体现了“改进”的质量管理原则。

⑥ 质量管理体系实施过程包括“绩效评价”(9)环节，基于事实的绩效评价，体现了“循证决策”的质量管理原则。

⑦ 相关方的概念超越了仅关注顾客的范畴，并扩展到所有的相关方。识别相关方是理解组织环境和过程的组成部分。组织的成功，有赖于吸引、赢得和保持有关相关方的支持。因此，需要开展包括顾客和供方在内的相关方的关系管理，这体现了“关系管理”的质量管理原则。

(二)组织环境

该部分内容阐述 ISO 9001 标准第 4 章的要求。ISO 9001 的第 4 章从整体上提出了组织如何在理解自身及其所处环境的基础上，理解相关方的需求和期望，并确定质量管理体系的范围和过程。内容要点如图 2-2 所示。

标准的具体内容如下。

1. 理解组织及其环境

组织应确定与其宗旨和战略方向相关并影响其质量管理体系预期结果的能力的各种外部因素和内部因素。

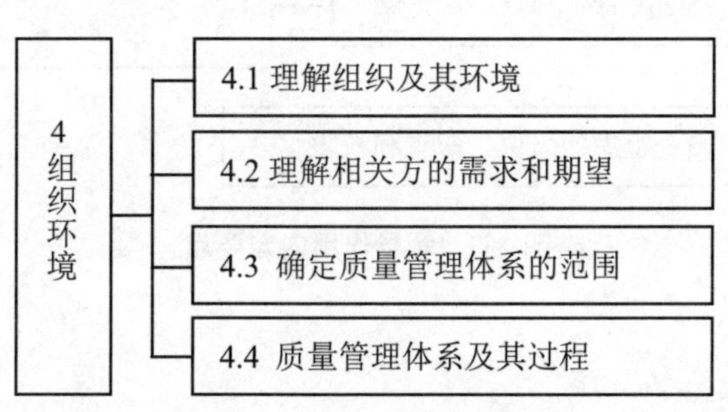

图 2-2　组织环境内容要点

组织应对这些外部因素和内部因素的相关信息进行监视和评审。

2. 理解相关方的需求和期望

由于相关方对组织稳定地提供符合顾客要求及适用法律法规要求的产品和服务的能力具有影响或潜在影响，因此，组织应确定与质量管理体系有关的相关方及其要求。

3. 确定质量管理体系的范围

组织应确定质量管理体系的边界和适宜性，以确定其范围。

如果本标准的全部要求适用于组织确定的质量管理体系范围，组织应实施标准的全部要求。

组织的质量管理体系范围应作为成文信息，可获得并得到保持。该范围应描述所覆盖的产品和服务类型，如果组织确定本标准的某些要求不适用于其质量管理体系范围，应说明理由。

只有当所确定的不适用的要求不影响组织确保其产品和服务合格的能力或责任，对增强顾客满意也不会产生影响时，方可声称符合本标准的要求。

4. 质量管理体系及其过程

(1) 组织应按照本标准的要求，建立、实施、保持和持续改进质量管理体系，包括所需过程及其相互作用。

(2) 在必要的范围和程度上，组织应做到以下两点。

① 保持成文信息以支持过程运行。

② 保留成文信息以确信其过程按策划进行。

(三)领导作用

该内容阐述了 ISO 9001 第 5 章的要求。领导作用是质量管理体系运行的核心，也是 PDCA 循环运行的中心环节。这部分主要规定了组织最高管理者在质量管理体系中应履行的职责，其内容要点如图 2-3 所示。

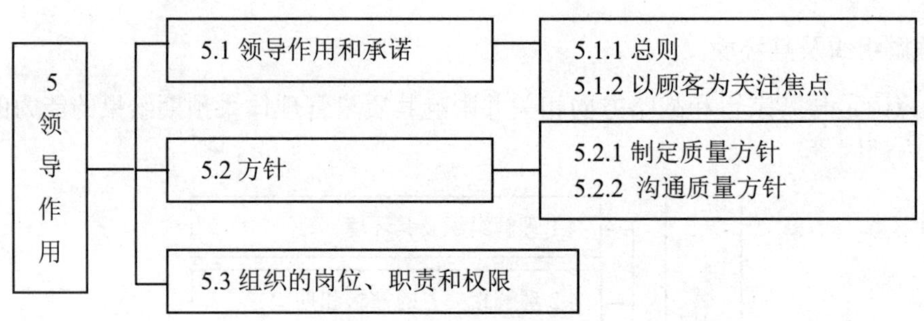

图 2-3　领导作用内容要点

标准的具体内容如下。

1. 领导作用和承诺

1) 总则

最高管理者应通过以下几方面，证实其对质量管理体系的领导作用和承诺。

(1) 对质量管理体系的有效性负责。

(2) 确保制定质量管理体系的质量方针和质量目标，并与组织环境相适应、与战略方向相一致。

(3) 确保质量管理体系要求融入组织的业务过程。

(4) 促进使用过程方法和基于风险的思维。

(5) 确保质量管理体系所需的资源是可获得的。

(6) 沟通有效的质量管理和符合质量管理体系要求的重要性。

(7) 确保质量管理体系实现其预期结果。

(8) 促使人员积极参与，指导和支持他们为质量管理体系的有效性作出贡献。

(9) 推动改进。

(10) 支持其他相关管理者在其职责范围内发挥领导作用。

2) 以顾客为关注焦点

最高管理者应通过以下几方面，确保其以顾客为关注焦点的领导作用和承诺。

(1) 确定、理解并持续地满足顾客要求以及适用的法律法规要求。

(2) 确定和应对风险和机遇，这些风险和机遇可能影响产品和服务合格以及增强顾客满意的能力。

(3) 始终致力于增强顾客满意。

2. 方针

1) 制定质量方针

最高管理者应制定、实施和保持质量方针，质量方针包括以下几方面。

(1) 适应组织的宗旨和环境并支持其战略方向。

(2) 为建立质量目标提供框架。

(3) 包括满足适用要求的承诺。

(4) 包括持续改进质量管理体系的承诺。

2) 沟通质量方针

质量方针包括以下几方面。

(1) 可获取并保持成文信息。

(2) 在组织内得到沟通、理解和应用。

(3) 适宜时，可为相关方所获取。

3. 组织的岗位、职责和权限

最高管理者应确保组织相关岗位的职责和权限得到分配、沟通和理解。

(四)策划

该内容阐述了 ISO 9001 第 6 章的要求，其内容要点如图 2-4 所示。

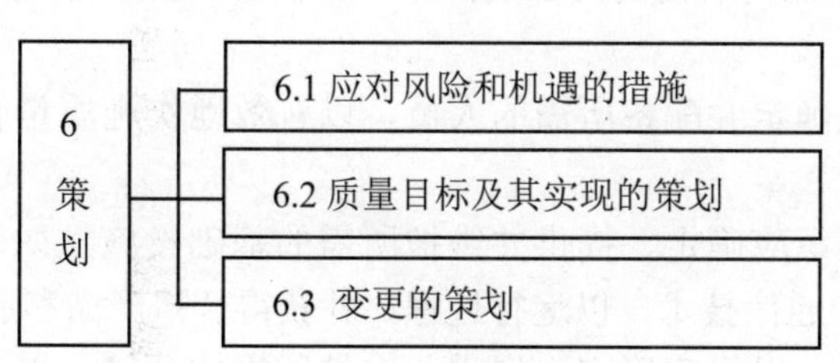

图 2-4　策划内容要点

标准的具体内容如下。

1. 应对风险和机遇的措施

在策划质量管理体系时，组织应确定需要应对的风险和机遇，策划应对这些风险和机遇的措施，并在质量管理体系过程中实施这些措施，评价这些措施的有效性，以确保质量管理体系能够实现其预期结果，增强有利影响，预防或减少不利影响，并实现改进。

2. 质量目标及其实现的策划

组织应针对相关职能、层次和质量管理体系所需的过程建立可测量的、与质量方针保持一致的质量目标，保持有关质量目标的成文信息。同时，组织应策划如何实现质量目标，包括：要做什么，需要什么资源，由谁负责，何时完成，如何评价结果。当组织确定需要对质量管理体系进行变更时，应考虑变更的目的及其潜在的后果、资源的可获得性、质量管理体系的完整性、职责和权限的分配或再分配。

(五)支持

该内容阐述了 ISO 9001 第 7 章的要求，其内容要点如图 2-5 所示。

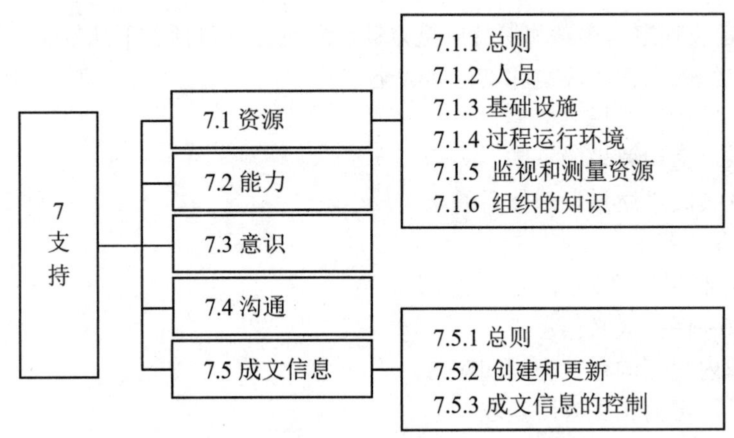

图 2-5 支持内容要点

标准的具体内容如下。

1. 资源

组织应确定并提供下列所需的内部资源和外部供方资源，以建立、实施、保持和持续改进质量管理体系。

(1) 人员。组织应确定并配备所需的人员，以有效地实施质量管理体系，并运行和控制其过程。

(2) 基础设施。组织应确定、提供并维护所需的基础设施，如建筑物和相关设施、设备、运输资源、信息和通信技术，以运行过程，并获得合格产品和服务。

(3) 过程运行环境。组织应确定、提供并维护所需的环境，以运行过程，并获得合格产品和服务。适宜的运行环境可能是人为因素与物理因素的结合。

(4) 监视和测量资源。当利用监视或测量来验证产品和服务符合要求时，组织应确保所提供的资源适合开展监视和测量活动的特定类型，并得到维护，以确保持续适合其用途。组织应保留适当的成文信息，作为监视和测量资源适合其用途的证据。

当要求测量溯源时，或组织认为测量溯源是信任测量结果有效的基础时，测量设备应对照能溯源到国际或国家标准的测量标准，按照规定的时间间隔或在使用前进行校准和(或)检定，并应保留作为校准或验证依据的成文信息。测量设备要予以识别，以确定其状态。同时，测量设备要予以保护，防止由于调整、损坏或衰减所导致的校准状态和随后的测量结果的失效。当发现测量设备不符合预期用途时，组织应确定以往测量结果的有效性是否受到不利影响，必要时应采取适当的措施。

(5) 组织的知识。组织的知识是组织从其经验中获得的特有的知识。例如，知识产权，从标准、学术交流、专业会议、顾客或外部供方收集的知识，这些知识应予以保持。为应对不断变化的需求和发展趋势，组织还应审视现有的知识，确定如何获取或接触更多必要的知识和知识更新，以运行过程，确保获得合格的产品和服务。

2. 能力

组织应基于适当的教育、培训或经验，确保在其控制下工作的人员具备所需的能力，适当时，要采取措施，如对在职人员进行培训、辅导或重新分配工作，以获得所需的能力，并保留适当的成文信息，作为人员能力的证据。

3. 意识

组织应确保在其控制下的工作人员知晓质量方针和相关的质量目标，知晓他们对质量管理体系有效性的贡献，包括改进绩效的益处和不符合质量管理体系要求的后果。

4. 沟通

组织应确定与质量管理体系有关的内部沟通和外部沟通，包括沟通什么、何时沟通、与谁沟通、如何沟通、谁来沟通。

5. 成文信息

(1) 组织的质量管理体系应包括本标准要求的成文信息，以及组织所确定的、为确保质量管理体系有效性所需的成文信息。

(2) 在创建和更新成文信息时，组织应确保适当的标识和说明，确保采用适当的形式、评审和批准，以保持适宜性和充分性。

(3) 应控制质量管理体系和本标准所要求的成文信息，以确保妥善保护，在需要的场合和时机，均可获得并适用。为控制成文信息，适用时，组织应分发、访问、检索和使用，同时还应存储和防护，保持可读性。对所保留的、作为符合性证据的成文信息应予以保护，防止非预期的更改。对于组织确定的策划和运行质量管理体系所必需的来自外部的成文信息，组织应进行适当识别，并予以控制。

(六)运行

该内容阐述了 ISO 9001 的第 8 章的要求，其内容要点如图 2-6 所示。

1. 运行的策划和控制

为满足产品和服务提供的需求，组织应确定产品和服务的要求，建立过程、产品和服务的接收准则，并按照准则实施过程控制，在必要的范围和程度上，确定并保持、保留成文信息，以确信过程已经按策划进行，证实产品和服务符合要求。

组织应控制策划的变更，评审非预期变更的后果，必要时，采取措施减轻不利影响。组织还应确保外包过程受控。

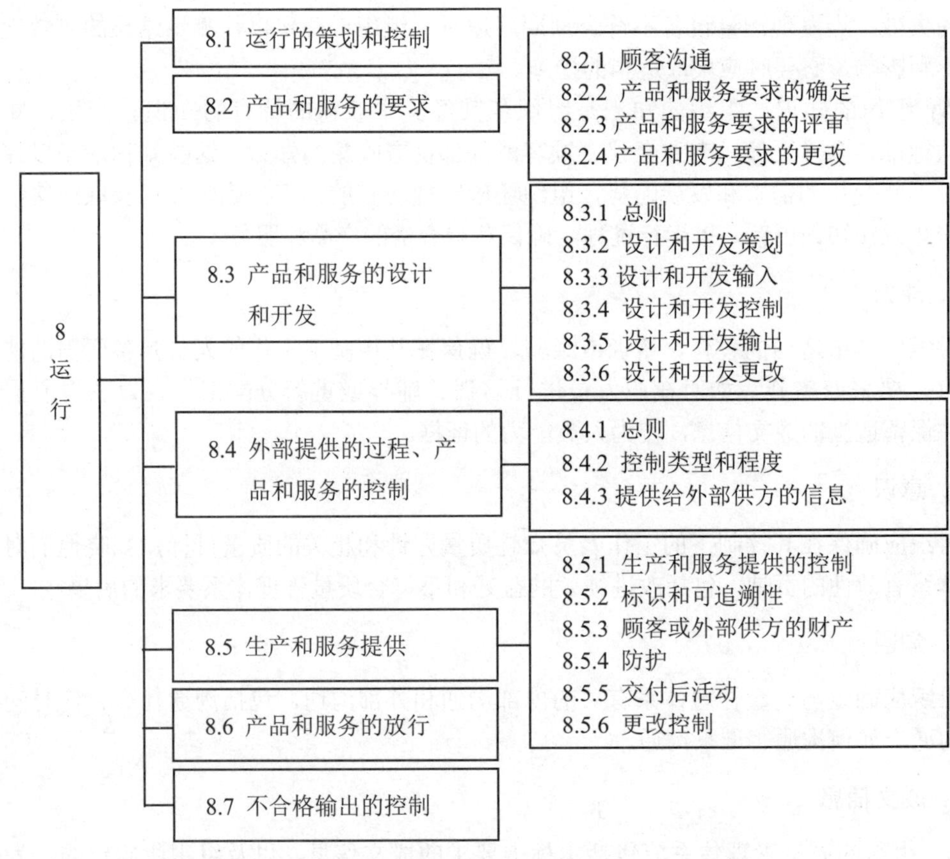

图 2-6 运行内容要点

2. 产品和服务的要求

(1) 顾客沟通。与顾客沟通的内容应包括以下几方面。

① 提供有关产品和服务的信息。

② 处理问询、合同或订单，包括变更。

③ 获得有关产品和服务的顾客反馈，包括顾客投诉。

④ 处置或控制顾客财产。

⑤ 关系重大时，制定应急措施的特定要求。

(2) 产品和服务要求的确定。在确定向顾客提供的产品和服务的要求时，组织应确保产品和服务满足适用的法律法规要求、组织认为的必要要求和所声明的要求。

(3) 产品和服务要求的评审。组织应确保有能力向顾客提供满足要求的产品和服务。在承诺向顾客提供产品和服务之前，组织应对以下各项要求进行评审。

① 顾客规定的要求，包括对交付及交付后活动的要求。

② 顾客虽然没有明示，但规定的用途或已知的预期用途所必需的要求。

③ 组织规定的要求。

④ 适用于产品和服务的法律法规要求。

⑤ 与以前表述不一致的合同或订单要求。

若顾客没有提供成文的要求，组织在接受顾客要求前应对顾客要求进行确认。适用时，组织应保留评审结果、产品和服务的新要求的成文信息。

(4) 产品和服务要求的更改。若产品和服务要求发生更改，组织应确保相关的成文信息得到修改，并确保相关人员知道已更改的要求。

3. 产品和服务的设计和开发

(1) 组织应建立、实施和保持适当的设计和开发过程，以确保后续的产品和服务的提供。

(2) 在确定设计和开发的各个阶段和控制时，组织应考虑：设计和开发活动的性质、持续时间和复杂程度；所需的过程阶段，包括适用的设计和开发评审；所需的设计和开发验证、确认活动；设计和开发过程涉及的职责和权限；产品和服务的设计和开发所需的内部、外部资源；设计和开发过程参与人员之间接口的控制需求；顾客及使用者参与设计和开发过程的需求；对后续产品和服务提供的要求；顾客和其他相关方所期望的对设计和开发过程的控制水平；证实已经满足设计和开发要求所需的成文信息。

(3) 设计和开发输入。组织应针对所设计和开发的具体类型的产品和服务，确定必需的要求。组织应考虑：功能和性能要求；来源于以前类似设计和开发活动的信息；法律法规要求；组织承诺实施的标准或行业规范；由产品和服务性质所导致的潜在的失效后果。

针对设计和开发的目的，输入应是充分和适宜的，且应完整、清楚，要解决相互矛盾的设计和开发输入问题。同时，组织应保留设计和开发输入的成文信息。

(4) 设计和开发控制。组织应对设计和开发过程进行控制，以确保：规定拟获得的结果；实施评审活动，以评价设计和开发的结果满足要求的能力；实施验证活动，以确保设计和开发输出满足输入的要求；实施确认活动，以确保形成的产品和服务能够满足规定的使用要求或预期用途；针对评审、验证和确认过程中确定的问题采取必要措施；保留这些活动的成文信息。

(5) 设计和开发输出。组织应确保设计和开发的输出，包括：满足输入的要求；满足后续产品和服务提供过程的需要；引用监视和测量的要求，适当时，还需接收准则；规定产品和服务特性，这些特性对于预期目的、安全和正常提供是必需的。

组织应保留有关设计和开发输出的成文信息。

(6) 设计和开发更改。组织应对产品和服务在设计和开发期间以及后续所做的更改进行适当的识别、评审和控制，以确保这些更改对满足要求不会产生不利影响。组织应保留下列成文信息：设计和开发更改；评审的结果；更改的授权；为防止不利影响而采取的措施。

4. 外部提供的过程、产品和服务的控制

(1) 总则。组织应确保外部提供的过程、产品和服务符合要求。在下列情况下，组织应确定对外部提供的过程、产品和服务实施的控制。

① 外部供方的产品和服务将构成组织自身的产品和服务的一部分。

② 外部供方代表组织直接将产品和服务提供给顾客。

③ 组织决定由外部供方提供过程或部分过程。

组织应基于外部供方按照要求提供过程、产品和服务的能力，确定并实施对外部供方的评价、选择、绩效监视以及再评价的准则。对于这些活动和由评价引发的任何必要的措施，组织应保留成文信息。

(2) 控制类型和程度。组织应确保外部提供的过程、产品和服务不会对组织稳定地向

顾客交付合格产品和服务的能力产生不利影响。

① 确保外部提供的过程保持在其质量管理体系的控制之中。

② 规定对外部供方的控制及其输出结果的控制。

③ 考虑外部提供的过程、产品和服务对组织稳定地满足顾客要求和适用的法律法规要求的能力的潜在影响，以及由外部供方实施控制的有效性。

④ 确定必要的验证或其他活动，以确保外部提供的过程、产品和服务满足要求。

(3) 提供给外部供方的信息。组织应与外部供方沟通以下要求。

① 需提供的过程、产品和服务。

② 对产品和服务，方法、过程和设备，产品和服务的放行的批准。

③ 能力，包括所要求的人员资格。

④ 外部供方与组织的互动。

⑤ 组织使用的对外部供方绩效的控制和监视。

⑥ 组织或其顾客拟在外部供方现场实施的验证或确认活动。

5. 生产和服务提供

(1) 生产和服务提供的控制。组织应在受控条件下进行生产和服务提供。适用时，受控条件应包括以下几方面。

① 可获得成文信息，以规定拟生产的产品、提供的服务或进行的活动的特性和拟获得的结果。

② 可获得和使用适宜的监视和测量资源。

③ 在适当阶段实施监视和测量活动，以验证是否符合过程或输出的控制准则以及产品和服务的接收准则。

④ 为过程的运行使用适宜的基础设施，并保持适宜的环境。

⑤ 配备胜任的人员，包括所要求的资格。

⑥ 若输出结果不能由后续的监视或测量加以验证，应对生产和服务提供过程实现策划结果的能力进行确认，并定期进行再确认。

⑦ 采取措施防止人为错误。

⑧ 实施放行、交付和交付后的活动。

(2) 标识和可追溯性。需要时，组织应采用适当的方法识别输出，以确保产品和服务合格。组织应在生产和服务提供的整个过程中按照监视和测量要求识别输出状态。当有可追溯要求时，组织应控制输出的唯一性标识，并应保留所需的成文信息以实现可追溯。

(3) 顾客或外部供方的财产。组织应爱护在组织控制下或组织使用的顾客或外部供方的财产(顾客或外部供方的财产可能包括材料、零部件、工具和设备以及场所、知识产权和个人资料)。对组织使用的或构成产品和服务一部分的顾客和外部供方财产，组织应予以识别、验证、保护和防护。若顾客或外部供方的财产发生丢失、损坏或发现不适用情况，组织应向顾客或外部供方报告，并保留所发生情况的成文信息。

(4) 防护。组织应在生产和服务提供期间对输出进行必要的防护，以确保符合要求。防护可包括标识、处置、污染控制、包装、储存、传输或运输以及保护。

(5) 交付后活动。组织应满足与产品和服务相关的交付后活动的要求。在确定所要求的交付后活动的覆盖范围和程度时，组织应考虑：法律法规要求；与产品和服务相关的潜在不良的后果；产品和服务的性质、使用和预期寿命；顾客要求；顾客反馈。

交付后活动可包括保证条款所规定的措施、合同义务(如维修服务等)和附加服务(如回收或最终处置等)。

(6) 更改控制。组织应对生产或服务提供的更改进行必要的评审和控制，以确保持续地符合要求。组织应保留成文信息，包括有关更改评审的结果、授权进行更改的人员以及根据评审所采取的必要措施。

6. 产品和服务的放行

组织应在适当的阶段实施策划的安排，以验证产品和服务的要求已得到满足。

除非得到有关授权人员的批准，适用时得到顾客的批准，否则在策划的安排已圆满完成之前，不应向顾客放行产品和交付服务。组织应保留有关产品和服务放行的成文信息，包括符合接收准则的证据，和可追溯到授权放行人员的信息。

7. 不合格输出的控制

组织应确保对不符合要求的输出进行识别和控制，以防止非预期的使用或交付。

组织应根据不合格的性质及其对产品和服务符合性的影响采取适当措施。这也适用于在产品交付之后，以及在服务提供期间或之后发现的不合格产品和服务。组织应通过下列一种或几种途径处置不合格输出。

(1) 纠正。

(2) 隔离、限制、退货或暂停对产品和服务的提供。

(3) 告知顾客。

(4) 获得让步接收的授权。

对不合格输出进行纠正之后应验证其是否符合要求。

(七)绩效评价

该内容阐述了 ISO 9001 第 9 章的要求，其内容要点如图 2-7 所示。

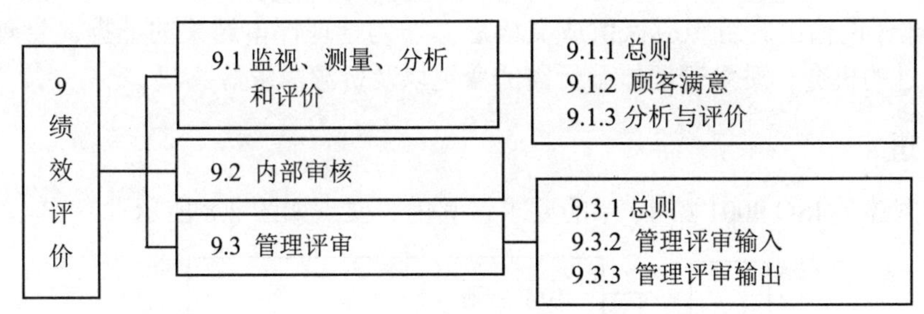

图 2-7　绩效评价内容要点

标准的具体内容如下。

1. 监视、测量、分析和评价

(1) 总则。组织应确定需要监视和测量什么；需要用什么方法进行监视、测量、分析和评价，以确保结果有效；何时实施监视和测量；何时对监视和测量的结果进行分析和评价。组织应保留适当的成文信息，以作为结果的证据。

(2) 顾客满意。组织应通过顾客调查、顾客对交付产品或服务的反馈、顾客座谈、市场占有率分析、顾客赞扬、担保索赔和经销商报告等方式，监视顾客对其需求和期望已得到满足的程度的感受。同时，组织应确定获取、监视和评审该信息的方法。

(3) 分析与评价。组织应分析和评价通过监视和测量获得的适当的数据和信息。应利用分析结果评价产品和服务的符合性、顾客满意程度、质量管理体系的绩效和有效性、策划是否得到有效实施、应对风险和机遇所采取措施的有效性、外部供方的绩效以及质量管理体系改进的需求。

2. 内部审核

(1) 组织应按照策划的时间间隔进行内部审核，以提供有关质量管理体系的下列信息。

① 是否符合组织自身的质量管理体系要求和本标准的要求。

② 是否得到有效的实施和保持。

(2) 组织应依据有关过程的重要性和对组织产生影响的变化和以往的审核结果，策划、制定、实施和保持审核方案，审核方案包括频次、方法、职责、策划要求和报告，规定每次审核的审核准则和范围。选择审核员并实施审核，以确保审核过程客观、公正。确保将审核结果报告给相关管理者，以便及时采取适当的纠正和纠正措施。此外还应保留成文信息，作为审核实施方案以及审核结果的证据。

3. 管理评审

(1) 总则。最高管理者应按照策划的时间间隔对组织的质量管理体系进行评审，以确保其持续的适宜性、充分性和有效性，并与组织的战略方向保持一致。

(2) 管理评审输入。策划和实施管理评审时，应考虑以往管理评审所采取措施的情况，与质量管理体系相关的内外部因素的变化。有关质量管理体系绩效和有效性的信息，包括顾客满意和有关相关方的反馈、质量目标的实现程度、过程绩效以及产品和服务的合格情况、不合格及纠正措施、监视和测量结果、审核结果、外部供方的绩效等。

(3) 管理评审输出。组织应保留成文信息，作为管理评审结果的证据。管理评审的输出应包括改进的机会、质量管理体系所需的变更以及资源需求等。

(八)改进

该内容阐述了 ISO 9001 第 10 章的要求，其内容要点如图 2-8 所示。

图 2-8　改进内容要点

标准的具体内容如下。

1. 总则

组织应确定和选择改进机会，并采取必要措施。例如，纠正、纠正措施、持续改进、突破性变革、创新和重组，以满足顾客要求和增强顾客满意。

2. 不合格和纠正措施

(1) 当出现不合格时，包括来自投诉的不合格，组织应通过评审和分析不合格，确定不合格的原因和是否存在或可能发生类似的不合格，评价是否需要采取措施，以消除产生不合格的原因，避免其再次发生或者在其他场合发生。

(2) 组织应保留成文信息，作为不合格的性质以及随后所采取的措施的证据。

3. 持续改进

组织应持续改进质量管理体系的适宜性、充分性和有效性。组织应考虑分析和评价的结果以及管理评审的输出，以确定是否存在需求或机遇，这些需求或机遇应作为持续改进的一部分加以应对。

第三节　质量管理体系的建立与运行

一个组织质量管理体系的设计和实施要受到组织的业务环境、该环境的变化、与该环境有关的风险，以及组织不断的需求、具体目标、所提供的产品、所采用的过程以及组织的规模和组织结构等因素的影响。因此，组织需结合本组织及其产品的性质等，对质量管理体系的建立作出安排。质量管理体系的建立应在贯彻 ISO 9001 标准的基础上进行，是一项庞大的系统工程，包括质量管理体系的策划和决策，建立质量管理体系文件，质量管理体系试运行及质量管理体系正式运行等阶段。建立质量管理体系的工作流程如图 2-9 所示。

一、质量管理体系的策划和总体设计

质量管理体系要按 ISO 9001 标准，在建立之初就对组织进行统筹规划、系统分析、整体设计，并提出设计方案。

质量管理体系总体设计的内容为：领导决策，统一认识；组织落实，成立机构；教育培训，制订实施计划；质量管理体系策划。

1. 领导决策，统一认识

建立和实施质量管理体系的关键是组织领导要高度重视，将其纳入领导的议事日程，在教育培训的基础上进行正确的决策，并亲自参与。

2. 组织落实，成立机构

根据组织的规模、产品及组织结构，建立不同形式、不同层次的工作小组。

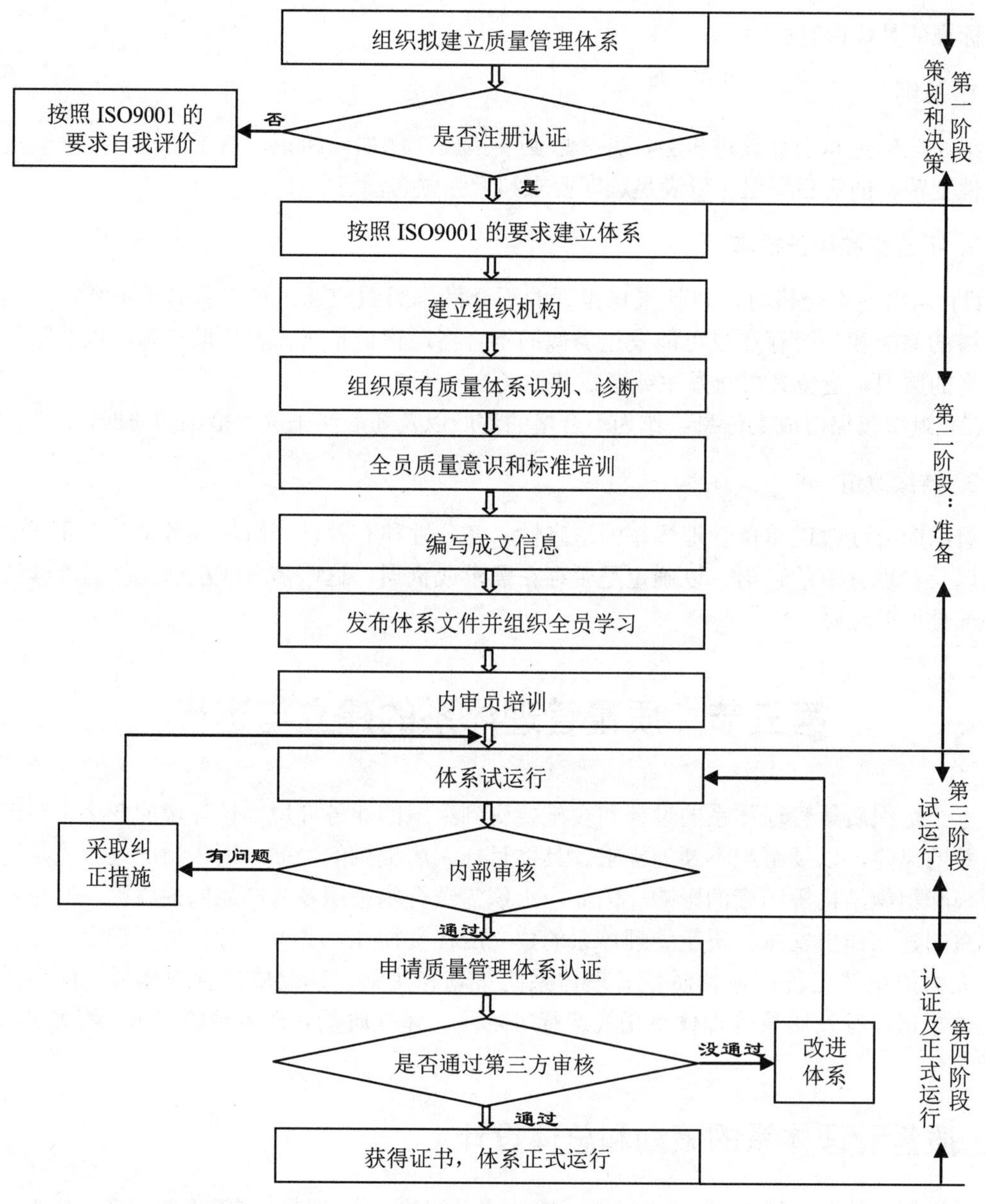

图 2-9　组织建立质量管理体系工作流程

3. 教育培训，制订实施计划

除了对领导层的培训外，还必须对骨干人员及全体员工进行分层次的教育培训。

4. 质量管理体系策划

质量管理体系策划是组织中最高管理者的职责，通过策划确定质量管理体系的适宜性、充分性和完整性，以保证体系运行结果有效。

质量管理体系策划的具体工作内容为：识别产品、识别顾客，并确定与产品有关的要求，制定质量方针和目标；识别并确定过程；确定为确保过程有效运行和控制所需的准则和办法；确定质量管理体系范围(对标准要求的合理删减)；合理配备资源等。

二、质量管理体系文件编制的原则

质量管理体系文件编制的原则有以下四种。

1. 系统协调原则

质量管理体系文件是按照系统建立的，用来表述、规定和证实该体系全部结构和活动的文件。它必须遵循系统协调一致的原则，包括体系文件、内部文件以及组织其他管理文件的协调一致性。

2. 合理优化原则

质量管理体系文件的编制过程应是质量管理体系优化的过程。体系文件不是对质量管理体系现状的简单写实，而是对照 ISO 9001 标准的要求进行的增减优化。质量管理体系的优化应是合理的和渐进的。

3. 操作实施原则

编制体系文件切忌照搬其他组织的文件，也不宜少数人“闭门造车”；应该充分发挥各部门中熟悉本组织情况、有实践经验的人员集思广益、共同参与，确保文件切实可行。

4. 可证实原则

正确理解标准要求，“形成文件的质量管理体系”，而不是一个“文件体系”。应本着可证实过程得到有效的策划、运行和控制，体系能够得到有效实施和持续改进的原则编写文件。

三、质量管理体系的运行

质量管理体系文件编制完成后，体系将进入试运行阶段。试运行的目的是考验质量管理体系文件的有效性和协调性，并对暴露的问题采取纠正和改进措施，以达到进一步完善质量管理体系的目的。

1. 质量管理体系文件的发布和宣讲

质量管理体系文件经批准后，应由组织的最高管理者发布，并通过一定的形式(如会议等)宣布质量管理体系投入运行和新的质量管理体系文件生效。在此阶段，教育培训应该先行。

2. 组织协调

质量管理体系是借助其组织结构的组织与协调来运行的。组织与协调工作的主要任务是组织实施质量管理体系文件，协调各项质量活动，排除运行中的各种问题，使质量管理体系正常运行。

3. 质量监控

质量管理体系在运行过程中，各项活动及其结果会不可避免地发生偏离标准的现象，因此必须实施质量监控。质量监控的主要任务是对产品、过程、体系进行连续监视、验证和控制，发现偏离管理标准或技术标准的问题，及时反馈，以便采取纠正措施，使各项质量活动和产品质量均能符合规定的要求。

4. 信息管理

在质量管理体系运行过程中，质量信息反馈系统对异常信息进行反馈和处理，实行动态控制，使各项质量活动和产品质量处于受控状态。信息管理与质量监控和组织协调工作是密切相关的。异常信息经常来自质量监控，信息处理要依靠组织协调工作。三者的有机结合，是质量管理体系有效运行的保证。

四、质量管理体系评价

质量管理体系评价包括内部审核、管理评审和自我评价。

(一)内部审核

1. 内部审核的概念

内部审核是指以组织自己的名义所进行的自我审核，又称为第一方审核。

ISO 9001 标准 9.2 对内部审核的要求是：通过定期审核，确定组织的质量管理体系活动及其有关结果是否符合计划安排，以及确定质量管理体系的符合性和有效性。

(1) 确定质量管理体系活动是否符合计划安排。通过内部审核，确定质量管理体系为保证产品质量而开展的质量活动是否符合标准和质量管理体系策划的要求。

(2) 确定质量活动的结果是否符合计划安排。通过内部审核，确定过程控制是否有效，产品和服务质量是否达到了预定的目标和要求。

(3) 确定质量管理体系的有效性。通过内部审核，确定组织中运行的质量管理体系是否达到组织的质量目标。

2. 内部审核的程序

(1) 准备与策划。这一阶段的主要工作有编制审核计划、任命审核组长、指定审核员、制定检查表等。

(2) 实施。审核员到达受审核部门，通过提问、验证、观察进行质量管理体系运行客观证据的收集，并做好现场审核记录。

(3) 审核结果评价。现场调查、取证以后，根据审核发现判断审核内容是否符合标准或文件的规定，判定不合格项，编制不合格报告，并提交审核报告。

(4) 制定和确认纠正措施。受审核部门针对审核中发现的不合格项制定纠正措施，审核员可以参加受审核部门对纠正措施的讨论和对有效性的评价。这一点与外部质量审核有较大的差异，外审员在审核时不能参与受审核方咨询性的活动。

(5) 改进与评价效果。这是内部审核的后续工作。受审核部门要逐项落实纠正措施，并对采取的纠正措施进行评价。审核员要对前次审核中不合格项的纠正措施是否有效进行审核，并提出报告。直到内部审核不合格项的纠正措施得到有效跟踪，审核才宣告结束。

(二)管理评审

1. 管理评审的概念

管理评审是“为了确保质量管理体系的适宜性、充分性、有效性和效率，以达到规定的目标所进行的活动”，是由最高管理者就质量方针和目标，对质量管理体系的适宜性、充分性和有效性所进行的正式评价。管理审核可以包括对质量方针和质量目标的评审，审核还应包括评价质量管理体系改进的机会和变更的需要。管理评审定期进行，最长的间隔时限不得超过 12 个月，但在组织内部或环境因素有大的变化时应随时进行。管理评审应保持评审记录，并提交评审报告。

2. 管理评审的输入与输出

ISO 9001 标准 9.3.2“评审输入”规定了管理评审应输入的信息，包括以下几项。

(1) 以往管理评审所采取措施的情况。

(2) 与质量管理体系相关的内外部因素的变化。

(3) 下列有关质量管理体系绩效和有效性的信息，包括其趋势。

① 顾客满意和有关相关方的反馈。

② 质量目标的实现程度。

③ 过程绩效以及产品和服务的合格情况。

④ 不合格及纠正措施。

⑤ 监视和测量结果。

⑥ 审核结果。

⑦ 外部供方的绩效。

(4) 资源的充分性。

(5) 应对风险和机遇所采取措施的有效性。

(6) 改进的机会。

3. 管理评审的输出

ISO 9001 标准 9.3.3“评审输出”明确指出，组织应保留成文信息，作为管理评审结果的证据。管理评审的输出应包括与下列事项相关的决定和措施。

(1) 改进的机会。

(2) 质量管理体系所需的变更。

(3) 资源需求。

坚持管理评审制度，有利于组织的质量管理体系持续有效和不断改进，也是组织建立自我改进、自我完善机制的重要措施。

(三)自我评价

ISO 9004 标准是用于组织进行自我评定的标准。评价的目的是确定组织改进的资金投向，测量组织实现目标的进展；评价的实施者是组织的最高管理者；评价的结论是组织有效性和效率以及质量管理体系成熟水平方面的意见或判断。

五、质量管理体系的持续改进

持续改进是组织永恒的目标。组织全面实施 ISO 9001 标准建立质量管理体系，在运行过程中，“应利用质量方针、质量目标、审核结果、数据分析、纠正和预防以及管理评审，持续改进质量管理体系的有效性”。

(一)进行持续改进的基本途径

进行持续改进一般有两条途径，突破性改进和渐进性改进，而且是通过项目的形式进行具体实施。

1. 突破性改进项目

突破性改进项目是对现有过程进行改进，或实施新过程。突破性改进项目通常由日常运作之外的跨职能小组来实施。突破性改进项目通常包含对现有过程进行重大的再设计。

突破性改进项目应包括以下活动。

(1) 确定改进项目的目标和框架。

(2) 对现有的过程进行分析，并认清变更的机会。

(3) 确定并策划过程改进。

(4) 实施改进。

(5) 对过程的改进进行验证和确认。

(6) 对已完成的改进作出评价。

2. 渐进性持续改进项目

渐进性持续改进项目是由组织内人员对现有过程进行步幅较小的持续改进活动。持续改进项目由组织的员工通过参与工作小组来实施。为有效地开展渐进性持续改进项目的活动，应做到以下几点。

(1) 员工参加改进活动工作组，并提供改进的信息。

(2) 组织对改进活动进行控制，以便了解改进的效果。

(3) 参与改进活动的人员应被授予相应的权利，并得到有关的技术支持和必需的资源。

(二)持续改进的步骤

无论突破性改进还是渐进性持续改进，都要遵循以下步骤。

(1) 改进的原因。识别过程中存在的问题，选择改进的区域，并记录改进的原因。

(2) 目前的状况。评价现有过程的有效性和效率。收集数据并进行分析，以便发现哪类问题最常发生；选择特定问题并确立改进目标。

(3) 分析、识别并验证问题的根本原因。

(4) 确定可能解决问题的办法。寻求解决问题的可替代办法。选择并实施最佳解决问题的办法，即选择并实施能消除产生问题的根本原因以及防止问题再次发生的解决办法。

(5) 评价效果。确定问题及其产生的根源已被消除或其影响已经减少，解决办法已经产生了作用，并实现了改进的目标。

(6) 实施新的解决办法并规范化。用改进的过程代替老过程，防止问题及造成问题的因素再次发生。

(7) 针对已完成的改进措施，评价过程的有效性和效率。对改进项目的有效性和效率作出评价，并考虑在组织的其他地方使用这种解决办法。

第四节 质量认证

质量认证是由独立的第三方权威机构，对组织的产品质量及其质量管理体系进行证实的活动。它是国家宏观管理的重要手段。通过有效的宏观管理，为组织创造良好的质量环境、提供公平的竞争机会，从而激发组织的内在动力，向社会提供更优质的产品。

一、认证制度的产生和发展

质量认证制度是随着市场经济的发展而逐步建立起来的。在现代质量认证制度产生之前，组织为推销自己的产品，往往采用“合格声明”的方式，以此取得顾客对产品质量的信任。随着科学技术的发展，产品结构和性能日趋复杂，因而产生了顾客对组织质量保证能力的评定或称“第二方合格评定”。

现代第三方质量认证制度起源于英国。1903 年，英国创立了世界上第一个质量认证标志，即由 B、S 字母组成的“风筝标志”。该标志以英国国家标准为检验依据，具有科学性和公正性。自 1922 年，该标志依照英国商标法注册，成为受法律保护的认证标志，至今仍在使用。自 1920 年起，德国、奥地利等国家纷纷效仿英国，建立起以本国标准为依据的认证制度。第二次世界大战以后，英国、法国、日本、美国、加拿大、比利时等国家相继颁布并实行产品质量认证制度。20 世纪 50 年代，质量认证制度基本上在所有的工业发达国家得到普及。自 60 年代开始，苏联和东欧国家也陆续推行产品质量认证制度。发展中国家，除印度较早实行质量认证外，其他大多数国家是从 70 年代起推行质量认证制度的。

鉴于质量认证开始跨越国界这一新情况，1970 年，ISO 成立了“认证委员会”(CERTICO)，1985 年，ISO 又将其更名为“合格评定委员会”(Conformity Assessment Committee，CASCO)，开始从技术角度协调各国的认证制度，促进各国认证机构和检验结果的相互认可，以消除各国由于标准、检验和认证过程中存在的差异而带来的贸易困难，并进一步制定出国际质量认证制度。

1981 年我国原国家标准局授权原电子工业部组织有关部门成立了国内第一个产品认证机构。1985 年 5 月国务院、中央军委批准颁布了《军工产品质量管理条例》，规定对军工产品承制单位的质量体系进行考核，考核合格的企业才能承担军工产品的研制和生产任务。1991 年国务院发布了《中华人民共和国产品质量认证管理条例》。随后，国家技术监督局颁布了一系列有关质量认证的法规性文件。1993 年，国家首批认可了上海质量体系审核中心、中国新时代质量体系认证中心、中国船级社质量认证公司、中国质量管理协会质量保证中心等六家质量体系认证机构。

20 世纪 90 年代中期，质量认证的国际多边承认取得了实质性进展。在 ISO、IEC 和

IAF(国际认可论坛)三方的共同努力下，于 1996 年 7 月在美国西雅图召开了包括我国在内的 IAF 第八次工作会议。会议总体确定了认证机构国家认可制度，实现了国际多边承认的基本原则和程序。

二、基本概念

(一)合格评定

合格评定是指：“以直接或间接的方式确定相关要求被满足的活动。”

合格评定包括认证和认可两个方面，如图 2-10 所示。

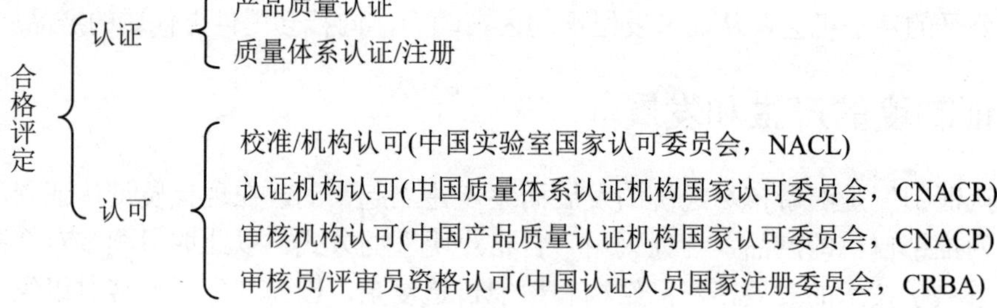

图 2-10　合格评定的主要活动

认证也称质量认证。认可的对象是指与认证有关的机构和人员的认可。

(二)质量认证

质量认证是指第三方依据程序对产品、过程或服务符合规定的要求给予书面保证(合格证书)。质量认证包括两种类型：产品质量认证和质量管理体系认证。

理解“质量认证”这一概念必须明确以下几点。

1. 认证的对象

按照合格评定的范围，认证的对象是产品或质量管理体系。当只对产品进行安全认证时，认证的对象特指产品的安全特性。

2. 认证的依据

认证的依据是标准和有关的法律法规。产品认证应符合具有国际水平的国家标准或行业标准。现行标准内容不能满足认证需要的，应由认证委员会组织制定补充技术要求。对名特产品，可以依据国家质量技术监督局确认的标准实施认证。

对质量管理体系认证，则依据 ISO 9001 进行认证。

3. 认证的证明方式

认证(Certification)英文的原意是出具证书的活动。当产品或质量管理体系经认证合格后，则可用合格证书或产品认证标志的形式向顾客和有关方面传递“符合标准”的信息。

4. 认证的主体

这里讲的主体，是质量认证或质量审核的执行机构。根据定义，质量认证应由独立于第一方和第二方的并经国家认可的第三方认证机构实施，以保证认证的客观性、公正性和权威性。

5. 认证的性质

认证按其性质可分为强制性认证和自愿性认证。由国家法律、行政法规、规章规定应执行强制性标准的产品(这类产品多与安全、人体健康有关)应执行强制性认证，即产品未经合格认证不得销售、进口和使用。对于执行推荐性标准的产品和企业的质量管理体系一般不执行强制性认证，而是执行自愿性认证的原则。这里讲的“自愿”应体现在是否申请认证和申请哪一家认证机构认证，都是申请方的自主行为。

6. 认证的目的

质量认证的目的，对企业来说，是通过取得合格证书或合格标志向顾客证实自己的产品质量水平或企业的质量保证能力，从而提高企业信誉，增强市场竞争能力。对顾客来说，可通过识别合格标志选择供方或选购满足自己要求的产品，从而起到“导购”作用。质量认证的另一目的是减少重复性检查，做到相互认可。

(三)产品质量认证

产品质量认证是指依据产品标准和相应技术要求，经认证机构确认并通过颁发认证证书和认证标志来证明某一产品符合相应标准和技术要求的活动。

根据《产品质量认证管理条例》规定，产品认证分为安全认证和合格认证。安全认证属于强制性认证的范畴，而合格认证一般是自愿的。

原国家质量监督检验检疫总局和国家认证认可监督管理委员会于 2002 年陆续发布了《强制性产品认证管理规定》等四个文件。强制性产品认证制度是政府为保护广大消费者的人身安全、保护动植物的生命安全、保护环境、保护国家安全，依照有关法律法规实施的一种对产品是否符合国家强制标准、技术规则的合格评定的制度。这种认证主要通过制定强制性产品认证的产品目录和强制性产品认证程序规定，对列入目录中的产品实施强制性检测和审核。凡列入目录内的产品未获得指定机构的认证证书、未按规定加施认证标志，不得出厂、进口、销售和在经营服务场所使用。

(四)质量管理体系认证

质量管理体系认证是根据国际标准化组织(ISO)颁布的 ISO 9001 质量管理体系国际标准，经过认证机构对企业的质量管理体系进行审核，并以颁发认证证书的形式证明企业的质量管理体系和质量保证能力符合相应的要求，授予合格证书并予以注册的全部活动。

1. 质量管理体系认证机构

根据我国的法律法规，在国内从事质量管理体系认证的机构必须取得国家的资格认可。中国合格评定国家认可委员会(CNAS)统一负责质量管理体系认证国家资格认可和获准认可后的日常监督。经认可的认证机构的运作应满足下述规定。

(1) 认证机构运作所遵循的原则和方针以及内部管理应具有公正性，并以公正的方式实施管理。

(2) 认证机构的服务应向所有的申请人开放，不应附加过分的财务或其他条件。

(3) 对申请人的质量管理体系评定遵循的准则应是质量管理体系标准或是与其职能有关的引用文件所给出的要求。

(4) 认证机构应在拟认证的范围内规定其认证要求，进行评定和作出认证的决定。

2. 质量管理体系认证证书和认证标志

(1) 认证证书。认证机构向获准认证通过的企业颁发质量管理体系认证证书。该证书一般包括：证书号、申请方地址、名称、所认证质量管理体系覆盖的产品范围、评定依据的质量管理体系标准、颁发证书的机构、签发人、日期。该证书的有效期为三年。

(2) 认证标志。认证机构向获准认证通过的企业颁发带有认证机构专有标志的体系认证标志。企业可以利用其做广告宣传，表明本企业所具有的质量信誉，但不得张贴在产品上，也不得以任何可能误以为产品合格的方式使用标志。

(五)产品质量认证和质量管理体系认证的关系

1. 产品质量认证和质量管理体系认证的联系

产品质量认证和质量管理体系认证同属质量认证的范畴，都具有质量认证的以下特征。

(1) 两种认证类型都有具体的认证对象。

(2) 产品质量认证和质量管理体系认证都是以特定的标准作为认证的基础。

(3) 两种认证都是由第三方独立主导进行的活动。

(4) 产品质量认证和质量管理体系认证都要求企业建立质量管理体系，都要求对企业质量管理体系进行检查评定，以评定企业是否具有使产品持续符合技术规范的能力。产品质量认证进行质量管理体系审核时应充分利用质量管理体系认证的审核结果，质量管理体系认证进行质量管理体系审核时应充分利用产品质量认证的质量管理体系审核结果。

2. 产品质量认证与质量管理体系认证的区别

产品质量认证与质量管理体系认证虽然有必然的联系，但也存在区别。表 2-2 从认证对象、认证目的、获准认证条件、证明方式、证书的使用、性质、认证的保持等几个方面总结了产品质量认证与质量管理体系认证的主要区别。

表 2-2　产品质量认证与质量管理体系认证的主要区别

项　　目	产品质量认证	质量管理体系认证
认证对象	特定产品	质量管理体系
认证目的	证明供方的特定产品符合规定标准要求	证明供方的质量管理体系有能力确保其产品满足规定的要求(需方合同、法规、供方内部标准等)
获准认证条件	产品质量符合指定标准要求，质量管理体系满足指定的质量保证标准要求及特定产品的补充要求	质量管理体系满足 ISO 9001 标准要求和必要的补充要求
证明方式	产品质量认证证书及认证标志	质量管理体系认证(注册)证书及认证标志

续表

项　　目	产品质量认证	质量管理体系认证
证书的使用	证书不能用于产品，标志可用在获准认证的产品上	证书和标志都不能在产品上使用
性质	一般为自愿性，对于实行强制认证产品的企业，必须申请产品质量认证	自愿性
认证的保持	对认证产品实施监督检查	定期监督供方质量管理体系，不对产品实物实施监督检查

三、获得认证的条件和程序

(一)获得 ISO 9001 认证的条件

不同的认证机构在其上级认可机构的要求下会有不同的具体要求，通常，获得 ISO 9001 认证需要具备以下基本条件。

(1) 建立了符合 ISO 9001：2015 标准要求的质量管理体系。

(2) 质量管理体系至少已运行 3 个月以上，并被审核判定为有效。

(3) 认证审核前至少完成了一次或一次以上全面有效的内部审核，并提供有效的证据。

(4) 认证审核前至少完成了一次或一次以上有效的管理评审，并提供有效的证据。

(5) 质量管理体系持续有效，并同意接受认证机构每年的年审和每三年的复审，作为对质量管理体系是否得到有效保持的监督。

(6) 承诺遵守证书及标志的使用规定。

(二)质量管理体系认证程序

我国质量管理体系认证的实施程序如下。

1. 认证申请

按企业经营需要，确定认证机构。由申请者按认证机构的需要填写申请表及附件，提交要求提供的资料。认证机构认为需要时安排初访，以了解组织现状，确定审核范围，确定审核工作量。

2. 签订合同

认证机构对申请者提交的申请表及附件的完整性进行审查，决定是否受理申请。若受理则签订合同，确定正式合作关系，缴纳申请费，委托方或被审核方向认证机构提交管理手册、程序文件及相关背景材料。若不受理，则书面通知申请者并说明理由。

3. 审查质量管理体系文件

在签订认证合同后，认证机构首先要对申请组织提交的质量管理体系文件进行审查，详细评定申请组织的体系文件是否符合申请认证选定标准的要求，若发现不符合，认证机构通知申请方修正或补充。

4. 现场审核准备

认证机构委托一个具有资格的审核组，提出审核计划，确定审核目的、范围、准则、日程安排等，审核计划要经申请方确认无异议后方可执行。为提高审核工作效率并规范审核工作，应将现场审核过程中使用的所有工作文件，如检查表、记录表、不合格报告、审核报告等准备齐全。

5. 现场审核活动实施

(1) 首次会议。首次会议是实施审核的开端，是审核组全体成员与受审核方领导及有关人员共同参加的会议，是第三方审核必须召开的一次重要的会议。

(2) 现场审核。首次会议结束后，即进入现场审核阶段，现场审核应执行计划安排，具体的审核内容按检查表进行。在审核过程中，发现有重大不合格项，明显不能通过时，审核组长应及时告知受审核方，并停止审核。如受审核方要求继续审核，可视情况而定。

(3) 末次会议。现场审核以末次会议结束。末次会议的主要目的是向受审核方说明审核结果，宣读审核报告，以使他们能够清楚地理解审核结论。审核结论包括推荐注册、不推荐注册和纠正措施有效实施后推荐注册三种。

6. 认证机构批准注册

认证机构技术委员会审定是否批准注册，如批准，则颁发认证证书，并在其网站上公布。

7. 定期监督审核

质量管理体系认证注册后有效期一般为三年。在此期间，认证机构根据认证管理的有关规定，对获证单位的质量管理体系进行监督，以证实是否持续符合要求。监督审核一般为每年一次。

8. 期满后重新评定

当认证注册有效期满，获证单位要求保留注册资格时，需重新提出认证申请，认证机构受理后重新组织认证审核。复评合格者，认证机构将对其重新换发认证证书。

四、质量认证中的选择

(一)产品认证和体系认证的选择

一个企业是选择产品认证还是选择质量管理体系认证，或者两种认证都申请，主要取决于企业的生产性质和产品特点。

1. 企业只能或优先选择体系认证的情况有以下五种。

(1) 没有实体产品的企业，如银行、培训中心、咨询机构等。

(2) 有产品，但产品不是自己企业生产的，如商店、供销社等。

(3) 试验性或试制性生产企业。

(4) 单件、小批量产品的生产企业。

(5) 顾客要求提供质量管理体系认证证书的企业。

2. 企业只能或优先选择产品认证的情况有以下两种。

(1) 对于生产单一产品的企业，如生产水泥、汽车玻璃等企业应优先考虑产品认证。因为产品认证同样也包含质量体系的评定，而且产品认证的标志可用于产品上。

(2) 我国法律、行政法规或规章规定强制认证的产品必须申请产品认证。

3. 既可选择体系认证，又可选择产品认证的情况。

对于主导产品较多且又能够形成批量生产的企业，其选择主要取决于市场和顾客的需要。对这类企业也可采取两步走的办法，即先申请质量管理体系认证，打好管理基础，然后再有选择地申请产品认证。

(二)认证机构的选择

根据近几年的认证实践，以下几个原则可供参考。

(1) 对国内、国外认证机构而言，应优先选择国内认证机构。这主要是由于国内认证机构收费标准比国外认证机构低，而且注册后的监督检查也方便。

(2) 如果国外顾客指定提供某个认证机构的认证证书时，则应向外商指定的认证机构申请认证。

(3) 无论是国内还是国外认证，都应选择经国家认可的认证机构。

(4) 在经国家认可的认证机构中还要优先选择信任程度高的认证机构。

本 章 习 题

1. 为什么贯彻七项质量管理原则能使组织实现持续成功？
2. 试说明 ISO 9001 的目的以及采用本标准的意义。
3. 简述 ISO 9004 标准的作用。
4. 简述质量方针与质量目标之间的关系。
5. 建立质量管理体系一般应经历哪几个阶段？各阶段应做什么工作？
6. 内部审核的目的和程序有哪些？
7. 管理评审的输入和输出有哪些？
8. 何谓质量管理体系认证？
9. 何谓强制性产品认证？

案例：企业质量管理体系审核

针对下列场景，判断是否有不合格项，并指出不合格项不符合 ISO 9001 标准中的哪一条，简述其理由。

审核背景

××有限公司计划接受质量管理体系第三方认证。为此公司决定在认证审核前一个月开展内部审核。审核组分为三个小组，每小组 3 人，共 9 人，均持有内审员证书。以下是现场审核实施的部分记述摘录。

一、对公司领导及办公室的审核

1. 审核一组来到刘总办公室，张组长问："刘总，公司按照 ISO 9001 标准建立、实施质量管理体系，是在您的倡导、推动下进行的。目前公司质量管理体系已实施两个月，您认为在建立、实施、改进质量管理体系过程中，您的主要职责是什么？""我的职责主要是创造一种环境，一种能使员工参与管理、改进工作的环境。在体系的建立、实施的过程中，确保所需资源，支持内部审核。"刘总答后反问："你们认为，我们公司贯标认证工作的主要困难是什么？""主要困难是……"张组长犹豫了片刻，说："主要困难是我公司管理基础太薄弱。""基础差我倒不怕，最怕的倒是人的观念没有转变。"刘总说："如果能够通过贯标认证过程，转变员工的观念，提高员工的素质，我的目的也就达到了。""刘总，我们在宣传贯彻公司质量方针时，发现大家的理解并不一致，有时还为此争执。我们想听听刘总您对公司质量方针的解释。"刘总详细地阐述了公司质量方针的含义。刘总所述，在场三名审核员都是头一次听到，感到很新鲜。

随后按审核提纲，审核一组分别向刘总提出了公司质量目标的完成情况、管理者代表的作用、管理评审目的及执行情况、公司的经营观念、内部沟通、内部审核等问题，刘总都作了简短的回答。审核时间用了 50 分钟，便结束了。

2. 审核二组来到公司行政办公室。李组长建议先看培训，负责培训的杨工捧出早已准备好的培训资料，各类人员培训规范齐全并有年度培训计划，经王主任批准签字。但该计划未下发。在查主要工种应知应会培训时，审核组只查到有课堂培训记录、试卷，除此以外再无培训记录。李组长问及主要、关键、特殊岗位持证情况时，杨工翻出台账，该台账记录了所有发证人员名单。李组长问："哪些岗位为特殊工种？"杨工说："过去没有明确，文件上也没有确定，我自个儿定的。"李组长又问："行车、锅炉工、内审员、电工等人员为何没有发证记录？"杨工说："这些人员都是委托外部培训的，所以不作记录。"

3. 根据李组长要求，王主任提供了一本该年全公司方针目标管理表二级汇编。该汇编包括了公司、职能部门和各个分厂的方针目标管理表。李组长翻阅时，没有见到二桥分厂目标管理表。供应部目标管理表中第三项目标为：保质保量满足生产需要；品质部目标中表中第四项目标为成品一次交验合格率为 98%，而该目标在公司方针目标管理表中规定为 98.5%。李组长问："公司方针目标上半年完成情况怎样？""上半年进行过一次方针目标自查活动。"王主任边说，边拿出方针目标自查表。李组长抽查了品质部、销售部、热加工分厂三份自查表，三个部门对目标完成情况都有统计数据，但均无统计分析说明。

二、对技术部和品质部审核

4. 审核三组审核技术部的产品开发。今年以来，技术部共开发了两个产品，其中一个产品正在进行工作图设计，另一个产品已投入批量生产。在查 CPD30 叉车(已投产)时，技术部李副经理提供了一整套的设计文件和资料，包括产品开发建议书、产品设计任务书、设计计算书、各种系统原理图、产品零件图、部件图、装配图、对设计输入输出装配图的设计评审报告以及样机试验报告等。参加产品设计任务书评审的人员有技术部设计组、生产、供应、销售服务财务等部门代表；参加装配图设计评审的人员有设计组、工艺组、供应、动力、销售服务、财务等部门代表。季组长问："参加设计评审人员是怎么确定的？"李副经理回答："公司有明文规定，我们是严格按照规定执行的。"这时，审核员季正拿着样机试验报告问整机性能试验有没有原始记录，李副经理说有，并马上派马工去取。马工说不知道资料放在哪儿，站在一旁的王小姐说可能在李工那里，她去取。审核员继续审查样机试验报告，他对检测要求中最大起升速度变化率≥240mm/s 这一指标产生疑问，李副经理叫来负责整机测试的陈工。陈工解释说，该指标有误，正确为 240±10%，但最大起升速度变化率≥240mm/s 符合蓄电池叉车分等标准要求。审核员问："王小姐什么时候能取来资料？"李副理解释道："王小姐正在资料室寻找，再过 10 分钟就可以拿来。"

这时审核员又催问王小姐整机原始记录有没有找到。正说着王小姐进来了，两手空空。前后相隔约一个半小时。站在一旁的陈工说他有整机性能试验记录，放在办公室里。过了一会儿，陈工拿着一本脏兮兮的笔记本进来了。他翻了半天才找到所需要的记录。审核员拿过来一看，密密麻麻地记着一大堆数据，但根本看不懂是什么意思。陈工解释说："这些都是试验原始数据，试验报告上的数据是根据这些数据整理而成的。"说到这儿，下班铃声响了。

5. 审核三组查品质部。先到精密测试室。测试室非常干净，装有空调。季组长问："对测试室有没有温湿度要求？"测试室组长说："有，温度在 25±1℃。"季组长看了看四周墙壁，问："测试室有没有温湿度计？"测试室组长笑答："过去有的，不知怎的不见了，我也没有重新安装。"季组长来到一位正在进行千分表检定的检定员身旁，问有没有资格证，该检定员从抽屉里拿出两本资格证，说她已取得长度、仪表两类资格证书。审核员对测试室巡视了一遍，所有的计量标准器的存放都非常整齐，并有防护措施。但发现测试室有 40 根校棒无任何标识。测试室组长解释说：这些校棒都是报废的。

6. 接着审核组来到计量检测中心办公室，季组长要求先看计量检测方面的台账资料，如周检计划、计量器具台账、计量器具检定卡片、记录等。中心主任指着身旁的小伙子说："这事由他负责，小李你去拿来。"并介绍道："小伙子是去年从计量学院分配来的，工作很认真，人很老实，也很爱钻研。"不一会儿，小伙子捧来了一大摞资料，堆满一桌。审核组开始翻阅起来。很显然小伙子在资料整理方面确实花了一番心血，应有的台账、记录都齐全。审核员查看了计量器具周检计划，并与计量器具台账进行了核对，没有差错，又与送检结果统计和检定书核对，发现压力表送检计划为 42 只，送检统计为 47 只，检定证书为 48 只，季成请他解释一下。小伙子略显慌乱，怔了半天说："其中 6 只是备用压力表，所以没有列入送检计划。"

7. 审核三组又转到品质部办公室，品质部经理接待了他们。审核组长要求他们拿该年度的 5~7 月三个月的所有检验资料。审核员查进货检验，季组长查成品检验。审核员抽查了 6 月的 8 份外购外协检验报告，发现 NO.012316 转向桥总成送检 60 台、抽验 10 台，NO.0875 门架总成送检 20 台、抽检 10 台。审核员问为什么不按照工厂规定的 QS3201 抽样方案实施抽检？品质部经理说：这是他决定的。他认为这样做比抽检方案严格，也容易操作。季组长抽查了 10 月份的 5 台整机性能检验资料。产品编号为 5060841 的叉车终端测试台检验记录(检验日期为 2001 年 6 月 10 日)中测滑量 S≤6M，实测 6M；转向轮转角外角 55°~60°，实测 54°；废气排放(必测)无记录。季组长问："一个检测项目不合格，一项未测，怎么在检验记录上还定为优等品呢？”品质部吴高工解释道：“这是两个不重要的指标，测不测无所谓，废气排放属抽测项目，整机抽查时已抽测。”“那么优等品还有没有标准？”季组长追问。吴高工说：“检验员都很清楚，通常都由他们决定。”

8. 季组长在查完整机性能测试资料后，提出要看质量检验计划。吴高工拿出一份打印的质量检验计划。按该计划规定，季组长抽查了 6 份检验资料，符合要求，在查到多路阀进货检验点时，季组长要求提供检验规程，吴高工找了半天没找到。他说这件事原由印工管，由于他已调走，检验规程可能已散失。季组长针对这个问题又查了几个进货检验点，结果发现转向器电机、三连机试、三连机和发动机空载时均无检验规程。

三、对供应部和销售部审核

9. 审核一组来到供应部，张组长查阅供方评定资料。供应部已编制合格供方目录。张组长问管内勤的张女士：“这项工作是由谁负责的？”张女士叫来老邵，老邵是供应部原辅材料采购的业务主管。老邵说：“供方评定我负责列出所有原辅材料供方名单，评定是由黄经理、我和小王三人进行的，主要是根据供方以往的供货业绩确定的。”张组长把原供方名单核对了一下，只有一家没上合格供方目录。老邵说：“这些供方是老的，最新的也在一年以上，比较熟悉，所以基本保持不变。”张组长又问：“这些合格供方经谁批准？”老邵说：“胡副总看过，点过头。”

10. 审核员在翻阅今年 6～7 月的采购订单时请老邵介绍采购过程。老邵说：“首先由生产部门提出申请，经黄经理审批后再交由采购员采购。”审核员问：“当涉及新的技术质量要求时怎么处理？”老邵说：“通常由技术部门提出，如果技术部门不提出，就按原要求采购。”审核员指出采购单内没有技术质量要求一栏。老邵说：“如果有新的技术质量要求，我们一般写在备注内。”审核员又问：“有没有采购产品的技术标准？”老邵说：“没有。如果需要，我们向技术部要。”

11. 张组长抽出 8、9 两个月的所有采购单与供方目录核对。所有采购单上的供方都能在目录中找到。张组长问：“今年 1～7 月供方退货有几批？让步接收有几批？”“退货大概有吧，确切几批我不清楚。”老邵说：“对供货质量问题，我们一向抓得很紧。前几个星期我们还罚了乌元厂一万元呢。”张组长问：“有没有对供方供货业绩定期重新分析、评价？”老邵不以为然，认为：供货问题一出就向供方反馈并处理，没有必要对供方供货业绩进行分析。

12. 张组长问检验员钢材的存放与区分。检验员说：不同牌号钢材(板材、棒料)，用白油漆在货架上标明，每根棒料(圆钢)上都有白油漆写的牌号、规格。李组长和审核员在圆钢存放区仔细地看，发现有一货架上的三根短圆棒没有白油漆标志。在巡视中，审核员看到整个库房干净、宽敞、整齐，但也发现一些钢板的油封包装纸脱落，有的钢板已出现锈蚀。张组长向他们表示感谢，便与老邵一起离开了库房。

13. 审核组下午来到销售部。审核组长在翻阅合同时，发现一份编号 RS 01035 销售合同是由公司代理商签订的，合同标的为 350 万元，便指出：“公司授予代理商签订合同的权限为 150 万元。现合同标的已超越代理商代理协议的权限，此合同签订是否得到公司同意？”陈经理解释：“这个合同的签订，事先我已请示刘总。得到刘总同意后，我用电话通知代理商的。”

14. 审核组长话题一转，问及服务工作。陈经理详细地介绍道：“公司服务的重点是产品的售后服务，主要措施是：①在产品主要销售地区设立售后服务网点；②保证用户备品备件的供给；③编好产品使用维护文件；④组织用户培训；⑤挑选维修服务人员；⑥处理用户来电来函；⑦定期走访用户。”张组长要求：“你能不能提供上述有关的资料记录？”“行。小王！”陈经理喊道：“你把所有的服务资料拿来。”对面办公室的小王答应了一声，取来了五个档案盒。每个盒内资料都是按类存放的。第一个盒内装着用户信函及电话记录，每个用户的来信来电，都有处理结果记录。其中有 12 封来信都提到突然熄火这一故障，解决办法基本一致，这 12 封信前后相隔已近半年。第二个盒内装着“维修服务卡”，填写比较认真。第三个盒内装着售后服务网点有关资料。第四个盒内装着用户档案。第五个盒内装着用户使用维修质量统计分析资料。张组长看后比较满意。这时审核员提了个问题：“销售部维修服务人员有几个？”“15 人。”陈经理答道。“你能不能提供关于他们接受培训的记录？”“哟，我这儿没有，所有的培训记录都是由总经办保管的。”陈经理接着说：“如果你要，我叫小王去取。”“不用了，谢谢。”张组长阻止道。

四、对前处理分厂及二桥分厂审核

15. 审核一组来到前处理分厂。前处理分厂比较脏乱。陈厂长说：“我这个地方搞不干净的，谁来也搞不好。”张组长笑了笑，问陈厂长：“你这儿有几个特殊工序？”“特殊工序？我这儿没有特殊工序的。”“例如淬火工序，你们是怎么控制的？”张组长问。陈厂长不以为然道：“执行淬火工艺卡呗，还有什么控制措施？”他们一行人来到淬火工序，两名工人正在汗津津地干活，还有三名工人正坐着聊天。审核员查看了热处理记录，里面稀稀疏疏地记录着一些数据，签字的地方只有一个姓。他发现批号为 NO.1256，图号为 GD 5763-1 的一批 50 件齿轮中，有 20 件淬火硬度达不到标准材质化验报告说明，这些齿轮材料不是所要求的 40Cr 钢；又查了 NO.1234 投料单和化验单，说明投产的材质是 S50 圆钢。他还发现有两份工艺文件，都是技术部工艺室发布的有关文件：一份是 1990 年 1 月 13 日发布的编号为 KT-9401 的热处理工艺规程，另一份是 1994 年 3 月 1 日发布的 DT-9403 热处理作业指导书，两者在工艺参数和时间等方面不完全一致。

16. 继续往前走，来到一料工段。地上满是棒料，行走都比较困难。锯下的棒料分堆放在地上，堆与堆间距小，钢材端部材质的涂漆下料后已看不到了。每堆上只有一张卡片说明生产批、零件号、材质和数量。审核组长问工段长：“你们这批棒料的标志呢？”工段长笑着说：“生产任务繁重，忙都忙不过来，没有标志。我们也很清楚这些是什么材质的棒料，从来没有搞错过。”

17. 在车间见一车工正在加工 5t 制动检验模。审核员查看到图纸绘制在一张铅笔画的草图上，编号为铸钻 ZL107，日期为 2018 年 6 月 16 日，有一个签名。审核员问：“这个签字的人是谁？”工人说：“这是设计工程师。”“为什么没有批准人的签字？”二桥分厂厂长插话道：“该图纸是质量改进用的，由设计者出白图就可以了，用不着批准。另外，公司的程序文件上也无明确规定。”

18. 审核组来到检验站，看到一块黑板上写着“30—008 号零件焊接有裂缝”，但查不到相应的不合格品报告单。检验工长对审核员解释道：“此零件很大，只能修补返工，而修补又必须在下一道工序结束后进行，所以无法隔离，也就不开不合格报告单了，只能在零件上作个记号，等待返工。”审核组要求去看看，工长带着他们来到存放该零件的地方，零件上果然写有“返工”字，但无日期也无签字。在该零件旁，还存放着十余根前桥，每根前桥都挂有产品标识卡。二桥分厂厂长说：“除在每根前桥上挂标识卡外，还在前桥端部打上钢印，以保证追溯性。”审核组长问：“产品标识卡上的编号是否同前桥端部的钢印号一致？”“一致的。”厂长回答。审核员便去核对。核对到第六根，发现标识卡上编号为 9570824，而前桥端部钢印号为 5700836。厂长叫来一位检验员，指着这根前桥钢印号，问：“这是怎么回事？”检验员解释了他的编号方法。厂长又把一位加工者叫来，指着标识卡问其编号方法。检验员和加工者所述的编号方法不完全一致。

(资料来源：根据编者参加的公司内部审核员培训资料整理)

第三章　过程质量控制

学习要点

本章描述了质量变异及其统计规律，质量数据的常见分布，如正态分布、超几何分布、二项分布、泊松分布等，介绍了过程控制的常用统计方法，如排列图、因果图、直方图等，介绍了过程能力、过程能力指数的概念与计算方法，阐述了过程控制图的种类、原理与构造，以及控制图的判断准则。案例分析涵盖了本章的知识要点。

第一节　质量波动及其统计规律

一、质量波动及其原因

生产实践表明，在生产制造过程中，无论生产条件多么严格、生产环境多么理想，都无法加工出两个完全相同的零件，它们的特性值总是存在着差异，这种差异就被称为质量波动性(也称变异性)。因此，产品质量波动是生产制造过程的固有本性，具有普遍性和永久性的特点。

质量波动可分为偶然性波动和系统性波动两类。偶然性波动是由大量的、微小的、难以控制的因素引起的，这种波动具有随机性，比如材料成分的微小差异、机床的固有振动等。偶然性波动对产品质量的影响较小，在现有的生产技术条件下难以消除。从生产技术角度来看，偶然性波动属于技术要求范围允许的波动，因此，被称为正常波动。系统性波动是由少量的但较显著的可控因素而引起，这种波动不具有随机性，比如材料规格不符、设备故障、操作者违反操作规程等。系统性波动在未查明原因、采取纠正措施前始终具有系统性，往往会导致生产过程的失控，对产品质量的影响十分显著，甚至是破坏性的。因此，系统性波动也称为异常波动。系统性波动是由突发性因素引起的，在现有生产技术条件下是能够识别和消除的。生产过程质量控制的主要任务之一就是及时发现异常波动，查明原因，采取有效措施消除系统性波动，使生产过程重新回到受控状态。

偶然性和系统性、正常和异常之间的关系是相对的，在一定条件下偶然性因素引起的正常波动可以转化为异常波动。对微小的、不可控的随机性因素缺少有效的控制，会累积或诱发成系统性因素，导致异常性波动，使生产过程失控。由于技术和管理的进步，使原来难以识别和消除的正常波动变得可以识别并消除，这时，原来的正常波动在新的生产技术条件下将被转化为异常波动。为了不断地提高生产过程质量的控制水平，在有效控制正常波动、及时消除异常波动的基础上，应当通过质量改进，使一些不可控随机性因素逐渐变为可控的系统性因素，不断地提高质量管理水平。

造成质量波动的原因是多方面的。经过长期的生产实践，人们将影响过程质量的因素归纳为“5M1E”六大方面，具体内容如下。

(1) 操作者(man)：操作者的质量意识、技术水平、工作的熟练程度、身体素质等。

(2) 机器(machine)：机器设备、工卡具的精度和维修保养状况等。

(3) 材料(material)：材料的化学成分、物理性能以及外观质量等。

(4) 方法(method)：加工方法、操作规程以及工艺装备的选择等。

(5) 测量(measurement)：测量方法和手段以及测量的精度等。

(6) 环境(environment)：工作地的温度、照明、噪声及清洁条件等。

上述因素有时不包括测量，也称人、机、料、法、环4M1E因素。

二、质量波动的统计规律

质量波动的统计规律可通过质量数据的分布规律来判定。在稳定的生产状态下，随机收集生产现场大量的产品质量数据，并利用数理统计方法进行整理和分析，就可以发现和了解这些数据的分布规律，这就是产品质量波动的统计规律。掌握了稳定状态下的质量波动统计规律，就可以对生产过程的稳定与否进行诊断。方法是收集生产过程的产品质量数据，加工整理后得到其分布状况，如果其分布状况与稳定状态的分布规律差异较大，就说明生产过程有异常波动；如果差异很小，就说明生产过程的波动是正常波动。

(一)质量数据的收集

1. 质量数据收集的目的

质量数据收集的目的主要是为了解和分析生产过程是否处于稳定状态，以便控制生产过程质量。

2. 质量数据的分类

根据质量特性值的属性，可以把质量数据分为计量值数据和计数值数据两类，其中计数值数据又可分为计件值和计点值数据。计量值数据可以连续取值，如长度、面积、重量、温度等。计量值数据最常见的分布是正态分布。计数值数据不能连续取值，只能用整数表述，比如，不合格品数、疵点数、缺陷数等。计数值数据中只能按“件”计数时称为计件值数据，如一批产品中的不合格品数；若只能按“点”计数时称为计点值数据，如产品外观油漆上的瑕疵点或工件表面的缺陷数。计件值数据常见的分布是二项分布和超几何分布；计点值数据常见的分布是泊松分布。

3. 质量数据的取样

在质量管理中，我们通过对样本数据的研究来推断总体的状况。样本的取得对总体而言必须具有代表性，只有这样才能使推断的误差最小。随机抽样能有效地避免主观带来的倾向性误差(系统误差)，使得通过样本来估计和推断总体的误差最小。

(二)质量数据的整理

在质量管理现场收集到的质量数据往往是杂乱无章的，通过这些数据是得不到任何有关生产过程稳定与否的信息的。为了找出这些数据的内在规律，进而识别生产过程的波动信息，必须对数据进行加工整理。一般可以整理成两种形式：一种是整理成能够反映数据内在规律的图形；另一种是整理成能够反映波动信息的特征量。

1. 反映数据规律的图形

1) 计量值数据的整理与直方图

计量值数据的整理方法是进行统计分组，列出频数分布表，并绘制频数分布图，即直方图。关于直方图的做法和表示的含义将在本章第二节详细讲述。

2) 计数值数据的整理与条形图

计数值数据的整理方法是列出样本数据的一切可能取值，并统计样本中每一可能值的个数，即频数，并计算频率，列出频数(频率)分布表。计数值数据常用条形图来描述其分布规律。条形图与直方图不同，它由互不相邻的矩形组成，矩形的宽度没有意义。

2. 描述质量波动的特征量

1) 反映质量数据集中程度的特征量

反映质量数据集中程度的特征量有平均值、中位数和众数等。

① 平均值。计算公式为

$$\overline{x}=\frac{1}{n}\sum_{i=1}^{n}x_i \tag{3-1}$$

② 中位数。将数据按大小顺序排列，中间位置的数据就是中位数。若数据个数是偶数时，中位数就是正中间两个数的平均值。

③ 众数。一批数据中出现次数最多的那个数就是众数。

2) 反映质量数据离散程度的特征量

质量数据的离散程度实际上是反映质量波动程度的大小。离散程度大，说明质量波动程度也大；反之相反。反映离散程度的特征量有极差、样本方差和标准差等。

① 极差。极差是数据中最大值与最小值之差，记为 R。

$$R=x_{\max}-x_{\min} \tag{3-2}$$

② 方差。方差是各个数据与其算术平均数的离差平方和的平均数，记为 S^2，表示数据的波动大小。S^2 越大，说明数据的分散程度越大。

$$S^2=\frac{1}{n-1}\sum_{i=1}^{n}(x_i-\overline{x})^2 \tag{3-3}$$

③ 标准差。标准差是方差的算术根，记为 S。

$$S=\sqrt{\frac{1}{n-1}\sum_{i=1}^{n}(x_i-\overline{x})^2} \tag{3-4}$$

S 与 S^2 的实际含义是一样的，都是反映一组数据的离散程度。不同的是 S 的量纲与 $\overline{x}$ 的量纲一样，也和数据本身的量纲一样。

下面通过一个例子来说明质量波动的特征量在实际工作中的应用。

【例 3-1】设某产品性能指标的合格范围是 160～175。为要了解 A、B、C 三个工人技术水平的差异，特安排他们在同样的条件下生产这种产品。经过一段时间后，分别随机抽取了部分产品，并测得以下数据。试比较他们的技术水平。

A：166，164，167，165，168，169，170，167

B：171，178，182，167，153，152，161，172

C：191，190，167，150，197，154，144，143

解：经计算：

$$\overline{x}_A = \overline{x}_B = \overline{x}_C = 167$$

A、B、C 三个工人加工产品的均值均在合格范围内，说明生产过程无系统性因素的影响。数据的波动主要来自他们之间技术水平的差异，这种差异可以通过质量数据离散程度的特征量方差或标准偏差来反映。

$$S_A = \sqrt{\frac{1}{n-1}\sum_{i=1}^{n}(x_i - \overline{x})^2} = \sqrt{\frac{1}{8-1}\sum_{i=1}^{8}(x_i - 167)^2} = 2.0$$

同理得：S_B=10.98　　　　　S_C=22.58

有此可知，A 工人生产的产品质量波动最小，技术水平最高。

④ 变异系数(也称相对偏差)。变异系数是原始数据标准差与原始数据平均数的比。若两组数据的单位统一，用标准偏差来比较它们之间的离散程度是可以的。但是，若两组数据的单位不统一，就不能用标准偏差来比较，而需要用变异系数来比较。

例如，测量两种药品的杂质含量。第一种药品杂质含量的标准要求是不得超过0.15%，第二种药品杂质含量是不得超过 3.0%。经过对这两种药品杂质含量的抽检算得：$\overline{X}_1 = 0.1\%$，$\overline{S}_1 = 0.16\%$，$\overline{X}_2 = 2\%$，$\overline{S}_2 = 0.32\%$。哪种药品的杂质含量离散程度更大呢？

从 S 看，$S_2>S_1$，但第二种药品的度量尺度远大于第一种，实际结果并非如此。所以，用绝对标准差 S 来衡量尺度不同的数据的离散程度是不合理的。这种情况要用相对偏差，即变异系数 CV。

$$CV = \frac{S}{\overline{X}} \tag{3-5}$$

则

$$CV_1 = \frac{S_1}{\overline{X}_1} = \frac{0.16}{0.1} = 1.60$$

$$CV_2 = \frac{S_2}{\overline{X}_2} = \frac{0.32}{2} = 0.16$$

即：第二种药品杂质含量的相对离散程度是第一种药品的十分之一。

由于质量特性值的波动具有统计规律性，因此，产生过程质量波动也具有统计规律性。

第二节　过程控制的常用统计方法

一、排列图法

(一)排列图的概念

排列图法又称帕累托法，它是将质量改进项目从最重要到最次要进行排列而采用的一种简单的图示技术。排列图由一个横坐标、两个纵坐标、几个按高低顺序排列的矩形和一条累计百分比折线组成。

排列图是建立在帕累托原理的基础之上。帕累托原理是意大利经济学家帕累托(Wilfredo Pareto)在分析意大利社会财富分布状况时发现，社会上的多数人占有少数财富，而少数人却占有社会的多数财富，据此总结出“关键的少数和次要的多数”的结论。依据这一结论，就意味着在质量改进的项目中，少数的项目往往起着主要的、决定性的作用。通过区分最重要和最次要的项目，就可以用最小的努力获得最大的改进。

排列图有两个作用：一是按重要顺序显示出每个质量改进项目对整个质量问题的作用；二是识别进行质量改进的机会。

(二)排列图的做法

举例说明排列图的做法。

【例 3-2】某烟厂卷烟车间为了解烟支产品质量，在第四季度对成品抽样后得到外观质量不合格项目的统计资料，如表 3-1 所示。

表 3-1　卷烟成品不合格项目统计

项目	切口	贴口	空松	短烟	过紧	钢印	油点	软烟	表面
缺陷数	80	297	458	35	28	10	15	12	55

试分析导致烟支产品不合格的主要问题是什么？

解：用排列图进行分析的方法如下。

(1) 按排列图要求作不合格统计表。将造成不合格的原因(项目)按频数(缺陷数)从大到小排列，并计算各自所占比例和累计百分比，如表 3-2 所示。

表 3-2　不合格项目统计表

序号	项目	频数(支)	累计频数(支)	累计百分比(%)
1	空松	458	458	46.3
2	贴口	297	755	76.3
3	切口	80	835	84.3
4	表面	55	890	89.9
5	短烟	35	925	93.4
6	过紧	28	953	96.3
7	其他	37	990	100

注：把影响不大的项目钢印、油点和软烟合并为“其他”项。

(2) 作排列图。如图 3-1 所示。排列图由两个纵坐标、一个横坐标、几个代表缺陷项目大小的直方形和一条曲线组成。左边的纵坐标表示频数(缺陷数)，右边的纵坐标表示累计百分数；横坐标表示造成不合格的原因(项目)，按缺陷次数发生的多少从左到右排列；直方形的高度表示缺陷数；曲线表示各项目的缺陷累计百分比，这条曲线就是帕累托曲线。

(3) 分析。在排列图中，通常把影响因素分为 A、B、C 三类，在累计频比 80%与 90%两处画两条横线，把图分成三个区域。累计频比在 0～80%的因素是主要因素(A 类)，也就是需要改进的项目；在 80%～90%是次要因素(B 类)，视情况决定是否需要改进的项目；

90%～100%是一般因素(C 类)，一般是无须改进的项目。按照这个判断标准，本例中，造成卷烟外观质量不合格的主要原因是空松和贴口，这两项占到不合格的近 80%。因此，选择空松和贴口作为质量改进的主要对象，取得的效果将是最好的。

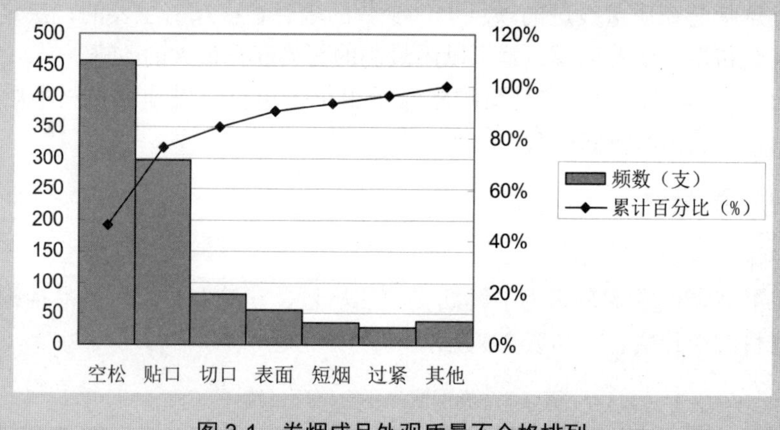

图 3-1　卷烟成品外观质量不合格排列

二、因果图法

(一)因果图的概念和结构

任何一项质量问题的发生都是有原因的，而且经常是多种复杂因素平行或交错地共同作用所致。要想有效地解决问题，就要从这些原因入手，而且，从粗到细地追究到最原始的因素，因果图正是解决这一问题的有效工具。

因果图因其图形像鱼刺，又称鱼刺图。在生产过程中，影响产品质量的因素是错综复杂、多种多样的。因果图就是整理和分析影响质量的各种原因之间的关系的一种工具，它通过带箭头的线，将质量问题与原因之间的关系表示出来，基本图形如图 3-2 所示。因果图由问题、原因和枝干组成。原因通常又分为大原因、中原因和小原因。枝干是表示问题与原因间的关系或原因与原因间关系的各种箭头。

(二)绘制因果图的注意事项

(1) 主干线箭头指向的问题只能是一个，即分析的问题只能是一个。

(2) 因果图中的原因是可以归类的，一般可以考虑把 4M1E 因素作为五大类原因。类与类之间不发生联系，要注意避免归类不当和因果倒置的错误。

(3) 在分析原因时，一定要找到主要原因。大原因不一定是主要原因，主要原因可以通过排列图、投票等方法来确定，并用方框框起来，以引起注意。原因分析应细到能够采取措施为止。

(4) 要广泛而充分地汇集各方面的意见，包括技术人员、生产人员、检验人员，甚至辅助人员等。因为各种问题的涉及面很广，各种可能因素不是少数人能考虑周全的。另外，要特别重视有实际经验的现场人员的意见。

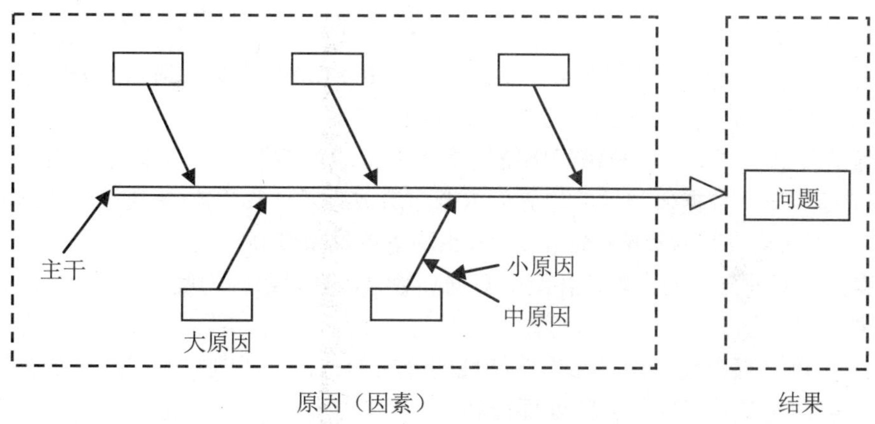

图 3-2 因果图

【例 3-3】一商店某种家具的销售量低于计划的指标，为了提高这种家具的销售量，经过分析，列出了四大原因：商品、人员、环境和服务。对每种原因又进行了分析，最后列出了因果图，如图 3-3 所示。从图的末端着手，经过进一步分析，得出了提高销售量的四个重要原因：家具品种不全、人员缺少专业培训、陈列格局没有突出主题、售后服务缺少特色。

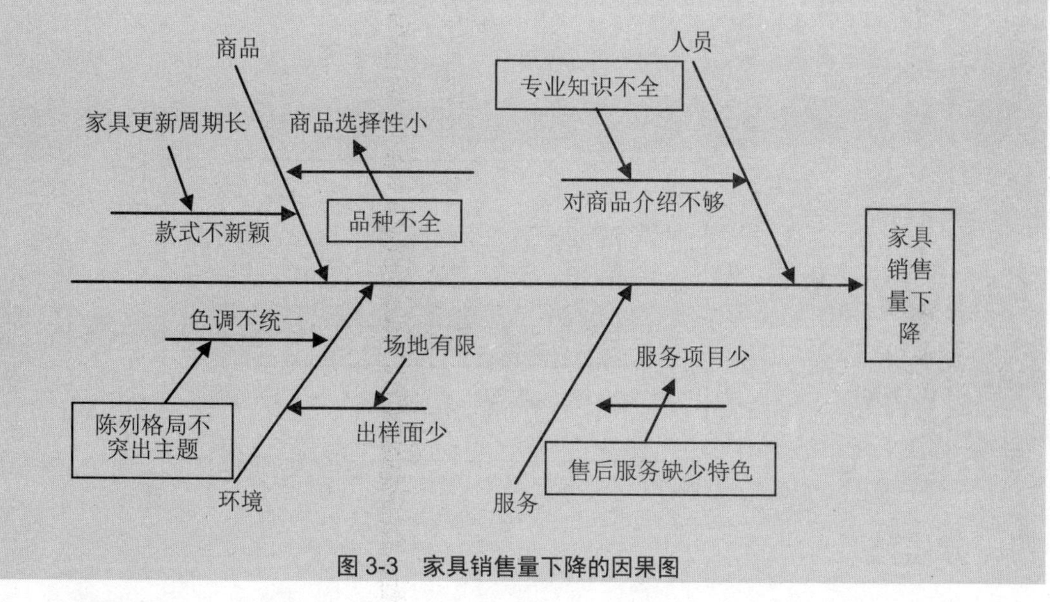

图 3-3 家具销售量下降的因果图

三、直方图法

直方图是适用于对大量计量值数据进行加工整理，找出其统计规律，即分析数据的分布形态，以便对其总体分布特征进行推断的方法。

绘制直方图的方法如下所述。

(1) 收集数据。数据个数一般在 100 个左右，至少不少于 50 个。理论上讲数据越多越好，但因收集数据需要耗费时间和人力、费用，所以收集的数据有限。

(2) 找出全体数据最大值 $x_{\max}$ 和最小值 $x_{\min}$，计算极差 R。

$$R=x_{max}-x_{min}$$

(3) 确定数据分组数 K 及组矩 h。根据经验，50～100 个数据，适当的分组数 K 取 6～10 组；100～250 个数据，K 取 7～12；组距 $h=R/K$。

(4) 确定各组上、下界。只需确定第一组下界值即可根据组距 h 确定各组的上、下界取值。为了避免出现数据值与组的边界值重合而造成频数计算困难(解决端点数据的归属问题)，边界值的尾数应取测量单位的 1/2，即比测量单位精度高一位。

(5) 累计频率画直方图。累计各组中数据频数 f_i，并以组距为底边，f_i 为高，画出一系列矩形，得到直方图。

从直方图可以直观地看出产品质量特性的分布形态，便于判断生产过程是否处于统计控制状态，以决定是否采取相应的处理措施。

【例 3-4】食品厂用自动装罐机生产午餐牛肉罐头。由于诸多因素的影响，罐头的重量有差异。现从生产线上随机抽取 100 只罐头，称其净重 x 值如表 3-3 所示。

有了数据，直接可以通过 Excel 或 SPSS 生成直方图。

表 3-3　直方图原始数据表及直方图

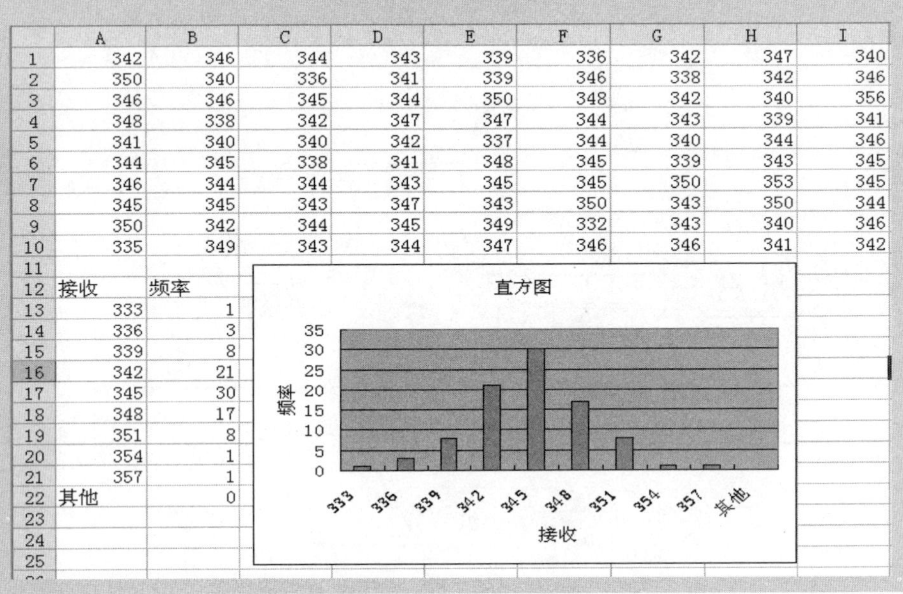

	A	B	C	D	E	F	G	H	I
1	342	346	344	343	339	336	342	347	340
2	350	340	336	341	339	346	338	342	346
3	346	346	345	344	350	348	342	340	356
4	348	338	342	347	347	344	343	339	341
5	341	340	340	342	337	344	340	344	346
6	344	345	338	341	348	345	339	343	345
7	346	344	344	343	345	345	350	353	345
8	345	345	343	347	343	350	343	350	344
9	350	342	344	345	349	332	343	340	346
10	335	349	343	344	347	346	346	341	342
11									
12	接收	频率							
13	333	1							
14	336	3							
15	339	8							
16	342	21							
17	345	30							
18	348	17							
19	351	8							
20	354	1							
21	357	1							
22	其他	0							
23									
24									
25									

四、分层法

分层法也叫分类法或分组法，是分析影响质量(或其他问题)原因的一种方法。它把所收集到的质量数据依照使用目的，按其性质、来源和影响因素等进行分类，把性质相同、在同一生产条件下收集到的质量特性数据归在一组，把划分的组叫作“层”，通过数据分层，把错综复杂的影响质量的因素分析清楚，以便采取措施加以解决。分层法经常同其他方法一起使用，可将数据分层之后再进行加工，整理成分层排列图、分层直方图、分层控制图和分层散布图等。

常用的分层法有以下几种。

(1) 按不同的时间分，如按不同的班次、不同的生产日期进行分类。

(2) 按操作人员分，如按新老工人、男女工人、不同技术等级分类。

(3) 按使用设备分，如按设备型号、新旧程度分类。

(4) 按操作方法分，如按切削用量、温度、压力等分类。

(5) 按原材料分，如按供料单位、进料时间、批次等分类。

【例 3-5】某区邮局投递班某年上半年投递的邮件发生差错的有 50 件。为了找出原因，明确责任，进行改进，对数据进行了以下分层。

(1) 按发生差错的时间分层，如图 3-4 所示。

(2) 按差错种类分层，如图 3-5 所示。

(3) 按操作人员分层，如图 3-6 所示。

差错/件
30
25
20
15
10
5
0
18
12
10
5
3
2
36%
60%
80%
90%
96%
100%
50%
0
一
三
四
六
二
五
时间/月份

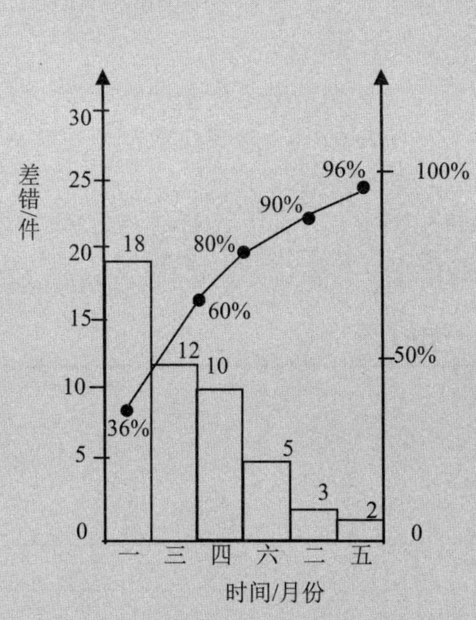

图 3-4　按发生差错的时间分层

差错/件
30
25
20
15
10
5
0
20
14
7
5
3
1
40%
68%
82%
92%
98%
100%
50%
0
误投
丢失签收卡
漏盖戳记
漏投
漏开信箱
其他
差错种类

图 3-5　按差错种类分层

差错/件
30
25
20
15
10
5
0
18
11
10
6
5
40%
50%
78%
90%
100%
50%
0
李
赵
于
王
刘

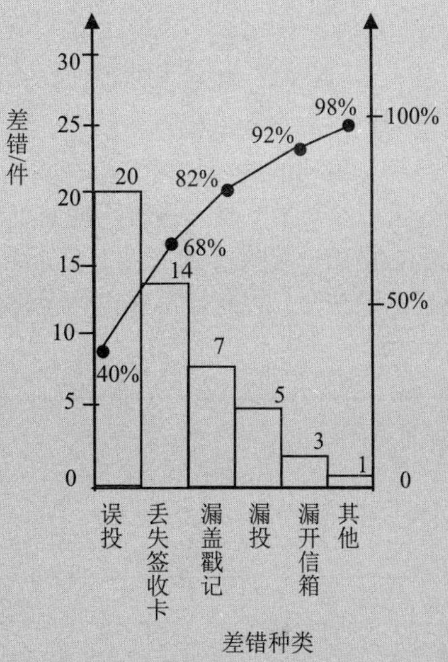

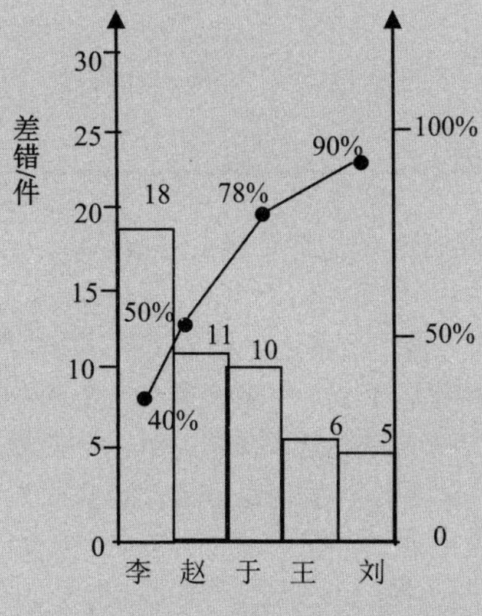

图 3-6　按操作人员分层

通过这三种分层可以看出：分层时标志的选择十分重要。标志选择不当就不能达到“把不同质的问题划分清楚”的目的。所以分层标志的选择应使层内数据尽可能均匀，层与层之间数据差异明显。

通过发生差错的时间分层，可知一月份差错稍多，可能是受业务量的影响；按差错种类分层，可知误投及丢失签收卡的差错严重，应作为重点问题来解决；按操作人员分层的情况来看，李某和赵某的差错占比较大，可提醒两人应重视工作质量。由此可见，经过分层可以找出问题的本质原因，进而能够针对性地提出解决问题的办法。

五、统计分析表法

统计分析表又叫检查表或调查表，是利用统计图表进行数据整理和粗略的原因分析的一种工具。在应用时，可根据调查项目和质量特性采用不同的格式。

常用的检查表有缺陷位置检查表、不合格品分项检查表、成品质量调查表等。其特点是把产品可能出现的情况加以分类，并预先列成表格，检验产品时只需要在相应的分类中进行统计，即可对质量数据进行粗略的整理和简单的原因分析。

如不合格品分项检查表是将不合格品按其种类、原因、工序、部位或内容等情况进行分类记录，能简便、直观地反映出不合格品的分布情况，如表 3-4 所示。

表 3-4　不合格品分项检查表

零件名称(代号)	A-05	检查日期	2018 年 7 月 7 日
工　　序	最终检查	加工单位	1 车间 1 工段
检查总数	1585	生产批号	18-7-1
检查方式	全数检查	检查者	张三

不合格种类	检查记录	小　计
表面缺陷	正正正正正正正一	36
裂　　纹	正正正正正正	30
加工不良	正一	6
形状不良	正正正	15
其　　他	正正一	11
总　　计		98

六、散布图法

散布图又称相关图，是研究两个变量之间相关关系的一种作图方法。

在生产实践中我们发现，两个变量之间除了存在完全确定的关系外，还存在相关关系的情况。所谓相关关系，是指两个变量之间有关，但一个变量又不能完全去确定另一个变量的关系。比如，人的身高和体重，一般来说，身体越高的人体重也越大，但是，不可能在身高和体重之间建立一个数学公式。在质量控制中，一些因素对质量特性是否有影响以及影响有多大，就可以通过散布图进行分析。散布图的基本形式有以下几种，如图 3-7 所示。

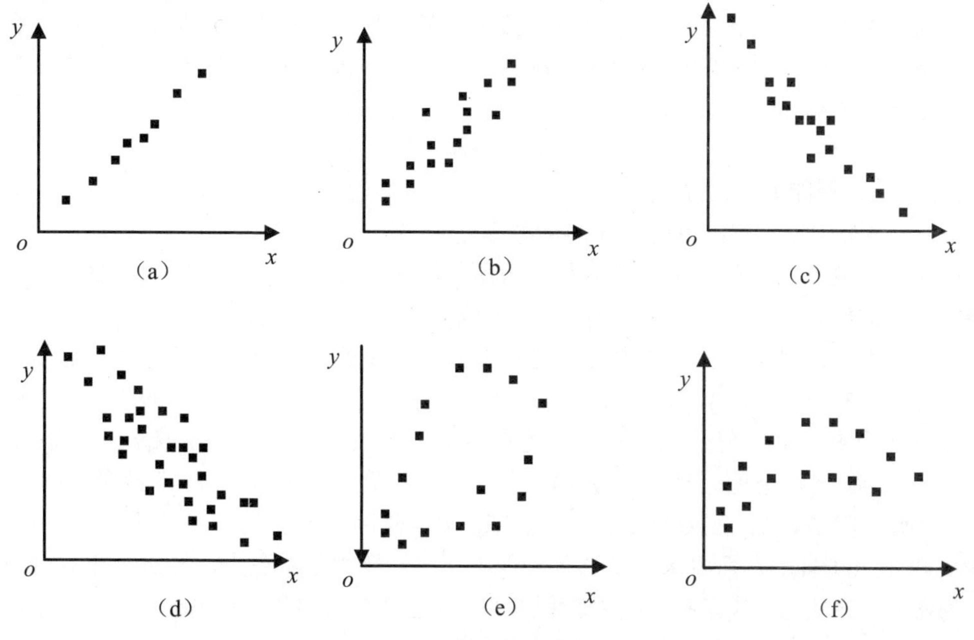

图 3-7 散布图典型形状

图 3-7 中的六种形式，反映了变量之间的不同相关关系。解释如下。

强正相关。x 增大，y 随之明显增大。说明 x 与 y 之间存在比较强的正向相关关系。此时，只要控制 x，y 也随之被控制，如图 3-7(a)所示。

弱正相关。x 增大，y 也增大，但相对于图 3-7(a)，数据点较分散，这种关系称为弱正相关。说明 x 不是 y 的主要影响因素，如图 3-7(b)所示。

强负相关。x 增大，y 随之明显减少。说明 x 与 y 之间存在比较强的负向相关关系。此时，只要控制 x，y 也随之被控制，如图 3-7(c)所示。

弱负相关。x 增大，y 有减少的趋势，但数据点较分散，这种关系称为弱负相关。说明影响 y 的主要影响因素不是 x，而另有其他因素，如图 3-7(d)所示。

无关。x 和 y 之间没有任何一种明显的趋势关系。说明两者之间互不相关，如图 3-7(e)所示。

非线性相关。x 增大，y 呈现非线性变化，称为非线性相关，如图 3-7(f)所示。

通过分析各变量之间的相互关系，确定出各变量之间的相关类型及强弱，就可以采取措施，调整影响因素而达到控制质量指标的目的。

第三节 过程能力分析

一、过程能力概念

过程能力是指构成过程的 5M1E 因素(人、机、料、法、环、测)处于稳定状态时，产品质量波动程度的数量表示，它反映了过程的实际能力。一般情况下，用过程所形成的概率分布的方差表示。通常与测定值单位一致，用标准偏差来度量。

产品的生产过程是由各个工序组成，若工序能力高，产品质量特性值的波动就会小；若工序能力越低，产品质量特性值的波动就会越大。通常用 6σ来表示过程能力(很多教材称其为工序能力)，记为

$$P=6\sigma$$

式中，P——过程能力/工序能力；

σ——处于稳定状态下的工序的标准偏差。

在这里需要指出的是，工序能力与一般所讲的生产能力是两个不同的概念。工序能力是指质量上的能力，而生产能力是指数量上的能力。

为什么用 6σ 来反映工序能力呢？这是因为当工序处于稳定状态时，产品的质量指标值服从正态分布 $N(\mu, \sigma^2)$，此时落在$\mu\pm3\sigma$范围内的产品占全部产品的 99.73%，也就是说几乎包括了全部产品。但是，为什么不把范围取得更大一些呢？比如取$\mu\pm4\sigma$或$\mu\pm5\sigma$。当然，这样做会更全面，因为在$\mu\pm4\sigma$和$\mu\pm5\sigma$范围内可包括全部产品的 99.994%和 99.999 96%。但是，从$\mu\pm3\sigma$增加到$\mu\pm4\sigma$或$\mu\pm5\sigma$范围，增加的产品并不多(分别增加了 0.264%和 0.269 94%)，而要求提供的各种保障更多，精力花费更大，经济上不太合理。因此，为兼顾工序能力，满足技术要求的程度和工序加工的经济性，取 6σ来反映工序能力。

二、过程能力指数的概念

过程能力只表示过程的实际加工能力，而与产品的技术要求无关。为了衡量过程能力满足产品技术要求的程度，引入过程能力指数的概念。过程能力指数是指产品质量要求与过程能力的比值，常用 C_P表示。

$$C_P=\frac{T}{6\sigma} \tag{3-6}$$

式中，T 为产品的技术要求或质量标准，制造业常用公差表示。从这个公式中不难看出，过程能力指数与过程能力不同。对于同一过程而言，过程能力是过程自身实际达到的质量水平，是一个比较稳定的数值，而过程能力指数是一个相对概念，即使是同一过程，C_P 值也因加工对象的质量要求不同(T 不同)而不同。过程能力指数反映了过程能力满足技术要求的程度，C_P值越高，说明过程能力满足技术要求的程度越高，反之相反。

三、过程能力指数的计算

(一)计量值过程能力指数的计算

1. 质量数据分布中心与标准规格(公差)中心重合的情况

这是一种比较理想的情况，如图 3-8 所示。这时可用下面的公式来计算过程指力指数

$$C_P=\frac{T}{6\sigma}=\frac{T_U-T_L}{6\sigma}\approx\frac{T_U-T_L}{6S} \tag{3-7}$$

式中，T为公差范围，T_U为公差上限，T_L为公差下限，S为样本标准偏差。

现在来估计这种情况下的过程不合格品率。若用 P_U 表示质量特性值超出公差上限而造成的不合格品率，则

$$
\begin{aligned}
P_U &= P\{x > T_U\} = P\left\{\frac{x-\mu}{\sigma} > \frac{T_U-\mu}{\sigma}\right\} \\
&= P\left\{t > \frac{T/2}{\sigma}\right\} = P\left\{t > \frac{3\sigma C_P}{\sigma}\right\} \\
&= 1 - P\{t < 3C_P\} = 1 - \phi(3C_P)
\end{aligned} \tag{3-8}
$$

式中，t 为标准正态分布值。

若用 P_L 表示质量特性值超出公差下限而造成的不合格品率，则同理可得

$$P_L = 1 - \Phi(3C_P) \tag{3-9}$$

总不合格品率为

$$P = P_U + P_L = 2[1-\phi(3C_P)] = 2\phi(-3C_P) \tag{3-10}$$

【例 3-6】某螺栓直径的设计要求为，$\Phi 8_{-0.10}^{+0.05}\text{mm}$，现从生产现场随机抽取样本，测得 $\bar{x} = 7.925\text{mm}$，$S = 0.005\,19\text{mm}$，试求 C_P 值，并估计过程不合格品率。

解：因为 $M = \dfrac{T_U + T_L}{2} = \dfrac{7.95+7.9}{2} = 7.925 = \bar{x}$

所以 $C_P = \dfrac{T}{6\sigma} = \dfrac{7.95-7.9}{6\times 0.005\,19} = 1.61$

$P = 2[1-\Phi(3C_P)] = 2[1-\Phi(3\times 1.61)] = 2[1-0.999\,999\,3] = 14\times 10^{-7}$

2. 质量数据分布中心与标准规格(公差)中心偏离的情况

1) 给出双向公差的情况

如图 3-9 所示，当质量标准为双向公差，而质量数据的分布中心(μ)与公差中心(M)不重合，显然用前述公式算过程能力指数，反映不了此时的实际情况。这种情况必须用一个考虑了偏离量的新的过程能力指数——过程能力修正指数 C_{PK} 来评价过程能力，称为修正过程能力指数。可用下面公式来计算：

$$C_{\text{PK}} = C_P(1-K) \tag{3-11}$$

式中，K 为偏移系数，表示质量数据分布中心的偏离度，其值为 $K = \dfrac{\varepsilon}{T/2}$。$\varepsilon = |M-\mu|$，称为偏移量。由于偏移量不存在负值，故取绝对值。将 K 的计算式代入式(3-11)，得：

$$C_{\text{PK}} = \frac{T}{6\sigma}\left(1-\frac{2\varepsilon}{T}\right) = \frac{T-2\varepsilon}{6\sigma} \approx \frac{T-2\varepsilon}{6S} \tag{3-12}$$

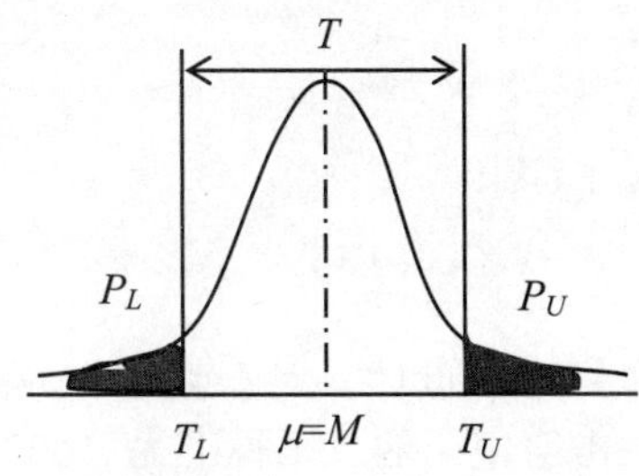

图 3-8　分布中心与公差中心重合的情况

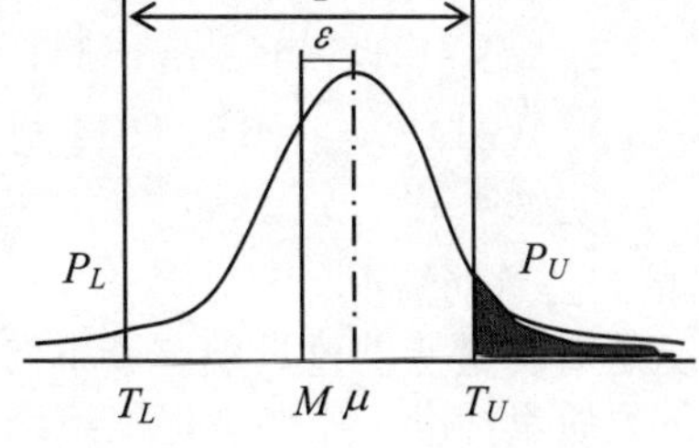

图 3-9　分布中心与公差中心不重合情况

当 μ 恰好位于公差中心时，$\varepsilon = |M-\mu| = 0$，$K$=0，则 $\text{C}_{\text{PK}} = C_P$。当 μ 恰好位于公差上

下限时，$\varepsilon=|M-\mu|=\dfrac{T}{2}$，$K=1$，$C_{PK}=0$；当$\mu$位于公差界限之外时，$K>1$，$C_{PK}<0$。此时规定$C_{PK}=0$，说明过程能力严重不足，应立即采取措施加以纠正。

现来估计这种情况下的过程不合格品率。如图 3-9 所示，当分布中心向公差上限偏移时，质量特性值超出公差上限造成的不合格品率P_U为

$$
\begin{aligned}
P_U &= P\{x>T_U\}=P\left\{\frac{x-\mu}{\sigma}>\frac{T_U-\mu}{\sigma}\right\} \\
&= P\left\{t>\frac{T/2-\varepsilon}{\sigma}\right\}=P\{t>3C_\mu\}=P\{t>3C_P(1-K)\} \qquad (3\text{-}13) \\
&= 1-P\{t<3C_P(1-K)\}=1-\phi[3C_P(1-K)]
\end{aligned}
$$

同理可得：$P_L=P\{x<T_L\}=1-\phi[3C_P(1+K)]$ (3-14)

总不合格品率为 $P=P_U+P_L=2-\phi[3C_P(1-K)]-\phi[3C_P(1+K)]$ (3-15)

当K较大时，$p\approx p_U$。

当分布中心向公差下限偏移时，同理可得

$$P_U=P\{x>T_U\}=1-\phi[3C_P(1+K)] \qquad (3\text{-}16)$$

$$P_L=P\{x<T_L\}=1-\phi[3C_P(1-K)] \qquad (3\text{-}17)$$

总不合格品率为

$$P=P_U+P_L=2-\phi[3C_P(1+K)]-\phi[3C_P(1-K)] \qquad (3\text{-}18)$$

当K较大时，$p\approx P_L$。

【例 3-7】某生产过程加工的零件尺寸要求为$\Phi 20\pm 0.023\text{mm}$，现经随机抽样，测得样本平均值$\bar{x}=19.997\text{mm}$，样本标准偏差$S=0.007\text{mm}$，求$C_{PK}$和$P$。

解：因为 $M=\dfrac{T_U+T_L}{2}=\dfrac{20.023+19.977}{2}=20$

$$\varepsilon=|M-\bar{x}|=|20-19.977|=0.003$$

$$T=T_U-T_L=0.046$$

$$K=\frac{2\varepsilon}{T}=\frac{2\times 0.003}{0.046}=0.13$$

$$C_P=\frac{T}{6S}=\frac{0.046}{6\times 0.007}=1.095$$

所以 $C_{PK}=C_P(1-K)=1.095\times(1-0.13)=0.95$

$$
\begin{aligned}
P &= 2-\phi[3C_P(1+K)]-\phi[3C_P(1-K)] \\
&= 2-\phi(3\times 1.095\times 1.13)-\phi(3\times 0.95) \\
&= 2-0.999\,896\,4-0.997\,814 \\
&= 0.229\%
\end{aligned}
$$

2) 给出单向公差的情况

这种情况是对质量特性值只规定了单向的质量标准。例如，对于强度、寿命等质量特性只规定了下限质量标准，比如规定某绝缘材料的击穿电压的下限标准为 1000V，而上限标准不作规定，要求越大越好。反之，对于机械行业中的形位公差(平面度、圆度等)、光洁度，药品中有害杂质的含量，邮电通信部门的质量指标(处理时长等)等就只规定了上限质量标准，而对它的下限质量标准则不作具体规定，要求越小越好。当然，严格地说，不

论是寿命、强度还是耐压击穿强度永远不会达到无穷大；同样，不论是光洁度还是钢铁中某种有害化学成分的含量，或邮电部门的处理时长等，也永远不会等于零。因此这类质量标准的特点是不能确定范围，也无法确定它的中心，即公差中心是无法具体确定的。

当只规定公差上限时(如图 3-10 所示)，过程能力指数可按下面公式计算：

由式 3-9 得：$C_P = \dfrac{T_U - T_L}{6\sigma} = \dfrac{T_U - \mu}{6\sigma} + \dfrac{\mu - T_L}{6\sigma}$ (3-19)

当总体为正态分布时，一般可以认为 $T_U - \mu = \mu - T_L$ 故，

$$C_P = 2\times\frac{T_U - \mu}{6\sigma} \text{或} C_P = 2\times\frac{\mu - T_U}{6\sigma} \tag{3-20}$$

因此，只规定公差上限的过程能力指数 C_{PU} 为

$$C_{\text{PU}} = \frac{T - \mu}{3\sigma} \approx \frac{T_U - \overline{x}}{3S} \tag{3-21}$$

规定，当$\mu > T_U$时，则 $C_{\text{PU}} = 0$ 。就是说完全没有过程能力，可能出现的不合格品率为50%～100%，过程能力严重不足。

【例 3-8】某机械零件，要求径向跳动不超过 0.05mm，现从现场随机抽样得到样本平均值 $\overline{x} = 0.02\text{mm}$ ，样本标准差 $S = 0.015\text{mm}$ 。求过程能力指数并估计不合格品率。

解：$C_{\text{PU}} = \dfrac{T_U - \mu}{3\sigma} = \dfrac{T_U - \overline{x}}{3S} = \dfrac{0.05 - 0.02}{3\times 0.015} = 0.67$

$$P = P\{x > T_U\} = 1 - P\{x < T_U\} = 1 - P\left\{\frac{x - 0.02}{0.015} < \frac{0.05 - 0.02}{0.015}\right\}$$

$$= 1 - \phi(2) = 1 - 0.972\,25 = 2.275\%$$

当只规定公差下限时(如图 3-11 所示)，过程能力指数可按下面公式计算：

$$C_{\text{PL}} = \frac{\mu - T}{3\sigma} \approx \frac{\overline{x} - T_L}{3S} \tag{3-22}$$

规定，当$\mu < T_L$时，则 $C_{\text{PL}}=0$，过程可能出现的不合格品率为 50%～100%。过程能力严重不足。

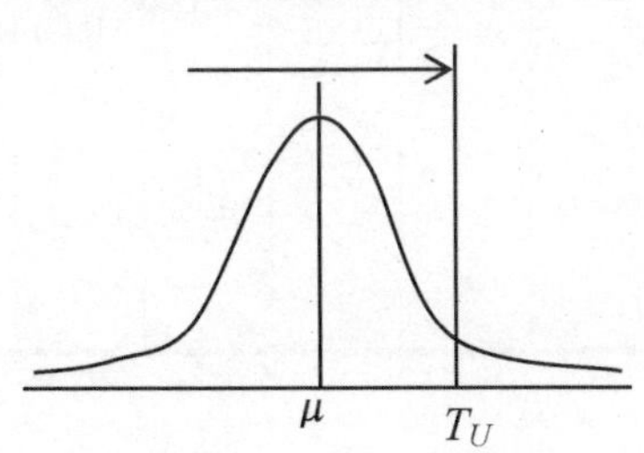

图 3-10　上侧公差情况

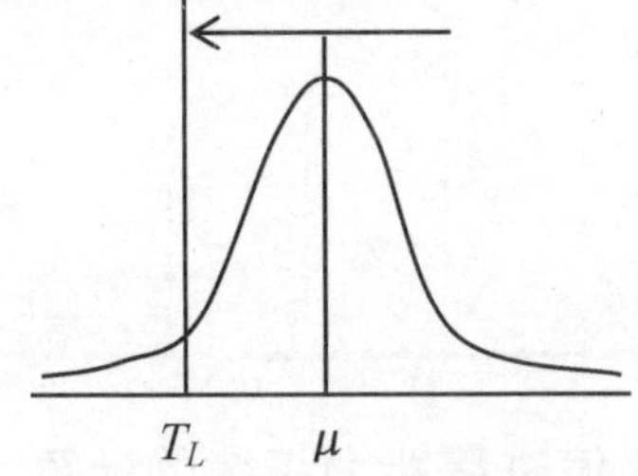

图 3-11　下侧公差情况

【例 3-9】某塑胶板技术要求其击穿电压不低于 1 200V，现在随机抽样，得知 $\overline{x} = 1\,260\text{V}$ ，$S = 24\text{V}$ 。求过程能力指数并估计不合格品率。

$$C_{\text{PL}} = \frac{\mu - T_L}{3\sigma} \approx \frac{\overline{X} - T_L}{3S} = \frac{1\,260 - 1\,200}{3\times 24} = 0.83$$

$$P = P\{X < T_L\} = P\left\{\frac{x - 1\,260}{24} < \frac{1\,200 - 1\,260}{24}\right\} = \phi(-2.5) = 1 - 0.993\,78 = 0.621\%$$

为了简化计算手续，便于实际应用，我们介绍根据过程能力指数 C_p 和偏移系数 K 求过程不合格品率 P 的数值表，如表 3-5 所示。

表 3-5　不合格品率的数值表

C_P \ K	0.00	0.04	0.08	0.12	0.16	0.20	0.24	0.28	0.32	0.36	0.40	0.44	0.48	0.52	备注
0.50	13.36	13.43	13.64	13.99	14.48	15.10	15.86	16.75	17.77	18.92	20.19	21.38	23.09	24.71	
0.60	7.10	7.26	7.48	7.85	8.37	9.03	9.85	10.81	11.92	13.18	14.59	16.01	17.85	19.69	
0.70	3.57	3.64	3.83	4.16	4.63	5.24	5.99	6.89	7.94	9.16	10.55	12.10	13.84	15.74	
0.80	1.64	1.69	1.89	2.09	2.46	2.94	3.55	4.31	5.21	6.28	7.53	8.98	10.62	12.48	
0.90	0.69	0.73	0.83	1.00	1.25	1.60	2.05	2.62	3.34	4.21	5.27	6.53	8.02	9.75	
1.00	0.27	0.29	0.35	0.45	0.61	0.84	1.14	1.55	2.07	2.75	3.59	4.65	5.94	7.49	
1.10	0.10	0.11	0.14	0.20	0.29	0.42	0.61	0.88	1.24	1.74	2.39	3.23	4.31	5.66	
1.20	0.03	0.04	0.05	0.08	0.13	0.20	0.31	0.48	0.72	1.06	1.54	2.19	3.06	4.20	
1.30	0.01	0.01	0.02	0.03	0.05	0.09	0.15	0.25	0.40	0.63	0.96	1.45	2.13	3.06	
1.40	0.00	0.00	0.01	0.01	0.02	0.04	0.07	0.13	0.22	0.36	0.59	0.93	1.45	2.19	
1.50			0.00	0.00	0.01	0.02	0.03	0.06	0.11	0.20	0.35	0.59	0.96	1.54	
1.60					0.00	0.01	0.01	0.03	0.06	0.11	0.20	0.36	0.63	1.07	
1.70						0.00	0.01	0.01	0.03	0.06	0.11	0.22	0.40	0.72	
1.80							0.00	0.01	0.01	0.03	0.06	0.13	0.25	0.48	
1.90								0.00	0.01	0.01	0.03	0.07	0.15	0.31	
2.00									0.00	0.01	0.02	0.04	0.09	0.20	
2.10										0.00	0.01	0.02	0.05	0.13	
2.20											0.00	0.01	0.03	0.03	
2.30												0.01	0.02	0.05	
2.40												0.00	0.01	0.03	
2.50													0.01	0.02	
2.60													0.00	0.01	
2.70														0.01	
2.80														0.00	

(二)计数值过程能力指数的计算

计数值的分布常见的是二项分布、泊松分布，它的标准偏差一般是样本量 n 的函数。

1．二项分布中差错率过程能力指数计算（$0.5n \leqslant n_i \leqslant 1.5n$）

$$C_P = \frac{P_U - \overline{P}}{3\sqrt{\dfrac{\overline{P}(1-\overline{P})}{\overline{n}}}} \tag{3-23}$$

式中，$\overline{P}$ 为平均差错率；$\overline{n}$ 为每组的样本平均数；P_U 为给定允许的废品率上限。

2. 泊松分布中单位缺陷数过程能力指数计算

$$C_P = \frac{u_U - \bar{u}}{3\sqrt{\frac{\bar{u}}{\bar{n}}}} \tag{3-24}$$

式中，$\bar{u}$ 为平均单位缺陷数；u_U 为给定允许单位缺陷数上限。

四、过程能力的评价

过程能力的评价按 C_p 值可划分为五个等级。按其等级的高低，在管理上可以作出相应的判断和处理，如表 3-6 所示的分级、判断和处置对于 C_{PK} 也同样适用。

表 3-6　过程能力的分级判断和处置参考表

C_p 值	级别	判断	双侧公差范围 T	处　　置
$C_P>1.67$	特性	能力过高	$T>10\sigma$	(1) 把高精度设备换成低精度设备，以降低成本。 (2) 允许较大的外来波动，以提高效率。 (3) 简略检验，以降低成本。 (4) 可考虑降低标准要求，即缩小 T，以提高质量
$1.67\geqslant C_P>1.33$	一级	能力充分	$T=8\sigma-10\sigma$	(1) 对关键零件或关键工序维持现状。 (2) 对一般零件可选用精度低一些的加工设备
$1.33\geqslant C_P>1.0$	二级	能力尚可	$T=6\sigma-8\sigma$	(1) 用控制图控制，防止外来波动。 (2) 对产品抽样检验，注意抽样方式和间隔。 (3) $C_p\to1.0$ 时，应检查设备等方面的情况
$1\geqslant C_P>0.67$	三级	能力不足	$T=4\sigma-6\sigma$	(1) 分析极差 R 过大的原因，并采取措施。 (2) 若不影响产品最终质量和装配工作，可考虑放大公差范围。 (3) 对产品全数检查，或进行分级筛选
$0.67>C_P$	四级	能力严重不足	$T<4\sigma$	(1) 必须追查各方面原因，对工艺进行改革。 (2) 对产品进行全数检查

第四节　过程质量控制图

一、控制图的基本原理

(一)控制图及其作用

控制图是将统计学原理应用于发现质量异常波动的一种管理工具，是用于分析和判断生产过程是否处于稳定状态的带有控制界限的图。

控制图的一般形式如图 3-12 所示。

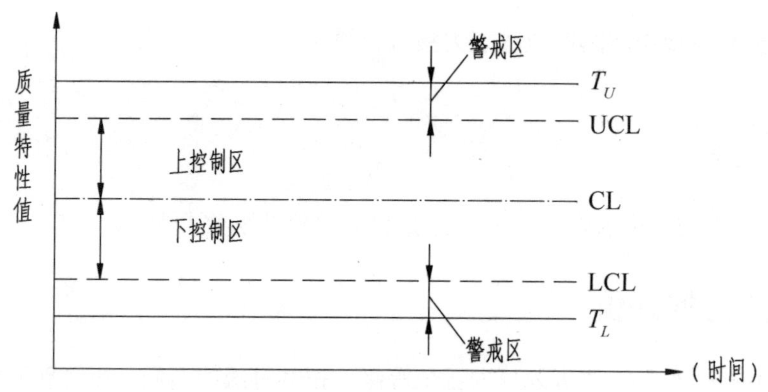

图 3-12　控制图的一般形式

控制图上各条线的含义是：T_U 是公差上限、UCL(U_{pper} Control Limit)是上控制界限、CL(Control Line)是中心线、LCL(Lower Control Limit)是下控制界限、T_L 是公差下限，上下控制界限之间称作上下控制区域。控制图的控制界限是用于判断生产过程是否发生变化的尺度，是管理标准。公差界限是用于判定产品是否合格的尺度，是技术标准。

控制图的作用是诊断生产过程的质量波动是正常波动还是异常波动。具体的对生产过程进行控制的做法是：通过在控制域内打点，根据点子分布的位置与排列情况来判断生产过程正常与否。即定时从生产过程中抽取样本，把所测得的数据以点的形式标在图上，并用线段连接两两相邻的数据点，即可绘制出一条反映产品质量波动的折线。如果图中所有的数据点均落在上、下控制界限之内，且点的排列没有缺陷，就表示生产过程处于稳定状态；如果点子超出控制界限或点子的排列显示出有规律的倾向性，就表明生产过程发生了异常，已处于非稳定状态。

(二)控制图控制界限的确定

控制图中的控制界限是判明生产过程是否存在异常性因素的判断基准。因此，合理确定控制界限是应用控制图时要解决的核心问题。关于控制界限的确定，目前国际上采用的是“$\pm3\sigma$”原则，即以中心线(CL)为基准，向上移动 3σ 得到上控制限，向下移动 3σ 得到下控制限。

前面已经说到，在工序处于稳定状态下，质量特性值服从正态分布，质量特性值落在 $\pm3\sigma$ 范围内的概率为 99.73%；而落在 $\pm3\sigma$ 以外的概率是 0.27%，比起 99.73%，这是个小概率，根据数理统计中的小概率事件原理：小概率事件一般是少发生的。如果我们只作几次或十几次取样测定，数据就超出控制范围 $\pm3\sigma$ 以外，即小概率事件发生了，说明工序已不稳定，有异常因素起作用。

(三)控制图的两种判断错误

利用控制图判断生产过程是否处于稳定状态，实际上是进行统计推断，即抽取样本推断总体。既然是统计推断，就不可能 100%地估计正确，总会有小概率判断失误，这种判断失误的情况有两种。

第一种错误是将正常状态判断为异常。生产过程是正常稳定的，只是由于随机原因引起的数据波动过大，超出了控制界限，而误认为工序发生异常，误发警报。这种错误发生的概率α为 0.27%，如图 3-13 所示。

第二种错误是将异常状态判断为正常。生产过程已经发生变化，但由于数据(点子)没有超出控制界限，而判断生产过程没有发生异常。这时漏发警报，这种错误发生的概率为β，如图 3-13 所示。

完全避免这两种错误是不可能的，但是可以设法把这两种错误造成的总损失降到最低限度。使这两种错误造成的损失之和最低，恰好是在 3σ之上，如图 3-14 所示。所以，这也是采用"$\pm3\sigma$"原则制定控制界限的原因之一。

α
μ
3σ
2σ
1σ
μ
-1σ
-2σ
-3σ
UCL
LCL
β

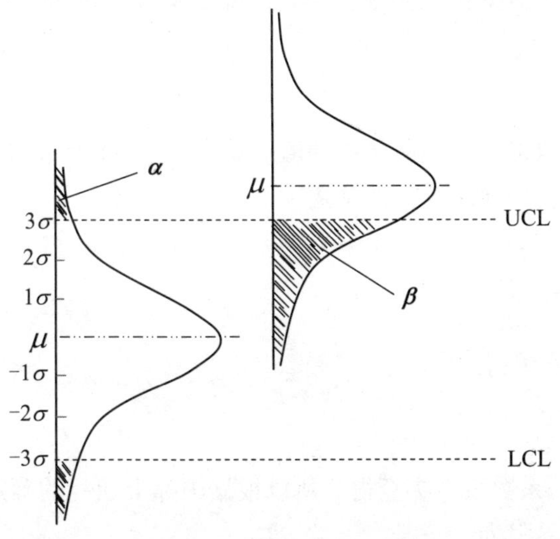

图 3-13 控制图的两类错误

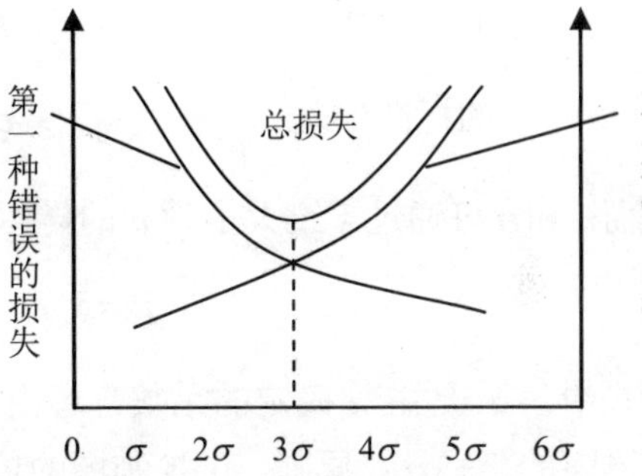

第一种错误的损失
总损失
第二种错误的损失
0
σ
2σ
3σ
4σ
5σ
6σ

图 3-14 两种错误总损失最小

(四)控制图的种类

根据数据种类不同，控制图可以分为计量值控制图和计数值控制图两大类。

1. 计量值控制图

计量值控制图适用于以计量值为质量特性值的控制场合，如尺寸、重量、强度、纯度等。属于此类的控制图主要包括以下几种。

(1) 单值控制图：x 控制图。

(2) 平均值-极差控制图：$\bar{x}$—R 控制图。

(3) 中位数-极差控制图：$\tilde{x}$—R 控制图。

(4) 单值-移动极差控制图：x—R_s。

2. 计数值控制图

计数值控制图是以计数值质量特性值为控制指标的控制图，主要包括以下几种。

(1) 不合格品率控制图：P 控制图。

(2) 不合格品数控制图：P_n 控制图。

(3) 缺陷数控制图：C 控制图。

(4) 单位缺陷数控制图：u 控制图。

二、控制图的用法

(一)计量值控制图

以$\bar{x}$—R控制图为例介绍计量值控制图的做法。对于计量值数据，$\bar{x}$—R控制图是最常用、最重要的控制图。它是由平均值($\bar{x}$)控制图和极值(R)控制图联合使用的一种控制图。$\bar{x}$控制图用来观察均值的变化、R控制图用来观察波动的变化。也就是说，$\bar{x}$—R控制图是通过观察过程均值(μ)和波动(σ)是否存在异常变化来判断生产过程是否处于稳定状态。$\bar{x}$—R控制图适用于批量较大的生产过程。

1. $\bar{x}$—R控制图控制界限的确定

(1) $\bar{x}$控制图的控制界限。由数理统计理论可知，质量特性值x服从$N(\mu,\sigma)$分布时，对于大小为n的样本x_1、x_2、…、x_n的平均值$\bar{x}$有以下公式成立：

$\bar{x}$的期望值　　$E(\bar{x})=\mu$

$\bar{x}$的标准偏差　　$\sigma(\bar{x})=\dfrac{\sigma}{\sqrt{n}}$

而μ和σ可通过k组大小为n的样本数据求得

$$\hat{\mu}=\bar{\bar{x}}，\quad \hat{\sigma}=\frac{\bar{R}}{d_2}$$

式中，d_2是由n确定的系数，可由控制系数表3-7查得。所以根据国际上通行的确定控制界限的“$\pm3\sigma$”原则，$\bar{x}$控制图的控制界限为

$$\left.\begin{aligned}&\text{LCL}=\mu-3\frac{\sigma}{\sqrt{n}}=\bar{\bar{x}}-3\frac{\bar{R}}{d_2\sqrt{n}}=\bar{\bar{x}}-A_2\bar{R}\\&\text{UCL}=\mu+3\frac{\sigma}{\sqrt{n}}=\bar{\bar{x}}+3\frac{\bar{R}}{d_2\sqrt{n}}=\bar{\bar{x}}+A_2\bar{R}\\&\text{CL}=\bar{\bar{x}}\end{aligned}\right\}\tag{3-25}$$

式中，$A_2=\dfrac{3}{(\sqrt{n}d_2)}$是由$n$确定的系数，也可以由控制系数表3-7查得。

表3-7　控制界限系数表

n	A_2	D_4	D_3	A_3	m_3A_2	d_2	d_3	B_4	B_3
2	1.880	3.267	—	2.659	1.880	1.128	0.853	3.267	0
3	1.023	2.575	—	1.945	1.187	1.693	0.888	2.568	0
4	0.729	2.282	—	1.628	0.796	2.059	0.880	2.266	0
5	0.577	2.115	—	1.427	0.691	2.326	0.864	2.089	0
6	0.483	2.004	—	1.287	0.549	2.534	0.848	1.970	0.029
7	0.419	1.924	0.076	1.182	0.509	2.704	0.833	1.882	0.113
8	0.373	1.864	0.136	1.099	0.432	2.847	0.820	1.815	0.179

续表

n	A_2	D_4	D_3	A_3	m_3A_2	d_2	d_3	B_4	B_3
9	0.337	1.816	0.184	0.032	0.412	2.970	0.808	1.761	0.232
10	0.308	1.777	0.223	0.975	0.363	3.078	0.797	1.716	0.276
11	0.285	1.744	0.256	0.927	—	3.173	0.787	1.679	0.313
12	0.266	1.717	0.283	0.886	—	3.258	0.778	1.646	0.346
13	0.249	1.693	0.307	0.850	—	3.336	0.770	1.618	0.374
14	0.235	1.673	0.328	0.817	—	3.407	0.763	1.594	0.399
15	0.223	1.653	0.347	0.789	—	3.472	0.756	1.572	0.421

(2) R 控制图的控制界限。由数理统计理论可知，质量特性值 x 服从 $N(\mu,\sigma)$ 分布时，对于大小为 n 的样本 x_1，x_2，…，x_n 的极差 R 有以下公式成立：

R 的期望值 $E(R)=d_2\sigma$

R 的标准偏差 $\sigma(R)=d_3\sigma$

式中 d_1、d_2 是由 n 确定的系数。根据确定控制界限的“$\pm3\sigma$”原则，R 控制图的控制界限为

$$\left.\begin{aligned}&\mathrm{UCL}=d_2\sigma+3d_3\sigma=\left(1+3\frac{d_3}{d_2}\right)\overline{R}=D_4\overline{R}\\&\mathrm{LCL}=d_2\sigma-3d_3\sigma=\left(1-3\frac{d_3}{d_2}\right)\overline{R}=D_3\overline{R}\\&\mathrm{CL}=\overline{R}\end{aligned}\right\}\tag{3-26}$$

式中，$D_4=1+3\dfrac{d_3}{d_2}$，$D_3=1-3\dfrac{d_3}{d_2}$ 是由 n 确定的系数，可以由控制系数表 3-7 查得。

2. $\overline{x}$—R 控制图的作图步骤

结合例题来说明建立 $\overline{x}$—R 控制图的步骤，其他控制图的做法与之相同。

【例 3-10】设某金属零件的长度是一个重要的质量特性。为了对其进行控制，在生产现场每隔一小时连续测量 n=5 件产品的长度，数据为零件真正的长度与某一特定尺寸之差，如表 3-8 所示，试作 $\overline{x}$—R 图。

表 3-8 原始数据

样本组号	X_1	X_2	X_3	X_4	X_5	$\overline{X}$	R
1	12	8	5	12	3	8	9
2	11	13	8	11	4	9.4	9
3	10	3	6	2	7	5.6	8
4	12	12	6	12	4	9.2	8
5	6	9	6	5	5	6.2	4
6	8	11	8	9	2	7.6	9

续表

样本组号	X_1	X_2	X_3	X_4	X_5	$\bar{X}$	R
7	10	9	6	3	7	7	7
8	7	12	9	1	3	6.4	11
9	5	9	11	6	7	7.6	6
10	7	7	6	11	11	8.4	5
11	10	13	9	12	15	11.8	6
12	4	7	6	8	13	7.6	9
13	8	4	13	7	11	8.6	9
14	8	4	7	7	4	6	4
15	10	6	9	10	14	9.8	8
16	14	7	8	6	5	8	9
17	1	11	2	8	8	6	10
18	5	6	3	10	6	6	7
19	6	7	4	7	10	6.8	6
20	12	7	9	9	13	10	6
21	3	11	6	12	6	7.6	9
22	4	2	5	9	8	5.6	7
23	7	12	7	11	10	9.4	5
24	4	5	8	9	7	6.6	5
25	5	9	6	12	5	7.4	7
平均值						7.70	7.32

解：按下列步骤进行。

(1) 取预备数据。如上表所示，共分 $k=25$ 组，每组大小 $n=5$。

(2) 计算各组样本的平均值 $\bar{x}$ 和极差 R，将结果填入表 3-9 中，计算应精确到比原始数据多一位小数。

(3) 计算样本总均值 $\bar{\bar{x}}$ 和平均样本极差 $\bar{R}$，其中

$$\bar{\bar{x}}=\frac{\overline{x_1}+\overline{x_2}+\cdots+\overline{x_k}}{k}=\frac{1}{k}\sum_{j=1}^{k}\overline{x_j}$$

$$\bar{R}=\frac{R_1+R_2+\cdots+R_3}{k}=\frac{1}{k}\sum_{j=1}^{k}R_j$$

本例中 $\bar{\bar{x}}$=7.70，$\bar{R}=7.32$。

(4) 计算 $\bar{x}$—R 控制图的控制界限。本例中 $n=5$，查控制系数表 3-7 可得 $A_2=0.577$，$D_4=2.115$，D_3 不用考虑。则根据公式得 $\bar{x}$ 图控制界限为

$$\begin{cases}\text{UCL}=\bar{\bar{x}}+A_2\bar{R}=7.70+0.577\times 7.32=11.92\\ \text{LCL}=\bar{\bar{x}}-A_2\bar{R}=7.70-0.577\times 7.32=3.48\\ \text{CL}=\bar{\bar{x}}=7.70\end{cases}$$

根据公式得 R 图控制界限为

$$\begin{cases} UCL = D_4\overline{R} = 2.115 \times 7.32 = 15.48 \\ LCL = D_3\overline{R} = 0 \times 7.32 = 0(\text{不考虑}) \\ CL = \overline{R} = 7.32 \end{cases}$$

(5) 画控制图。用普通方格纸或控制图专用纸来画。上面安排 $\overline{x}$ 控制图，下面安排 R 控制图，横坐标表示样本序号，纵坐标表示 $\overline{x}$ 或 R 值，中心常用实线表示，控制界限常用虚线表示。在各控制界限的右方记入相应的符号和数值，如图 3-15 所示。

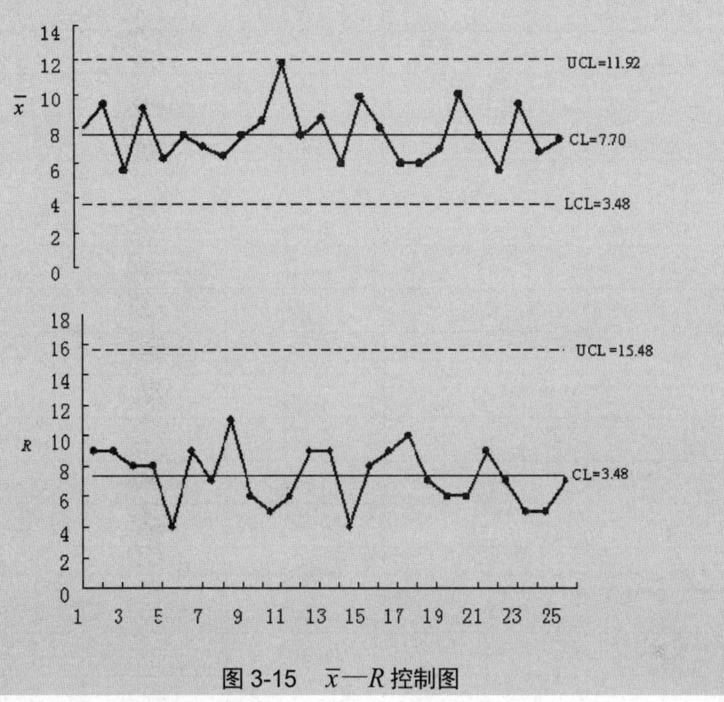

图 3-15　$\overline{x}$—R 控制图

(二)计数值控制图(P 控制图)

以 P 控制图为例介绍计数值控制图的做法。P 控制图是以不合格品率为质量特性值的控制图。当样本大小 n 无法固定、不是定值时，就用 P 控制图。使用 P 控制图时，要求样本 n 大一些，如取 50、100 或 200 及以上。n 太小，往往 $P=0$，这就失去了做控制图的意义。但 n 取得太大，又容易增加检验费用。一般来说，n 的大小随总体不合格品率的减少而增大。

P 控制图的控制界限为

$$UCL = \overline{P} + 3\sqrt{\frac{P(1-P)}{n_i}}$$

$$LCL = \overline{P} - 3\sqrt{\frac{P(1-P)}{n_i}} \qquad (3\text{-}27)$$

$$CL = \overline{P}$$

式中 n_i 是变量。

【例 3-11】已知某不合格品数的统计资料如表 3-9 所示。试绘制 P 控制图。

由表 3-9 计算结果知，P 控制图的中心线为

$$CL=\overline{P}=\frac{214}{15\,795}\approx 1.35\%$$

控制界限如表 3-9 所示。P 控制图如图 3-16 所示。

表 3-9　不合格品数统计表

样本号	样本大小 n_i	不合格品数 d_i	不合格品率	UCL	LCL	CL
1	835	8	1.0%	2.55%	0.15%	1.35%
2	808	12	1.5%	2.57%	0.13%	1.35%
3	780	6	0.8%	2.59%	0.11%	1.35%
4	252	6	2.4%	3.53%	—	1.35%
5	430	7	1.6%	3.02%	—	1.35%
6	600	5	0.8%	2.76%	—	1.35%
7	822	11	1.3%	2.56%	0.14%	1.35%
8	814	8	1.0%	2.56%	0.14%	1.35%
9	206	6	2.9%	3.76%	—	1.35%
10	703	8	1.1%	2.66%	0.04%	1.35%
11	850	19	2.2%	2.54%	0.16%	1.35%
12	709	11	1.6%	2.65%	0.05%	1.35%
13	350	5	1.4%	3.20%	—	1.35%
14	250	8	3.2%	3.54%	—	1.35%
15	830	14	1.7%	2.55%	0.15%	1.35%
16	798	7	0.9%	2.58%	0.12%	1.35%
17	813	9	1.1%	2.56%	0.14%	1.35%
18	818	7	0.9%	2.56%	0.14%	1.35%
19	581	8	1.4%	2.79%	—	1.35%
20	464	4	0.9%	2.96%	—	1.35%
21	807	11	1.4%	2.57%	0.13%	1.35%
22	595	7	1.2%	2.77%	—	1.35%
23	500	12	2.4%	2.90%	—	1.35%
24	760	7	0.9%	2.61%	0.09%	1.35%
25	420	8	1.9%	3.04%	—	1.35%
合计	15 795	214				

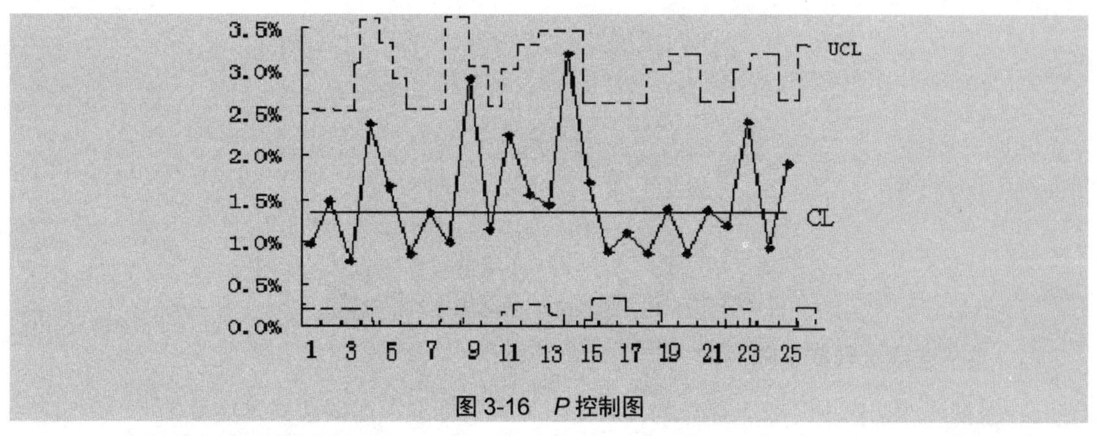

图 3-16　*P* 控制图

三、控制图的判断准则

(一)受控状态的判断准则

(1) 控制图上的点子没有超出控制界限。

(2) 点子在控制界限内排列方式无缺陷。

原则上，如不符合上述两条中的任何一条，就可以判定生产过程发生异常，处于失控状态。第(2)条判断准则“点子在控制界限内排列方式无缺陷”，是指点子的排列是随机的，在下面进行说明。

(二)失控状态的判断准则——点子在控制界限内排列方式有缺陷

点子排列有缺陷是指点子在控制图内的排列呈现出非随机状态，表现形式是点子排列出现链、趋势、周期性变化或点子连续地接近管理界限的情况。

1. 出现链状

链是指点子连续出现在中心线一侧的现象，说明生产过程发生异常，包括以下几方面。

(1) 连续 7 点出现在中心线同一侧链，如图 3-17 所示。

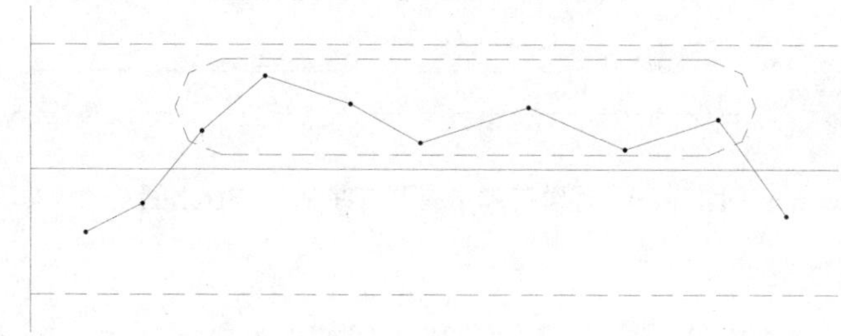

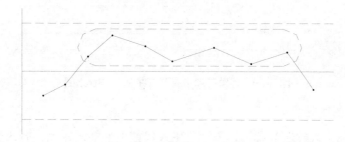

图 3-17　排列缺陷——链

(2) 连续 11 点中，至少有 10 点位于中心线同一侧，如图 3-18 所示。

(3) 连续 14 点中，至少有 12 点位于中心线同一侧。

(4) 连续 17 点中，至少有 14 点位于中心线同一侧。

(5) 连续 20 点中，至少有 16 点位于中心线同一侧。

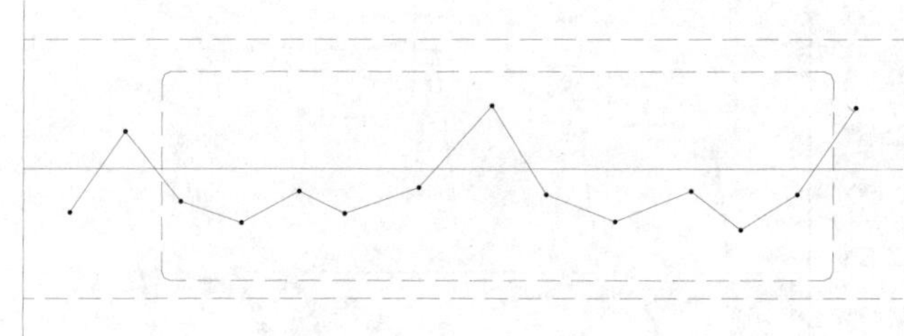

图 3-18 排列缺陷——多次出现在同一侧

2. 点子连续上升或下降倾向

一般把连续 7 点上升或下降作为判断是否异常的标准，如图 3-19 所示。

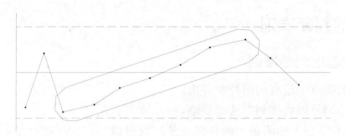

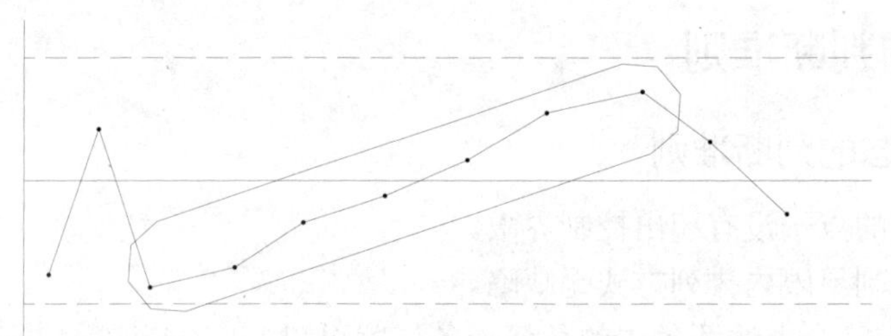

图 3-19 排列缺陷——趋势

3. 点子接近控制界限

这种排列缺陷指点子出现在±2σ～±3σ之间，如图 3-20 所示，包括以下几种。

(1) 连续 3 点中有 2 点落在±2σ～±3σ之间。

(2) 连续 7 点至少有 3 点落在±2σ～±3σ之间。

(3) 连续 10 点至少有 4 点落在±2σ～±3σ之间。

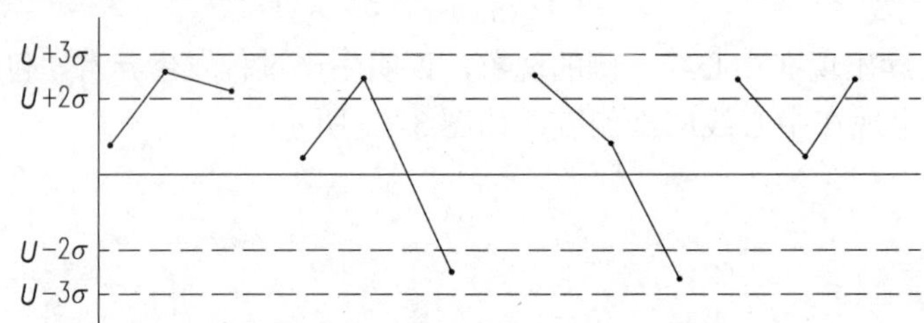

图 3-20 连续三点中有两点在 2σ～3σ之间

4. 点子呈周期性变动

点子虽然全部进入控制界限内，但如果出现周期性变动，比如，阶段的周期变化、波状的周期变动等，表明有异常发生，如图 3-21 所示。

(三)控制图判断的概率计算和解释

利用控制图判断生产过程状态是一种统计推断，依据的是“小概率事件原理”，即小概率事件一般是不发生的，若发生了，说明不正常。所以，在进行统计推断时，需要事先给定小概率数值或显著性水平。在假设检验中，小概率数值一般取 0.01 和 0.05。这里我们就以 0.01 作为判断生产过程是否异常的小概率标准。

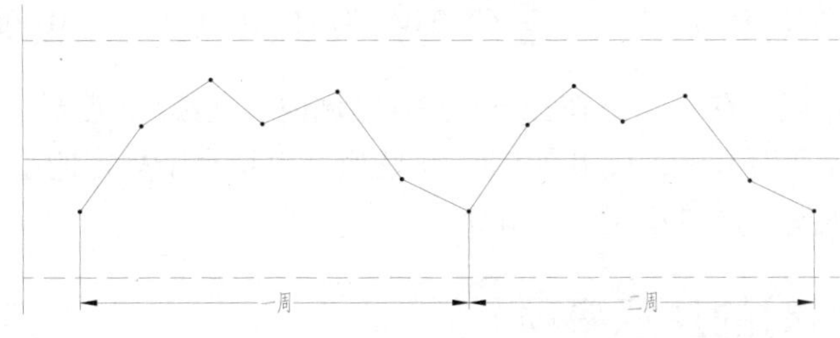

图 3-21　排列趋势——周期

1. 出现“链”的概率计算和解释

若生产过程处于稳定状态时，控制图上的点子应随机地排列在中心线的两侧，且落在中心线两侧的概率大致相等，各占 1/2，每个点子所处的位置不受前一个点子位置的影响，是互为独立的。因此，可用二项分布式来计算出现各种“链”的概率。

连续 7 点在中心线一侧出现的概率为

$$P = C_n^x P^x (1-P)^{n-x} = C_7^7 (0.5)^7 (1-0.5)^{7-7} \approx 0.007\,8$$

连续 11 点至少有 10 点在中心线一侧出现的概率为

$$P = \sum_{x=k}^{n} C_n^x P^x (1-P)^{n-x} = \sum_{x=10}^{11} C_{11}^{10} (0.5)^x (0.5)^{11-x} \approx 0.005\,4$$

其余的同理可以计算。显然，这些链出现的概率值均小于规定的小概率值标准 0.01，说明这些链的出现是小概率事件。根据小概率事件原理，这些小概率事件若在某次试验或观察中发生了，只能说明生产过程发生了异常，正常状态下是不会发生的。

2. 出现上升或下降倾向的概率计算与解释

所谓连续上升(或下降)就意味着后面的点子一定要高于(或低于)前面的点子。根据数理统计原理，出现 n 点上升或下降的概率为

$$P(n\text{ 点倾向})=\frac{2}{n!}(0.997\,3)^n$$

故

$$P(5\text{ 点倾向})=\frac{2}{5!}(0.997\,3)^5 = 0.016\,44$$

$$P(6\text{ 点倾向})=\frac{2}{6!}(0.997\,3)^6 = 0.002\,73$$

$$P(7\text{ 点倾向})=\frac{2}{7!}(0.997\,3)^7 = 0.000\,39$$

由此可见，当出现 6 点连续上升或下降时，就可判断生产过程发生异常。

3. 点子接近控制界限的概率和解释

生产过程处于稳定状态时，质量特性值服从正态分布。根据正态分布的性质，质量特性值(点子)落在$\mu\pm2\sigma$范围内的概率为 0.954 5，落在$\mu\pm3\sigma$范围内的概率为 0.997 3，因此，点子落在$\pm2\sigma\sim\pm3\sigma$区域内的概率为 0.042 8。相邻的点子落在$\pm2\sigma\sim\pm3\sigma$区域内的概率可由二项分布式教学计算。

连续 3 点中有 2 点落在±2σ～±3σ区域内的概率为

$$P = \sum_{x=k}^{n} C_n^x P^x (1-P)^{n-x} = \sum_{x=2}^{3} C_3^x (0.042\,8)^x (1-0.042\,8)^{3-x} \approx 0.005\,3$$

同理，连续 7 点至少有 3 点落在±2σ～±3σ区域内、连续 10 点至少有 4 点落在±2σ～±3σ区域内的概率分别为 0.002 4、0.005 8。这些概率值均小于规定的小概率值标准 0.01，出现这种情况时，说明生产过程发生了异常。

四、控制图应用时的注意事项

在应用控制图进行生产过程控制时，一般分两个阶段。

第一个阶段是做分析用控制图。按时序随机采集数据，确定控制界限，绘制控制图，并把采集的数据打点在图上。如果此时控制图反映的是正常稳定状态，且计算的过程能力指数反映过程能力能够满足技术要求($C_{PK}>1$)，则表明此分析用控制图可以用作控制用控制图。此时，可以转入下一个阶段。如果分析用控制图反映的是异常状态，或过程能力指数反映满足不了技术要求($C_{PK}<1$)，就需要消除异常，重新采集数据做控制图，直至控制图达到稳定状态。

第二个阶段是做控制用控制图。控制用控制图就是延长上述反映稳定状态的分析用控制图的控制界限，用于日常生产过程的质量控制，即随机地从生产现场抽取数据，在图上打点，根据判断准则观察分析生产状态。如有异常信号出现，则采取措施消除异常，否则就维持。

本 章 习 题

1. 什么是质量波动？产品质量为什么会有波动？
2. 什么是过程能力？如何衡量？为什么？
3. 如何根据过程能力指数判断过程能力是否充足？
4. 控制图的作用有哪些？控制图的原理是什么？
5. 如何对控制图进行观察和分析？
6. 某机械零件的技术要求为 $\Phi 50\pm0.05\text{mm}$，在一定的生产条件下随机抽样，测得 $\bar{x}=50\text{mm}$，$S=0.015\text{mm}$，试求过程能力并估算过程不合格品率。
7. 某零件加工尺寸要求为 $80\pm1.5\text{mm}$，现随机抽样测得样本均值为 80.2mm，样本标准差为 0.3mm，试求过程能力并估算过程不合格品率。
8. 对某过程加工结果进行抽样，测得数据如表 3-10 所示。试作 $\bar{x}$—R 图，并分析过程是否处于稳定状态。

表 3-10 数据表

样本号	X_1	X_2	X_3	X_4	X_5	样本号	X_1	X_2	X_3	X_4	X_5
1	72	74	70	82	77	11	70	69	72	67	69
2	82	74	66	69	78	12	80	75	70	82	80
3	78	78	85	82	73	13	73	69	62	78	67
4	83	78	76	69	73	14	74	65	61	59	69
5	75	85	82	80	80	15	65	81	77	75	72
6	81	76	74	79	71	16	74	81	81	77	77
7	77	55	86	71	66	17	78	70	67	82	73
8	77	63	66	73	68	18	81	76	72	69	66
9	76	71	81	76	78	19	81	83	75	77	79
10	61	70	68	75	73	20	78	69	84	68	61

9. 某化工厂在乙醇生产过程收集甲醇含量的数据如表 3-11 所示，试作甲醇含量的 $x-R_S$ 图，并分析过程是否处于稳定状态。

表 3-11 甲醇含量的数据表

样本号	1	2	3	4	5	6	7	8	9	10	11	12
x	1.09	1.13	1.29	1.13	1.23	1.43	1.27	1.63	1.34	1.10	0.98	1.37
样本号	13	14	15	16	17	18	19	20	21	22	23	24
x	1.18	1.58	1.31	1.70	1.45	1.19	1.33	1.18	1.40	1.68	1.58	0.90

10. 某橡胶厂上月份生产的外胎中共有废次品 227 条。其中，有气泡的有 56 条，跳线的有 23 条，缺胶的有 134 条，重皮的有 10 条，其他原因有 4 条。试用排列图分析造成废次品的主要原因。

11. 为了解中学生的身体发育情况，对某中学同年龄的 60 名女生的身高进行测量，结果如表 3-12 所示(单位：厘米)，试用直方图分析其分布情况。

表 3-12 学生身高数据表

167	154	159	166	169	159	156	166	162	158
159	156	166	160	164	160	157	156	157	161
160	156	166	160	164	160	157	156	157	161
158	158	153	158	164	158	163	158	153	157
162	162	159	154	165	166	157	151	146	151
158	160	165	158	163	163	162	161	154	165
162	162	159	157	159	149	164	168	159	153

案例：生产现场质量控制

H 电缆厂生产的某种电线有 8 个生产工序：压胶、挤橡、硫化、试电、编织、过油、塑胶、包装。据分析，电线的质量不稳定，有时废品率高达 8%以上。为了解决这一问题，保证产品质量的稳定性，企业成立了课题组，进行分析并提出解决措施。

一、问题分析与解决思路(见图 3-22)

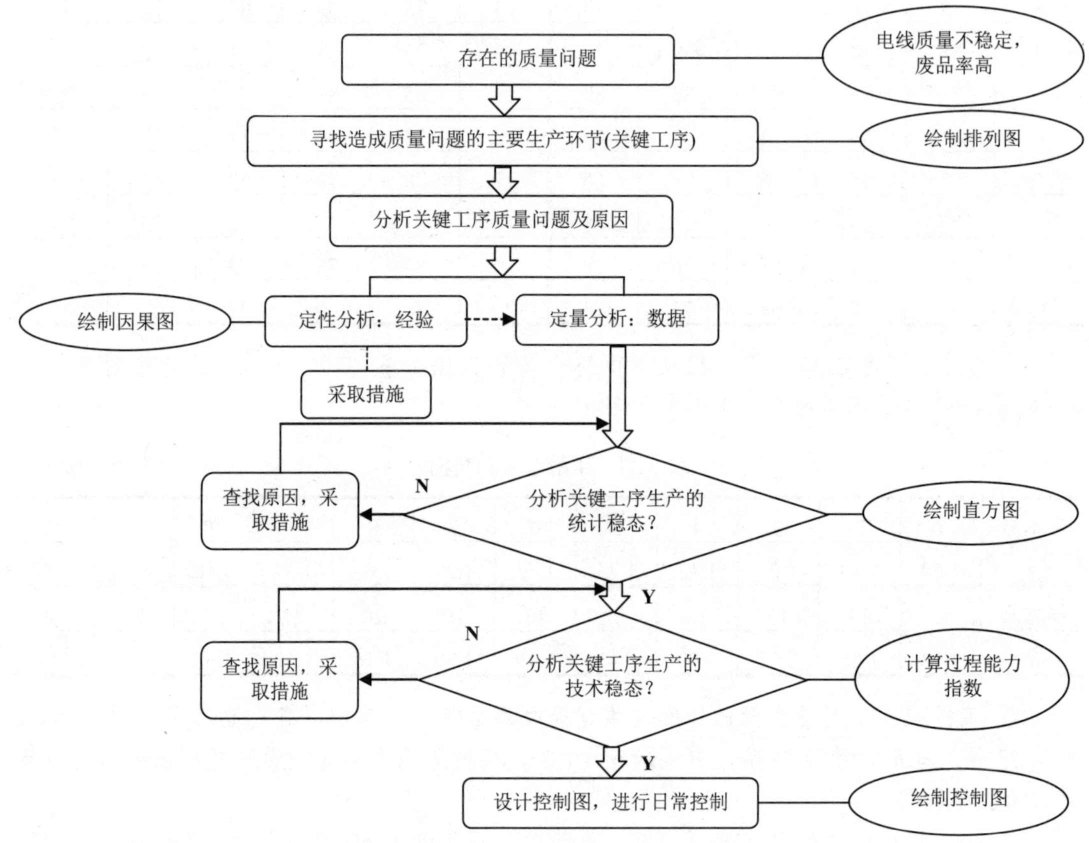

图 3-22 质量问题分析流程

二、具体实施

1. 寻找造成质量不稳定、废品率高的主要生产环节(关键工序)

(1) 收集数据。根据需要，从废品电线中随机抽取 100 个数据，如表 3-13 所示。

表 3-13 废品数统计表

不合格项目	压胶	硫化	塑胶	挤橡	其他
不合格数	7	15	20	55	3

(2) 做排列图。运用排列图分析造成质量问题的主要生产环节。

① 作不合格品统计表，如表 3-14 所示。

表 3-14 不合格品统计表

原因	数量(件)	比率(%)	累计百分数
挤橡	55	55%	55%
塑胶	20	20%	75%
硫化	15	15%	90%
压胶	7	7%	97%
其他	3	3%	100%
合计	100	100%	

② 绘制排列图，如图 3-23 所示。

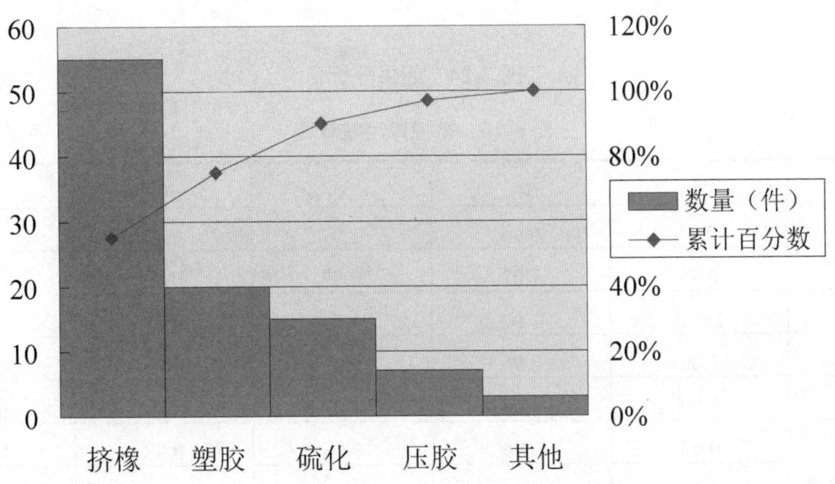

图 3-23 排列图

由图 3-23 可知，挤橡、塑胶是造成电线质量不稳定的关键工序(主要因素)，硫化是次要因素，压胶和其他是一般因素。

2. 分析关键工序质量问题产生的原因

针对造成电线质量不稳定的关键工序“挤橡”，课题组召开质量分析会，通过因果图进行详细分析，如图 3-24 所示。

利用因果图，大家集思广益，明确了影响挤橡工序质量的各种原因。并且经现场测试验证后，对相对影响大的原因：混合胶质量差和内外模对不好，采取了相应的改进措施，保证其处于正常稳定的状态。

3. 分析关键工序“挤橡”的生产稳定情况——统计稳态

在第 2 步的分析中，虽然分析出影响“挤橡”工序质量的各种原因，但是还难以做到深层次地了解“挤橡”工序质量的分布状态。因此，需要从工序中随机抽取 20 组 100 个数据(见表 3-15)，通过直方图进行分析[“挤橡”工序的质量特性是“挤橡”厚度，标准为(1±0.1)mm]。

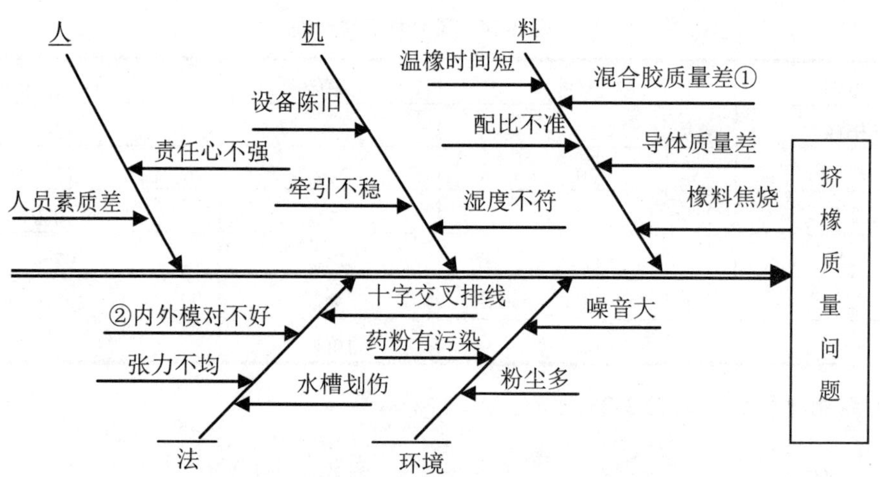

图 3-24　因果分析

表 3-15　挤橡厚度统计表　　测量单位：0.01

组　号	X_1	X_2	X_3	X_4	X_5
1	0.94	0.96	1.07	0.96	1.012
2	0.94	1.02	0.98	0.98	1.08
3	1.012	1.02	1.04	0.98	1.02
4	1.00	0.96	0.92	0.96	1.013
5	1.00	1.08	1.07	1.014	1.00
6	0.94	0.96	0.96	0.98	1.012
7	1.00	0.98	1.012	1.06	1.02
8	1.08	1.02	1.04	1.07	1.00
9	0.94	1.02	1.012	0.98	1.04
10	1.012	1.02	1.08	1.012	1.012
11	0.92	1.07	1.00	0.96	1.06
12	1.02	0.93	0.98	0.98	1.08
13	0.98	1.00	0.93	1.02	0.98
14	1.04	0.96	1.00	1.04	1.02
15	1.06	0.98	0.92	1.05	1.04
16	1.00	1.02	1.02	1.04	1.08
17	0.94	1.08	1.02	1.012	0.96
18	1.08	0.93	1.00	1.05	0.99
19	0.94	1.06	0.95	1.06	1.02
20	1.02	0.98	1.00	1.04	0.94

(1) 作直方图。

① 算极差 R：$R = x_{\max} - x_{\min} = 1.08 - 0.92 = 0.16$

② 分组并确定组距：取 $k=8$，$h=0.16\div8=0.02$

③ 确定组界

第一组下界值为：$x_{\min}-\dfrac{0.01}{2}=0.92-0.005=0.915$

第一组上界值为：$0.915+0.02=0.935$。

以此类推，可以得到各组的组界。

④ 编制频数表：统计各组频数，如表 3-16 所示。

表 3-16　编制频数表

组　号	组　界	频　数
1	0.915～0.935	6
2	0.935～0.955	8
3	0.955～0.975	9
4	0.975～0.995	13
5	0.995～1.015	22
6	1.015～1.035	15
7	1.035～1.055	10
8	1.055～1.075	9
9	1.075～1.095	8

⑤ 画直方图，如图 3-25 所示。

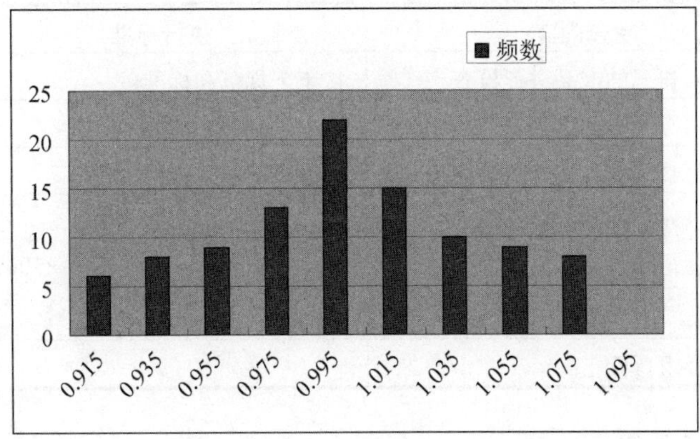

图 3-25　直方图

(2) 分析直方图。通过直方图可以看出，图形形状为正常型，两边低中间高，左右基本对称，没有明显的“失稳”情况，说明工序处于稳定状态。

4. 分析关键工序“挤橡”的工序能力——技术稳态

通过第 3 步的分析，了解到工序处于稳定状态。但是，过程能力是否满足了技术要求，还有待进一步分析。因此，需进一步分析过程能力，并计算过程不合格品率。

(1) 计算比较数据分布中心与公差中心。

根据表 3-21 的数据，由 Excel 的 AVERAGE 函数计算得出：

$$\overline{x}=1.0194$$

$$M=(0.9+1.1)\div2=1$$

$\overline{x}\neq M$，因此数据分布中心与公差中心不重合。

(2) 计算过程能力指数 C_{PK}。

$$E=|M-\overline{x}|=|1-1.019\,4|=0.019\,4$$

$$T=T_U-T_L=(1.1-0.9)=0.2$$

由 Excel 的 STDEV 函数得出：$S=0.046\,14$

$C_{PK}=(\mathrm{T}-2\varepsilon)\div6S=(0.2-2\times0.019\,4)\div6\times0.046\,14=0.582\,282\approx0.58$

$C_P=T\div6S=0.2\div6\times0.046\,14=0.722\,434\approx0.72$

$K=\varepsilon\div T\div2=0.019\,4\div0.1=0.194$

$P=\Phi[-3\times(1+K)\times C_P]+\Phi[-3\times(1-K)\times C_P]$

$=\Phi[-3\times(1+0.194)\times0.722]+\Phi[-3\times(1-0.194)\times0.722]$

$=\Phi(-2.587\,7)+\Phi(-1.746\,8)$

$=[1-\Phi(2.587\,7)]+[1-\Phi(1.746\,8)]$

查表得：$P=2-0.995\,20-0.959\,94=0.044\,86$

$\approx4.5\%$

经过计算过程能力指数 C_{PK}，可知挤橡工序的过程能力严重不足。针对这一情况，课题组提出提高工序能力的思路与措施(略)；同时，又采取了“三自，一控”的常规质量控制方法，如表 3-17 所示。

表 3-17 质量控制措施表

序　号	检查内容	执行标准	采用手段
1	操作者对自己的产品进行检查	按工艺规范和标准	卡尺
2	区分合格品与不合格品	按工艺规范和标准	卡尺
3	自己做好加工者、日期、质量标记	自己定标记，记录	自检记录表
4	操作者要控制自检正确率	自检正确率 $=\dfrac{\text{专检合格数}}{\text{自检合格数}}\times100\%$	每天统计
5	操作者要求自检正确		认真自检

三、改进后的工序能力分析

上述改进措施实施一段时间后，为了验证其是否有效，随机抽检产品，取得 100 个数据，如表 3-18 所示。根据表中的数据再计算过程能力指数、过程不合格品率，从而评价采取措施以后的工序质量状态。

表 3-18　采取措施后挤橡厚度统计表

组　号	X_1	X_2	X_3	X_4	X_5	$\overline{X}$	R
1	1.00	0.96	1.04	1.04	1.01	1.01	0.08
2	0.99	1.02	0.98	0.98	1.00	0.994	0.04
3	1.04	1.02	1.04	9.98	1.02	1.02	0.06
4	1.00	0.96	1.02	0.96	1.02	0.992	0.06
5	1.00	1.02	1.02	1.00	1.00	1.008	0.02
6	0.98	0.96	0.96	0.98	1.04	0.984	0.08
7	1.00	0.98	0.98	1.01	1.02	0.998	0.04
8	1.00	1.02	1.04	0.98	1.00	1.008	0.06
9	0.94	1.02	1.01	0.98	1.04	0.998	0.1
10	1.06	1.02	1.00	0.98	1.04	1.02	0.08
11	1.02	1.02	1.00	1.04	1.02	1.02	0.04
12	1.02	0.99	1.04	0.98	1.01	1.008	0.06
13	0.98	1.00	1.00	1.02	0.98	0.996	0.04
14	1.04	1.00	1.00	1.04	1.02	1.02	0.04
15	1.06	0.98	1.02	0.96	1.04	1.012	0.1
16	1.00	1.02	1.00	1.04	1.02	1.016	0.04
17	1.06	1.00	1.02	1.00	0.96	1.008	0.1
18	1.00	1.02	1.00	0.93	1.06	1.002	0.13
19	1.06	1.02	0.95	1.06	1.02	1.022	0.11
20	1.02	0.96	1.00	1.04	0.99	1.002	0.08

(1) 计算比较数据分布中心与公差中心。

根据表 3-18 的数据，由 Excel 的 AVERAGE 函数计算得出：

$$\bar{x}=1.006\ 9$$

$$M=(0.9+1.1)\div 2=1$$

$\bar{x}\neq M$，因此数据分布中心与公差中心不重合。

(2) 计算过程能力指数 C_{PK}。

$$\varepsilon=|M-\bar{x}|=|1-1.006\ 9|=0.006\ 9$$

$$T=T_U-T_L=(1.1-0.9)=0.2$$

由 Excel 的 STDEV 函数计算得出：$S=0.028\ 593$

$$C_{PK}=(T-2\varepsilon)\div 6S=(0.2-2\times 0.069)\div 6\times 0.028\ 593=1.085\ 343\approx 1.09$$

$$C_P=T\div 6S=0.2\div 6\times 0.028\ 593=1.165\ 782$$

$$K=\varepsilon\div T\div 2=0.0069\div 0.1=0.069$$

$$P=\Phi[-3\times(1+K)\times C_P]+\Phi[-3\times(1-K)\times C_P]$$

$$=\Phi[-3\times(1+0.069)\times 1.165\ 782]+\Phi[-3\times(1-0.069)\times 1.165\ 782]$$

$$=\Phi(-3.738\ 66)+\Phi(-3.256\ 03)$$

查表 $P = 2-0.999\,91-0.999\,44 = 0.000\,65$

$= 0.065\%$

由此可见，改进后的工序质量状态稳定，并且过程能力有了显著提高，不合格品率几乎为零，工序生产过程达到了较高的质量标准。

四、设计控制图，进行工序的日常控制

为了巩固采取措施后的成果，使得工序长期处于稳定的控制状态，课题组决定利用控制图进行日常工序质量控制。根据表 3-18 的数据设计控制图。

$\overline{x}$ 控制图的中心线和上、下控制界限分别为

$$\text{CL}=\overline{x}=1.006\,9$$

$$\text{UCL}=\overline{\overline{x}}+A_2\overline{R}=1.006\,9+0.577\times0.068=1.046\,136$$

$$\text{LCL}=\overline{\overline{x}}+A_2\overline{R}=1.006\,9-0.577\times0.068=0.967\,664$$

$\overline{R}$ 控制图的中心线和上、下控制界限分别为

$$\text{CL}=\overline{R}=0.068$$

$$\text{UCL}=D_4\overline{R}=2.115\times0.068=0.143\,82$$

$$\text{LCL}=D_3\overline{R}=2.115\times0.062=0.131\,13$$

$$\text{LCL}=D_3\overline{R}=0$$

此时的 $\overline{x}$—R 控制图如图 3-26 所示。

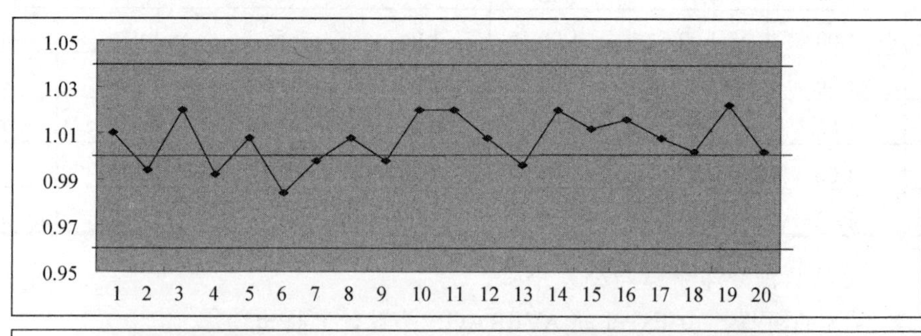

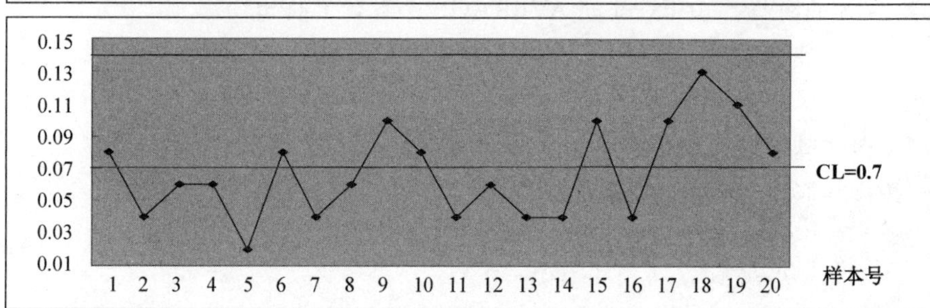

图 3-26　$\overline{x}$—R 控制图

从图 3-26 中可以看出，20 个数据点均在控制界限内，且无其他异常情况，说明工序稳定。因此，以图 3-26 的 $\overline{x}$—R 控制图即为我们所需的日常用的控制图。在后续的生产中，操作人员应根据抽检规定，定时抽检 5 个样品，并将均值和极差的数据，以点的形式记录在 $\overline{x}$—R 图上，密切关注图上点的变化形式，以确保生产的稳定运行。

(资料来源：课程组编写的《质量管理课程设计》内部资料)

第四章　质量检验与抽样检验理论

学习要点

本章介绍了质量检验的基本知识、抽样检验的基本原理、计数标准型和计数调整型抽样检验标准的理论与方法。此外章末附有编写了计数调整型抽样检验的应用案例。

第一节　质 量 检 验

一、质量检验的概念与职能

(一)质量检验的概念

在质量管理中，一方面对生产过程进行质量控制，保证生产的稳定性；另一方面还要对生产出的产品进行严格的质量检验，确保产品质量。

国际标准 ISO 9000：2015 对检验的定义是：“对符合规定要求的测定。”从定义可以理解为，产品质量检验是一种确定产品的符合性的活动，符合标准的称为合格品，不符合标准的称为不合格品。所以，质量检验也可称为合格性判断。

对经过检验被判为不合格的产品，还要进行适用性判断，也就是对这些不合格产品作出处理。通常的处理结果有以下几种。

(1) 报废：对于影响人身财产安全或经济上产生严重损失的不合格品，应予报废处理。

(2) 返工：返工是一个程序，它可以完全消除不合格，并使质量特性完全符合要求。

(3) 返修：返修与返工的区别在于返修不能完全消除不合格品，而只能减轻不合格的程度，使不合格品能达到基本满足使用要求而被接收的目的。

(4) 原样使用：就是不加返工和返修，直接交给用户，这种情况往往要降价。

对于合格性判断一般由检验人员或检验部门来承担；而适用性判断由于其技术性很强，涉及多方面的知识和要求，因此，需要成立不合格品审查委员会来审查决定。这类审查委员会在国外称为 MRB(Material Review Board)。

(二)质量检验的职能

1. 把关职能

这是质量检验最基本的职能，也可称为质量保证职能。通过对原材料、半成品的检验、鉴别、分选和剔除不合格品，并决定该批产品是否被接收。以保证不合格的原材料不投产，不合格的半成品不转入下一道工序，不合格的成品不出厂。

2. 预防职能

现代质量检验区别于传统检验的重要之处，就在于现代质量检验不单纯是起把关的作用，同时还要起预防的作用。检验的预防作用主要表现在以下两个方面。

(1) 通过过程能力的测定和控制图的使用起预防作用。第三章已述，无论是过程能力的测定还是使用控制图，都需要通过产品检验取得数据，进行统计处理后方能实现。这种检验的目的，不是为了判定产品是否合格，而是为了反映生产过程的状态。如果发现过程能力不足，或通过控制图反映生产过程出现了异常状态，则要及时采取技术措施，预防不合格品的产生。事实证明，这种检验的预防作用是非常有效的。

(2) 通过工序生产时的首检与巡检起预防作用。当一批产品或一个轮班开始加工一批产品时，一般应进行首件检验(首件检验不一定只检查一件)，当首件检验合格并得到认可后，方能正式成批投产。此外，当设备进行维修或重新调整后，也应进行首件检验，其目的都是为了预防出现大批不合格品。正式成批投产后，为了及时发现生产过程中是否发生了变化，有无出现不合格品的可能，还要定期或不定期进行巡回抽检，一旦发现问题，就应及时采取措施予以纠正，以预防不合格品的产生。

3. 报告职能

报告职能也就是信息反馈的职能。在检验工作的过程中，及时进行信息反馈、采取纠正措施只是报告职能的最起码的要求。报告职能的更主要表现是，通过检验活动，系统地收集、积累、整理及分析研究各种质量信息，根据需要编制成各类报告或报表，按规定向企业有关人员及部门报告企业产品质量的情况、动态和趋势，为企业质量决策提供及时、可靠和充分的依据。报告职能大致应包括以下内容。

(1) 原材料、外购件、外协件进厂检验的情况。

(2) 成品出厂检验情况，如合格率、返修率、报废率、降级率及相应的经济损失。

(3) 各生产单位质量情况，如平均合格率、返修率、报废率及相应的经济损失，以及质量因素的排列图分析。

(4) 产品报废原因的排列图分析。

(5) 不合格品的处理情况。

(6) 重大质量问题的调查、分析和处理情况。

(7) 改进产品质量的建议。

二、质量检验的方式与基本类型

质量检验的方式有全数检验和抽样检验：对价值低，数量大，不很重要的产品，比如螺钉、螺帽、垫圈等，一般不采用全数检验，而用抽样检验的方法；对于那些价值高，影响人身安全的重要零部件要进行全数检验。

质量检验活动的基本类型有进货检验、工序检验和完工检验。进货检验是对外购货品的质量验证，属于入库前的接收检验。工序检验有时称为过程检验或阶段检验。工序检验的目的是在加工过程中防止出现大批不合格品，避免不合格品流入下一道工序。因此，工序检验不仅要检验在制品是否达到规定的质量要求，还要检验影响质量的主要工序因素(即4M1E)，以决定生产过程是否处于正常的受控状态。完工检验又称最终检验，是全面考核半成品或成品质量是否满足设计规范标准的重要手段。由于完工检验是供方验证产品是否符合顾客要求的最后一次机会，所以是供方质量保证活动的重要内容。

第二节　抽样检验的基本原理

抽样检验是从一批产品或一个过程中随机地抽取样本进行检验，根据样本的质量情况对总体作出判断。其目的是判断一批产品或一个过程是否可以被接收。抽样检验是一种统计推断，推断的准确与否取决于所设计的抽样检验方案。抽样检验方案是指对所要判断是否接收的一批产品，规定其抽取的样本量和接收准则的一个具体方案。

一、抽样检验方案

(一)一次抽样检验方案

一次抽检方案就是从批量为 N 的一批待检产品中，随机抽取一个样本容量为 n 的样本，对样本进行检查，假设样本中存在不合格品数为 d；此时，事先规定一个批合格判定数 Ac(Acceptance Number)或 C，那么，对该批产品的接收准则如下。

若 $d \leqslant \text{Ac}$，判定该批产品合格，予以接收。

若 $d > \text{Ac}$，判定该批产品不合格，予以拒收。

这里的批量 N，样本容量 n 以及合格判定数 Ac 就组成了一次抽检方案，记为(N，n，Ac)或(n/Ac)。

在上述抽样检验中，批合格判定数 Ac 实际上就是指产品批的样本中允许的不合格的最大数目。

一次抽检方案的程序，如图 4-1 所示。

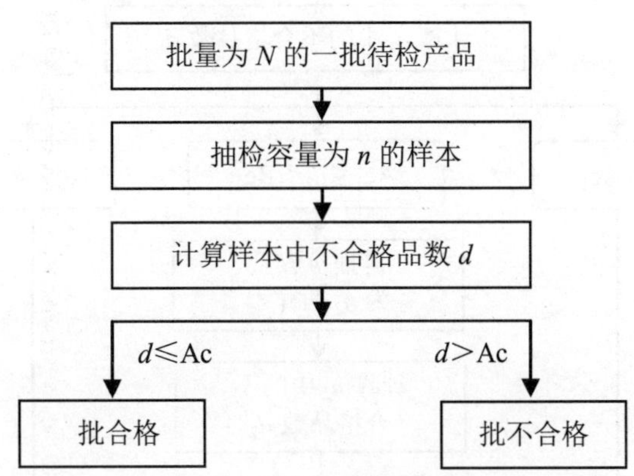

图 4-1　一次抽样检验程序

例如，当 N=100，n=10，Ac=1，则这个一次抽样方案表示为(100，10，1)。其含义是指从批量为 100 件的交验产品中，随机抽取 10 件，检验后，如果在这 10 件产品中不合格数为 0 或 1，则判定该批产品合格，予以接收；如果这 10 件产品中的不合格品超过 1 件(2 件及以上)，则判定该批产品不合格，予以拒收。

(二)二次抽样检验方案

如前所述，一次抽样方案涉及三个参数，即(N，n，Ac)。而二次抽样方案则包括七个

参数，即(N，n_1，n_2 | Ac_1，Re_1；Ac_2，Re_2)。其中：

n_1——抽取第一个样本的大小；

n_2——抽取第二个样本的大小；

Ac_1——第一接收数；

Re_1——第一拒收数；

Ac_2——第二接收数；

Re_2——第二拒收数。

二次抽验的操作程序为：在交验批量为 N 的一批产品中，随机抽取 n_1 件产品进行检验。若发现 n_1 中的不合格数为 d_1，则：

若 $d_1 \leqslant Ac_1$，判定批产品合格，予以接收。

若 $d_1 \geqslant Re_1$，判定批产品不合格，予以拒收。

若 $Ac_1 < d_1 < Re_1$，无法判断。这时要在同批产品中继续随机抽取第二个样本 n_2 件产品进行检验。若发现 n_2 中有 d_2 件不合格品，则根据($d_1 + d_2$)与第二接收数和第二拒收数的比较作出如下判断。

若 $d_1 + d_2 \leqslant Ac_2$，判定批产品合格，予以接收。

若 $d_1 + d_2 \geqslant Re_2$，判定批产品不合格，予以拒收。

二次抽检的操作程序如图 4-2 所示。

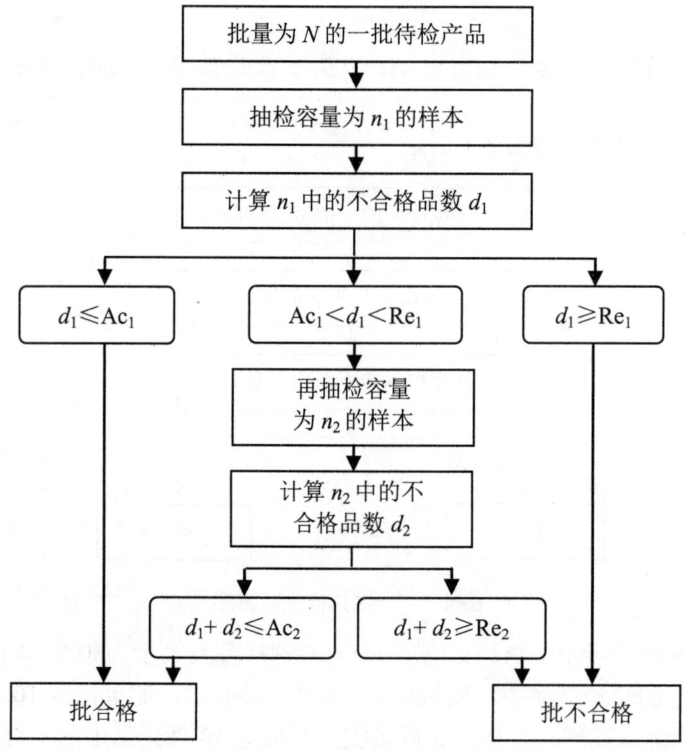

图 4-2　二次抽样检验程序

例如：当 N=1 000，n_1=36，n_2=59，Ac_1=0，Re_1=3，Ac_2=4，Re_2=5，则这个二次抽样方案表示为(1 000，36，59 | 0，3；4，5)。其含义是指从批量为 1 000 件的交验产品中，

随机抽取第一个样本 n_1=36 件进行检验，假设发现 n_1 中不合格数为 d_1：

若 $d_1 \leqslant 0$，(实际为零)，则判定该批产品合格，予以接收。

若 $d_1 \geqslant 3$，则判定该批产品不合格，予以拒收。

若 $0 < d_1 < 3$(即在 n_1 件中发现的不合格数为 1 件或 2 件)，则不对该批产品合格与否作出判断，需要继续抽取第二个样本 n_2。这时要从同批产品中随机抽取第二个样本 n_2=59 件进行检验。假设发现 n_2 中的不合格数为 d_2：

若 $d_1 + d_2 \leqslant 4$，则判定该批产品合格，予以接收。

若 $d_1 + d_2 \geqslant 5$，则判定该批产品不合格，予以拒收。

二次抽检的特点是最多可抽取两个样本。但是，这并不是说采用二次抽检方案一定每次都必须抽取两个样本，只要第一个样本能够作出合格与否的判断，就不需要再抽取第二个样本。二次抽检方案的第一个样本往往比一次抽检方案的样本小，因此，二次抽检方案的抽检成本有时会低于一次抽检方案。

除二次抽检方案外，还有多次抽检方案，它和二次抽检方案过程相似，只是抽取样本个数增多，规定的合格判定数也相应增多而已。

二、批接收概率 $L(P)$

(一)批接收概率的含义

假设有一批待检产品 N，其不合格品率为 P，对该批产品进行检验可能会有以下三种情况。

(1) 如果 P=0，则无论抽检方案(N，n，Ac)多么严格，该批产品一定会被接收，即接收概率为 $L(P)$=100%。

(2) 如果 P=1，则无论抽检方案(N，n，Ac)多么宽松，该批产品一定会被拒收，即接收概率为 $L(P)$=0。

(3) 如果 $0 < P < 1$，用(N，n，Ac)抽检方案进行抽检，这批产品可能被接收也可能被拒收，并且，P 愈小，被接收的概率愈大。

因此，把交检批判为合格而接收的概率称为批接收概率，也称批合格概率，记为 $L(P)$。

(二)批接收概率的计算

1. 采用超几何分面计算

已知产品批量为 N，批不合格品率为 P，N 中的不合格品数为 D=NP，n 中的不合格品数为 d，采用(n/Ac)方案进行抽检，则批接收概率为

$$\begin{aligned} L(P) &= P(d \leqslant \mathrm{Ac}) \\ &= P(d=0) + P(d=1) + \cdots + P(d=\mathrm{Ac}) \\ &= \sum_{d=0}^{\mathrm{Ac}} P(x=d) \\ &= \sum_{d=0}^{\mathrm{Ac}} \frac{C_D^d C_{N-D}^{n-d}}{C_N^n} \end{aligned} \tag{4-1}$$

式中：C_D^d——从批的不合格数 D 中抽取 d 个不合格品的所有组合数；

C_{N-D}^{n-d}——从批的合格品数 $N-D$ 中抽取 $n-d$ 个合格品的所有组合数；

C_N^n——从批量为 N 的产品中抽取 n 个单位产品的所有组合数。

【例 4-1】设有一批产品，批量 N=10 000 件，批不合格品率 P=1.5%，采用方案(20/1)进行抽检，该批产品被接收的概率有多大？

解：由题意，该批产品的不合格品数为

$$D=NP=10000\times1.5\%=150(\text{件})$$

$$L(P)=\sum_{d=0}^{1}\frac{C_D^d C_{N-D}^{n-d}}{C_N^n}$$

$$=\frac{C_{150}^0 C_{9850}^{20}}{C_{10000}^{20}}+\frac{C_{150}^1 C_{9850}^{19}}{C_{10000}^{20}}=0.739+0.225=0.964$$

则该批产品被接收的概率为 96.4%，被拒收的概率为 1−$L(P)$=3.6%。

2．应用二项分布计算

用超几何分布计算批接收概率虽然精确，但很烦琐。如果批量 $N\geqslant 10n$，可用比较简便的二项分布计算。

已知抽检方案(n/Ac)，批不合格率 P，则有

$$L(P)=\sum_{d=0}^{\text{Ac}}C_n^d P^d(1-P)^{n-d} \tag{4-2}$$

式中：$C_n^d=\dfrac{n!}{d!(n-d)!}$式表示从 n 个产品中抽 d 个不合格品的所有组合数。

仍以例 4-1 说明：

$$L(P)=\sum_{d=0}^{1}C_n^d P^d(1-P)^{n-d}$$

$$=C_{20}^0\times0.015^0\times(1-0.015)^{20}+C_{20}^1\times0.015^1\times(1-0.015)^{19}$$

$$=0.985^{20}+20\times0.015\times0.985^{19}$$

$$=0.739+0.225$$

$$=0.964$$

三、抽检特性曲线——OC 曲线

抽检特性(Operating Charactrastic，OC)是指抽检方案对交检批实际质量水平的鉴别能力。它可以通过抽检方案对不同质量水平的交检批的接收概率来反映。抽检特性曲线是描述接收概率 $L(P)$与批不合格品率 P 的函数关系曲线。抽检特性曲线可用来反映一个抽检方案(n/Ac)的抽检特性，它直观地反映了一个抽检方案对于不同批质量的判别能力。不同的抽检方案其 OC 曲线也不同，从而影响 $L(P)$的大小。

(一)理想抽检方案的 OC 曲线

在签订产品供需合同时，如果双方约定，当批的不合格品率 $P\leqslant P_0$ 时，这批产品是合格的；当批的不合格品率 $P>P_0$ 时，这批产品是不合格的。那么一个理想的抽检方案应当

满足：当 $P \leq P_0$ 时，接收概率 $L(P)=1$；当 $P > P_0$ 时，接收概率 $L(P)=0$。如图 4-3 所示，完全反映了理想抽检方案的特性。要达到这种理想境界，唯一的办法是进行准确无误的全数检验。因此，这样的抽检方案实际上是不存在的。因为即使采用百分之百的检验，有时也会产生错检和漏检。

(二)实际抽检方案的 OC 曲线

抽检方案确定后，当批的不合格品率 P 变化时，我们可以通过 OC 曲线考察批接收概率 $L(P)$的变化情况。

【例 4-2】设有一批产品，批量 N 为 1 000，采用(30/3)的抽检方案对它进行验收，试画出此抽检方案的 OC 曲线。

解：由超几何分布计算(也可以用简便的二项分布进行计算)：

$$L(P)=\sum_{d=0}^{3}\frac{C_D^d C_{N-D}^{n-d}}{C_N^n}$$

现取 P=5%，10%，15%，20%，由此可求得：

$$L(5\%)=\sum_{d=0}^{3}\frac{C_D^d C_{N-D}^{n-d}}{C_N^n}$$

$$=\frac{C_{50}^0 C_{950}^{30}}{C_{1000}^{30}}+\frac{C_{50}^1 C_{950}^{29}}{C_{1000}^{30}}+\frac{C_{50}^2 C_{950}^{28}}{C_{1000}^{30}}+\frac{C_{50}^3 C_{950}^{27}}{C_{1000}^{30}}$$

$$=0.210+0.342+0.263+0.128=0.943$$

类似地，可以算出 $L(10\%)$，$L(15\%)$，$L(20\%)$。计算结果列于表 4-1 中，画出的 OC 曲线，如图 4-4 所示。

表 4-1 批接收概率 $L(P)$计算表

d \ P(%)	5	10	15	20
0	0.210	0.040	0.007	0.001
1	0.342	0.139	0.039	0.009
2	0.263	0.229	0.102	0.032
3	0.128	0.240	0.171	0.077
$L(P)$	0.943	0.648	0.319	0.119

从这个例子可以看出，当 $P \leq 5\%$，接收概率为 94.3%，但是随着不合格品率 P 的增加，接收概率 $L(P)$迅速减小，当 P=20%，接收概率只有 11.9%。

(三)线性抽检方案的 OC 曲线——特例

设有一批产品，批量 N=20，考虑采用抽检方案(1/0)来检验这批产品，即从批中随机抽取一个产品，如果它是合格品，则判断这批产品合格；否则，判断这批产品不合格。此时的抽检特性函数为

$$L(P)=\frac{C_{20P}^0 C_{20-20P}^{1-0}}{C_{20}^1}=\frac{20-20P}{20}=1-P \tag{4-3}$$

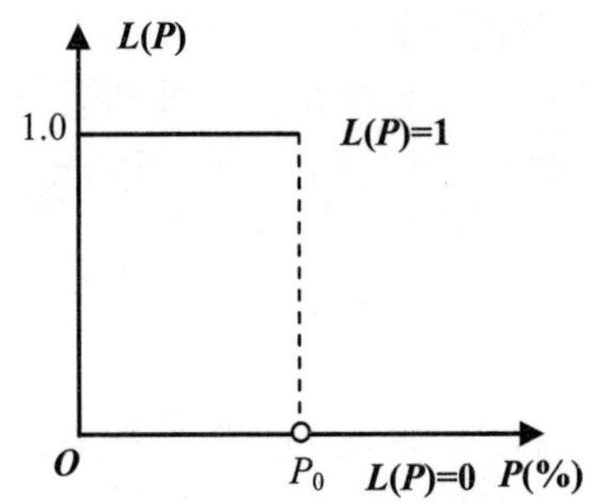

图 4-3 理想抽检方案 OC 曲线

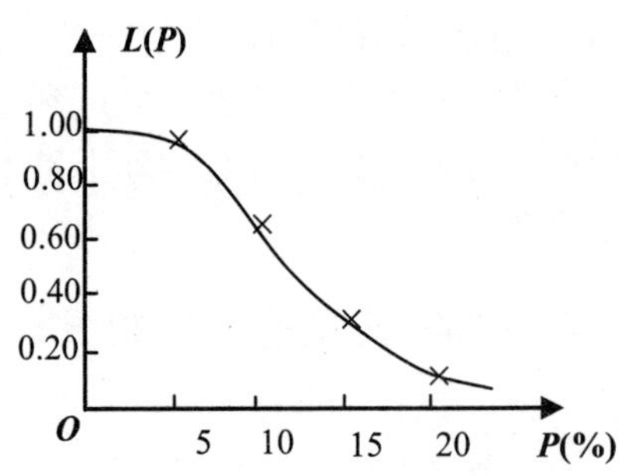

图 4-4 实际抽检方案 OC 曲线

OC 曲线为一条直线，如图 4-5 所示。我们称它所对应的抽检方案为线性抽检方案。

在此例中，如果认为 $P\leqslant 5\%$时，产品是合格的，这时的接收概率 $L(5\%)\geqslant 0.95$。但当 $P=50\%$时，其接收概率 $L(50\%)=0.5$。这就是说，当产品的质量已经差到含有一半的不合格品时，两批当中仍有一批可能被接收。可见，线性抽检方案对批质量的判断能力和对用户的质量保证能力都是很差的。

(四)抽检方案的设计原则

上述的理想抽检方案是不存在的，线性抽检方案又很不理想，是否可以选取一个抽检方案使其抽检特性曲线接近比较理想的 OC 曲线呢？回答是肯定的。我们可以这样来对产品质量提出要求：规定两个不合格品率 P_0 和 $P_1(0<P_0<P_1<1)$，当一批产品的不合格品率 $P\leqslant P_0$ 时，认为这批产品的质量好的，应以高概率接收这批产品；反之，当 $P\geqslant P_1$ 时，认为这批产品的质量较差，应以高概率拒收这批产品(接收这批产品的概率很小)；而当 $P_0<P<P_1$ 时，接收这批产品的概率迅速减小。相应于这种要求的一条抽检特性曲线，如图 4-6 所示。它比较接近理想的抽检特性曲线，所代表的抽检方案是一种较好的抽检方案。

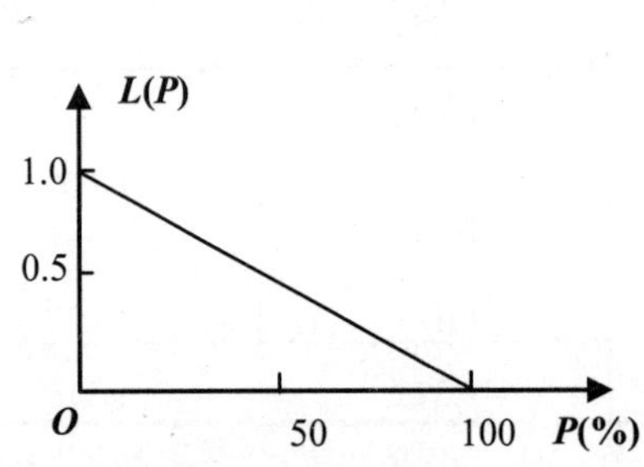

图 4-5 线性抽检方案 OC 曲线

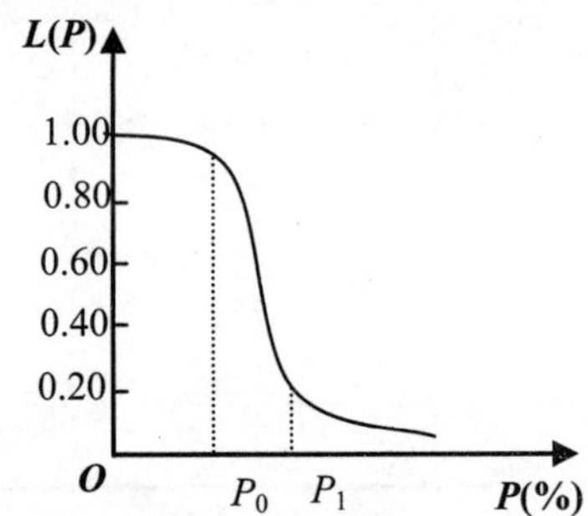

图 4-6 接近理想方案的 OC 曲线

因此，抽检方案的设计原则如下。

(1) 当产品批质量好时($P\leqslant P_0$)，应以高概率接收这批产品，以确保生产方的利益。

(2) 当产品批质量变坏时($P_0<P<P_1$)，接收概率迅速下降。即如果质量水平降低，必然会导致接收概率的降低，并且，接收概率的降低幅度会远远高于质量水平的降低幅度，这样就会使产品批被拒收的可能性增大。因此，一个好的抽检方案能够保证生产方不敢轻易降低质量水平。

(3) 当产品质量坏到某一规定限度时($P\geqslant P_1$)，应以高概率拒收，以确保使用方的利益。

四、抽样检验中的两类错误

抽样检验是根据从一批产品中随机抽取的一部分产品的检查结果，去判断整批产品合格与否。这是一种统计推断的过程。既然是统计推断，就有可能产生两类错误，即把合格批判断为不合格批，或把不合格批判断为合格批。我们将前者称为“第一类错误判断”，后者称为“第二类错误判断”。

一批质量较好的产品，比如 $P \leqslant P_0$，若采用抽样检验，则只能要求以高概率接收，而不能要求一定接收，因为还有一定的小概率拒收这批产品。这个小概率叫作“第一类错误概率 α”，如图 4-7 所示。它反映了把质量较好的批错判为不合格批的可能性大小。由于这种错判的结果会给生产方带来损失，所以又称它为“生产者的风险率”。

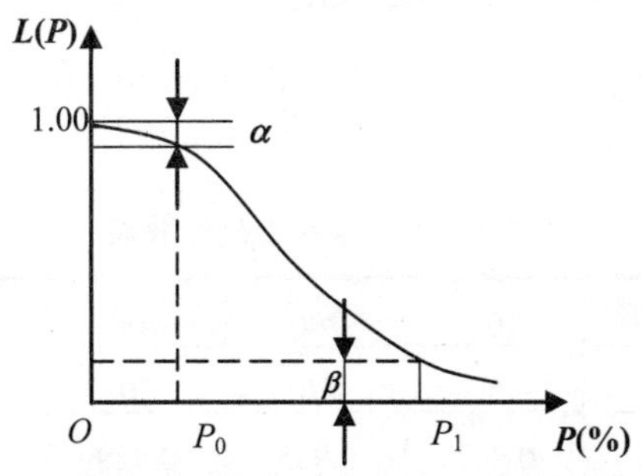

图 4-7　反映 α 与 β 概率的实际 OC 曲线

一批质量较差的产品，比如 $P \geqslant P_1$，若采用抽样检验，则只能要求以高概率拒收，而不能要求一定拒收，因为还有一定的小概率接收它。这个小概率叫作“第二类错判概率 β”，如图 4-7 所示。它反映了把质量差的批错判为合格批的可能性大小。由于这种错判的结果会使使用方蒙受损失，所以又称它为“使用者的风险率”。

在实际中，通常取 $\alpha = 1\%$，5%，10%；β=5%，10%，20%。由图 4-7 不难看出，α、β 与接收概率的关系是

$$\alpha = 1 - L(P_0)$$

$$\beta = L(P_1)$$

【例 4-3】已知批量 N=500，规定 P_0=4%，P_1=12%，采用抽检方案(10/1)抽检，试求两类错判概率 α、β。

解：利用二项分布函数可以求得(也可用超几何分布函数求得)：

$$\begin{aligned}\alpha &= 1 - L(4\%) = 1 - \sum_{d=0}^{1} C_n^d P^d (1-P)^{n-d} \\ &= 1 - \left[C_{10}^0 \times 0.04^0 \times (1-0.04)^{10-0} + C_{10}^1 \times 0.04^1 \times (1-0.04)^{10-1} \right] \\ &= 0.037\end{aligned}$$

$$\begin{aligned}\beta &= L(12\%) = \sum_{d=0}^{1} C_n^d P^d (1-P)^{n-d} \\ &= C_{10}^0 \times 0.12^0 \times (1-0.12)^{10-0} + C_{10}^1 \times 0.12^1 \times (1-0.12)^{10-1} \\ &= 0.656\end{aligned}$$

由计算结果可以看出，第一类错判概率较小，第二类错判概率太大。这一抽检方案不是太好，需要另选抽检方案。如果找不到一个合适的抽检方案，那就只好调整质量标准 P_0 或 P_1 的值，比如，减少 P_0 值或提高 P_1 值，来设法制定一个使供应方和使用方都比较满意的抽检方案。

把质量标准 P_0、P_1 与两类错判概率 α、β 联系起来考虑，是现代统计抽样检验的一个特点，也是制定和评价抽检方案的依据。

一个好的抽检方案，在一定生产条件和保证产品质量的要求下，应有很强的判别能力，即两种错判概率都尽可能地小。而且，抽检的产品数量也尽量地小。

五、N、n、Ac 对 OC 曲线的影响分析

(一)n、Ac 固定，N 变化对 OC 曲线的影响

现固定 n=20，Ac=2，设 N=60、80、100、200、400、600、1000、∞，计算出它们的接收概率 $L(P)$，如表 4-2 所示。

表 4-2　接收概率 $L(P)$计算表

N	60	80	100	200	400	600	1000	∞
N/n	3	4	5	10	20	30	50	∞
$L(P=5\%)$	0.966	0.954	0.947	0.935	0.929	0.928	0.927	0.925
$L(P=15\%)$	0.362	0.375	0.378	0.394	0.400	0.401	0.403	0.405
$L(P=25\%)$	0.053	0.063	0.069	0.080	0.086	0.088	0.089	0.091

从表 4-2 中，取 N=60、400、∞，画出各自的 OC 曲线，如图 4-8 所示。

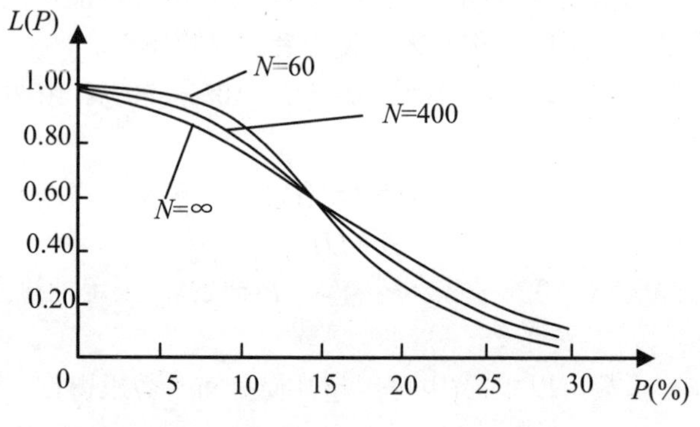

图 4-8　N 变化对 OC 曲线影响

从图 4-8 中可见，N 的变化对 OC 曲线的斜率影响不大。一般当 N 比较大且 $N \geqslant 10n$ 时，可以把批量 N 看作无限。这时可以认为抽样检验方案的设计与 N 无关，因此一般只用(n、Ac)来表示抽样方案。但是不能由此认为，既然 N 对 OC 曲线的影响不大，而 N 越大，单位产品中分摊的检验费用越小，就可以任意加大 N 值。应当认识到，N 取得太大，若一批产品不合格，则不论对生产方还是对使用方造成的经济损失都是巨大的。

(二)N、Ac 固定，n 变化对 OC 曲线的影响

现固定 N=1 000，Ac=1，设 n=5、10、20、30、50，画出它们的 OC 曲线，如图 4-9 所示。

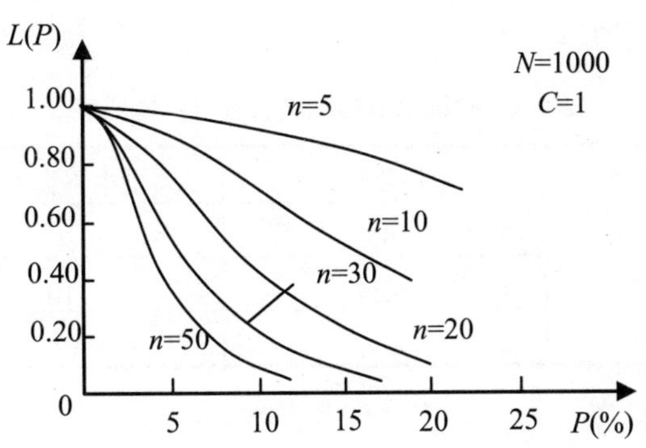

图 4-9 n 变化对 OC 曲线影响

可见，当 N、Ac 固定，n 增加时，OC 曲线急剧倾斜，越来越陡峭，致使生产方的风险α显著增大，而使用方的风险β大大减小。因此，样本量 n 越大，抽检方案越严格。

(三)N、n 固定，Ac 变化对 OC 曲线的影响

现固定 N(N 很大不考虑它的影响)，n=100，设 Ac =0、2、4，画出它们的 OC 曲线，如图 4-10 所示。

可见，Ac 越大，OC 曲线越平缓，接收概率变化越小；Ac 越小，OC 曲线越陡峭，抽检方案越严格。

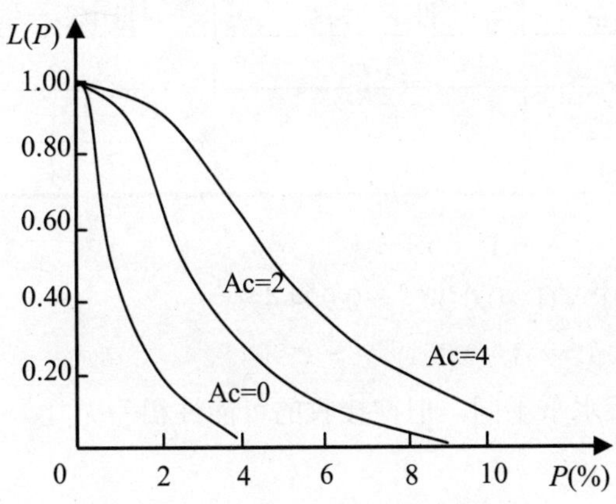

图 4-10 Ac 变化对 OC 曲线影响

六、百分比抽检方案的不合理性

(一)单百分比抽检

所谓单百分比抽检，就是不论产品批量 N 有多大，都按同一百分比抽取样品，而在样

品中可允许出现的不合格品数(即合格判定数 Ac)都是一样的。这种抽检方法的不合理性可以从以下两个方面看出。

(1) 当批与批的质量水平相同时，采用单百分比抽样会造成“大批严，小批松”的缺陷。

【例 4-4】有三批质量水平相同的产品(见表 4-3)，均按 10%抽检，抽检方案为$(n/0)$，求各批产品的接收概率 $L(P)$。

表 4-3 质量水平相同的三批产品情况表

	批　量	批不合格率	批中不合格数	样本 n
第一批	10	10%	1	1
第二批	100	10%	10	10
第三批	1000	10%	100	100

解：因为 $N \geqslant 10n$，所以 $L(P)$可以用二项分布计算

$$L(P_1) = C_1^0 \times 0.1^0 \times (1-0.1)^{1-0} = 0.9$$

$$L(P_2) = C_{10}^0 \times 0.1^0 \times (1-0.1)^{10-0} = 0.35$$

$$L(P_3) = C_{100}^0 \times 0.1^0 \times (1-0.1)^{100-0} = 0.000\,027$$

可见，虽然各批质量水平相同，但被接收的可能性大小相差甚远。所以，一些有经验的检验人员为了保证检验批以高概率接收，常采用“小批闯关”的做法。

(2) 当批与批的质量水平不同时，采用单百分比抽检，接收概率可能差别不大。

【例 4-5】有三批质量水平不同的产品(见表 4-4)，均按 10%抽检，抽检方案为$(n/0)$，求各批产品的接收概率。

表 4-4 质量水平不同的三批产品情况表

	批　量	批不合格率	批中不合格数	样本 n
第一批	10	10%	1	1
第二批	100	1%	1	10
第三批	1000	0.1%	1	100

解：$L(P_1) = C_1^0 \times 0.1^0 \times (1-0.1)^{1-0} = 0.90$

$$L(P_2) = C_{10}^0 \times 0.01^0 \times (1-0.01)^{10-0} = 0.904\,4$$

$$L(P_3) = C_{100}^0 \times 0.001^0 \times (1-0.001)^{100-0} = 0.904\,8$$

可见，虽然各批质量水平不同，但被接收的可能性相差无几。

(二)双百分比抽检

为了克服单百分比抽检的不合理性，经过改进后形成了所谓的“双百分比”抽检。即除样本 n 随批量 N 按一定的百分比变化外，合格判定数 Ac 也按 n 的变化率变化。

【例 4-6】有两批质量水平相同的产品(见表 4-5)，均按 1%抽检。

表 4-5 质量水平相同的两批产品情况表

	批不合格率	批量 N	样本 n	抽检方案
第一批	10%	1 000	10	(10/1)
第二批	10%	2 000	20	(20/2)

解：第一批按(10/1)方案抽取，而第二批产品由于样本 n 为 20，比第一批的样本多一倍，所以，其方案中的合格判定数 Ac 也应多一倍，即应是 2。理论上这时两批的接收概率 $L(P)$应是一样的，但是，并非如此：

$$
\begin{aligned}
L(P_1) &= \sum_{d=0}^{1} C_n^d P^d (1-P)^{n-d} \\
&= C_{10}^0 \times 0.1^0 \times (10-0.1)^{10} + C_{10}^1 \times 0.1^1 \times (10-0.1)^9 \\
&= 0.7361
\end{aligned}
$$

$$
\begin{aligned}
L(P_2) &= \sum_{d=0}^{2} C_n^d P^d (1-P)^{n-d} \\
&= C_{20}^0 \times 0.1^0 \times (10-0.1)^{20} + C_{20}^1 \times 0.1^1 \times (10-0.1)^{19} + C_{20}^2 \times 0.1^2 \times (1-0.1)^{18} \\
&= 0.677
\end{aligned}
$$

由此可见，“双百分比”抽检仍然有“大批严，小批松”的问题，没能从根本上解决百分比抽检的不合理性。

第三节　计数标准型抽样检验

一、计数标准型抽样检验的特点与方案设计

(一)标准型抽样检验的特点

标准型抽样检验是一种对生产方和使用方同时都提供保护的检验。这一类检验可以对孤立的一批产品同时控制α与β两类错判的概率，而不需要利用以往的资料。因此，当使用方对产品的质量要求较严，或者对生产方所提供的产品质量的历史一无所知时，通常都采用标准型抽样检验。

(二)标准型一次抽检方案设计

标准型一次抽检方案设计，就是如何制定抽检方案(n/Ac)，实际上就是确定参数 n 与 Ac。由于标准型抽样检验的特点是既要保护生产方的利益，又要保护使用方的利益，所以，只有通过控制和选择适当的生产者风险率α值和使用者风险率β值，才能同时满足生产方和使用方的利益。而α又与生产者质量风险 P_0 有关，β值又与使用者质量风险 P_1 有关，因此，标准型抽检方案(n/Ac)的设计，首先要合理地规定 P_0、P_1、α、β四个参数(见图 4-11)。

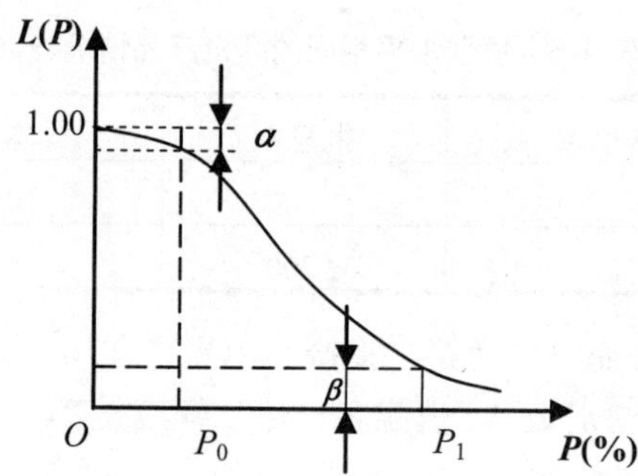

图 4-11　P_0、P_1与α、β风险率的关系

从保护生产方的角度考虑，P_0 为合格批的界限，亦可称为可接受的质量水平；凡批质量不合格品率 $P \leqslant P_0$，都应以高概率接收这批产品，而拒收这批产品的概率要小于或等于($\leqslant$)事先规定的小概率α。从保护使用方的角度考虑，P_1 为不合格批的界限，凡批质量不合格品率 $P \geqslant P_1$，都应以高概率拒收这批产品，而接收这批产品的概率要小于或等于($\leqslant$)事先规定的小概率β。若将这些要求具体化后，就有下式：

$$\begin{cases} 1-L(P) \leqslant \alpha & \text{当 } P \leqslant P_0 \text{ 时} \quad (4\text{-}4) \\ L(P) \leqslant \beta & \text{当 } P \geqslant P_1 \text{ 时} \quad (4\text{-}5) \end{cases}$$

由此可得

$$\begin{cases} L(P_0) = 1-\alpha & (4\text{-}6) \\ L(P_1) = \beta & (4\text{-}7) \end{cases}$$

由二项分布可知

$$L(P) = \sum_{d=0}^{\mathrm{Ac}} C_n^d P^d (1-P)^{n-d}$$

所以：

$$\begin{cases} \sum_{d=0}^{\mathrm{Ac}} C_n^d P^d (1-P_0)^{n-d} = 1-\alpha \\ \sum_{d=0}^{\mathrm{Ac}} C_n^d P_1^d (1-P_1)^{n-d} = \beta \end{cases}$$

由于此联立方程中的 P_0、P_1、α、β 均已知，所以从理论上求解此方程组就可得出所需要的参数 n 和 Ac，从而确定抽检方案(n/Ac)。但由于 n、Ac 必须是正整数，此联立方程不一定能确切满足，而且这是非线性方程组，无普通公式可以求解，只能用试凑法。为此制定了种种可查用的标准，如国家标准 GB/T 13262—1991《不合格品率的计数标准型一次抽检方案》，日本工业标准 JIS—9002《一次计数标准型抽检方案》等。这些标准均以表的形式体现，所以，通过查表就可以得到抽检方案。

下面以 GB/T 13262—1991 为例，介绍这种抽检方案的抽样表和抽检程序。

二、抽检表与抽检程序

(一)抽检表的构成

表 4-6 是计数标准型一次抽检表，引自 GB/T 13262—1991。只要给出 P_0、P_1 就可以从

中求出样本容量 n 和合格判定数 Ac。

表 4-6 由下列内容组成。

(1) 表的最末行把 P_1 值分成很多区间，表的第一行是 P_1 区间的代表值。例如，P_1 的区间[1.81～2.00](%)的代表值为 1.90(%)。

(2) 表的最右列把 P_0 值分成很多区间，表的最左列是 P_0 区间的代表值。例如，P_0 的区间[1.81～2.00](%)的代表值为 1.90(%)。

(3) 表中小方格内的数字，前一个是样本容量 n，后一个是合格判定数 Ac。

(4) 表 4-6 只适用于α=5%，β=10%的抽检方案。

(二)抽检程序

1. 确定质量标准

对于单位产品，应明确区分合格品与不合格品的标准。

2. 确定 P_0 与 P_1 值

P_0 与 P_1 值应由供需双方协商确定。典型的标准型抽检方案是这样确定的：希望不合格品率为 P_1 的产品批尽量不接收，设其接收概率 $L(P_1)=\beta$；希望不合格品率为 P_0 的产品批尽量接收，设其不接收概率 $1-L(P_0)=\alpha$。通常取α=0.05，β=0.10。

由于产品质量指标在使用过程中对使用者的重要程度不同，因此，在确定 P_0 时，应考虑产品可能会产生的缺陷类别。

根据严重程度的差别，缺陷可分为以下三类。

(1) 致命缺陷(critical defects)——危及人身安全或严重影响产品重要功能的缺陷，又称临界性缺陷。

(2) 严重缺陷(major defects)——不符合主要检查项目的缺陷。会影响产品的性能或效用，又称主缺陷。

(3) 轻微缺陷(minor defects)——不符合次要检查项目的缺陷。对产品使用性能无影响，又称次要缺陷。

一般而言，对于致命缺陷和严重缺陷，P_0 值应取得小一些，如取 0.1%、0.3%、0.5%等。对于轻缺陷，出于经济上的考虑，P_0 值可取大一些，如取 3%、5%、10%等。

P_1 的选取应与 P_0 拉开适当的距离。如果 P_1/P_0 过小(≤3)，会增加抽检产品的数量，使检验费用增加；如果 P_1/P_0 过大(＞20)，又会放松对质量的要求，对使用者不利。因此，以α=0.05、β=0.10 为准，一般取 $P_1=(4\sim10)P_0$。

总之，决定 P_0 与 P_1 时要综合考虑生产能力、制造成本、质量要求和检验费用等因素。

3. 组成交检批

如何组成交检批，对于质量保证有很大的影响。组成交检批的基本原则是：同一批内的产品应当是在同一制造条件下生产的。因为质量不同的几组产品组成一个批，很难通过抽检区分出其中的“好的部分”与“差的部分”。

一般按包装条件及贸易习惯组成的批，不能直接作为交检批。

批量越大，单位产品所占的检验费用的比例就越小。然而，一旦优质批被错判为不合格，或劣质批被错判为合格，都将造成大的经济损失。

4. 检索抽检方案

利用表 4-6 求(n，Ac)的步骤如下。

(1) 根据事先规定的 P_0、P_1 值，在表中先找到 P_0 所在的行和 P_1 所在的列，然后求出它们相交的栏。

(2) 栏中标点符号“,”左边的数值为 n，右边的数值为 Ac，于是得到抽样方案(n，Ac)。

5. 样本的选取

这一程序的关键是尽量做到“随机化”。随机抽样的方法很多，可采取单纯随机抽样，亦可采取分层随机抽样等。

6. 样本的测试

根据规定的质量标准，测试与判断样本中每个产品合格与否，记下样本中不合格品数 d。

7. 批的规定

$d \leqslant$ Ac，批合格；$d >$ Ac，批不合格。

8. 批的处置

(1) 判为合格的批即可接收。至于样本中已发现的不合格品是直接接收、退货，还是换成合格品，这要按事先签订的合同来定。

(2) 对于判为不合格的批，原则上是全部退货。但是，也可以有条件地(如降价)接收，或进行全数挑选，仅接收其中的合格品，不过这要由事先签订的合同来定。

【例 4-7】设 $P_0 = 2\%$，$P_1 = 8\%$，$\alpha = 5\%$，$\beta = 10\%$。如何检索抽样方案？

解：本例的$\alpha = 5\%$，$\beta = 10\%$，故可查表 4-6。

查 P_0 值所在的区间，查出其代表值；查 P_1 值所在区间，查出其代表值。本例中，$P_0 = 2\%$，在区间[1.81，2.00]内，代表值为 1.90；$P_1 = 8\%$，在区间[7.11，8.00]内，代表值为 7.5。

查 P_0 代表值所在行与 P_1 代表值所在列交汇格中的两个数为“105，4”。故 n=105，Ac = 4，抽检方案为(105/4)。即在批产品中随机抽取样本量为 105 的样本，检查其中的不合格品数 d，规定接收数 Ac = 4。

判断法则为：如果 $d \leqslant 4$，认为这是合格批，则接收；如果 $d > 4$，认为这是不合格批，则拒收。

如果表中的行列交汇格处是空白，说明需要的样本量过大，不经济；建议再次协商，调整 P_0 与 P_1 的值。

表 4-6　不合格品率的计数标准型一次抽样表（GB/T 13262—1991）

P_1(%) / P_0(%)	0.75	0.85	0.95	1.05	1.20	1.30	1.50	1.70	1.90	2.10	2.40	P_1(%) / P_0(%)
0.095	750,2	425,1	395,1	370,1	345,1	315,1	280,1	250,1	225,1	210,1	185,1	0.091~0.100
0.105	730,2	665,2	380,1	355,1	330,1	310,1	275,1	250,1	225,1	200,1	185,1	0.101~0.112
0.120	700,2	650,2	595,2	340,1	320,1	295,1	275,1	245,1	220,1	200,1	180,1	0.113~0.125
0.130	930,3	625,2	580,2	535,2	305,1	285,1	260,1	240,1	220,1	200,1	180,1	0.126~0.140
0.150	900,3	820,3	545,2	520,2	475,2	270,1	250,1	230,1	215,1	195,1	175,1	0.141~0.160
0.170	1105,4	795,3	740,3	495,2	470,2	430,2	240,1	220,1	205,1	190,1	175,1	0.161~0.180
0.190	1295,5	980,4	710,3	665,3	440,2	415,2	370,2	210,1	200,1	185,1	170,1	0.181~0.200
0.210	1445,6	1135,5	875,4	635,3	595,3	395,2	365,2	330,2	190,1	175,1	165,1	0.201~0.224
0.240	1620,7	1305,6	1015,5	785,4	570,3	525,3	350,2	325,2	300,2	170,1	160,1	0.225~0.250
0.260	1750,8	1435,7	1165,6	910,5	705,4	510,3	465,3	310,2	290,2	265,2	150,1	0.251~0.280
0.300	2055,10	1545,8	1275,7	1025,7	810,5	625,4	450,3	410,3	275,2	260,2	240,2	0.281~0.315
0.340		1820,10	1385,8	1145,7	920,6	725,5	555,4	400,3	365,3	250,2	230,2	0.316~0.355
0.380			1630,10	1235,8	1025,7	820,6	640,5	490,4	355,3	330,3	220,2	0.356~0.400
0.420				1450,10	1100,8	910,7	725,6	565,5	440,4	315,3	295,3	0.401~0.450
0.480					1300,10	985,8	810,7	545,5	505,5	390,4	285,3	0.451~0.500
0.530						1165,10	875,8	715,7	495,5	454,5	35,4	0.501 ~0.560
0.600							1035,10	770,8	640,7	435,5	405,5	0.561~0.630
0.670								910,10	690,8	570,7	390,5	0631~0.710
0.750									815,10	620,8	510,7	0.711~0.800
0.850										725,10	550,8	0.801~0.900
0.950											650,10	0.901~1.00
1.05												1.01~1.12
1.20												1.13~1.25
1.30												1.26~1.40
1.50												1.41~1.60
1.70												1.61~1.80
1.90												1.81~2.00
2.10												2.01~2.24
2.40												2.25~2.50
2.60												2.51~2.80
3.00												2.81~3.15
3.40												3.16~3.55
3.80												3.56~4.00
4.20												4.01~4.50
4.80												4.51~5.00
5.30												5.01~5.60
6.00												5.61~6.30
6.70												6.31~7.10
7.50												7.11~8.00
8.50												8.01~9.00
9.50												9.01~10.0
10.50												10.1~11.2
P_0(%) / P_1(%)	0.71 ~0.80	0.81 ~0.90	0.91 ~1.00	1.01 ~1.12	1.13 ~1.25	1.26 ~1.40	1.41 ~1.60	1.61 ~1.80	1.81 ~2.00	2.01 ~2.24	2.25 ~2.50	P_0(%) / P_1(%)

续表

P_1(%) / P_0(%)	2.60	3.00	3.40	3.80	4.20	4.80	5.30	6.00	6.70	7.50	8.50	9.50	P_1(%) / P_0(%)
0.095	160,1	68,0	64,0	58,0	54,0	49,0	45,0	41,0	37,0	33,0	30,0	27,0	0.091~0.100
0.105	160,1	150,1	60,0	56,0	52,0	48,0	44,0	40,0	37,0	33,0	29,0	27,0	0.101~0.112
0.120	160,1	150,1	130,1	54,0	50,0	46,0	43,0	39,0	36,0	33,0	29,0	26,0	0.113~0.125
0.130	160,1	150,1	130,1	115,1	48,0	45,0	41,0	38,0	35,0	32,0	29,0	26,0	0.126~0.140
0.150	160,1	140,1	130,1	115,1	100,1	43,0	40,0	37,0	33,0	31,0	28,0	26,0	0.141~0.160
0.170	160,1	140,1	125,1	115,1	100,1	92,1	38,0	35,0	33,0	30,0	27,0	25,0	0.161~0.180
0.190	155,1	140,1	125,1	115,1	100,1	92,1	82,1	34,0	31,0	29,0	26,0	24,0	0.181~0.200
0.210	1551	140,1	125,1	115,1	100,1	92,1	82,1	72,1	30,0	28,0	25,0	23,0	0.201~0.224
0.240	145,1	135,1	125,1	115,1	100,1	90,1	82,1	72,1	64,1	27,0	25,0	23,0	0.225~0.250
0.260	140,1	130,1	120,1	110,1	100,1	90,1	80,1	72,1	64,1	56,1	24,0	22,0	0.251~0.280
0.300	135,1	125,1	115,1	110,1	98,1	88,1	80,1	70,1	64,1	56,1	50,1	21,0	0.281~0.315
0.340	210,2	120,1	110,1	105,1	96,1	86,1	80,1	70,1	62,1	56,1	50,1	45,1	0.316~0.355
0.380	205,2	190,2	110,1	100,1	92,1	86,1	78,1	70,1	62,1	56,1	50,1	45,1	0.356~0.400
0.420	195,2	180,2	165,2	95,2	88,1	82,1	76,1	68,1	62,1	56,1	49,1	45,1	0.401~0.450
0.480	260,3	175,2	165,2	150,2	84,1	80,1	74,1	68,1	62,1	56,1	49,1	44,1	0.451~0.500
0.530	255,3	230,3	155,2	145,2	135,2	76,1	70,1	64,1	60,1	54,1	49,1	44,1	0.501~0.560
0.60	310,4	225,3	205,3	140,2	125,2	115,2	68,1	62,1	58,1	54,1	48,1	44,1	0.561~0.630
0.670	360,5	275,4	220,3	185,3	125,2	115,2	105,2	59,1	56,1	52,1	47,1	43,1	0631~0.710
0.750	350,5	320,5	250,4	180,3	165,3	110,2	105,2	94,2	54,1	49,1	46,1	42,1	0.711~0.800
0.850	455,7	310,5	285,5	220,4	160,3	145,3	100,2	90,2	84,2	47,1	44,1	40,1	0.801~0.900
0.950	490,8	405,7	275,5	255,5	195,4	140,3	130,3	86,2	82,2	74,2	42,1	39,1	0.901~1.00
1.05	580,10	435,8	360,7	245,5	225,5	175,4	125,3	115,3	78,2	72,2	64,2	37,1	1.01~1.12
1.20	715,13	515,10	390,8	280,6	220,5	165,4	155,4	115,3	105,3	70,2	64,2	58,2	1.13~1.25
1.30		635,13	465,10	350,8	250,6	195,5	150,4	135,4	100,3	66,2	622	58,2	1.26~1.40
1.50		825,18	565,13	410,10	310,8	220,6	175,5	130,4	120,4	90,3	58,2	54,2	1.41~1.60
1.70			745,18	505,13	360,10	275,8	195,6	155,5	115,4	110,4	78,3	52,2	1.61~1.80
1.90				660,18	445,13	325,10	245,8	175,6	140,5	105,4	95,4	70,3	1.81~2.00
2.10					585,18	400,13	290,10	220,8	155,6	125,5	95,4	86.4	2.01~2.24
2.40						520,18	360,13	260,10	195,8	140,6	110,5	84,4	2.25~2.50
2.60							470,18	320,13	230,10	175,8	125,6	100,5	2.51~2.80
3.00								415,18	28,13	205,10	155,8	110,6	2.81~3.15
3.40									350,17	250,13	180,10	140,8	3.16~3.55
3.80										310,17	225,13	165,10	3.56~4.00
4.20											275,17	200,13	4.01~4.50
4.80												245,17	4.51~5.00
5.30													5.01~5.60
6.00													5.61~6.30
6.70													6.31~7.10
7.50													7.11~8.00
8.50													8.01~9.00
9.50													9.01~10.0
10.50													10.1~11.2
P_0(%) / P_1(%)	2.51~2.80	2.81~3.15	3.16~3.55	3.56~4.00	4.01~4.50	4.51~5.00	5.01~5.60	5.61~6.30	6.31~7.10	7.11~8.00	8.01~9.00	9.01~10.0	P_0(%) / P_1(%)

续表

P_1(%) \ P_0(%)	10.5	12.0	13.0	15.0	17.0	19.0	21.0	24.0	26.0	30.0	34.0	P_1(%) \ P_0(%)
0.095	24,0	22,0	19,0	17,0	15,0	13,0	11,0	10,0	9,0	8,0	7,0	0.091~0.100
0.105	24,0	21,0	19,0	17,0	15,0	13,0	11,0	10,0	9,0	7,0	7,0	0.101~0.112
0.120	24,0	21,0	19,0	17,0	15,0	13,0	11,0	10,0	9,0	7,0	7,0	0.113~0.125
0.130	23,0	21,0	19,0	17,0	15,0	13,0	11,0	10,0	9,0	7,0	6,0	0.126~0.140
0.150	23,0	21,0	19,0	16,0	15,0	13,0	11,0	10,0	9,0	7,0	6,0	0.141~0.160
0.170	23,0	21,0	18,0	16,0	15,0	13,0	11,0	10,0	9,0	7,0	6,0	0.161~0.180
0.190	22,0	21,0	18,0	16,0	14,0	13,0	11,0	10,0	9,0	7,0	6,0	0.181~0.200
0.210	22,0	20,0	18,0	16,0	14,0	13,0	11,0	10,0	9,0	7,0	6,0	0.201~0.224
0.240	21,0	19,0	17,0	16,0	14,0	12,0	11,0	10,0	9,0	7,0	6,0	0.225~0.250
0.260	20,0	19,0	17,0	16,0	14,0	12,0	11,0	10,0	9,0	7,0	6,0	0.251~0.280
0.300	19,0	18,0	16,0	15,0	14,0	12,0	11,0	10,0	9,0	7,0	6,0	0.281~0.315
0.340	19,0	17,0	15,0	15,0	13,0	12,0	11,0	10,0	9,0	7,0	6,0	0.316~0.355
0.380	40,1	17,0	15,0	14,0	13,0	12,0	11,0	10,0	9.0	7,0	6,0	0.356~0.400
0.420	40,1	35,1	31,1	14,0	12,0	11,0	10,0	9,0	8,0	7,0	6,0	0.401~0.450
0.480	40,1	35,1	31,1	13,0	12,0	11,0	10,0	9,0	8,0	7,0	6,0	0.451~0.500
0.530	39,1	35,1	31,1	28,1	11,0	10,0	9,0	8,0	8,0	7,0	6,0	0.501~0.560
0.60	39,1	35,1	31,1	27,1	24,1	10,0	9,0	9,0	8,0	7,0	6,0	0.561~0.630
0.670	39,1	35,1	31,1	27,1	24,1	21,1	9,0	8,0	7,0	7,0	6,0	0631~0.710
0.750	38,1	35,1	31,1	27,1	24,1	21,1	19,1	8,0	7,0	7,0	6,0	0.711~0.800
0.850	38,1	34,1	30,1	27,1	24,1	21,1	19,1	17,1	15,0	7,0	6,0	0.801~0.900
0.950	36,1	34,1	30,1	27,1	24,1	21,1	19,1	17,1	15,1	6,0	6,0	0.901~1.00
1.05	35,1	32,1	29,1	27,1	23,1	21,1	19,1	17,1	15,1	6,0	6,0	1.01~1.12
1.20	33,1	31,1	28,1	26,1	23,1	21,1	18,1	17,1	15,1	13,1	5,0	1.13~1.25
1.30	52,2	30,1	26,1	25,1	23,1	21,1	18,1	16,1	14,1	13,1	5,0	1.26~1.40
1.50	50,2	47,2	47,2	24,1	21,1	20,1	18,1	16,1	14,1	13,1	11,1	1.41~1.60
1.70	49,2	45,2	41,2	23,1	21,1	20,1	18,1	16,1	14,1	13,1	11,1	1.61~1.80
1.90	47,2	44,2	39,2	36,2	21,2	19,1	18,1	16,1	14,1	13,1	11,1	1.81~2.00
2.10	62,3	42,2	37,2	36,2	32,2	18,1	17,1	16,1	14,1	13,1	11,1	2.01~2.24
2.40	76,4	56,3	50,3	34,2	31,2	28,2	16,1	15,1	14,1	12,1	11,1	2.25~2.50
2.60	74,4	54,4	48,3	33,2	30,2	28,2	25,2	15,1	13,1	12,1	11,1	2.51~2.80
3.00	86,5	66,4	60,4	44,3	29,2	27,2	25,2	22,2	13,1	12,1	10,1	2.81~3.15
3.40	100,6	78,5	70,5	42,3	39,3	26,2	24,2	22,2	20,2	11,1	10,1	3.16~3.55
3.80	125,8	90,6	78,5	52,4	37,3	35,3	23,2	21,2	20,2	17,2	10,1	3.56~4.00
4.20	145,1	110,8	78,6	62,5	46,4	33,3	31,3	20,2	19,2	17,2	10,1	4.01~4.50
4.80	180,13	130,1	100,8	70,6	54,5	41,4	30,3	28,3	18,2	17,2	15,2	4.51~5.00
5.30	220,17	160,13	115,10	86,8	62,6	48,5	37,4	27,3	25,3	16,2	15,2	5.01~5.60
6.00		195,17	140,13	100,10	68,7	54,6	43,5	33,4	23,3	22,3	14,2	5.61~6.30
6.70			175,17	120,12	82,9	60,7	48,6	38,5	29,4	21,3	14,2	6.31~7.10
7.50				150,16	105,12	74,9	54,7	44,6	34,5	26,4	18,3	7.11~8.00
8.50					130,16	90,12	66,9	48,7	39,6	30,5	23,4	8.01~9.00
9.50						115,16	82,12	59,9	43,7	34,6	27,5	9.01~10.0
10.50							105,16	74,12	52,9	38,7	26,5	10.1~11.2
P_0(%) \ P_1(%)	10.1~11.2	11.3~12.5	12.6~14.0	14.1~16.0	16.1~18.0	18.1~20.0	20.1~22.4	22.5~25.0	25.1~28.0	28.1~31.5	31.6~35.5	P_0(%) \ P_1(%)

第四节　计数调整型抽样检验

一、概述

上一节谈到的计数标准型抽样检验方案是针对孤立的单批产品的验收，验收时无须考虑产品质量的历史情况。调整型抽检方案则要根据生产过程的稳定性来调整检验的宽严程度。当生产方提供的产品批质量较好时，可以放宽检验，以免第一类错判概率α变大；如果生产方提供的产品批质量下降，则要严加检验，以免第二类错判概率β变大。这样可以鼓励生产方加强质量管理，提高产品质量的稳定性。这是计数调整型抽样检验方案的主要特点。计数调整型抽检方案主要适用于大量的连续批的检验，是目前使用最广泛、理论上研究最多的一种抽样检验方法。

在各种调整型抽检方案中，美国军用标准 MIL—STD—105D 具有代表性。1974 年国际标准化组织(ISO)在 MIL—STD—105D 的基础上，制定颁发了计数调整型抽样检验的国际标准，代号为 ISO 2859；1999 年对其作了修订，代号为 ISO 2859—1:1999。我国于1981 年初次发布、1997 年修订后再次发布的国家标准 GB 2828《逐批检查计数抽样程序及抽样表》，均是根据 ISO 2859 的原则和模型编制的。2003 年我国发布了等同采用国际标准 ISO 2859—1:1999 的 GB/T 2828.1。

下面以 ISO 2859—1 为主，介绍计数调整型抽样检验的基本内容。

二、调整型抽检方案的制定及抽检程序

调整型抽样检验的特点是：预先确定三个抽检方案——正常抽检方案、加严抽检方案和放宽抽检方案。然后，规定一套在各方案之间进行转换的规则，检验时随质量变化而调整。一个好的抽检方案必须做到合理保护生产和消费双方的利益。制定调整型抽检方案的基本思想是：先考虑保护生产方，当生产方提交的产品批的质量达到消费方基本满意的质量要求时，制定一个正常的抽检方案，以保证绝大多数这种质量的产品批能被判为合格；当在连续检验中发现产品批质量变差时，便确定一个加严的抽检方案，以使多数这样的产品批判为不合格，来实现对消费方的保护；当产品批质量非常稳定，且向好的方向发展时，则采用一个放宽的抽检方案，以作为对生产方保护和提高产品质量的鼓励。

下面介绍调整型抽样检验程序。

(一)规定个体产品的质量标准，划分不合格品(缺陷)的类别

首先明确区分个体产品的合格与不合格标准。由于不合格品存在着一个或多个缺陷，而且不同形式和程度的缺陷对产品质量的影响也不尽相同。所以，一个不合格品可能同时含有多种不同严重程度的缺陷，一般按其中最严重的缺陷来定义不合格品，如致命不合格品、严重不合格品和轻微不合格品。

(二)规定合格质量水平 AQL

1. AQL 的概念

合格质量水平也称可接收的质量水平(Acceptable Quality Level，AQL)，它是生产方与消费方共同认为可以接受的连续交检批的最大过程平均不合格品率。或者说，它是抽样检验时允许判为合格的过程平均不合格品率的上限。

过程平均不合格品率，用 $\overline{P}$ 表示，是指若干批产品初次(不包括第一次不合格经过返修再次提交检验的批次)检验的不合格品率的平均值。即：

$$\overline{P}=\frac{D_1+D_2+\cdots+D_k}{N_1+N_2+\cdots+N_k}\times 100\% \tag{4-8}$$

式中 N_k 和 D_k 分别是第 k 批的批量和不合格品数，k 为批数。

AQL 是用来描述过程平均不合格品率的一个重要指标，它被看作是可接收的过程平均不合格品率和不可接收的过程平均不合格品率之间的分界线。当生产方提供的产品批的过程平均不合品率 $\overline{P}$ 优于 AQL 值时，抽检方案应以很高的概率接收这批产品。也就是说，正在生产的产品批的平均质量至少像 AQL 一样好时，可以认为这种产品批基本上是满意的。但当生产者交验的产品质量低于 AQL 时，基于 AQL 接收的准则，一般不能为消费者提供满意的质量保护，而是采取转为加严检查的措施，以保护消费者的利益。所以，调整型抽检方案的设计原则是：

当 $\overline{P}\leqslant$AQL 时，采用正常检验。

当 $\overline{P}>$AQL 时，采用加严检验。

当 $\overline{P}<<$AQL 时，采用放宽检验。

需要说明是的，规定了 AQL 值，并不能保证用户不接收质量差的产品批。因为 AQL 是平均质量水平概念，因此有些批可能劣于 AQL，但只要总质量平均优于 AQL 即可。另外，如果交检批的平均质量稍劣于 AQL 时，则转换到加严检查之前可能会接收一些产品批。可是很快就会发现拒收批的比例在增加，即退回的产品批多起来，最后甚至暂停检查。这样，生产者就要被迫改进产品质量。

2. AQL 的确定

(1) 由供需双方协商确定。这样确定的 AQL 值既能较好地满足用户的要求，又能符合生产者所达到的实际产品质量水平。

(2) 根据过程平均不合格品率来确定。因为过程平均不合格品率代表了生产者能够达到的平均质量水平。所以，根据这一指标确定 AQL 值可以减少生产者的风险。生产者为了刺激自身，提高产品质量，增强竞争力，常常规定 AQL 值稍高于过程平均值。

(3) 按不合格品的缺陷类别来确定。越是重要的检查项目，验收后的不合格品造成的损失越大，规定的 AQL 值也就越严格。例如，对一般性产品规定，严重不合格品的 AQL=1.5%，轻微不合格品的 AQL=4%。然而美国海军部门确定的 AQL 值与供应者的质量水平无关，一律规定致命缺陷的 AQL=0.1%，A 类严重缺陷的 AQL=0.25%，B 类严重缺陷的 AQL=1.0%，轻微缺陷的 AQL=2.5%。世界上不少发达国家的企业也是这样做的。此法多用于多品种、小批量生产和产品质量信息不多的场合。

(4) 按用户要求的质量水平来确定。当用户根据使用的技术、经济条件提出了必须保证的质量水平时，则应将该质量要求定为AQL。

(5) 通过检查项目数来确定。同一类的检查项目有多个(如同属严重缺陷的检查项目有3个)时，AQL的取值应比只有一个检查项目时的取值要适当大一些。

上述方法在抽检时可以根据实际情况从中选取。如果缺少过去检查的质量情报历史资料，一时难于确定合适的AQL值时，可先暂行规定一个AQL值，等积累了一定的质量情报后，再根据实际情况予以修订。

(三)规定检查水平

检查水平是指样本大小 n 与产品批量 N 之间比值大小的分级水平。它决定了批量与样本大小的关系。ISO 2859—1 中检查水平的设计原则是：如果批量增大，一般样本容量也随之增大，但不是成比例地增大，大批量中样本容量占的比例比小批量中样本容量占的比例要小。

ISO 2859—1 给出了七种检查水平：三个一般水平Ⅰ、Ⅱ、Ⅲ，四个特殊水平S-1、S-2、S-3、S-4，如表 4-7 所示。检查水平Ⅱ为正常检查水平，无特殊要求时均采用水平Ⅱ。当允许降低抽检的鉴别能力，即减弱辨别优质批与劣质批的能力时，可采用一般检查水平Ⅰ；当需要提高抽检方案的鉴别能力，即增强辨别优质批与劣质批的能力时，可采用一般检查水平Ⅲ。检查水平Ⅰ、Ⅱ、Ⅲ的样本容量之比约为 0.4∶1∶1.6。检查水平Ⅲ比Ⅱ高，Ⅱ比Ⅰ高。检查水平高时，α减小，β减小。但相比之下α变化不大，而β的变化则是显著的。

特殊检查水平一般用于破坏性检验或费用较高的检验。特殊检查水平所抽取的样品较少，又称小样本检验。它必然会增大β。因此，这种检查水平一般要在过去对产品已积累了足够的技术资料、质量资料，经分析，确信在批内个体之间的质量波动较小时，才能使用。

表 4-7 没有直接提供检验的样本数 n，而是提供查询样本数的索引字码，然后，根据索引字码及 AQL 值在 ISO 2859-1 主表中检索抽样方案，即确定所需样本大小 n 和合格判定数 Ac、不合格判定数 Re。

(四)确定抽检方案的类型

一般只考虑选一次抽检方案或二次抽检方案。一次抽检方案与二次抽检方案的 OC 曲线基本上是一致的，所以，这两种方案对产品质量的辨别能力基本相同，不能笼统地说某种抽检类型比另一种抽检类型好。二次抽检方案所需的平均样本大小比一次抽检方案的样本大小要小。这是因为当第一样本中的不合格品数较少或较多时，根据第一样本就可以作出合格与否的判断，而不需要再抽取第二样本，只有当第一样本中的不合格品数不多不少时，才要抽取第二样本。如果抽取了第二样本，在管理上会增加工作量，试验工作量及时间一般也要多一些。究竟采取哪种抽检方式，要视产品批的具体情况，综合权衡而定。

(五)确定抽检方案

当确定了合格质量水平 AQL，选择了某一检查水平，并已知待检批批量大小的条件下，通过查阅有关表格就可以确定抽检方案。调整型抽检方案所用到的表格主要有以下几种。

样本大小码表，见表 4-7。

表 4-7 样本大小字码表

批量范围	特殊检查水平				一般检查水平		
	S-1	S-2	S-3	S-4	Ⅰ	Ⅱ	Ⅲ
2～8	A	A	A	A	A	A	B
9～15	A	A	A	A	A	B	C
16～25	A	A	B	B	B	C	D
26～50	A	B	B	C	C	D	E
51～90	B	B	C	C	C	E	F
91～150	B	B	C	D	D	F	G
151～280	B	C	D	E	E	G	H
281～500	B	C	D	E	F	H	J
501～1 200	C	C	E	F	G	J	K
1 201～3 200	C	D	F	G	H	K	L
3 201～10 000	C	D	F	G	J	L	M
10 001～35 000	C	D	F	H	K	M	N
35 001～150 000	D	E	G	J	L	N	P
150 001～500 000	D	E	G	J	M	P	Q
500 001 以上	D	E	H	K	N	Q	R

抽检方案表，包括以下三种。

一次正常抽检方案表，见表 4-8。

一次加严抽检方案表，见表 4-9。

一次放宽抽检方案表，见表 4-10。

表 4-8　一次正常检验抽检方案（主表）

字码	样本量	AQL（%） 0.010	0.015	0.025	0.040	0.065	0.10	0.15	0.25	0.40	0.65	1.0	1.5	2.5	4.0	6.5	10	15	25	40	65	100	150	250	400	650	1000
		Ac Re	Ac Re	Ac Re	Ac Re	Ac Re	Ac Re	Ac Re	Ac Re	Ac Re	Ac Re	Ac Re	Ac Re	Ac Re	Ac Re	Ac Re	Ac Re	Ac Re	Ac Re	Ac Re	Ac Re	Ac Re	Ac Re	Ac Re	Ac Re	Ac Re	Ac Re
A	2	↓	↓	↓	↓	↓	↓	↓	↓	↓	↓	↓	↓	↓	↓	0 1	↓	↓	1 2	2 3	3 4	5 6	7 8	10 11	14 15	21 22	30 31
B	3	↓	↓	↓	↓	↓	↓	↓	↓	↓	↓	↓	↓	↓	0 1	↑	↓	1 2	2 3	3 4	5 6	7 8	10 11	14 15	21 22	30 31	44 45
C	5	↓	↓	↓	↓	↓	↓	↓	↓	↓	↓	↓	↓	0 1	↑	↓	1 2	2 3	3 4	5 6	7 8	10 11	14 15	21 22	30 31	44 45	↑
D	8	↓	↓	↓	↓	↓	↓	↓	↓	↓	↓	↓	0 1	↑	↓	1 2	2 3	3 4	5 6	7 8	10 11	14 15	21 22	30 31	44 45	↑	↑
E	13	↓	↓	↓	↓	↓	↓	↓	↓	↓	↓	0 1	↑	↓	1 2	2 3	3 4	5 6	7 8	10 11	14 15	21 22	30 31	44 45	↑	↑	↑
F	20	↓	↓	↓	↓	↓	↓	↓	↓	↓	0 1	↑	↓	1 2	2 3	3 4	5 6	7 8	10 11	14 15	21 22	↑	↑	↑	↑	↑	↑
G	32	↓	↓	↓	↓	↓	↓	↓	↓	0 1	↑	↓	1 2	2 3	3 4	5 6	7 8	10 11	14 15	21 22	↑	↑	↑	↑	↑	↑	↑
H	50	↓	↓	↓	↓	↓	↓	↓	0 1	↑	↓	1 2	2 3	3 4	5 6	7 8	10 11	14 15	21 22	↑	↑	↑	↑	↑	↑	↑	↑
J	80	↓	↓	↓	↓	↓	↓	0 1	↑	↓	1 2	2 3	3 4	5 6	7 8	10 11	14 15	21 22	↑	↑	↑	↑	↑	↑	↑	↑	↑
K	125	↓	↓	↓	↓	↓	0 1	↑	↓	1 2	2 3	3 4	5 6	7 8	10 11	14 15	21 22	↑	↑	↑	↑	↑	↑	↑	↑	↑	↑
L	200	↓	↓	↓	↓	0 1	↑	↓	1 2	2 3	3 4	5 6	7 8	10 11	14 15	21 22	↑	↑	↑	↑	↑	↑	↑	↑	↑	↑	↑
M	315	↓	↓	↓	0 1	↑	↓	1 2	2 3	3 4	5 6	7 8	10 11	14 15	21 22	↑	↑	↑	↑	↑	↑	↑	↑	↑	↑	↑	↑
N	500	↓	↓	0 1	↑	↓	1 2	2 3	3 4	5 6	7 8	10 11	14 15	21 22	↑	↑	↑	↑	↑	↑	↑	↑	↑	↑	↑	↑	↑
P	800	↓	0 1	↑	↓	1 2	2 3	3 4	5 6	7 8	10 11	14 15	21 22	↑	↑	↑	↑	↑	↑	↑	↑	↑	↑	↑	↑	↑	↑
Q	1250	0 1	↑	↓	1 2	2 3	3 4	5 6	7 8	10 11	14 15	21 22	↑	↑	↑	↑	↑	↑	↑	↑	↑	↑	↑	↑	↑	↑	↑
R	2000	↑	↑	1 2	2 3	3 4	5 6	7 8	10 11	14 15	21 22	↑	↑	↑	↑	↑	↑	↑	↑	↑	↑	↑	↑	↑	↑	↑	↑

注：1. ↓— 使用箭头下面的第一个抽检方案。如果样本量等于或超过批量，则执行 100%检验。 ↑ — 使用箭头上面的第一个抽检方案。

2. Ac — 合格判定数（接受数）；Re — 不合格判定数（拒收数）。

表 4-9 一次加严检验抽检方案（主表）

字码	样本量	0.010	0.015	0.025	0.040	0.065	0.10	0.15	0.25	0.40	0.65	1.0	1.5	2.5	4.0	6.5	10	15	25	40	65	100	150	250	400	650	1000
		AQL（%）																									
		Ac Re	Ac Re	Ac Re	Ac Re	Ac Re	Ac Re	Ac Re	Ac Re	Ac Re	Ac Re	Ac Re	Ac Re	Ac Re	Ac Re	Ac Re	Ac Re	Ac Re	Ac Re	Ac Re	Ac Re	Ac Re	Ac Re	Ac Re	Ac Re	Ac Re	Ac Re
A	2	↓	↓	↓	↓	↓	↓	↓	↓	↓	↓	↓	↓	↓	↓	↓	↓	↓	↓	1 2	2 3	3 4	5 6	8 9	12 13	18 19	27 28
B	3	↓	↓	↓	↓	↓	↓	↓	↓	↓	↓	↓	↓	↓	↓	0 1	↓	↓	1 2	2 3	3 4	5 6	8 9	12 13	18 19	27 28	41 42
C	5	↓	↓	↓	↓	↓	↓	↓	↓	↓	↓	↓	↓	↓	0 1	↓	↓	1 2	2 3	3 4	5 6	8 9	12 13	18 19	27 28	41 42	↑
D	8	↓	↓	↓	↓	↓	↓	↓	↓	↓	↓	↓	↓	0 1	↓	↓	1 2	2 3	3 4	5 6	8 9	12 13	18 19	27 28	41 42	↑	↑
E	13	↓	↓	↓	↓	↓	↓	↓	↓	↓	↓	↓	0 1	↓	↓	1 2	2 3	3 4	5 6	8 9	12 13	18 19	27 28	41 42	↑	↑	↑
F	20	↓	↓	↓	↓	↓	↓	↓	↓	↓	↓	0 1	↓	↓	1 2	2 3	3 4	5 6	8 9	12 13	18 19	↑	↑	↑	↑	↑	↑
G	32	↓	↓	↓	↓	↓	↓	↓	↓	↓	0 1	↓	↓	1 2	2 3	3 4	5 6	8 9	12 13	18 19	↑	↑	↑	↑	↑	↑	↑
H	50	↓	↓	↓	↓	↓	↓	↓	↓	0 1	↓	↓	1 2	2 3	3 4	5 6	8 9	12 13	18 19	↑	↑	↑	↑	↑	↑	↑	↑
J	80	↓	↓	↓	↓	↓	↓	↓	0 1	↓	↓	1 2	2 3	3 4	5 6	8 9	12 13	18 19	↑	↑	↑	↑	↑	↑	↑	↑	↑
K	125	↓	↓	↓	↓	↓	↓	0 1		↓	1 2	2 3	3 4	5 6	8 9	12 13	18 19	↑	↑	↑	↑	↑	↑	↑	↑	↑	↑
L	200	↓	↓	↓	↓	↓	0 1			1 2	2 3	3 4	5 6	8 9	12 13	18 19		↑	↑	↑	↑	↑	↑	↑	↑	↑	↑
M	315	↓	↓	↓	↓	0 1	↓		1 2	2 3	3 4	5 6	8 9	12 13	18 19			↑	↑	↑	↑	↑	↑	↑	↑	↑	↑
N	500	↓	↓	↓	0 1		↓	1 2	2 3	3 4	5 6	8 9	12 13	18 19				↑	↑	↑	↑	↑	↑	↑	↑	↑	↑
P	800	↓	↓	0 1			1 2	2 3	3 4	5 6	8 9	12 13	18 19					↑	↑	↑	↑	↑	↑	↑	↑	↑	↑
Q	1250	↓	0 1	↓		1 2	2 3	3 4	5 6	8 9	12 13	18 19						↑	↑	↑	↑	↑	↑	↑	↑	↑	↑
R	2000	0 1		↓	1 2	2 3	3 4	5 6	8 9	12 13	18 19							↑	↑	↑	↑	↑	↑	↑	↑	↑	↑
S	3150			1 2														↑	↑	↑	↑	↑	↑	↑	↑	↑	↑

注：1. ↓ — 使用箭头下面的第一个抽检方案。如果样本量等于或超过批量，则执行 100%检验。↑ — 使用箭头上面的第一个抽检方案。

2. Ac — 合格判定数（接受数）；Re — 不合格判定数（拒收数）。

表 4-10　一次放宽检验抽检方案（主表）

字码	样本量	AQL（%）																									
		0.010	0.015	0.025	0.040	0.065	0.10	0.15	0.25	0.40	0.65	1.0	1.5	2.5	4.0	6.5	10	15	25	40	65	100	150	250	400	650	1000
		Ac Re	Ac Re	Ac Re	Ac Re	Ac Re	Ac Re	Ac Re	Ac Re	Ac Re	Ac Re	Ac Re	Ac Re	Ac Re	Ac Re	Ac Re	Ac Re	Ac Re	Ac Re	Ac Re	Ac Re	Ac Re	Ac Re	Ac Re	Ac Re	Ac Re	Ac Re
A	2	↓	↓	↓	↓	↓	↓	↓	↓	↓	↓	↓	↓	↓	↓	0 1	↓	↓	1 2	2 3	3 4	5 6	7 8	10 11	14 15	21 22	30 31
B	2	↓	↓	↓	↓	↓	↓	↓	↓	↓	↓	↓	↓	↓	0 1	↑	↓	0 2	1 3	2 4	3 5	5 6	7 8	10 11	14 15	21 22	30 31
C	2	↓	↓	↓	↓	↓	↓	↓	↓	↓	↓	↓	↓	0 1	↑	↓	0 2	1 3	1 4	2 5	3 6	5 8	7 10	10 13	14 17	21 24	↑
D	3	↓	↓	↓	↓	↓	↓	↓	↓	↓	↓	↓	0 1	↑	↓	0 2	1 3	1 4	2 5	3 6	5 8	7 10	10 13	14 17	21 24	↑	↑
E	5	↓	↓	↓	↓	↓	↓	↓	↓	↓	↓	0 1	↑	↓	0 2	1 3	1 4	2 5	3 6	5 8	7 10	10 13	14 17	21 24	↑	↑	↑
F	8	↓	↓	↓	↓	↓	↓	↓	↓	↓	0 1	↑	↓	0 2	1 3	1 4	2 5	3 6	5 8	7 10	10 13	↑	↑	↑	↑	↑	↑
G	13	↓	↓	↓	↓	↓	↓	↓	↓	0 1	↑	↓	0 2	1 3	1 4	2 5	3 6	5 8	7 10	10 13	↑	↑	↑	↑	↑	↑	↑
H	20	↓	↓	↓	↓	↓	↓	↓	0 1	↑	↓	0 2	1 3	1 4	2 5	3 6	5 8	7 10	10 13	↑	↑	↑	↑	↑	↑	↑	↑
J	32	↓	↓	↓	↓	↓	↓	0 1	↑	↓	0 2	1 3	1 4	2 5	3 6	5 8	7 10	10 13	↑	↑	↑	↑	↑	↑	↑	↑	↑
K	50	↓	↓	↓	↓	↓	0 1			0 2	1 3	1 4	2 5	3 6	5 8	7 10	10 13		↑	↑	↑	↑	↑	↑	↑	↑	↑
L	80	↓	↓	↓	↓	0 1			0 2	1 3	1 4	2 5	3 6	5 8	7 10	10 13			↑	↑	↑	↑	↑	↑	↑	↑	↑
M	125	↓	↓	↓	0 1	↑		0 2	1 3	1 4	2 5	3 6	5 8	7 10	10 13				↑	↑	↑	↑	↑	↑	↑	↑	↑
N	200	↓	↓	0 1			0 2	1 3	1 4	2 5	3 6	5 8	7 10	10 13					↑	↑	↑	↑	↑	↑	↑	↑	↑
P	315	↓	0 1			0 2	1 3	1 4	2 5	3 6	5 8	7 10	10 13						↑	↑	↑	↑	↑	↑	↑	↑	↑
Q	500	0 1	↑		0 2	1 3	1 4	2 5	3 6	5 8	7 10	10 13							↑	↑	↑	↑	↑	↑	↑	↑	↑
R	800		↑	0 2	1 3	1 4	2 5	3 6	5 8	7 10	10 13								↑	↑	↑	↑	↑	↑	↑	↑	↑

注：1. ↓— 使用箭头下面的第一个抽检方案。如果样本量等于或超过批量，则执行 100%检验。↑— 使用箭头上面的第一个抽检方案。

2. Ac — 合格判定数（接受数）；Re — 不合格判定数（拒收数）。

下面通过举例说明如何用查表的方法制定调整型一次抽检方案。

【例 4-8】已知批量 N=1 000，规定 AQL=2.5%，采用一般检查水平Ⅱ，试制定调整型一次抽检方案。

解：从表 4-7 中，查出批量 N=1 000 所在的行(501～1 200)与一般检查水平Ⅱ的列的相交栏，得到样本大小字码 J。

(1) 确定正常抽检方案。从表 4-8 中，查出样本大小字码 J 的行与合格质量水平 AQL=2.5%的列的相交栏，得到接收数 Ac=5，拒收数 Re=6，这时字码 J 对应的样本大小 n=80，故得到一次正常抽检方案为(80 | 5，6)。即从 1 000 件产品中，抽取 n=80 个样品进行检验，如果其中的不合格品数 d≤5，则判断该批产品合格，如果 d≥6，则判断该批产品不合格。

(2) 确定加严抽检方案。从表 4-9 中，查出样本大小字码 J 的行与合格质量水平 AQL=2.5%的列的相交栏，得到接收数 Ac=3，拒收数 Re=4。这时字码 J 对应的样本大小 n=80，故得到一次加严抽检方案为(80 | 3，4)。即从 1 000 件产品中，抽取 n=80 个样品进行检验，如果其中的不合格品数 d≤3，则判断该批产品合格，如果 d≥4，则判断该批产品不合格。

(3) 确定放宽抽检方案。从表 4-10 中，查出样本大小字码 J 的行与合格质量水平 AQL=2.5%的列的相交栏，得到接收数 Ac=2，拒收数 Re=5。这时字码 J 对应的样本大小为 n=32，故得到一次放宽抽检方案为(32 | 2，5)。即从 1 000 个产品中，抽取 n=32 个样品进行检验，如果其中的不合格品数 d≤2，则判断该批产品合格，如果 d≥5，则判断该批产品不合格，如果 2<d<5，则判断该批产品算是合格，接收该批产品，但从下次转为正常检验。

(4) 确定调整型一次抽检方案。把所得的正常、加严、放宽三个一次抽检方案集合在一起，就构成一个调整型一次抽检方案，如表 4-11 所示。

表 4-11　调整型一次抽检方案(批量 N=1 000，AQL=2.5%)

宽严程度	样本大小 n	接收数 Ac	拒收数 Re
正常检验	80	5	6
加严检验	80	3	4
加宽检验	32	2	5

【例 4-9】已知批量 N=2 000，考虑以每百单位缺陷数作为批质量指标，规定 AQL=250%，采用一般检查水平Ⅱ，试制定调整型一次抽检方案。

解：从表 4-7 中，查出批量 N=2 000 所在的行与检查水平Ⅱ的列的相交栏，得到样本大小字码 K。

(1) 确定正常抽检方案。从表 4-8 中，查出样本大小字码 K 的行与合格质量水平 AQL=250%的列的相交栏，沿箭头向上找到接收数 Ac=44，拒收数 Re=45，它们所在的行的样本大小为 n=13，故得到一次正常抽检方案为(13 | 44，45)。即从 2 000 个产品中，抽取 n=13 个样品进行检验，如果在这些样品中缺陷的总数 d≤44，则判断该批产品合格，如果 d≥45，则判断该批产品不合格。

(2) 确定加严抽检方案。从表 4-9 中，查出样本大小字码 K 的行与合格质量水平

AQL=250%的列的相交栏。沿箭头向上找到接收数 Ac=41，拒收数 Re=42，它们所在行的样本大小为 n=13，故得到一次加严抽检方案为(13 | 41，42)。即从 2 000 个产品中，抽取 n=13 个样品进行检验，如果在这些样品中缺陷的总数 d≤41，则判断该批产品合格，如果 d≥42，则判断该批产品不合格。

(3) 确定放宽抽检方案。从表 4-10 中，查出样本大小字码 K 的行与合格质量水平 AQL=250%的列的相交栏，沿箭头向上找到接收数 Ac=21，拒收数 Re=24，它们所在行的样本大小为 n=5，故得到一次放宽抽检方案为(5 | 21，24)。即从 2000 个产品中，抽取 n=5 个样品进行检验，如果在这些样品中缺陷的总数 d≤21，则判断该批产品合格；如果 d≥24，则判断该批产品不合格；如果 21<d<24，则判断该批产品算是合格，接收这批产品，但从下次转为正常检验。

(4) 确定调整型一次抽检方案。把所得的正常、加严、放宽三个一次抽检方案集合在一起，就构成一个调整型一次抽检方案，如表 4-12 所示。

表 4-12　调整一次抽检方案(N=2 000，AQL=250%)

宽严程度	样本大小 n	接收数 Ac	拒收数 Re
正常检验	13	44	45
加严检验	13	41	42
加宽检验	5	21	24

三、调整型抽检方案的转换规则

ISO 2859—1 是通过抽检方案的宽严程度，来要求供货方提供符合规定质量要求的产品批。所以，它规定了正常检验、加严检验和放宽检验三种不同的抽检方案；根据产品批质量的变化情况，随时转换抽检方案。ISO 2859—1 规定的抽检方案转换规则如下。

1. 从正常检验转为加严检验

除非需方特别声明，否则检验应该从正常检验开始，如果因条件不同或场合不同，也可以从开始就实行加严检验或放宽检验。

进行正常检验时，若连续五批中有两批(包括不到五批就有两批)经初检被拒收，则从下一批开始执行加严检验。

2. 从加严检验转为正常检验

进行加严检验时，若连续五批经初检被接收，则从下一批开始执行正常检验。

3. 从正常检验转为放宽检验

进行正常检验时，若下列条件均满足，则从下一批开始执行放宽检验。

(1) 连续 10 批初检均被接收。

(2) 条件⑴规定的批所抽取的样本中(若使用二次抽样方案，应包括所有被检样本)，不合格品总数或缺陷总数小于或等于表 4-13 中规定的界限数。

(3) 生产稳定。

(4) 负责部门认为可以执行放宽检验。

表 4-13　放宽检查的界限数表（L_R）

最近 10 批样本个体数	AQL（%）																								
	0.010	0.015	0.025	0.040	0.065	0.10	0.15	0.25	0.40	0.65	1.0	1.5	2.5	4.0	6.5	10	15	25	40	65	100	150	250	400	650	1000
20~29	*	*	*	*	*	*	*	*	*	*	*	*	*	*	*	0	0	2	4	8	14	22	40	68	115	181
30~49	*	*	*	*	*	*	*	*	*	*	*	*	*	*	0	0	1	3	7	13	22	36	63	105	178	277
50~79	*	*	*	*	*	*	*	*	*	*	*	*	*	0	0	2	3	7	14	25	40	63	110	181	301	
80~129	*	*	*	*	*	*	*	*	*	*	*	*	0	0	2	4	7	14	24	42	68	105	181	297		
130~199	*	*	*	*	*	*	*	*	*	*	*	0	0	2	4	7	13	25	42	72	115	177	301	490		
200~319	*	*	*	*	*	*	*	*	*	*	0	0	2	4	8	14	22	40	68	115	181	277	471			
320~499	*	*	*	*	*	*	*	*	*	0	0	1	4	8	14	24	39	68	113	189						
500~799	*	*	*	*	*	*	*	*	0	0	2	3	7	14	25	40	63	110	181							
800~1249	*	*	*	*	*	*	*	0	0	2	4	7	14	24	42	68	105	181								
1250~1999	*	*	*	*	*	*	0	0	2	4	7	13	24	40	69	110	169									
2000~3149	*	*	*	*	*	0	0	2	4	8	14	22	40	68	115	181										
3150~4999	*	*	*	*	0	0	1	4	8	14	24	38	67	111	186											
5000~7999	*	*	*	0	0	2	3	7	14	25	40	63	110	181												
8000~12499	*	*	0	0	2	4	7	14	24	42	68	105	181													
12500~19999	*	0	0	2	4	7	13	24	40	69	110	169														
20000~31499	0	0	2	4	8	14	22	40	68	115	181															
31500 以上	0	1	4	8	12	24	38	67	111	186																

注：* 表示 AQL 在此值时，如要放宽检验，用最近 10 批的样本数目是不够的，应用多于 10 批的样品数目来计算。

4. 从放宽检验转为正常检验

进行放宽检验时，若出现下列任一情况，则从下一批开始执行正常检验。

(1) 有一批初检拒收。

(2) 在进行放宽检验时，若 Ac<d<Re，由于 d<Re，故不拒收，这批算勉强接收，自下一批起必须执行正常检验。

(3) 生产不正常或停滞。

(4) 由于其他原因，负责部门认为有必要执行正常检查。

5. 暂停检验

若在连续的最初加严检验中，累计拒收批数达到 5 批，且不能按转换规则 2 的规定转到正常检验时，应暂时停止按本标准进行检验。暂停检验后，如果生产方采取了有效措施，改善了提交批的质量，经负责部门认可，可恢复本标准规定的检验，但一般应从加严检验开始。

下面用两个假设的生产过程的检验结果来说明转换规则的应用。

【例 4-10】已知产品批量 N=4 000，商定 AQL=1.5%，采用一般检查水平III。查表得到调整型一次抽检方案，见表 4-14。

表 4-14 调整型一次抽检方案(N=4 000，AQL=1.5%)

宽严程度	样本大小 n	接收数 Ac	拒收数 Re
正常检验	315	10	11
加严检验	315	8	9
放宽检验	125	5	8

表 4-15 给出了假设的生产过程的前 25 批的检验结果。检验是从正常检验开始的。从表中可以看出，第 4 批和第 10 批的拒收未能使检验转到加严检验，因为还没符合连续 5 批中有两批不合格的规定。在第 10 批拒收后，接着是第 12 批拒收，满足了连续 5 批中有两批不合格的要求，因此，从第 13 批起转到加严检验。到了第 16 批又被拒收。从第 17 批到第 21 批，连续 5 批被加严检验接收，按规定应从第 22 批起恢复到正常检验。

表 4-15 生产过程前 25 批的检验结果

批号	批量 N	样本大小 n	接收数 Ac	拒收数 Re	不合格品数 d	判断	继续措施
1	4 000	315	10	11	7	接收	正常检验
2	4 000	315	10	11	2	接收	继续正常
3	4 000	315	10	11	4	接收	继续正常
4	4 000	315	10	11	11	拒收	继续正常
5	4 000	315	10	11	9	接收	继续正常
6	4 000	315	10	11	4	接收	继续正常
7	4 000	315	10	11	7	接收	继续正常
8	4 000	315	10	11	3	接收	继续正常

续表

批号	批量 N	样本大小 n	接收数 Ac	拒收数 Re	不合格品数 d	判断	继续措施
9	4 000	315	10	11	2	接收	继续正常
10	4 000	315	10	11	12	拒收	继续正常
11	4 000	315	10	11	8	接收	继续正常
12	4 000	315	10	11	11	拒收	转向加严
13	4 000	315	8	9	7	接收	加严检验
14	4 000	315	8	9	8	接收	继续加严
15	4 000	315	8	9	4	接收	继续加严
16	4 000	315	8	9	9	拒收	继续加严
17	4 000	315	8	9	3	接收	继续加严
18	4 000	315	8	9	5	接收	继续加严
19	4 000	315	8	9	2	接收	继续加严
20	4 000	315	8	9	1	接收	继续加严
21	4 000	315	10	11	6	接收	转向正常
22	4 000	315	10	11	7	接收	恢复正常
23	4 000	315	10	11	2	接收	继续正常
24	4 000	315	10	11	5	接收	继续正常
25	4 000	315	10	11	3	接收	继续正常

【例 4-11】已知批量 N=4 000，商定 AQL=10%，采用一般检查水平Ⅰ，查表得调整型一次抽检方案，如表 4-16 所示。

表 4-16 调整型一次抽检方案(N=4 000，AQL=10%)

宽严程度	样本大小 n	接收数 Ac	拒收数 Re
正常检验	80	14	15
加严检验	80	12	13
放宽检验	32	7	10

表 4-17 给出了假设的生产过程的一部分检验结果。检验也是从正常检验开始的。从表中可以看出，检验的结果都很好，所有的批都被接收。在第 50 批检验后，检验人员决定看看检验是否可以放宽。他计算了最近 10 批抽样中的不合格品数，共计为 70，这 10 个样本中的样品总数为 800。查表 4-17，最近 10 批的样本数为 800，AQL 为 10%所对应的放宽检验的界限数为 68，70 超过了 68，故还不允许放宽检验。由于下面 5 批的检验结果更好，他决定再看看。最后 10 批中的不合格品数目仅为 54，54 低于 68，倘若生产稳定，这时便可由正常检验转到放宽检验。

表 4-17 部分检验结果表

批号	批量 N	样本大小 n	接收数 Ac	拒收数 Re	不合格品数 d	判断	继续措施
41	4 000	80	14	15	7	接收	继续正常
42	4 000	80	14	15	5	接收	继续正常
43	4 000	80	14	15	7	接收	继续正常
44	4 000	80	14	15	6	接收	继续正常
45	4 000	80	14	15	9	接收	继续正常
46	4 000	80	14	15	7	接收	继续正常
47	4 000	80	14	15	9	接收	继续正常
48	4 000	80	14	15	8	接收	继续正常
49	4 000	80	14	15	6	接收	继续正常
50	4 000	80	14	15	5	接收	继续正常
51	4 000	80	14	15	8	接收	继续正常
52	4 000	80	14	15	4	接收	继续正常
53	4 000	80	14	15	3	接收	继续正常
54	4 000	80	14	15	1	接收	继续正常
55	4 000	80	14	15	3	接收	转向放宽

本章习题

1. 在什么情况下实施全数抽检？在什么情况下实施抽样检验？

2. 设批产品的不合格品率为 5%，今在一批产品中随机抽 n=30 个样品，求出现 0 个、1 个、2 个、3 个不合格品的概率？

3. 在习题 2 中，如抽样方案为 Ac=0、Re=1，试作出其 OC 曲线。

4. 在习题 2 中，如抽样方案为 Ac=0、Re=2；Ac=2、Re=3，试作出其 OC 曲线。分析 n 不变，Ac 增大时，OC 曲线的变化规律。从工程上说明其意义。

5. 在习题 3 中，如果 n=25，试作出其 OC 曲线，分析 Ac 不变，n 增大时，OC 曲线的变化规律。从工程上说明其意义。

6. 查计数型一次抽样方案，设 α=5%，β=10%，而：

(1) P_0=1.0%、P_1=3.0%。

(2) P_0=0.4%、P_1=1.6%。

(3) P_0=0.5%、P_1=3%。

7. 设 N=1 500，AQL=1.5%，检查水平为Ⅱ，试制定调整型一次、二次抽样检验方案。

案例：采购新电表抽检方案设计

以某电力公司采购新电表为例，来说明如何运用调整型计数抽检方案作为采购新电表的抽检方案。

为了满足电表用户数量的急剧增加，电力公司计划采购一批新的电表产品。经过公司研究决定，准备采购高质量的并且具有一定品牌影响的电表产品。经过几次筛选及竞标，最终决定采购浙江华立集团股份有限公司控股的重庆华立公司生产的华立(HOLLEY)牌DD86 系列电表产品。电力公司初步采购数量为 3 000 台，设想如果该产品质量稳定、计量准确，将在以后的采购过程中连续采购这种品牌的产品。确定抽检方案的具体程序如下。

一、电表检定标准

判定电表产品是否合格，主要检定以下项目及技术指标。

(1) 工频耐压试验。在室温(15℃ ~ 25℃)和空气相对湿度 85%或 95%以下，电表应能承受频率为 50Hz 或 60Hz 的交流电压历时 1min 的试验。

(2) 直观检查。分为外部检查(如表壳破坏，玻璃窗模糊等)和内部检查(如导线固定或焊接不牢等)。如发现一个缺陷即判定该电表为不合格产品。

(3) 校核常数。电表在额定电压、额定最大电流和功率因数为 1.0 的条件下，计度器末位(是否是小数位无关)改变一个数字时，转盘转数应与规定值相应。

(4) 测定基本误差。标准电表测定的电能与被检电表测定的电能比较，当测出的误差超过基本误差界限时，为不合格。

在抽样检验中，以上检测项目中只要任一项不符合即判定此产品为不合格产品。

二、抽检方案的选定

1. 抽检次数的确定

通常根据不同类型抽样方案的管理费用和平均抽检量(ASN)，决定采用一次、二次或五次抽样方案中的一种。二次抽样方案的平均抽样量小于对应的一次抽样方案的 ASN；五次抽样方案的 ASN 小于对应的二次抽样检验方案的 ASN。

而对于抽样费用，一般来讲，五次抽样检验方案的管理费用高于对应的二次抽样检验方案；二次抽样检验方案的管理费用又高于对应的一次抽样检验方案。

电力公司基于管理费用考虑的前提下，决定采用一次抽样检验作为电表采购的抽样检验方案。

2. 抽检方案的选定

抽检方案的选定需要知道电表采购的数量、检验水平和电表的合格质量水平(AQL)值，之后就可以从抽样检验表中查出需要的抽样检验方案(包括正常、加严和放宽三种方案)。

(1) 电表采购的数量。N=3 000。

(2) 确定检验水平。在调整型抽样检验方案中，样本大小字码表给出三个一般检验水平Ⅰ、Ⅱ、Ⅲ，以及四个特殊检验水平 S-1、S-2、S-3、S-4。一般检验水平 Ⅰ 比Ⅱ宽，Ⅲ比Ⅱ严。所以，检验水平 Ⅰ 对电表生产方提供较高程度的保护，检验水平Ⅲ对电表使用方提供较高程度的保护。四个特殊检验水平仅限于使用较小的样本，并且允许有较大的误判风险。因此，当降低对电表批质量的判别能力时，即使稍微增加一点使用风险也认为是可行的，可以采用一般检验水平Ⅰ。当需要提高对电表批质量的判别能力时，应采用一般检验水平Ⅲ。除非另有规定，通常采用一般检验水平Ⅱ。

电力公司与电表生产企业协商，决定采用一般检验水平Ⅱ。

(3) 确定 AQL 值。关于 AQL 值的确定需要电力公司的采购部门和电表生产企业协商决定。在协商的过程中，电力公司明确地告诉电表厂家对新采购的电表要进行抽样检验，而且采用的是调整型抽样检验方案。也就是说，对于电表产品质量处于正常的情况下，电力公司采用一个正常抽检方案进行检验；当电表产品的质量变差时，采用一个加严抽检方案进行检验；当电表产品质量显著变好时，采用一个放宽抽检方案进行检验。加严检验是对电表厂家的电表质量变坏的一种惩罚，电力公司明确地告诉电表厂家如果电表产品抽样检验一直处于加严检验状态下，将会终止采购其电表产品，如果质量好的话，则采用相反的奖励措施，多采购其厂家的电表。在说明了这些相关前提问题下，双方做了充分的信息沟通之后，制定了一致的 AQL=0.4。

AQL=0.4 的基本含义就是认为该批电表产品的最差质量是每百个电表产品中允许的不合格数不超过 0.4 个。可以看出这样的 AQL 值是很严格的。

(4) 确定抽检方案。根据 N=3 000，检验水平Ⅱ和 AQL=0.4 这三个条件分别在表 4-7 至表 4-10 中查出相对应的抽样检验方案。其基本步骤如下。

① 电表采购的正常检验一次抽样检验方案为：

第一步，查字码表 4-7。由 N=3 000 所在行，检验水平Ⅱ所在列的相交处，查出样本量字码 K。

第二步，在抽样表 4-8 中，由样本量字码 K 所在行，与 AQL=0.4 所在列的相交处，查出判定数组[1，2]。此判定数组所在行对应的样本量大小 n =125。

故所需要的抽样检验方案[125；1，2]。

② 电表采购的加严检验一次抽样检验方案为：

第一步，查字码表 4-7。由 N=3 000 所在行，检验水平Ⅱ所在列的相交处，查出样本量字码 K。

第二步，在抽样表 4-9 中，由样本量字码 K 所在行，与 AQL=0.4 所在列的相交处查得，这表明应使用箭头下面的第一个判定数组[1，2]，此判定数组所在行对应的样本量大小 n=200，故所需要的抽检方案为[200；1，2]，这种做法称为“同行原则”。

③ 电表采购的加严放宽检验一次抽样检验方案为：

第一步，查字码表 4-7。由 N=3 000 所在行，检验水平Ⅱ所在列的相交处，查出样本量字码 K。

第二步，在抽样表 4-10 中，由样本量字码 K 所在行，与 AQL=0.4 所在列的相交处查得判定数组[0，2]。此判定数组所在行对应的样本量大小 n =50，故所需要的抽检方案为[50；0，2]。

因此，得到了电表采购的抽样检验方案如表 4-18 所示。

表 4-18　调整型一次抽检方案(批量 N=3 000，AQL=0.40%)

宽严程度	样本大小 n	接收数 Ac	拒收数 Re
正常检验	125	1	2
加严检验	200	1	2
加宽检验	50	0	2

在调整型正常抽检方案[125；1，2]中，表示的含义是如果在 3000 个电表中随机抽取

125 个电表，对这 125 个电表进行检验，检验的基本项目在电表检定标准中所列。如果不合格品数≤1，则接受这批产品。如果检验的不合格品数≥2，则拒绝接受这批产品。

在调整型加严抽检方案[125; 1，2]中，表示的含义是如果在 3 000 个电表中随机抽取 200 个电表，对这 200 个电表进行检验。如果不合格品数≤1，则接受这批产品。如果不合格品数≥2，则拒绝接受这批产品。

在调整型放宽抽检方案 [50; 0，2]中，表示的含义是如果在 3 000 个电表中随机抽取 50 个电表，对这 50 个电表进行检验。如果不合格品数=0，则接受这批产品。如果不合格品数≥2，则拒绝接受这批产品。

在选定抽样检验方案之后，对新电表进行抽样。随机从 3 000 个电表中抽取 125 个电表产品，对 125 个产品工作人员经过几天的检验，最终得出检验结果为不合格品数为 1 个。同时又随机抽取 200 个电表产品，采取不剔除无放回的抽取方法，检验结果为这 200 个产品中的不合格品数为 2 个。

由此可以进行推断结果：若采用调整型正常抽检方案[125; 1，2]，因为检验结果的不合格品数小于等于合格判定数 1，则应该接受该批产品。但是若采用调整型加严抽检方案[200; 1，2]，因为检验结果的不合格品数大于等于拒收判定数 2，则应该拒绝接受这批电表产品。

虽然采购电表的初期是从正常检验开始的，但是，电表生产企业从上述检验结果发现，所生产的电表质量还不是最好。按照调整型抽检方案的转换规则，一旦转为加严检验，就会遭到拒收的结果。

(资料来源：根据编者指导的硕士学位论文编写)

第五章　质量设计优化技术

学习要点

本章介绍了正交试验设计的基本理论，正交试验设计的方差与贡献率分析方法，三次设计理论，参数设计，并编写了参数设计方法的应用案例。

产品质量的实现涉及两大过程，即产品质量的产生过程和形成过程。这两大过程实际上就是产品的设计过程和生产制造过程。所以，质量管理研究的内容主要包括两大方面：一是设计过程的质量优化问题；二是生产制造过程的质量控制问题。关于后者本书已在前几章做了介绍，本章内容就是解决前者的问题。

关于质量设计优化方法，当前已开发出若干种。本章重点介绍两种主要方法——正交试验设计法和三次设计法。

第一节　正交试验设计

一、概述

(一)试验设计中常用的术语

1. 试验指标

试验指标是指试验设计中，用来考察或衡量试验效果的量或特征值。在一项试验中，试验指标可能有一个，也可能有几个；前者称为单指标试验设计，后者称为多指标试验设计。

2. 试验因素

试验因素是指在试验中影响指标的条件和要素。试验因素可分为可控因素和不可控因素。可控因素是指人们可以控制和调节的因素，如加热温度、化工生产中的反应时间、催化剂用量等。不可控因素是指人们无法控制和调节的因素，如试验中所用的交流电电压的波动等。试验设计中所选的因素一般为可控因素。

3. 因素的水平

因素的水平是指试验中所选定因素所处的状态和条件，每一个状态和条件称为因素的一个水平。例如，温度是影响某产品产量的一个因素。20℃、30℃、40℃时，产品的产量是不同的，则称20℃、30℃、40℃为因素温度的三个水平。

4. 试验数据

试验数据是指试验指标的量化特征。按数据的趋势，可把试验数据分为：①望大特性数据，即希望数据越大越好，如矿物中有效成分的含量；②望小特性数据，即希望数据越小越好，如药品中有害成分的含量；③望目特性数据，即希望数据达到某一目标值，如加工某种轴，轴的直径要求为Φ8±0.1mm。

(二)正交试验设计所讨论的问题

通过举例说明。

【例 5-1】 某厂为提高高速钢热处理后的质量，欲进行试验。根据经验认为影响高速钢热处理后的质量的因素有：淬火温度(A)、淬火时间(B)、回火温度(C)，并通过专业知识对各因素均取三个水平，如表 5-1 所示。

表 5-1 因素水平表

水平＼因素	淬水温度(˚C)	淬火时间(s)	回火温度(˚C)
1	1250	8	540
2	1275	12	560
3	1300	15	580

现在的问题是，如何安排试验才能找出使产品质量最好的因素水平组合？对于这样的问题，在不采用正交试验设计法的情况下，可以用下面两种方法。

1. 完全搭配试验法

此法即每个因素的每个水平之间都相互搭配，再做试验，选择出使产品质量最好的那一组因素水平组合。这样的搭配共有 3^3=27 种，也就是需要进行 27 次试验。这种方法的优点在于能够全面反映试验的情况。但是此法也有一个很大的缺陷，即当因素个数及水平数增加时，试验次数就会急速增加。比如，上述问题中如果再加一个因素，该因素也取三个水平，则需做 3^4=81 次试验。对于一个六因素五水平的问题，则要做 5^6=15 625 次试验。这实际上是行不通的。

2. 因素轮换法

此法是先固定两个因素，再变化另一个因素，以确定该变化因素的最好水平。

如先固定 A 和 B 因素于 A_1、B_1，变化 C 因素的水平，发现在 A_1B_1-C_2 的组合下试验结果最好。再固定 A_1 和 C_2，变化 B 的水平，发现在 A_1C_2-B_1 的组合下试验结果最好。再固定 B_1 和 C_2，变化 A 的水平，发现在 B_1C_2-A_2 的组合下试验结果最好。于是就选出了较优的因素水平组合 $A_2B_1C_2$。

这种方法有它的优点，即与“完全搭配试验法”相比，试验次数减少了，只作了 9 次试验。但是这种试验方法提供的信息不够全面，当因素之间的关系复杂(如有交互作用)或试验误差较大时，所选方案的可信度就会大大降低。所以，这种方法有一定的局限性。

上述两种方法各有优缺点，能否找到一种综合这两种方法的优点、克服其缺点的试验设计方法呢？这就是正交试验设计要讨论的问题。也就是说，正交试验设计通过正交表可以在试验次数较少的条件下，找到最优的因素水平组合。比如前面讲到的，对于四因素三水平的问题，可选用 $L^9(3^4)$正交表，只做 9 次试验即可。

此外，对于多因素试验，还有个找主要因素的问题，即通过试验来认识各因素对试验指标值影响的主次关系，以便对主要因素加强控制。这个问题也可以通过正交试验设计加以解决，这是正交试验设计所要讨论的第二个问题。

(三)正交试验设计的工具——正交表

正交表是已经制作好的规格化的表，是正交试验设计的基本工具。在正交试验设计中，安排试验、对试验结果进行计算分析，均在正交表上进行。

正交表一般可以用记号 $L_n(m^p)$表示，其中各个字母的含义为

L——正交表的代号；

n——正交表的横行数，代表试验方案个数(或试验次数)；

m——每列所包含的字码数(有 m 个字码)，代表因素水平数；

p——正交表的纵列数，代表正交表可以考察的因素个数，即最多不超过 p 个。

例如：表 5-2 的正交表可以用 $L_9(3^4)$表示，该正交表可以考察四个因素，每个因素均取三个水平，需做九次试验。在使用时从已设计好的表中选取即可，见附表III。

表 5-2 $L_9(3^4)$正交表

行号 \ 列号	1	2	3	4
1	1	1	1	1
2	1	2	2	2
3	1	3	3	3
4	2	1	2	3
5	2	2	3	1
6	2	3	1	2
7	3	1	3	2
8	3	2	1	3
9	3	3	2	1

二、正交试验设计的直观分析

正交试验设计从考察试验结果指标的多少来看，可分为单指标试验和多指标试验，从因素之间对指标的影响来看，可分为无交互作用试验和有交互作用试验；从因素所取水平数相同与否来看，又可分为等水平试验和混合水平试验。

无论属于上述哪一种情况，正交试验设计的统计分析方法大致有两种：一种是直观分析法；另一种是方差分析法。下面通过单指标试验说明正交试验设计的步骤及数据处理形式。

【例 5-2】某化工厂为提高某种产品的转化率，由专业生产知识确定待考察因素为反应温度、反应时间和用碱量。试通过正交试验设计找出使转化率最高的工艺生产条件，并确定各因素对转化影响的主次顺序。

正交试验设计一般按以下试验步骤进行。

1．明确试验目的，确定试验指标

本试验的目的是通过试验，找出使“转化率”最高的工艺生产条件(最佳因素水平组合)。试验指标是产品转化率。需要掌握该指标是望大特性还是望小特性指标。该转化率指标属于望大特性指标。

2．挑因素、选水平、制定因素水平表

(1) 因素的挑选。可作为正交表考察的因素有：①凡是可能起作用的因素；②情况不明的因素；③意见有分歧的因素。正交表是安排多因素试验的得力工具，不怕因素多，即使增加一两个因素，试验次数也不会增加。因此，正交试验一般倾向于多考察因素。值得注意的是，如果在试验中漏掉了重要的因素，就会大大降低试验效果。

(2) 水平的选取。水平的选取包括水平的个数和用量两个方面。关于水平的个数，对某些因素来说是自然形成的，如“品种”“顺序”。另一些因素具有连续变化的特点，如温度、时间、加入量和配比等。这些因素只有用量范围的限制，并无水平个数的约束。究竟取几个水平，应当由试验设计的目的和性质来定。一般来说，为了寻求试验指标随因素用量的变化趋势，取三个水平比较合适，因为三个水平基本能反映指标随因素变化的趋势。

水平用量的选取，先估计因素取值范围，然后再用均分法来确定水平的用量。取中间的等分点作为水平的用量，即每一个等分点就是一个水平。

根据上述挑因素、选水平的原则，结合专业技术知识，本例挑选的因素为：反应温度(A)、反应时间(B)和用碱量(C)；确定各因素均取三个水平；并制定因素水平表，如表 5-3 所示。

表 5-3 因素水平表

因素 水平	反应温度 A (℃)	反应时间 B (分)	用碱量 C (%)
1	80	90	5
2	85	120	6
3	90	150	7

3．选择正交表、安排试验方案

选择正交表。选表的原则是：①根据因素的水平数选表的类型，如本例要选三水平正交表；②根据因素个数来确定表的大小，即对能够容纳全部因素的表中，选其中列数最少的正交表。本列在三水平正交表中，选择 $L_9(3^4)$正交表。之后就要填写正交表。填表原则是：①因素顺序上列。按照因素水平表中固定下来的因素次序，顺序地放在表头的纵列上，每列只放一个因素。第四列没放因素，称为“空列”，其作用是用来估计试验的误差(在方差分析中才可算出)。②水平对号入座。按因素水平表中水平的序号，将各因素的水平用量对应地填入正交表中，如表 5-4 所示。

表 5-4 试验计划方案表

试号 \ 列号 \ 因素	反应温度 A	反应时间 B	用碱量 C	
	1	2	3	4
1	1(80℃)	1(90 分)	1(5%)	1
2	1(80℃)	2(120 分)	2(6%)	2
3	1(80℃)	3(150 分)	3(7%)	3
4	2(85℃)	1(90 分)	2(6%)	3
5	2(85℃)	2(120 分)	3(7%)	1
6	2(85℃)	3(150 分)	1(5%)	2
7	3(90℃)	1(90 分)	3(7%)	2
8	3(90℃)	2(120 分)	1(5%)	3
9	3(90℃)	3(150 分)	2(6%)	1

注：第 4 列因素为空。

填好表后就要列出试验方案，进行试验。正交表中每一横行表示一种试验条件，每种条件下做一次试验，共 9 个横行，则要做 9 次试验。

第一号试验：$A_1B_1C_1$ ——在反应温度为 80℃，反应时间为 90 分钟，用碱量为 5%的条件下进行试验。

第五号试验：$A_2B_2C_3$ ——试验条件为反应温度 85℃，反应时间为 120 分钟，用碱量 7%。

需要说明的是，对于没有参加正交试验的因素，应按专业知识，固定在良好的状态。至于 9 个试验号的试验顺序，可随机进行。试验完后将试验结果填入正交表，如表 5-5 所示。

4．试验结果分析

对于最终试验结果进行直观分析，有两种分析方法。

1) 直接对比分析

根据 9 次试验的结果进行比较，选出使转化率最高的那一组试验条件作为生产工艺的好条件。即第 9 号试验($A_3B_3C_2$)的转化率(64%)最高。

2) 计算比较分析

(1) 计算两项统计量。

① 计算各因素在各水平下的试验结果之和 k_i(第 i 个水平的试验结果之和)。

例如：A 因素各水平下的试验结果之和为

$$k_1=31+54+38=123$$

$$k_2=53+49+42=144$$

$$k_3=57+62+64=183$$

再如：C 因素 2 水平的试验结果之和为

$$k_2=54+53+64=171$$

其余各因素水平 k_i 的计算类似。

表 5-5 试验结果分析表

试验计划				试验结果
因素 / 列号 / 试号	反应温度 A(˚C)	反应时间 B(分)	用碱量 C(%)	转化率 Y_i(%)
	1	2	3	
1	1	1	1	31
2	1	2	2	54
3	1	3	3	38
4	2	1	2	53
5	2	2	3	49
6	2	3	1	42
7	3	1	3	57
8	3	2	1	62
9	3	3	2	64
K_1(水平 1 三次试验结果之和)	123	141	135	
K_2(水平 2 三次试验结果之和)	144	165	171	
K_3(水平 3 三次试验结果之和)	183	144	144	
R(极差)	60	24	36	

② 计算极差：R。

各列(因素)的极差 R 由 k_1、k_2、k_3 中的最大数减最小数而求得。例如：

第一列：R_A=183−123=60

第二列：R_B=165−141=24

第三列：R_C=171−135=36

(2) 根据计算结果进行分析。

① 由 k_i 选择各因素的好水平，以确定最佳因素水平组合。

由 k_i 选择各因素的好水平时，还分两种情况。

情况一，若试验指标是望大特性指标，则选使 K 最大的水平作为该因素的好水平。

情况二，若试验指标是望小特性指标，则选使 K 最小的水平作为该因素的好水平。

例如，第 1 列 A 因素的 K：$K_3>K_2>K_1$，说明对于提高转化率(越大越好)来说，反应温度 K 的水平 3 比水平 2 好，水平 2 比水平 1 好。

同样，第 2 列 B 因素的好水平是 2 水平，第 3 列 C 因素的好水平是 2 水平。

综合上述，就可以得到最佳的因素水平组合为 $A_3B_2C_2$。

需要指出的是，通过计算分析得到的好条件 $A_3B_2C_2$，并不在正交表 $L_9(3^4)$的试验中。这就需要进行再次验证试验，以便与“直接分析”的好条件 $A_3B_3C_2$ 相比较，确定两者的优劣。做法是对 $A_3B_2C_2$ 和 $A_3B_3C_2$ 分别进行试验。试验结果表明：$A_3B_2C_2$ 的转化率为 74%，$A_3B_3C_2$ 的转化率为 64%，从而可以确认最佳的因素水平组合为 $A_3B_2C_2$。

一般来说，当因素之间不存在交互作用时，通过计算分析得到的好条件要优于直接分析得到的好条件。如果存在交互作用，情况就比较复杂了，需要配合其他方法再进行仔细分析。

② 由极差 R 确定各因素对指标的影响程度顺序。

极差大的因素，意味着它的不同水平对指标所造成的差别大，通常为重要因素；极差小的因素则往往是对指标影响小的不重要因素。依照极差大小，本列因素对指标影响的大小顺序为

$$\text{大}\quad \xrightarrow{\quad A\quad B\quad C\quad} \quad\text{小}$$

把最佳的因素水平组合转化为实际生产条件时，要考虑因素的主次。对于主要因素，一定要按照有利于指标要求来选取因素水平；对于次要因素，可以考虑其他条件(如生产率、成本、劳动条件等)来选取适当的水平。

5. 画趋势图，展望下批试验的好条件

为了进一步提高转化率指标，以每个因素的实际水平用量为横坐标，以试验结果总和为纵坐标，画出各因素的趋势图，如图 5-1 所示。

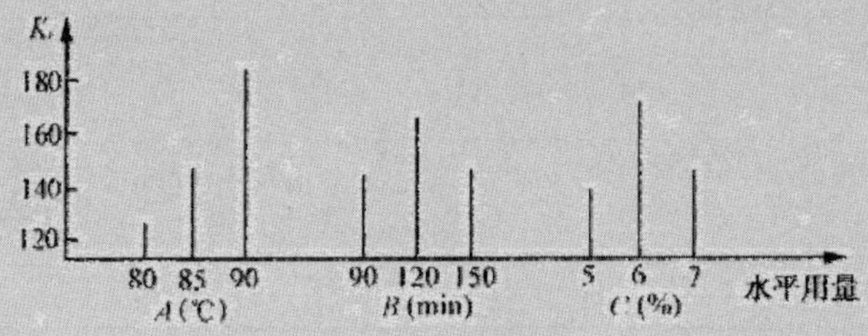

图 5-1　趋势图

由趋势图可看出试验结果随水平用量变化的大体关系，为进一步试验(第二批乃至第三批试验)提供了新的信息。

三、正交试验的方差与贡献率分析

(一)概述

方差与贡献率分析是分析试验数据差异性质的一种数理统计方法。其目的有以下两个方面。

1. 通过方差与贡献率分析，以区分试验条件改变引起的数据波动和试验误差引起的数据波动

任何试验所得的试验结果(试验数据)都是有波动的。比如，我们用 $L_9(3^4)$作一项试验，可以得到 y_1、y_2、…、y_9 九个不同的结果。造成这些试验结果不同(试验数据波动)的原因有两个方面：一是由于试验条件的变化，比如，试验参数改变、试验设备和仪器改变等；二是由于试验误差的干扰，如仪器误差、读数误差、材料性能的波动等。方差与贡献率分析的目的之一就是对这两种原因进行区分，即探究试验结果的差异究竟是由于试验条件变化

引起的，还是由于试验误差引起的，以及哪一个起主要作用？

2. 精确估计各因素对试验指标影响的重要程度

正交试验的直观分析虽然也能作出各因素对指标影响的重要程度排序，但是，还不能定量地说明各因素对指标影响的显著程度。我们在传统方差分析的基础上，利用田口玄一博士提出的贡献率的概念，就可以进行定量描述。

方差与贡献率分析法的基本思路是，把试验数据总的波动(总偏差平方和 S_T)分解为反映因素水平变化引起的波动(各因素的偏差平方和 S_A、S_B、……)和反映试验误差引起的波动(误差偏差平方和)，再进一步计算出各因素的贡献率大小。

为了便于理解方差与贡献率分析解决问题的思路和方法，我们先从一个简单的例子说起。

【例 5-3】某企业认为某产品的收率受温度的影响。在两种温度 A_1=30℃、A_2=40℃的条件下，各重复试验 5 次，得到产品收率的结果，见表 5-6。

表 5-6　产品收率的实验结果

水平＼试验次数	1	2	3	4	5	平均 $\overline{y}_i$	总平均 $\overline{y}$
A_1(30℃)	75	78	60	61	83	71.4	75.7
A_2(40℃)	89	62	93	71	85	80.0	

问：温度对产品的收率是否有影响？若有影响，选哪个温度？

分析：如果没有误差，我们只需对 A_1、A_2 各做一次试验，直接比较收率结果就能判断水平的取值对收率的影响。然而，试验过程中误差总是客观存在的。如果单从第一次试验看，因 89＞75，就下结论说 A_2 比 A_1 好。显然，这个结论是不可靠的，因为我们无法判断 89 和 75 的差异，是由于温度水平不同而引起，还是由于试验误差引起的。同样，对第二次试验也不能得出 A_1 比 A_2 好的结论。那么，比较一下两个水平的平均值 $\overline{y}_i$，因 71.4＜80.0，就说 A_2 比 A_1 好。也不能下这个结论。因为虽然平均值的代表性强，受误差的影响相对小一些，但由于不知道误差的绝对值，故仍不能判断结果的差异是因水平的改变而引起的。因此，应对误差引起的结果波动以及因素条件变化引起的结果波动进行定量的判断。分析方法如下。

1. 显著性检验

(1) 计算误差引起的波动。理论上应该用“试验结果与目标值之差”来表示试验误差，但是，由于目标值未知，只能用平均值代替。故用试验结果与平均值的偏差平方和表示试验误差的大小。于是有

$$S_{1e}=(75-71.4)^2+(78-71.4)^2+\cdots+(83-71.4)^2=429.2$$

$$S_{2e}=(89-80.0)^2+(62-80.0)^2+\cdots+(85-80.0)^2=680$$

总误差为：$S_e=S_{1e}+S_{2e}=1109.2$

(2) 计算因素水平变动引起的波动。因素水平变动引起的波动可用每种水平试验结果的平均值与总的平均值的偏差平方和来表示，则：

$$S_A=5(71.4-75.7)^2+5(80.0-75.7)^2=184.9$$

(3) 计算总波动。用全部 10 次试验的结果与总的平均值的偏差平方和表示，则：

$$S_T=(75-75.7)^2+(78-75.7)^2+\cdots+(89-75.7)^2+\cdots+(85-75.7)^2=1\,294.1$$

从以上的计算可以看出 S_e、S_A、A_T之间的关系：

$$S_A+S_e=184.9+1109.2=1\,294.1=S_T$$

这个关系式称为偏差平方和的基本分解形式。

那么，是否可以用 S_A、S_e 的大小直接比较因素水平变化所引起的结果波动和误差引起的结果波动呢？显然不行。因为上面的计算结果受到数据的个数影响，数据个数越多，误差平方和数就越大。因此，为了区别因素和误差的作用，应当消除数据个数的影响。因此，应该用平均偏差平方和——“方差”来比较。即 $V=\dfrac{S}{f}$。其中 f 为独立偏差的个数，称为自由度。

(4) 计算方差。

① 误差的方差：$V_e=\dfrac{S_e}{f_e}=\dfrac{1109.2}{8}$

对于误差平方和来说，因为 $S_e=S_{1e}+S_{2e}$，所以，试验中的 10 个数据受到两个关系式的约束，即：

$$\overline{y}_1=\frac{75+78+60+61+83}{5}=71.4$$

$$\overline{y}_2=\frac{89+62+93+71+85}{5}=80.0$$

所以失去了两个自由度，即：$f_e=10-2=8$

② 因素(温度)的方差：$V_A=\dfrac{S_A}{f_A}=\dfrac{184.9}{1}$

因为 $S_A=5\times(71.4-75.7)^2+5\times(80-75.7)^2$，受关系式 $\dfrac{71.4+80}{2}=75.7$ 的约束，所以失去了一个自由度，故 $f_A=2-1=1$。

此外，有关系式：$f_T=f_e+f_A$

下面我们就可以通过数理统计学中的假设检验来判断温度由 A_1 变到 A_2，是否对收率有显著影响。实际上就是 F 检验。

(5) 构造统计量，进行显著性检验。

$$F=\frac{V_A}{V_e}=\frac{184.9/1}{1109/8}=1.33$$

用 F=1.33 与临界值 $F_\alpha(f_A，f_e)$比较，若 $F\leqslant F_\alpha(f_A，f_e)$，说明因素 A 对收率的影响不显著；若 $F>F_\alpha(f_A，f_e)$，说明因素 A 的作用显著。

对于本例，取α=0.05，查 F 分布表知 $F_{0.05}(1，8)$=5.3，因为 F=1.33$<F_{0.05}(1，8)$=5.3，说明反应温度对收率无显著作用，改变温度的水平对提高收率没有意义，试验结果的差异主要是误差所致。

2. 纯波动与贡献率分析

古典的方差分析方法实际上就是 F 检验法。通过方差分析，我们就类似上述问题可以得到因素(如温度)对试验指标(如收率)有无显著影响的结论，但是不能够定量描述影响率为多大。因此，田口玄一博士提出了贡献率的概念，主张显著性检验时要以贡献率的大小做定量分析，而不要断然作出显著与否的结论。通过计算贡献率就可以定量描述因素、误差对指标的影响率各为多少。

(1) 纯波动。据概率统计知识，可以证明：

$$E(S_A)=\sum_{i=1}^{m}K_i(\mu_{Ai}-\mu)^2+(m-1)\sigma^2 \tag{5-1}$$

式中：K_i——A 因素第 i 水平的试验次数；

μ_{Ai}——A 因素在第 i 水平的试验数据均值；

μ——试验数据的总均值；

m——A 因素的水平个数。

上式说明，S_A 中不仅包含因素 A 所引起的波动平方和，还包含一部分误差引起的波动平方和。

另一方面，$f_A=m-1$，σ^2 的无偏估计为 $\hat{\sigma}^2=V_e$；所以，在 S_A 中扣除$(m-1)\sigma^2$(即 $f_A\cdot V_e$)所剩下的部分就是因素 A 引起的纯波动平方和 S'_A。换言之：

$$S'_A=S_A-f_A\cdot V_e \tag{5-2}$$

再由分解公式：$S_T=S_A+S_e=S'_A+S'_e$，计算误差引起的纯波动平方和为

$$S'_e=S_T-S'_A \tag{5-3}$$

此式等价于：

$$\begin{aligned}S'_e&=S_e+f_AV_e\\&=f_eV_e+f_AV_e\\&=f_TV_e\end{aligned} \tag{5-4}$$

(2) 贡献率。我们称纯波动平方和在总波动平方和中所占的百分比为贡献率，并记为ρ：

$$\rho_A=\frac{S'_A}{S_T}\times100\% \tag{5-5}$$

$$\rho_e=\frac{S'_e}{S_T}\times100\% \tag{5-6}$$

$$\rho_A+\rho_e=1$$

在例 5-3 中，我们可以算出温度与误差的贡献率；

$$\begin{aligned}S'_A&=S_A-f_A\cdot V_e\\&=184.9-1\times138.63\\&=46.25\end{aligned}$$

$$\begin{aligned}S'_e&=f_T\cdot V_e\\&=9\times138.65=1\,247.85\end{aligned}$$

$$\rho_A=\frac{S'_A}{S_T}=\frac{46.25}{1\,294.1}\times100\%=3.6\%$$

$$\rho_e=\frac{S'_e}{S_T}=\frac{1\,247.85}{1\,294.1}\times100\%=96.4\%$$

这就是说，在总波动平方和中，温度的波动平方和只占 3.6%，而误差的波动平方和占 96.4%。由此可见，试验结果的差异主要是误差所致。

(二)正交试验方差与贡献率分析的基本原理

正交试验方差与贡献率分析的基本原理是：利用正交表进行 n 次试验，其结果的差异可用总的偏差平方和 S_T 来表示，再将 S_T 分解为因素的偏差平方和 S_i 与误差的偏差平方和 S_e。确定相应的自由度后，通过 F 检验与贡献率分析，区分试验结果差异的原因。

如前所述，方差分析的关键是偏差平方和的分解，现以最简单的在 $L_4(2^3)$ 正交表上安排试验来说明。

设有因素 A、B，各取两水平，在 $L_4(2^3)$ 上安排试验，结果见表 5-7。

表 5-7　$L_4(2^3)$ 试验结果分析

试号 \ 列号 \ 因素	A	B		试验结果
	1	2	3	
1	1	1	1	y_1
2	1	2	2	y_2
3	2	1	2	y_3
4	2	2	1	y_4
$k1$	y_1+y_2	y_1+y_3	y_1+y_4	$T=\sum_{i=1}^{4} y_i$
$k2$	y_3+y_4	y_2+y_4	y_2+y_3	

总偏差平方和：$S_T=\sum_{i=1}^{4}(y_i-\bar{y})^2=Q_T-CT$

式中：$Q_T=\sum_{i=1}^{4}{y_i}^2$；$CT=\dfrac{T^2}{4}$；$T=\sum_{i=1}^{4}y_i$。

各列的偏差平方和：在正交试验中，因素的偏差平方和实际上就是因素所在列的偏差平方和；误差的偏差平方和等于空白列的偏差平方和。所以，在正交试验中计算各因素的偏差平方和也就是计算各列的偏差平方和。以表 5-7 为例：

第 1 列因素的偏差平方和为 $S_1=2\left[\left(\dfrac{y_1+y_2}{2}-\bar{y}\right)^2+\left(\dfrac{y_3+y_4}{2}-\bar{y}\right)^2\right]$

$$=\frac{(y_1+y_2)^2+(y_3+y_4)^2}{2}-\frac{(y_1+y_2+y_3+y_4)^2}{4}$$

第 2 列因素的偏差平方和为 $S_2=2\left[\left(\dfrac{y_1+y_3}{2}-\bar{y}\right)^2+\left(\dfrac{y_2+y_4}{2}-\bar{y}\right)^2\right]$

$$=\frac{(y_1+y_3)^2+(y_2+y_4)^2}{2}-\frac{(y_1+y_2+y_3+y_4)^2}{4}$$

第 3 列(空列)的偏差平方和为 $S_3=2\left[\left(\dfrac{y_1+y_4}{2}-\bar{y}\right)^2+\left(\dfrac{y_2+y_3}{2}-\bar{y}\right)^2\right]$

$$=\frac{(y_1+y_4)^2+(y_2+y_3)^2}{2}-\frac{(y_1+y_2+y_3+y_4)^2}{4}$$

不难不验证：$S_1+S_2+S_3=S_T$。

此式说明，$L_4(2^3)$的各次试验结果总的偏差平方和等于正交表各列偏差平方和之和。

因为，$L_4(2^3)$正交表的第一列和第二列分别安排了因素 A 和因素 B，第三列是空列，则有：

$$S_A = S_1,\ S_B = S_2,\ S_e = S_3$$
$$S_T = S_A + S_B + S_e$$

根据对以上 $L_4(2^3)$正交表的分析，下面我们推演出一般正交表的方差与贡献率的计算式，见表 5-8。

表 5-8 方差与贡献率分析表

方差来源	S	f	V	F	S'	$P(\%)$
因素 A	S_A	f_A	$V_A=S_A/f_A$	$F_A=V_A/V_e$	$S'_A=S_A-f_AV_e$	$\rho_A=S'_A/S_T$
因素 B	S_B	f_B	$V_B=S_B/f_B$	$F_B=V_B/V_e$	$S'_B=S_B-f_BV_e$	$\rho_B=S'_B/S_T$
⋮	⋮	⋮	⋮	⋮	⋮	⋮
误差 e	S_e	f_e	$V_e=S_e/f_e$		$S'_e=f_TV_e$	$\rho_e=S'_e/S_T$
总和 T	S_T	f_T			S_T	
$F_\alpha(f_j,f_e)$						

【例 5-4】对表 5-5 所给的数据[即表 5-9 给出的 $L_9(3^4)$]作方差与贡献率分析。

表 5-9 $L_9(3^4)$试验结果及方差分析

试号 \ 因素/列号	反应温度 A 1	反应温度 B 2	用碱量 C 3	4	转化率(%)y	y^2
1	1(80℃)	1(90 分)	1(5)	1	31	961
2	1	2	2	2	54	2 916
3	1	3	3	3	38	1 444
4	2(85℃)	1	2(6)	3	53	2 809
5	2	2(120 分)	3	1	49	2 401
6	2	3	1	2	42	1 764
7	3(90℃)	1	3(7)	2	57	3 249
8	3	2	1	3	62	3 844
9	3	3(150 分)	2	1	64	4 096
K_{1j}	123	141	135	144	T=450	Q=23 484
K_{2j}	144	165	171	153		
K_{3j}	183	144	144	153		
K_{1j}^2	15 129	19 881	18 225	20 736	CT=22 500	
K_{2j}^2	20 736	27 225	29 241	23 409		
K_{3j}^2	33 489	20 736	20 736	23 409		
S_j	618	114	234	18		

方差与贡献率分析计算步骤如下。

(1) 计算偏差平方和。

由偏差平方和计算公式：

$$T=\sum y_i=450,\ \mathrm{CT}=\frac{T^2}{n}=\frac{450^2}{9}=22\,500$$

$$Q_T=\sum_{i-1}^{9} y_i^2=31^2+54^2+\cdots+64^2=23\,484$$

可得：

$$S_T=Q_T-\mathrm{CT}=23\,484-22\,500=984$$

$$S_A=S_1=\frac{K_{11}^2+K_{21}^2+K_{31}^2}{3}-\mathrm{CT}$$

$$=\frac{15\,129+20\,736+33\,489}{3}-22\,500=618$$

同理：$S_B=S_2=114$；$S_C=S_3=234$；$S_e=S_4=18$

因正交表中第 4 列是空列，一般来说，各空列的列偏差平方和之和即为误差的偏差平方和，故有 $S_e=S_4$。如果正交表各列均安排了因素，就没有空列。

(2) 列方差与贡献率分析表，见表 5-10。

表 5-10　方差与贡献率分析表

方差来源	S	f	V	F	S'	$P(\%)$
因素 A	618	2	309	34.33**	600	61.0
因素 B	114	2	57	6.13	96	9.8
因素 C	234	2	117	13.00*	216	22.0
误差 e	18	2	9		72	7.3
总和 T	984	8				

$F_{0.10}(2,2)=9$,　$F_{0.05}(2,2)=19$,　$F_{0.01}(2,2)=99$

由方差与贡献率分析表可以得知，因素显著性的顺序为 A-C-B。因素的最优水平组合可由表 5-9 通过直观分析来选取，选取的原则是：显著或高度显著的因素选取最好的水平；其余因素可综合考虑工艺、成本等具体条件来选取。本例的最优水平组合为 $A_3B_2C_2$。

由此可见，方差与贡献率分析和直观分析的结论一致。但贡献率分析后，我们对因素的影响有了定量认识，对结论有了可靠的估计，对误差的大小也有了定量的估计，从而为进一步提高试验指标指明了方向。

第二节　三次设计理论

一、三次设计

三次设计是田口玄一博士在 20 世纪 70 年代提出的一种新产品(新工艺)的优化设计方法。他指出，要设计一个新产品(或新工艺)可以分三个阶段进行，即系统设计、参数设计和容差设计。下面简要介绍这三个阶段的主要思想。

(一)系统设计

系统设计(也称第一次设计)即功能设计，主要依靠专业技术人员来完成。在系统设计阶段要完成两项工作。第一项工作是对产品进行整体系统的结构和功能设计，即合理确定产品的结构，使产品达到所要求的功能。

为了对所设计的产品进行优化，为参数设计提供服务，系统设计要完成的第二项工作是：探求产品输出特性值的计算公式——建立数学模型。即找出产品的输出特性指标与各元器件特性指标之间的函数关系，以便能够定量地分析“参数组合问题”。对于得不到数学模型的产品，称此类产品的输出特性是不可计算的，只能通过试验来确定。

(二)参数设计

1. 参数设计的概念

参数设计(亦称第二次设计)是参数中心值及最佳组合的非线性设计，目的是使产品的特性值在达到目标值的基础上波动最小、稳定性最好。

例如，某晶体管稳压电源，输入交流电压 220V，其目的特性值为输出电压 y；组成稳压电源电路的元器件有晶体管(A)、电容(B)、电阻(C)等，则输出电压 y 是各元器件的参数 A、B、C、…的函数，即：

$$y = f(\mathrm{A}, \mathrm{B}, \mathrm{C}, \cdots)$$

假定该稳压电源电路的输出电压目标值为 m，则参数设计需要解决的问题有如下两项。

(1) 寻找一且参数 A_0、B_0、C_0、…，使得：

$$f(\mathrm{A}_0、\mathrm{B}_0、\mathrm{C}_0、\cdots) = m$$

(2) 由于各元件值都有波动：$\pm\Delta\mathrm{A}$、$\pm\Delta\mathrm{B}$、$\pm\Delta\mathrm{C}$、…，所以，$f(\mathrm{A}_0\pm\Delta\mathrm{A}，\mathrm{B}_0\pm\Delta\mathrm{B}，\mathrm{C}_0\pm\Delta\mathrm{C}，\cdots)$将偏离目标值 m，这时，参数设计要解决的第二个问题就是：

$$m - f(\mathrm{A}_0\pm\Delta\mathrm{A}，\mathrm{B}_0\pm\Delta\mathrm{B}，\mathrm{C}_0\pm\Delta\mathrm{C}，\cdots) \Rightarrow \min$$

因而，参数设计是在系统设计的基础上，运用正交试验、方差分析、信噪比等方法，研究各种参数组合与输出特性的关系，从而找出经济合理、特性值波动最小的最佳参数组合。

产品设计的经验表明，全部采用优质元器件的产品，其质量也未必能达到优质品，即使达到优质品，经济上也未必合理，质量特性也未必稳定。这是因为产品质量不仅取决于元器件质量，而且还取决于其参数水平的组合。所以，从具体实施的角度来讲，参数设计是使用一些质量差、波动大、成本低的元器件，和一些质量好、波动小、成本高的元器件，通过有效的方法，找出它们之间的最佳参数水平组合，以设计出质量好、成本低的产品。

2. 参数设计的思路

一般情况下，许多产品的输出特性与因素水平组合(原因特性)之间均存在着不同的非线性函数关系。例如，有一产品，其特性值为 y，因素组合为 x，它们之间存在着如图 5-2 所示的非线性关系。

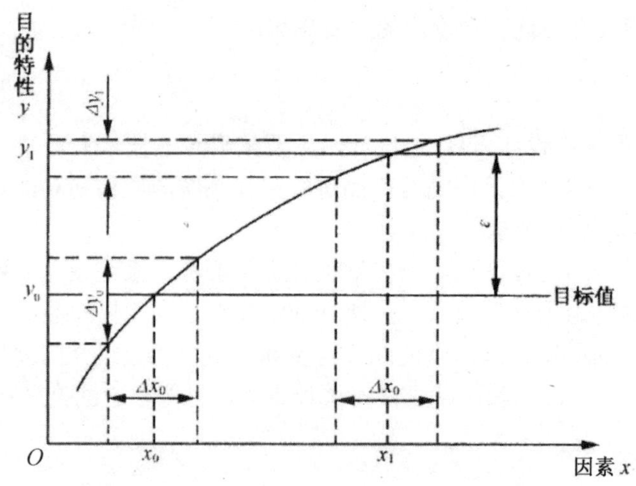

图 5-2　目的特性与因素组合的关系

从图 5-2 知，当因素水平组合 x 处于 x_0 时，其因素组合波动为Δx_0，此时的目的特性值为 y_0，与目标值一致，其目的特性值的波动幅度为Δy_0，它远远大于对目的特性值波动幅度的要求。但是，通过试验和分析可以找到因素水平组合 x_1，其波动仍为Δx_0，与此对应的目的特性值等于 y_1，其波动幅度为Δy_1，Δy_1 满足要求。

从$\Delta y_1 < \Delta y_0$ 这一事实可以看出，在因素水平组合与目的特性值之间存在非线性函数关系，只要合理地选择因素水平组合 x，就能在其波动幅度不变的情况下，大幅度缩小目的特性值 y 的波动范围。

但是，当因素水平组合 x 从 x_0 改变为 x_1，目的特性值的波动虽有了很大改善，然而又出现一个新的问题，即目的特性值也随之发生了偏移，从原来的目标值 y_0 移到了 y_1，其偏移量为ε。如何消除这个偏移量ε，使其恢复到原来的目标值，而波动仍保持Δy_1 范围而不变呢？

当我们进行正交试验后，通过趋势图、方差分析、信噪比等方法，就能寻找到各因素与目的特性之间的变化态势和数量关系。如果某因素 z 与其他因素无交互作用，且与目的特性呈线性关系，即：

$$y = \varphi(z) = a + bz$$

这样，无论因素选择在哪个水平，目的特性值的导数 $y' = \dfrac{\mathrm{d}y}{\mathrm{d}z}$ 都不变，如图 5-3 所示。

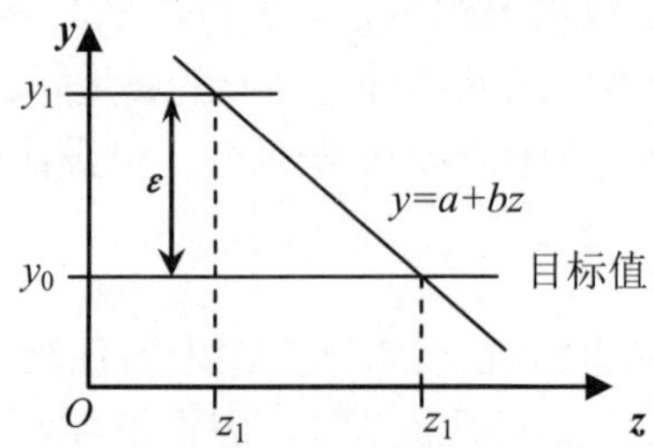

图 5-3　目的特性与原因特性的线性关系

因此，只要改变因素 z，从 z_1 到 z_2，使目的特性 y 从 y_1 变化到 y_0，并使 $y_1-y_0=\varepsilon$，这

样，目的特性值的偏移量ε就能得到补偿，从而消除了偏移量ε。如果因素与目的特性没有呈线性关系呢？我们可以根据上述思想，选择目的特性随因素变化的斜率很小的因素，或者采用非线性回归，找出变换后的线性方程，然后进行校正。

(三)容差设计

容差设计(亦称第三次设计)是产品设计的最后一个阶段。所谓容差就是允许差，它是指质量特性的允许变化范围。容差设计是在参数设计确定的组成系统(或产品)的各元器件参数中心值的基础上，确定各元器件参数最合适的容差。

1. 容差设计的任务

(1) 设计出满足目的特性波动范围要求的原因特性的波动范围。

(2) 设计出满足目的特性波动范围要求的最低成本的原因特性波动范围的最佳组合。

容差设计的这两个基本任务中，一个是质量设计任务，另一个是成本设计任务，两个任务缺一不可。

容差设计中为完成质量设计任务，就要采用质量波动小的优质零部件来降低目的特性值的波动，这样势必增加产品成本；另一方面为完成成本设计任务，就要采用质量波动大的劣质零部件来降低产品成本，这势必导致目的特性值的波动增大，降低了产品质量。容差设计就是合理地处理这一对矛盾的方法。

2. 容差设计的思路

目的特性值波动的原因是由于原因特性值的波动，众多的原因特性的波动对目的特性值波动的影响也有主次之分，即根据帕累托的“关键的少数与次要的多数”的原理，把影响目的特性波动的原因特性也分为主次。主要原因特性采用优质零部件来降低目的特性值的波动，次要原因特性采用波动大的劣质零部件来达到降低成本的目的。但是，具体到哪一种零部件应该选取多大的波动量？一方面要利用试验设计来确定原因特性波动对目的特性波动影响的程度，另一方面可根据下列原则来决定采用何等质量、何等成本的零部件。

(1) 对目的特性的波动影响大、成本低的零部件，采用优质品，即尽量压缩其波动范围。

(2) 对目的特性的波动影响大、成本高的零部件，采用基本满足目的特性波动要求条件下的、成本较低的零部件，即在基本满足目的特性要求条件下，尽量降低成本。

(3) 对目的特性的波动影响小的零部件，尽量采用成本低的零部件，尤其是成本高的应以降低成本为主要内容。

大量实例表明，经过三次设计后的新产品(或新工艺)性能稳定、可靠，成本低廉，在质量和成本两方面取得最佳平衡，在市场上具有较强的竞争力。

二、质量损失函数

产品质量特性的波动是客观存在的，而有波动就会造成损失。三次设计的目的之一就是尽量减少质量波动，设计出质量稳定、可靠的产品。如何度量由于产品质量特性值的波动所造成的损失呢？田口玄一博士建议用质量损失函数来度量。

(一)质量损失函数的定义

设产品输出特性值为 y，目标值为 m。若 $y \neq m$，则造成损失，且$|y-m|$越大，损失越大。假设输出特性值为 y 的产品，相应的损失为 $L(y)$，若将 $L(y)$在 $y=m$ 处进行泰勒公式展开，则有

$$L(y) = L(m) + \frac{L'(m)}{1!}(y-m) + \frac{L''(m)}{2!}(y-m)^2 + \frac{L'''(m)}{3!}(y-m)^3 + \cdots$$

$y=m$ 时损失最低，即 $L(m)=0$；又因为 $y=m$ 处是极值点，所以，$L'(m)=0$。由于偏差$(y-m)$值非常小，使得展开式中的每一个后续微分比前一项来说都是更高阶无穷小，即泰勒展开式的第四项及以后各项都远远小于第三项，因而可忽略不计。所以，质量损失函数可近似表达为

$$L(y) \approx \frac{L''(m)}{2!}(y-m)^2$$

式中 $\frac{L''(m)}{2!}$ 二阶项是一比例常数，令其为 k，则

$$L(y) = k(y-m)^2 \tag{5-7}$$

我们称上式为质量损失函数，其图形如图 5-4 所示。

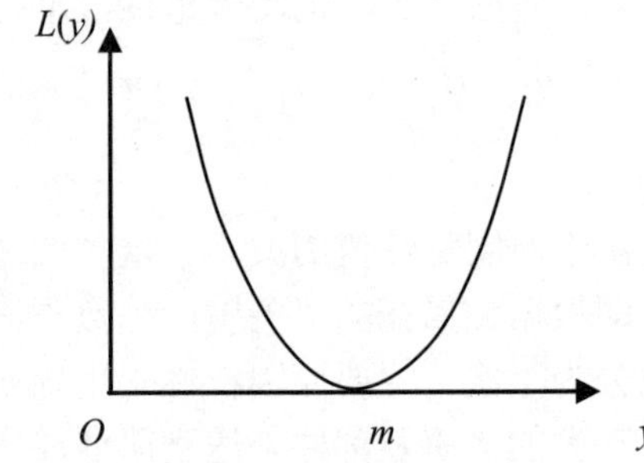

图 5-4　质量损失函数

对于批量生产，倘若有 n 件产品，其质量特性值分别为

$$y_1,\ y_2,\ \cdots,\ y_n$$

则此 n 件产品的平均质量损失为

$$\overline{L}(y) = k\left[\frac{1}{n}\sum_{i=1}^{n}(y_i - m)^2\right] = kV \tag{5-8}$$

式中，V 为方差。

$$V = \frac{1}{n}\sum_{i=1}^{n}(y_i - m)^2$$

$L(y)$式与 $\overline{L}(y)$ 式说明以下两个问题。

(1) 不仅不合格品会造成损失，合格品也会造成损失，即质量特性值 y 只要偏离目标值 m，就会造成损失；偏离的越大，损失也越大。

(2) 要减少产品的平均质量损失 $\overline{L}(y)$，就必须减小产品质量特性的方差。

(二)系数 k 的确定方法

如何确定损失函数中的系数 k，原则上只需知道抛物线 $L(y)$上的一点，即可求得 k。常

用的方法有下述两种。

(1) 据功能界限Δ_0和相应的损失 A_0 确定 k。所谓功能界限Δ_0，是指产品能够正常发挥功能的极限值。若产品的输出特性为 y，目标值为 m，则当$|y-m|\leqslant\Delta_0$时，产品尚能正常发挥功能，而当$|y-m|>\Delta_0$时，产品即丧失功能。又设产品丧失功能时的损失为 A_0，可以认为在 $y=m\pm\Delta_0$ 两点上，均有 $L(y)=A_0$，由公式(5-7)得

$$A_0 = k\Delta_0^2$$

故有

$$k = \frac{A_0}{\Delta_0^2} \tag{5-9}$$

(2) 据容差Δ和相应的损失 A 确定 k。所谓容差Δ，是指产品的合格品范围。设产品输出特性为 y，目标值为 m，若$|y-m|\leqslant\Delta$，产品为合格品；而$|y-m|>\Delta$时，产品为不合格品。若产品为不合格品时，工厂的损失为 A，此时可认为在 $y=m\pm\Delta$两点上，均有 $L(y)=A$，因此，由公式(5-7)得：

$$A = k\Delta^2$$

故有

$$k = \frac{A}{\Delta^2} \tag{5-10}$$

(3) 功能界限Δ_0与容差Δ之间的关系

由 $k = \dfrac{A_0}{\Delta_0^2} = \dfrac{A}{\Delta_0^2}$ 得

$$\Delta = \sqrt{\frac{A}{A_0}} \cdot \Delta_0 \tag{5-11}$$

【例 5-5】有一彩电的电源电路，其功能是将 220V 交流变成 110V 直流输出；彩电功能界限为Δ_0=25V(即当输出的直流电为 110±25V 时，彩电丧失功能)，丧失功能的损失为A_0=2000 元，彩电不合格时的返修费为 A=20 元。

试问：(1) 现该彩电的电路输出值 y=115V，能否出厂？

(2) 若出厂，给用户造成的损失有多大？

解：(1) 求容差Δ

$$\Delta = \sqrt{\frac{A}{A_0}}\Delta_0 = \sqrt{\frac{20}{2\,000}} \times 25 = 2.5$$

则彩电合格的范围为 110±2.5

而 y=115>110±2.5

所以，彩电不合格，不能出厂。

(2) 求 $L(y)$

$$k = \frac{A_0}{\Delta_0^2} = \frac{2\,000}{25^2} = 3.2$$

$$L(y=115)=k\,(y-m)^2$$
$$=3.2\times(115-110)^2=80(\text{元})$$

即如果该彩电不返修就出厂销售，会给用户造成 80 元的损失。用田口玄一博士的话讲，就是“企业为了自己 20 元(返修费)的利益而使用户蒙受 80 元的损失，这比小偷还

坏。小偷如果偷了 100 元，其本人得益 100 元，被偷人损失 100 元，但社会总损失为 0。”故该彩电必须修整后才能出厂销售。

第三节 参 数 设 计

一、内表及外表

在进行具体的参数设计时，所用到的基本工具是正交表，并且采用内正交表(内表)和外正交表(外表)相结合的方法。

(一)内表

内表是指用来安排可控因素的正交表，也叫优选表，是对可控因素进行选优设计，确定各参数的中心值，也称内设计。

【例 5-6】发射质量为 $m$kg 的物质，射出时仰角为α，在水平方向上能够达到的距离为y。$y=\frac{1}{g}\left(\frac{G}{m}\right)^2\sin 2\alpha, g=9.8$ 米/秒 ^{2}，G 为动量(kg·m/s)。试问 G、α如何选取，才能使发射的物体在水平线上达到的距离最稳定地接近 80 米？

解：(1) 确定可控因素水平表。

根据实际情况，制定可控因素水平表如表 5-11 所示。

表 5-11 可控因素水平表

水 平	因 素	
	G	α
1	6	15
2	7	20
3	8	25

(2) 选用 $L_9(3^4)$表安排试验，见表 5-12。

由表 5-12 可知，试验中有九种不同的参数组合，我们的目的是要找到稳定性最好的最佳参数组合(G、α如何搭配，才能使物体最稳定地接近 80 米)。这里需要解释的是，稳定性最好的最佳参数组合是指参数设计中的最佳参数组合。参数设计中的最佳参数组合与正交试验中的最佳参数组合的概念是不完全一样的：正交试验的最佳参数组合就是各参数中心值的匹配，而不考虑各因素的波动情况；参数设计的最佳参数组合是指在考虑可控因素都有波动的情况下，能保证稳定性最好的参数匹配，即参数设计在考虑可控因素的基础上还必须考虑误差因素。

内表中只考虑了可控因素，而没有考虑误差因素，所以不能用内表中所得到的结果来确定参数的最佳组合。内表中有九种参数组合，那么，怎样评判每一个组合条件的优劣？这就需要用外表来完成这一工作，即用外表进一步考察、分析误差因素之后，就可以得出稳定性好的参数组合。

表 5-12　安排试验的内表

试号 \ 列号 \ 因素	G	α		
	1	2	3	4
1	1	1	1	1
2	1	2	2	2
3	1	3	3	3
4	2	1	2	3
5	2	2	3	1
6	2	3	1	2
7	3	1	3	2
8	3	2	1	3
9	3	3	2	1

注：第 3 列、第 4 列因素为空。

(二)外表

外表是指用来安排误差因素的正交表。在安排误差因素于正交表之前，要先确定误差因素水平。

1. 确定误差因素水平表

本例有波动的误差因素有：质量 m(0.2kg)、G、α。制定误差因素水平表如表 5-13 所示。

表 5-13　误差因素水平表

水　平	因　素		
	m	G	α
1	$m-\Delta m$	$G-\Delta G$	$\alpha-\Delta\alpha$
2	m	G	α
3	$m+\Delta m$	$G+\Delta G$	$\alpha+\Delta\alpha$

表 5-12 中每一号条件就有一张相应的误差因素水平表，也就是有一张相应的外表。本例内表有九个试验条件，也就对应有九张外表。

以内表中第 1 号试验条件为例。假设：$\Delta m = \pm 0.01m$，$\Delta G = \pm 0.02G$，$\Delta\alpha = \pm 0.05\alpha$；则可以得到第 1 号试验条件的误差因素水平表，如表 5-14 所示。

表 5-14　第 1 号试验条件的误差因素水平表

水　平	因　素		
	m	G	α
1	0.2−0.002	6−0.12	15−0.75
2	0.2	6	15
3	0.2+0.002	6+0.12	15+0.75

2. 将误差因素安排在外表上

根据表 5-14，选 $L_9(3^4)$作为内表第 1 号条件的外表，如表 5-15 所示。

表 5-15　内表第 1 号试验条件所对应的外表

因素 / 列号 / 试号	m	G	α	
	1	2	3	4
1	1(0.198)	1(5.88)	1(14.25)	1
2	1	2	2	2
3	1	3	3	3
4	2(0.2)	1	2(15)	3
5	2	2(6)	3	1
6	2	3	1	2
7	3(0.202)	1	3(15.75)	2
8	3	2	1	3
9	3	3(6.12)	2	1

注：第 4 列因素为空。

同样，内表中剩余的 8 个试验条件，也有相应的 8 个外表，每个外表又可得到 9 个试验结果 y_i。这里不一一阐述。

前面讲到，内表中各试验条件优劣的评价要通过所对应的外表进行，即用外表中得到的试验结果 9 个 y 值与目标值 80 米的接近程度来评价。若 9 个 y 值与 80 米都比较接近，则认为该外表所对应内表的试验条件为稳定性设计的好条件；反之，该组条件就不是稳定性设计的好条件。

现在的问题是，需要找一项能够综合评价外表中 9 次试验结果稳定性好坏的指标。田口玄一提出用“SN”比来评价，也就是说，把每个外表中的 9 次试验结果 y_i 综合为一项指标 SN 比，这样每个外表就都只有一个 SN 比，通过比较 9 个外表的 SN 比，就可以确定出稳定性设计的好条件。换言之，就是通过比较所计算的 9 个外表的 SN 比，来选出参数组合最优的试验条件。下面介绍 SN 比指标。

二、SN 比(Signal-Noise Ratio)

在无线电通信中，接收机输出功率可分为信号(signal)与噪音(noise)两部分。在理论上常用 SN 比(信噪比)来表示信号功率与噪音功率的比值，即用 SN 比可测量出通信系统效率的高低，其比值以η表示，即：

$$\eta=\frac{\mathrm{S}}{\mathrm{N}}=\frac{\text{信号功率}}{\text{噪音功率}}$$

η 值越大，则表示通信效果越好。以田口玄一为首的一批专家学者，在产品设计中广泛采用了 SN 比，并把 SN 比与正交试验设计相结合，用来评价产品质量的稳定性好坏。

那么，在试验设计中，SN 比是什么呢？在第三章我们提到一个统计量 CV 值(变异系

数)，其数学表达式为

$$\mathrm{CV}=\frac{\sigma}{\mu}\approx\frac{\sqrt{V_e}}{\overline{y}}$$

式中：σ——总体标准偏差；

μ——总体均值；

$\sqrt{V_e}$——样本标准偏差；

$\overline{y}$——样本均值。

由此式可知，CV 值的大小由标准偏差与均值的比值决定。产品质量的分散程度越大(即$\sqrt{V_e}$越大)，CV 值就越大，说明产品质量的稳定性越差；反之，产品质量稳定性越好。所以 CV 值是衡量产品质量稳定性好坏的一个指标。现取 CV 值的倒数，即：

$$\frac{1}{\mathrm{CV}}=\frac{\mu}{\sigma}\approx\frac{\overline{y}}{\sqrt{V_e}}$$

由此式可知，$\frac{1}{\mathrm{CV}}$越小，产品质量分散程度越大，质量稳定性越差；反之，产品质量稳定性越好。因此，也可以用$\frac{1}{\mathrm{CV}}$来评价产品质量稳定性的好坏。

为了与损失函数表达式 $L(Y)=K\sigma^2$ 在表达上取得一致，给予$\frac{\mu}{\sigma}$以平方处理，即取：

$$\left(\frac{\mu}{\sigma}\right)^2=\frac{\mu^2}{\sigma^2}$$

则我们称：

$$\eta'=\left(\frac{1}{\mathrm{CV}}\right)^2=\frac{\mu^2}{\sigma^2} \tag{5-12}$$

为 SN 比(信噪比)。此公式中，由于μ和σ的真值是不知道的，所以只能取其估计值，估计如下。

σ^2的估计值是样本的误差方差：$\hat{\sigma}^2=V_e=\frac{1}{n-1}\sum_{i=1}^{n}(y_i-\overline{y})^2$

μ^2的估计值为(推导过程略)：$\hat{u}^2=\frac{1}{n}(\mathrm{CT}-V_e)$

由式(5-12)得

$$\eta'=\frac{\mu^2}{\sigma^2}=\frac{\frac{1}{n}(\mathrm{CT}-V_e)}{V_e} \tag{5-13}$$

仿效通信理论的做法，在实际计算时，将η'取常用对数，再扩大 10 倍，化为以分贝(dB)表示的数值。即

$$\eta=10\lg\eta'=10\lg\frac{\frac{1}{n}(\mathrm{CT}-V_e)}{V_e} \tag{5-14}$$

这就是田口玄一博士建立的在参数设计中经常使用的 SN 比计算公式。在用η值优选

最佳参数组合时，η 值大的参数组合优于 η 值小的参数组合。

式(5-14)用分贝值表示 SN 比，不仅避免出现过大的数据而导致计算不便，更主要的原因是，经过对数变换后的 η 值更接近于正态分布，且因素效应大多具有可加性，因而常常可以忽略交互作用。

三、最佳参数组合的确定及稳定性方差分析

求出稳定性指标 η 值后，下一步就要进行综合评价，即把通过外表计算出的每组试验条件的 η 值，对应地填入内表，如表 5-16 所示。把 η 作为正交表(内表)所考察的指标，进行“直观分析”和“方差分析”(见表 5-17)，确定最佳参数组合。

表 5-16　内表

试验计划					结果
因素	G	α			η
试号 \ 列号	1	2	3	4	
1	1	1	1	1	η_1
2	1	2	2	2	η_2
3	1	3	3	3	η_3
4	2	1	2	3	η_4
5	2	2	3	1	η_5
6	2	3	1	2	η_6
7	3	1	3	2	η_7
8	3	2	1	3	η_8
9	3	3	2	1	η_9
K_1	$\eta_1+\eta_2+\eta_3$	$\eta_1+\eta_4+\eta_7$			
K_2	$\eta_4+\eta_5+\eta_6$	$\eta_2+\eta_5+\eta_8$			
K_3	$\eta_7+\eta_8+\eta_9$	$\eta_3+\eta_6+\eta_9$			

注：第 3 列、第 4 列因素为空。

表 5-17　方差分析表

方差来源	S	f	V	F	S'	ρ(%)
G						
α						
e						
T						

四、参数设计案例

【例 5-7】 有一气动换向装置系统，系统输出特性为换向末速度 y(见图 5-5)，目标值 m=960mm/s。该输出特性可计算，数学模型为

$$y=\sqrt{\left(\frac{\pi}{2}A^2B-2F\right)\frac{C\cdot g}{N}} \tag{5-15}$$

式中：y——换向末速度，望目特性；

A——换向活塞直径，待选参数；

B——气缸内气压，待选参数；

C——换向行程，特选参数；

F——换向阻力(取为 750±20N)；

N——系统重力(取为 900±50N)；

g——重力加速度(g=9 800mm/s^2)；

W——气瓶容积。

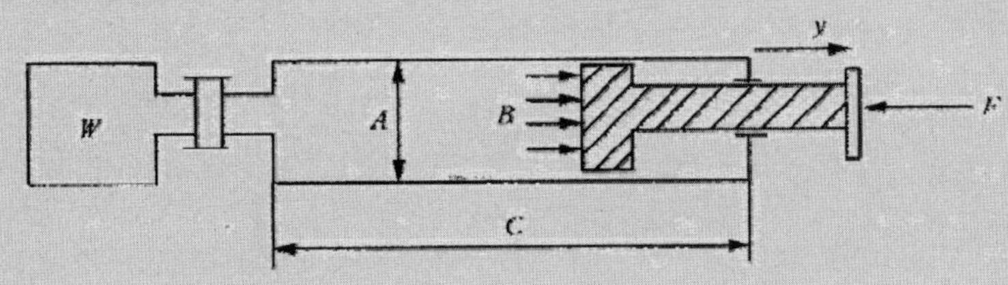

图 5-5　气动换向装置

本产品的设计思想是，在保证 1 秒钟内换向的前提下，使带动的负载到位后有一定的到位速度(y)，又有不大的到位撞击力，同时力争耗气量最小。为简单计算，本例仅以换向末速度 y 为望目特性值，进行参数设计。参数设计的具体步骤如下。

1. 确定可控因素水平表

本例选待选参数 A、B、C 为可控因素，根据专业知识，确定优选范围如表 5-18 所示。

表 5-18　气动换向装置可控因素水平表

水平＼因素	A(mm)	B(MPa)	C(mm)
1	22	2.2	52
2	24	2.6	56
3	26	3.0	60

2. 选内表进行内设计

安排可控因素的正交表为内表，相应的设计称为内设计。本例选用 $L_9(3^4)$正交表作为内表进行内设计，其表头设计如表 5-19 所示。

表 5-19　表头设计

列号	1	2	3	4
因素	A	B	C	

第 4 列为空列，用以分析试验误差。内表见表 5-20。

3. 确定误差因素水平表

本例中，换向活塞直径 A、气缸内气压 B、换向行程 C 均有误差。在参数设计中，当把它们作为可控因素考虑时，实际上是优选它们的名义值(或公称值)，由于它们均有误差，故亦可作误差因素考虑，用以考察它们对输出特性波动的影响。当它们作为误差因素考虑时，分别记为 A'、B'、C' 以示与可控因素 A、B、C 相区别。

表 5-20　内表及 SN 比数据

No.	A	B	C	(e)	η (dB)
	1	2	3	4	
1	1	1	1	1	5.57
2	1	2	2	2	16.64
3	1	3	3	3	21.25
4	2	1	2	3	15.51
5	2	2	3	1	20.39
6	2	3	1	2	23.18
7	3	1	3	2	18.89
8	3	2	1	3	22.32
9	3	3	2	1	24.51
K_1	43.46	39.97	51.07	50.47	T=168.26
K_2	59.08	59.35	56.66	58.71	CT=3 145.714 2
K_3	65.72	68.94	60.53	59.08	S_T=263.14
S	87.06	145.20	15.08	15.80	

另外，换向阻力 F 和系统重量 N 亦是误差因素，分别记为 F' 和 N'。由于这两个误差因素的名义值是固定的，没有当作可控因素优选，因此亦可称为纯误差因素。误差因素水平表如表 5-21 所示。

表 5-21　因素水平表

水平 \ 因素	A'(mm)	B'(P_a)	C'(mm)	F'(N)	N'(N)
1	名义值−0.1	名义值−0.2	名义值−0.2	730	850
2	名义值	名义值	名义值	750	900
3	名义值+0.1	名义值+0.2	名义值+0.2	770	950

以内表中第 1 号方案为例，相应的误差因素水平见表 5-22。

表 5-22　内表中 No.1 的误差因素水平表

水平 \ 因素	A'	B'	C'	F'	N'
1	21.9	2.0	51.8	730	850
2	22.0	2.2	52.0	750	900
3	22.1	2.4	52.2	770	950

4. 选外表进行外设计

安排误差因素的正交表称为外表，相应的设计称为外设计。本例选用 $L_{18}(2^1 \times 3^7)$为外表，表头设计如表 5-23 所示。

表 5-23　表头设计

列号	2	3	4	5	6
因素	A'	B'	C'	F'	N'

例如，内表中第 1 号方案的外表见表 5-24。

表 5-24　内表中 No.1 的外表及输出特性值

No.		A'	B'	C'	F'	N'			y	y-960
	1	2	3	4	5	6	7	8	(mm/s)	(mm/s)
1	1	1	1	1	1	1	1	1	167	-793
2	1	1	2	2	2	2	2	2	299	-661
3	1	1	3	3	3	3	3	3	380	-580
4	1	2	1	1	2	2	3	3	108	-852
5	1	2	2	2	3	3	1	1	267	-693
6	1	2	3	3	1	1	2	2	414	-546
7	1	3	1	2	1	3	2	3	200	-760
8	1	3	2	3	2	1	3	1	336	-624
9	1	3	3	1	3	2	1	2	412	-548
10	2	1	1	3	3	2	2	1	0	-960
11	2	1	2	1	1	3	3	2	382	-578
12	2	1	3	2	2	1	1	3	430	-530
13	2	2	1	2	3	1	3	2	0	-960
14	2	2	2	3	1	2	1	3	348	-612
15	2	2	3	1	2	3	2	1	416	-544
16	2	3	1	3	2	3	1	2	136	-824
17	2	3	2	1	3	1	2	3	297	-663
18	2	3	3	2	1	2	3	1	465	-495

5. 计算输出特性值

对每张外表，按系统设计公式(5-15)计算各号条件下的输出特性。

下面以表 5-24 中的第 1 号条件为例，说明输出特性的详细算法。

由表 5-24 第 1 号条件知，各误差因素均取 1 水平，从表 5-22 中查出相应值为

$$A'=21.9 \quad B'=2.0 \quad C'=51.8 \quad F'=730 \quad N'=850$$

代入公式(5-15)得：

$$y=\sqrt{\left(\frac{\pi}{2}\times 21.9^2\times 2.0-2\times 730\right)\times 51.8\times 9800\div 850}$$

$$=167(\text{mm/s})$$

仿此可以算出其他各号条件下的 y 值，计算结果填入表 5-24。表 5-24 中最后一列为 y 与目标值 m=960mm/s 的偏差。

在表 5-24 的第 10 号、13 号方案中，计算 y 值时，根号内出现负值，失去意义，故假定 y=0。

将内表中其他各号方案的输出特性计算结果填在表 5-25 中。

6. 计算 SN 比

以表 5-25 中第 1 号方案为例，说明 SN 比的计算方法。

据公式(5-14)

$$\eta=10\lg\frac{\frac{1}{c}(\text{CT}-V_e)}{V_e}$$

式中 n=18

$$\text{CT}=\frac{1}{n}(\sum_{i=1}^{n}y_i)^2$$

$$=\frac{1}{18}(167+299+\cdots+465)^2$$

$$=1\,420\,736.1$$

$$V_e=\frac{1}{n-1}\sum_{i=1}^{n}(y_i-\overline{y})^2=21\,520.997$$

$$\eta=10\lg\frac{\frac{1}{18}(1\,420\,736.1-21\,520.997)}{21\,520.997}$$

$$=5.57\text{dB}$$

仿此，可以计算其他各号条件下的 SN 比，其结果见表 5-25。

表 5-25 内表中各号方案输出特性值及 SN 比

No.	输出特性值(mm/s)																		SN 比
	y_1	y_2	y_3	y_4	y_5	y_6	y_7	y_8	y_9	y_{10}	y_{11}	y_{12}	y_{13}	y_{14}	y_{15}	y_{16}	y_{17}	y_{18}	η (dB)
1	167	299	380	108	267	414	200	336	412	0	382	430	0	348	416	136	297	465	5.57
2	473	529	594	444	502	658	469	566	608	405	536	627	429	572	601	445	541	648	16.64
3	669	705	735	640	677	822	653	746	772	611	703	794	638	734	759	634	724	775	21.25
4	464	538	596	434	510	679	459	573	628	395	544	650	417	570	622	434	548	667	15.51
5	692	738	777	661	710	863	672	855	813	634	734	759	661	765	798	654	757	823	20.39
6	792	821	847	763	794	929	766	863	882	743	811	907	772	844	863	754	846	909	23.18
7	668	731	784	637	702	869	649	770	818	610	728	844	635	758	804	630	749	851	18.89
8	799	838	871	769	809	954	771	878	906	750	830	932	778	860	887	758	861	933	22.32
9	979	1 006	1 031	946	975	1 121	942	1 053	1 070	929	990	1 099	962	1 028	1 045	931	1 037	1 049	24.51

7. 对内表进行统计分析

将表 5-25 中的 SN 比数据填入内表 5-20，并进行如下计算分析。

(1) 计算各因素各水平下的 SN 比之和 K_1、K_2、K_3，见表 5-20。

(2) 计算 SN 比的总波动平方和 S_T 和自由度 f_T。

$$T=\sum_{i=1}^{9}\eta_i=5.57+16.64+\cdots+24.51=168.26$$

$$\mathrm{CT}=\frac{T^2}{n}=\frac{168.26^2}{9}=3\,145.714\,2$$

$$Q_T=\sum_{i=1}^{9}\eta_i^2=5.57^2+16.64^2+\cdots+24.51^2=3\,408.854\,2$$

$$S_T=Q_T-CT=3\,408.854\,2-3\,145.714\,2=263.14$$

$$f_T=n-1=9-1=8$$

(3) 计算各因素 SN 比的波动平方和 S_j 和自由度 f_j。

$$\begin{aligned}S_A=S_1&=\frac{1}{3}\sum_{i=1}^{3}K_i^2-\mathrm{CT}\\&=\frac{1}{3}(K_1^2+K_2^2+K_3^2)-\mathrm{CT}\\&=\frac{1}{3}(43.46^2+59.08^2+65.72^2)-3\,145.714\,2\\&=87.06\end{aligned}$$

$f_A=f_1=2$

同理，可计算出其他各因素的波动平方和与自由度，即：

$S_B=S_2=145.20$　　$f_B=2$

$S_C=S_3=15.08$　　$f_C=2$

$S_4=15.80$　　$f_4=2$

(4) SN 比的方差分析。

将上述计算结果整理为方差分析表，如表 5-26 所示。

表 5-26　SN 比方差分析表

来源	S	f	V	F	s′	ρ(%)
A	87.06	2	43.53	5.64	71.62	27.2
B	145.20	2	72.60	9.40	129.76	49.3
C	15.08	2	—	—		
e	15.08	2	—	—		
(e)	(30.88)	(4)	(7.72)		(61.76)	23.5
T	263.14	8			263.14	100
$F_{0.05}(2,4)=6.94$　　$F_{0.01}(2,4)=18.00$						

方差分析表明，因素 B 对 SN 比的影响(即对输出特性波动的影响)是显著的，因素 A 次之，而因素 C 的影响可忽略不计。

8. 最佳方案(即最佳参数)的选择

由于 SN 比以大为好，对照内表 5-20 可以看出，影响大的因素有：

$$A=A_3=26\text{mm}$$

$$B=B_3=3.0\text{MPa}$$

而影响小的因素 C 的水平原则上可以任选。为使输出特性接近目标值，下面计算 C 的不同水平相应的 y 值。在计算过程中，取

$$F=750\text{N}, \quad N=900(\text{N})$$

计算结果如表 5-27 所示。

表 5-27　C_1、C_2、C_3 条件下 y 的值

方　案	参　数　值	y 值(mm/s)
$A_3B_3C_1$	A=26,　B=3.0,　C=52	977
$A_3B_3C_2$	A=26,　B=3.0,　C=56	1 014
$A_3B_3C_3$	A=26,　B=3.0,　C=60	1 049

由此可见，待选参数中应取 $A_3B_3C_1$，即

$$A=26\text{mm}, \quad B=3.0\text{MPa}, \quad C=52\text{mm}$$

至此，完成了参数设计。

本 章 习 题

1. 参数设计与正交试验设计有什么不同？
2. 某厂确定钢材热处理工艺参数，提高产品质量，选定因素水平表如表 5-28 所示。

表 5-28　因素水平表

因素 水平	淬火温度 A(℃)	回火温度 B(℃)	回火时间 C(分)
1	840	410	40
2	850	430	60
3	860	450	80

现用 $L_9(3^4)$进行试验，试验计划与结果如表 5-29 所示。试确定因素水平的最佳组合，以及因素对指标(望大特性)影响的主次顺序。

表 5-29 试验计划与结果

试验计划					结 果
列号 / 行号	1	2	3	4	硬度 HB
1	1	1	1	1	190
2	1	2	2	2	200
3	1	3	3	3	175
4	2	1	2	3	165
5	2	2	3	1	183
6	2	3	1	2	212
7	3	1	3	2	196
8	3	2	1	3	178
9	3	3	2	1	187

3. 某厂为提高合成洗衣膏的去污能力，降低成本，安排了如下试验计划，并将测试结果和配方成本列于表 5-30 中。试根据这些数据，确定合成洗衣膏的适宜因素水平组合。

表 5-30 $L_9(3^4)$正交表

行号	列 号				去污值	配方成本
	1	2	3	4	(%)	(元/吨)
1	1	1	1	1	23.00	592.30
2	1	2	2	2	21.00	548.80
3	1	3	3	3	23.00	608.80
4	2	1	2	3	25.40	585.05
5	2	2	3	1	23.00	645.05
6	2	3	1	2	26.00	601.55
7	3	1	3	2	25.00	581.50
8	3	2	1	3	24.00	632.50
9	3	3	2	1	27.15	692.50

案例：电感电路参数设计的综合误差因素法

在例 5-7 气动换向装置的优化设计中，我们用内表 $L_9(3^4)$和外表 $L_{18}(2^1\times3^7)$的直积法来进行参数设计，总共进行了 N=9×18=162 次计算。当产品(或系统)的输出特性可计算时，进行 162 次计算，也许不足称道。但是，若输出特性没有计算公式，而是靠试验来获取数据，162 次试验将是很难实现的。为了减少试验次数，一种措施是选用试验次数较少的正交表；另一种措施是在某些条件下将误差因素合并，采用“综合误差因素法”。下面以电感电路的参数设计为例，介绍综合误差因素法。

设计某个电感电路，此电路由电阻 R[单位：Ω(欧姆)]、电感 L[单位：H(亨利)]组成，如图 5-6 所示。当输入交流电的电压为 V[单位：V(伏特)]，频率为 f[单位：Hz(赫兹)]时，输出电流的强度 y 为

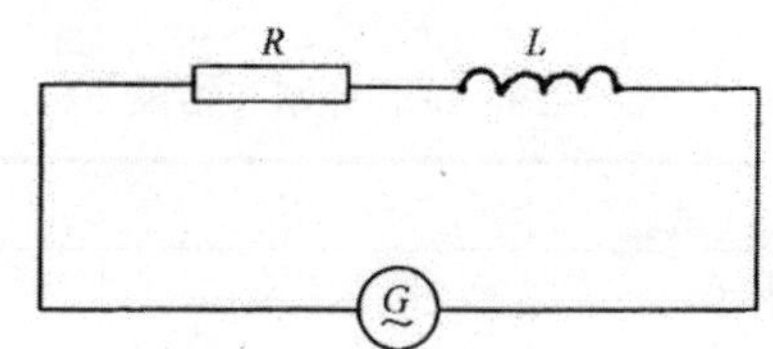

图 5-6　电感电路

$$y = \frac{V}{\sqrt{R^2 + (2\pi f L)^2}} \tag{5-16}$$

y 的单位为 A(安培)。至此，完成了系统设计。

上述电感电路，要求其输出电流强度 m=10A，波动越小越好。参数设计如下。

1. 确定可控因素水平表

本例可控因素只有两个，即 R 和 L。R 的优选范围为 0 ~ 10Ω，划分为三个水平：R_1=0.5Ω，R_2=5.0Ω，R_3=9.5Ω；电感 L 的优选范围为 0 ~ 0.03H，也划分为三个水平；L_1=0.01H，L_2=0.02H，L_3=0.03H。于是得到可控因素水平表(见表 5-31)。此为两因素三水平的试验。

表 5-31　可控因素水平表

水　平	因　素		
	1	2	3
R	0.5Ω	5.0Ω	9.5Ω
L	0.01H	0.02H	0.03H

2. 选内表进行内设计

选用 $L_9(3^4)$作为内表，安排上述可控因素(见表 5-32)。

表 5-32　内表

No.	R	L		
	1	2	3	4
1	1	1	1	1
2	1	2	2	2
3	1	3	3	3
4	2	1	2	3
5	2	2	3	1
6	2	3	1	2
7	3	1	3	2
8	3	2	1	3
9	3	3	2	1

注：第 3 列、第 4 列因素为空。

从内表可知，共进行 9 次试验(或计算)。第 1 号试验的条件为 R_1L_1，即 R=0.5Ω，L=0.01H。

3. 确定误差因素水平表

本例误差因素有 4 个，即电源电压 V'，频率 f'，电阻 R'和电感 L'。据外界客观环境，误差因素 V'及 f'的水平选为：

$V_1'=90\text{V}$ $V_2'=100\text{V}$ $V_3'=110\text{V}$

$f_1'=50\text{Hz}$ $f_2'=55\text{Hz}$ $f_3'=60\text{Hz}$

电阻 R'和电感 L'采用三级品，假设波动为±10%。以内表中 No.1 为例，相应的误差因素水平见表 5-33。

表 5-33 No.1 的误差因素水平表

水 平	因 素			
	V'	f'	R'	L'
1	90(V)	50(Hz)	0.45(Ω)	0.009(H)
2	100	55	0.50	0.01
3	110	60	0.55	0.011

仿此可以对内表中其他各号条件设计相应的误差因素水平表。

4. 综合误差因素

为了减少试验或计算次数，可以把所有的误差因素综合为一个综合误差因素 N'。以表 5-33 中所示的误差因素水平为例，经过综合后，N'的三个水平规定如下。

N_1'为负侧最坏条件，即输出特性取最小值的误差因素水平组合。由式(5-16)不难看出，N_1'为 $V_1'f_3'R_3'L_3'$。

N_2'为标准条件，即各误差因素均取第二水平的组合。N_2'为 $V_2'f_2'R_2'L_2'$。

N_3'为正侧最坏条件，即输出特性取最大值的误差因素水平组合。N_3'为 $V_3'f_1'R_1'L_1'$ 。

以综合误差因素 N'的三个水平 N_1'、N_2'、N_3'代替外表 $L_9(3^4)$，可使试验(或计算)次数减少为原来的三分之一。倘若要进一步减少试验(或计算)次数，还可以不考虑 N_2'，仅考虑最坏条件 N_1'和 N_3'。

5. 计算输出特性

将综合误差因素 N'代入内表中，并按公式(5-16)计算输出特性 y，其结果见表 5-34。例如，对内表中 No.1 试验条件，N_1'下的 y 值为

$$y_{N_1}=\frac{90}{\sqrt{(0.55)^2+(2\pi\times60\times0.011)^2}}=21.5$$

6. 计算 SN 比

以表 5-34 中的 No.1 为例，η 计算为

$$\text{CT}=\frac{1}{n}\left(\sum_{i=1}^{n}y_i\right)^2=\frac{1}{2}(21.5+38.4)^2=1\,794.005$$

$$\begin{aligned}V_e&=\frac{1}{n-1}\left(\sum_{i=1}^{n}y_i-\bar{y}\right)^2=\frac{1}{n-1}\left[\sum_{i=1}^{n}y_i^2-\text{CT}\right]\\&=\frac{1}{2-1}[(21.5^2+38.4^2)-1\,794.005]\\&=142.805\end{aligned}$$

$$\eta = 10\lg \frac{\frac{1}{n}(\mathrm{CT} - V_e)}{V_e}$$

$$= 10\lg \frac{\frac{1}{2}(1\,794.005 - 142.805)}{142.805}$$

$$= 7.6(\mathrm{dB})$$

仿此可以计算其他各号条件下的η值，将计算结果填入表5-34的最后一栏。

表5-34　输出特性计算表

No.1	R L											(dB)
	1 2 3 4	V_1'	f_3'	R_3'	L_3'	V_3'	f_1'	R_1'	L_1'	N_1'	N_3'	
		N_1'				N_3'				Y		
1	1 1 1 1	90	60	0.55	0.011	110	50	0.45	0.009	21.5	38.4	7.6
2	1 2 2 2	90	60	0.55	0.022	110	50	0.45	0.018	10.8	19.4	7.5
3	1 3 3 3	90	60	0.55	0.033	110	50	0.45	0.027	7.2	12.9	7.6
4	2 1 2 3	90	60	5.5	0.011	110	50	4.5	0.009	13.1	20.7	9.7
5	2 2 3 1	90	60	5.5	0.022	110	50	4.5	0.018	9.0	15.2	8.5
6	2 3 1 2	90	60	5.5	0.033	110	50	4.5	0.027	6.6	11.5	8.0
7	3 1 3 2	90	60	10.45	0.011	110	50	8.55	0.009	8.0	12.2	10.4
8	3 2 1 3	90	60	10.45	0.022	110	50	8.55	0.018	6.7	10.7	9.5
9	3 3 2 1	90	60	10.45	0.033	110	50	8.55	0.027	5.5	9.1	8.9

7. 对内表进行统计分析——确定最佳参数组合

对内表进行统计分析，计算结果见表5-35。

表5-35　内表的统计分析

No.1	R	L	(e)	(e)	η (dB)
	1	2	3	4	
1	1	1	1	1	7.6
2	1	2	2	2	7.5
3	1	3	3	3	7.6
4	2	1	2	3	9.7
5	2	2	3	1	8.5
6	2	3	1	2	8.0
7	3	1	3	2	10.4
8	3	2	1	3	9.5
9	3	3	2	1	8.9
k_1	22.7	27.7	25.1	25.0	$T = 77.7$
k_2	26.2	25.5	26.1	25.9	$\mathrm{CT} = 670.81$
k_3	28.8	24.5	26.5	26.8	$S_T = 8.92$
S	6.25	1.79	0.35	0.53	

内表的方差分析见表 5-36。

表 5-36　内表的方差分析表

来源	S	f	V	F	S'	ρ(%)
R	6.25	2	3.125	14.20*	5.81	65.1
L	1.79	2	0.895	4.07	1.35	15.1
e	0.88	2	0.22		1.76	19.7
T	8.92	8			8.92	99.9
$F_{0.01}(2,4)=18.00$　$F_{0.05}(2,4)=6.94$						

可见，电阻 R 为显著因素，电感 L 为不显著因素。由表 5-35 不难看出，最佳条件为 R_3L_1，即 $R=9.5\Omega$，$L=0.01\text{H}$，此即内表中的 No.7，相应的η最大为 10.4。

把 $R=9.5\Omega$，$L=0.01\text{H}$ 以及 $V=100\text{V}$，$f=55\text{Hz}$ 代入式(5-16)，可算出最佳条件下输出电流强度的期望值：

$$y_{佳}=\frac{100}{\sqrt{9.5^2+(2\pi\times55\times0.01)^2}}=9.9\text{A}$$

这与目标值 $m=10\text{A}$ 相差甚微，故无须调整，至此，我们完成了电感电路的参数设计。

第六章　质量成本管理

本章首先介绍了质量成本、劣质成本的概念，质量成本的构成以及质量成特性曲线，随后介绍质量成本的核算体系，最后介绍了质量成本的分析、预测和控制等质量成本管理内容。章末通过某卷烟厂质量成本案例分析，进一步加深对本章知识点的掌握。

第一节　质 量 成 本

一、质量成本的概念与构成

(一)质量成本的概念

质量成本的概念是在 20 世纪 50 年代由美国质量管理专家朱兰和费根堡姆等人首先提出来的。之后，其他质量管理专家对质量成本的概念也提出了自己的定义。

综合各方的看法，大家对质量成本比较认同的认识是，质量成本(qaulity cost)是指："为了确保和保证满意的质量而发生的费用以及没有达到满意的质量所造成的损失。"由此可见，质量成本既发生在企业内部，又发生在企业外部；既和满意的质量有关，又和不良的质量有关。

质量成本有别于各种传统的成本概念，是会计核算中的一个新科目。严格来说，企业发生的所有费用都和质量问题存在直接或间接的关系，质量成本只是其中和满意质量或不满意质量有直接关系的那部分费用。不能认为质量成本是指高质量所需要的高成本。恰恰相反，如换一种角度看，质量成本的内容大多和不良质量有直接的密切关系，或者是为避免不良质量所发生的费用，或者是发生不良质量后的补救费用。因此，美国质量管理协会前主席哈林顿(James Harrington)在其著作《不良质量成本》中提出，应将质量成本改称为"不良质量成本"。虽然哈林顿的看法尚未被普遍认同，但这种观点对于澄清人们关于质量成本概念的种种误解，以及推动质量成本在企业经营决策中的应用研究，是十分有益的。

(二)质量成本的构成

质量成本包括两部分：运行质量成本(operating quality costs)和外部质量保证成本(external assurance quality costs)。运行质量成本是企业内部运行而发生的质量费用，又可分成两类：一类是企业为确保和保证满意的质量而发生的各种投入性费用，如预防成本和鉴定成本；另一类是因没有获得满意的质量而导致的各种损失性费用，如内部故障成本和外部故障成本。外部质量保证成本是指根据用户的要求，企业为提供客观证据而发生的各种费用，如图 6-1 所示。

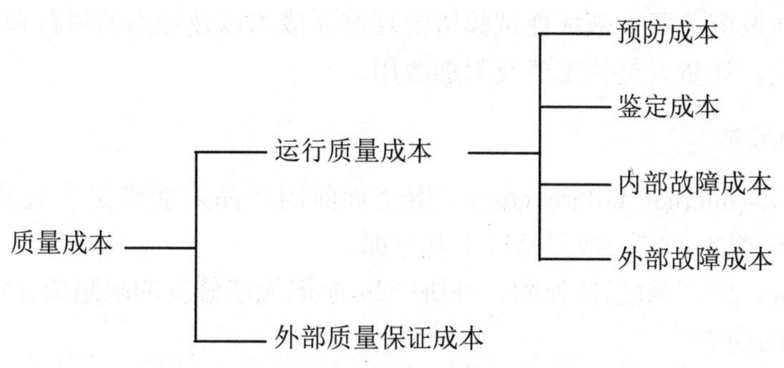

图 6-1　质量成本的构成

由于企业产品、工艺及成本核算制度等差别，对质量成本的具体构成有不同的认识和处理。质量成本的构成分析直接影响企业会计科目的设置及管理会计工作的运作，国际及国内对此都十分重视。下面根据对质量成本的定义和有关规定，从共性的角度，介绍质量成本的具体构成项目。

1. 预防成本

预防成本(prevention cost)是指预防产生故障和不合格品的费用。它一般包括以下几方面。

(1) 质量工作费：企业质量体系中为预防发生故障、保证和控制产品质量所需的各项费用；为制定质量政策、目标及质量计划而进行的一系列活动所发生的费用，也包括编写质量手册、体系文件所发生的费用。

(2) 质量培训费：以达到质量要求或改进产品质量为目的而对企业人员进行的正式培训或临时培训，包括制订培训计划直到实施所发生的一切费用。

(3) 质量奖励费。

(4) 质量改进措施费：制定和贯彻各项质量改进措施的费用。

(5) 质量评审费：新产品开发或老产品质量改进的评审费用。

(6) 工资及附加费：质量管理专业人员的工资及附加费用。

(7) 质量情报及信息费等。

2. 鉴定成本

鉴定成本(appraisal cost)是为评定是否符合质量要求而进行的试验、检验和检查的费用。它一般包括以下几方面。

(1) 进货检验费：对购进的原材料、协作件、外购配套件的进厂验收检验费用和驻协作厂的监督检查、协作配套产品的质量审核费用。

(2) 工序检验费：产品制造过程中对在制品或中间产品质量所进行的检验而支付的费用。

(3) 成品检验费：对完工产品鉴别是否符合质量要求而进行的检验或试验所发生的费用，含产品质量审核费用。

(4) 试验设备维修费：试验设备、检测工具、计量仪表的日常维护、校准所支付的费用。

(5) 试验材料及劳务费：破坏性试验所消耗产品成本以及耗用的材料和劳务费用。

(6) 专职检验、计量人员的工资及附加费用。

3. 内部故障成本

内部故障成本(internal failure cost)是指交货前因产品未能满足质量要求所造成的损失，也称内部损失成本。它一般包括以下几方面。

(1) 废品损失：因产品(包括外购、外协产品物资)无法修复的缺陷或在经济上不值得修复而报废所造成的损失。

(2) 返工损失：为修复不合格产品而发生的费用，以及为解决普遍性质量缺陷在定额工时以外增加的操作成本。

(3) 复检费：对返工或校正后的产品进行重复检查和试验所发生的费用。

(4) 停工损失：由于各种质量缺陷而引起的设备停工所造成的损失。

(5) 产量损失：由于改进质量控制方法使产量降低的损失。

(6) 质量故障处理费：由于处理内部故障而发生的费用，包括抽样检查不合格而进行筛选的费用。

(7) 质量降级损失：产品质量达不到要求而降低等级所造成的损失。

4. 外部故障成本

外部故障成本(external failure cost)是指交货后因产品未能满足质量要求所发生的费用，也称外部损失成本。它一般包括以下几方面。

(1) 索赔费用：由于产品质量缺陷导致用户提出申诉，而进行索赔处理所支付的一切费用。

(2) 退货损失：由于产品缺陷，而造成用户退货、换货而支付的一切费用。

(3) 保修费用：在保修期间或根据合同规定对用户提供修理服务的一切费用。

(4) 降价损失：由于产品质量低于标准，经与用户协商同意折价出售的损失和由此所减少的收益。

(5) 诉讼费用：因产品质量问题而造成的诉讼费用。

(6) 返修或挑选费：产品不合格而退换后返工修理或挑选的人工、材料、复检及有关设备折旧费用。

5. 外部质量保证成本

外部质量保证成本不同于外部故障成本。外部质量保证成本一般发生在合同环境下，是指因用户要求，为提供客观证据所支付的费用。它一般包括：按合同要求向用户提供的、特殊附加的质量保证措施、程序、数据等所支付的专项措施费用及提供证据费用。

上述质量成本项目中，大部分可以按现行会计核算办法进行核算，但也有一少部分不属于现行会计核算的范畴，比如，由于质量事故而发生的停工损失、由于产品质量问题而发生的降价损失等，这些项目只能通过统计核算的办法来处理。因此，研究质量成本的目的并不是为了计算产品成本，而是为了分析寻找改进质量的途径，以达到降低成本的目的。

二、合理的质量成本构成

教材或研究中所谈到的质量成本一般是指运行质量成本，含有四个质量成本项目。这四个质量成本项目的费用大小与产品合格质量水平之间存在一定的关系，反映它们之间关系的曲线称为质量成本特性曲线，如图 6-2 所示。图 6-2 中曲线 C_1 表示预防成本与鉴定成本之和，它随着合格品率的增加而增加；曲线 C_2 表示内部故障成本与外部故障成本之和，它随着合格品率的增加而减少；曲线 C 为质量总成本，是 C_1 和 C_2 的叠加，即 $C= C_1+C_2$，该曲线就是质量成本特性曲线。从图 6-2 中可以看出，质量成本与制造过程中的产品质量水平密切相关。在曲线 C 的左端，不合格品率高，产品质量水平低，内、外部故障成本都大，质量总成本 C 当然也大；当逐步加大预防费用时，不合格品率降低，内、外部故障成本及质量总成本都将随之降低。但如果继续增加预防费用，直至使不合格品率为零，内、外部故障成本也可以趋于零，但此时预防成本会很高，导致质量总成本 C 相应地急剧增大。只有在最低点 A 处，质量总成本最低，此时对应的不合格品率为 P^*。另有证明，当质量总成本达到最低值时，产品的生产总成本亦达到最低值。

为了便于分析质量总成本的变化规律，将图 6-2 曲线 C 最低点 A 处一段局部放大，如图 6-3 所示。该图可分为三个区域，分别对应着各项成本的不同比例。

(1) I 区：故障成本大于 70%，预防成本小于 10%。故障成本是影响达到最佳质量成本的主导因素。因此，质量管理工作的重点在于加强质量预防措施，加强质量检验，提高质量水平，故称为质量改进区域。

(2) II 区：故障成本为 50%左右，预防成本为 10%左右。在一定组织技术条件下，如难于再找到降低质量总成本的措施时，质量管理的重点在于维持或控制现有的质量水平，使质量成本处于最低点附近的区域，故称为控制区域。

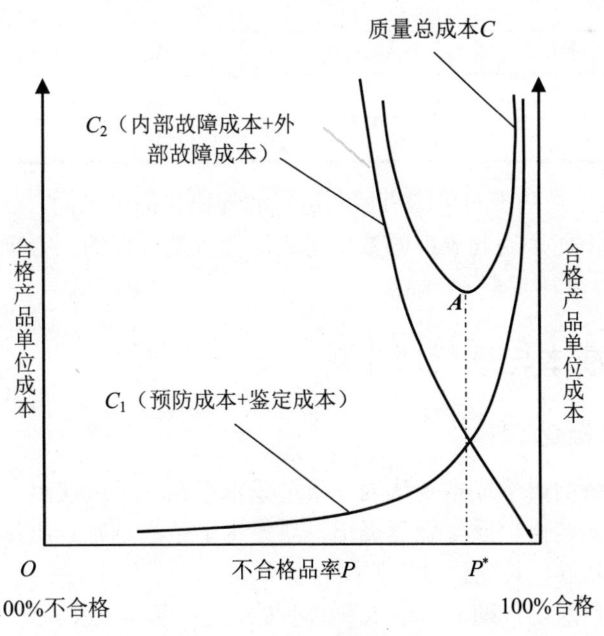

图 6-2　质量成本特性曲线

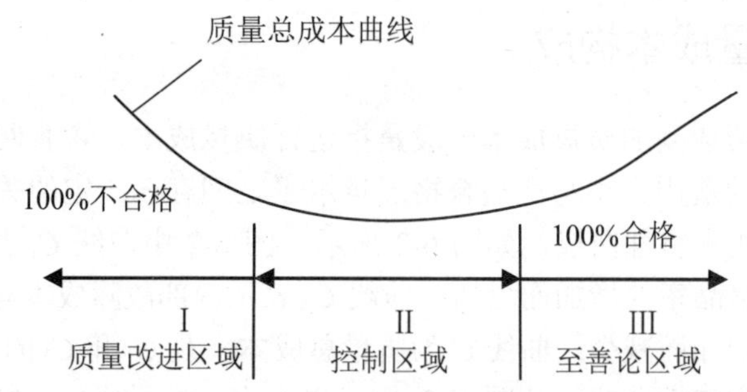

图 6-3　总质量成本局部放大图

(3) Ⅲ区：故障成本小于 40%，鉴定成本大于 50%。鉴定成本比重太大，它是影响质量总成本达到最佳值的主要因素。质量管理的重点在于分析现有的质量标准，减少检验程序和提高检验工作效率，甚至要放宽检验标准，使质量总成本趋近于最低点 *A*。故称这个区域为至善论区域或质量过剩区域。

从整个变化规律来看，各个企业质量成本的变化模式基本相似。但不同企业由于生产类型不同、产品的形式和结构特点不同、工艺条件不同，所以质量总成本的最低点的位置及其对应的不合格品率的大小也各不相同。同样，三个区域(I、II、III)所对应的各项成本的大小比例也各不相同，不能把图 6-3 所示的数字作为一个通用的比例。国际上不同的专家提出不同的看法，表 6-1 是朱兰、哈顿、桑德霍姆三人的看法，仅供参考。

表 6-1　质量成本构成比例

质量成本	占质量总成本的百分比(%)		
	朱兰	哈顿	桑德霍姆
预防成本	1～5	10	0.5～10
鉴定成本	10～50	25	10～50
内部损失成本	25～40	57	25～40
外部损失成本	25～40	8	25～40

表 6-1 中的数据是基于对美国机械制造行业的研究提出来的，当时美国正处于初级工业化阶段，因此，不能认为此表中的数据构成比例就是合理的。合理的构成比例是使质量总成本最低。

三、劣质质量成本与现代成本观

(一)劣质成本概念

如前所述，传统的质量成本观认为，质量成本存在一个最佳点，质量水平不能过低也不宜过高。但是，六西格玛质量管理提出，质量水平越高越好。质量水平越高，总的质量成本不是增加而是降低。其变化过程如图 6-4 所示。

从图 6-4 中可以看出，随着质量水平的不断提高，从 4σ 水平到 6σ 水平，故障成本不断降低，鉴定成本与预防成本曲线也不断下移。所以，交点处的所有类别的成本都在不断降低，质量成本总额也就不断降低。而使质量成本降低的最好的办法就是降低劣质成本。

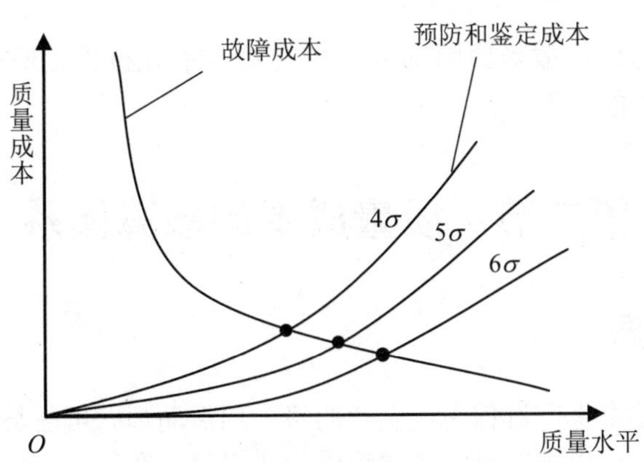

图 6-4　不同质量水平的质量成本

劣质成本(Cost of Poor Quality，COPQ)就是指由于质量不良而造成的成本损失，或者说是由于没有“第一次把事情做对、做好”而额外付出的成本，包括显见成本和隐含成本两大类。在实际管理中，质量成本核算的只是那些显见成本，如浪费、报废、返工/返修、测试、检验、顾客投诉和退货等。然而，这些显见成本只是冰山的一角，仅占总质量成本的 4%～5%。冰山下面的隐含成本却占总成本的 15%～20%。这些成本包括加班过多、上门服务支出过多、文件延迟、对现状缺少跟踪、报价或结账错误、未正确完成销售订单、不必要的快递、人员流动过于频繁、顾客赔偿备用金等。

通过对劣质成本的不断研究，人们发现：①劣质成本要远大于财务报表上显示的数字；②不仅在产品的实现过程中会产生劣质成本，在支付过程中同样会产生；③这些劣质成本大多是可以降低的，甚至可以消除。

所以要研究劣质成本的构成和识别方法。如果能准确地识别劣质成本，不仅可以降低产品成本，同时还能找出问题的原因所在。

(二)劣质成本的构成

劣质成本按其构成可分为非增值损失成本和故障损失成本。非增值损失成本是指由现行过程中存在的非增值过程造成的损失。而故障损失成本是指由现行过程中的故障造成的损失，如表 6-2 所示。

表 6-2　劣质成本分类

劣质成本	非增值损失成本	预防成本(非增值部分)
		鉴定成本(非增值部分)
	故障损失成本	鉴定成本(分析故障原因部分)
		内部故障损失成本
		外部故障损失成本

(1) 预防成本中的非增值部分，指的是所花费的预防成本中，没有达到预期目的的那部分成本。

(2) 鉴定成本中的非增值部分，指的是为了预防而进行检验，但是却未达到预防目的的那部分成本。

(3) 鉴定成本中的分析故障原因部分，指的是为了分析质量低劣的原因而进行的试验、检验和检查所发生的费用。

第二节　质量成本的核算体系

一、质量成本数据

产品质量形成于整个生产过程中，企业的每一项活动都有可能与质量有关，而每一项活动又都有费用支出，所以很容易混淆质量成本的界限。在收集质量成本数据时，必须明确质量成本的边界。

第一，质量成本只针对制造过程的符合性质量而言。因此，只有在设计已经完成、质量标准已经确定的条件下，才开始质量成本的计算。对于重新设计或改进设计以及用于提高质量等级或水平而发生的费用，不能计入质量成本。

第二，质量成本是指在制造过程中与不合格品密切相关的费用，它并不包括与质量有关的全部费用。例如生产工人的工资、材料消耗费、车间和企业管理费等，多多少少与质量有关，但这些费用是正常生产所必须具备的前提条件，不应计入质量成本。

(一)质量成本数据的记录

正确记录质量成本数据是研究质量成本的第一步工作，在记录时既要防止重复，又要避免遗漏。例如，生产了废品，则记录废品损失，在废品损失中已包括了人工、材料、机时等损失，如果再记录这些损失就会造成重复计算。又如，企业在接受了用户的质量改进意见后，对用户给予奖励，如把该费用记入公关费用，则发生了记录遗漏，因为该费用应记入预防费用。

(二)原始凭证

为了正确记录质量成本数据，可把质量成本的发生分成两类，即计划内和计划外。根据质量成本构成项目的特点，预防成本和鉴定成本归入计划内，而故障成本归入计划外，外部质量保证成本可根据合同要求纳入计划内。凡是计划内的质量成本只需按计划从企业原有的会计账目中提取数据，不必另外设计原始凭证。而故障成本可根据实际损失情况设计原始凭证，做好原始记录。

记录故障成本数据的原始凭证主要有以下几种。

(1) 计划外生产任务单。

(2) 计划外物资领用单。

(3) 废品通知单。

(4) 停工损失报告单。

(5) 产品降级降价处理报告单。

(6) 计划外检验或试验通知单。

(7) 退货、换货通知单。

(8) 用户服务保修记录单。

(9) 索赔、诉讼费用记录单。

为了便于质量成本的分析，所有的凭证设计有一些共同的内容，如时间、产品、费用、数量、责任者、发生原因、质量成本科目、审核部门等。

二、质量成本核算体系

作质量成本核算时首先要设置质量成本三级科目，一级科目为“质量成本”，下面按质量成本的构成分设“预防成本”“鉴定成本”“内部故障成本”“外部故障成本”四个二级科目，每个二级科目下的三级科目就是具体发生的质量费用内容。

质量成本核算体系主要包括质量成本三级科目、质量成本科目总分类账与明细分类账和原始凭证，如图 6-5 所示。

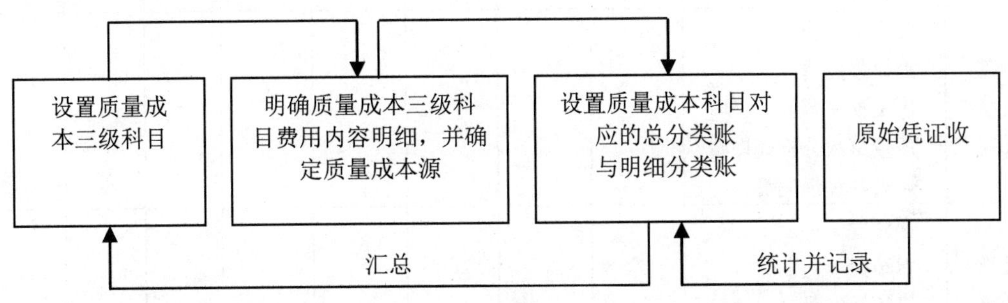

图 6-5　质量成本核算体系

质量成本核算体系运作程序包含以下几方面。

(1) 依据企业质量成本三级科目设置表和企业质量成本核算总分类账与明细分类账，建立质量成本核算账簿。

(2) 依据企业质量成本核算原始凭证及其传递程序，建立企业质量成本相关科目统计核算体系。

(3) 依据企业财务会计明细科目对应设置表，调整企业的财务会计明细科目。

(4) 财务会计核算期间，利用原始凭证返修单、废品报告单、退换货报告单、产品降级处理报告单统计核算返修损失、废品损失、退换货损失、产品降级损失等质量成本三级科目，并记录于质量成本核算账簿相关账户。

(5) 财务会计核算期末，依据企业财务会计明细科目对应设置表，利用相关财务会计明细分类账记录，启用质量成本会计核算账簿，建立相关质量成本明细分类账记录。

(6) 进行最终汇总，如表 6-3 所示。

表 6-3　质量成本汇总表

项目＼单位		质量成本汇总表						合计	
		铸造车间	金工车间	装配车间	检验料	销售料	……	金额	百分比(%)
预防成本	质量管理活动费 质量培训费 质量评审费 质量改进措施费 工资及福利基金								
鉴定成本	检验实验费 工资及福利基金 办公费 检验设备折旧费								
内部故障成本	废品损失费 返修损失费 停工损失费 质量事故分析处理费 质量降级损失费								
外部故障成本	保修费 索赔费 退货损失费 降价损失费 诉讼费								
合计									

第三节　质量成本管理

质量成本管理是为了以适宜的质量成本实现顾客满意的产品质量而进行的质量成本分析、预测、控制等一系列管理工作。

一、质量成本分析

进行质量成本分析的目的在于通过成本核算的相关信息，对质量成本的形成、变动进行分析和评价，找出造成质量成本过大的关键因素和管理上的薄弱环节。

(一)质量成本分析内容

1. 质量成本总额分析

通过计算本期质量成本总额，与上期质量成本总额进行对比，找出变化的原因及趋势。

质量成本=内部损失成本+外部损失成本+鉴别成本+预防成本

必要时，再加上外部质量保证成本。

2. 质量成本构成比例分析

计算内部故障成本、外部故障成本、鉴定成本、预防成本分别占质量总成本的比例，分析质量成本项目构成的合理性，寻求降低质量成本的机会，以确保最适宜的质量成本水平。

(1) 分析内部损失成本占质量总成本的比率，即内部损失成本率。

(2) 分析外部损失成本占质量总成本的比率，即外部损失成本率。

(3) 分析鉴别成本占质量总成本的比率，即鉴别成本率。

(4) 分析预防成本占质量总成本的比率，即预防成本率。

(5) 分析内外故障成本占质量总成本的比率，即质量损失成本率。

以上各项分析的目的是为了能够清楚地显示企业在某一个时期内全部质量成本的总额，同时分析质量成本项目构成的合理性，找到控制和降低质量成本的途径。

3. 质量成本科目与其他基数的比较分析

(1) 损失成本总额与销售收入总额比较，计算出百元销售额质量损失率，其公式为

$$\text{百元销售额质量损失率}=\frac{\text{内部损失成本}+\text{外部损失成本}}{\text{销售收入总额}}\times 100\% \qquad (6\text{-}1)$$

式(6-1)反映了由产品质量不佳造成的经济损失对销售收入的影响，可使企业领导一目了然地看出“矿中黄金”的价值表现，是考核企业质量经济性的重要指标，同时也是同行业可比性指标。

(2) 外部损失成本总额与销售收入总额比较，计算出销售收入外部故障损失率。其公式为

$$\text{销售收入外部故障损失率}=\frac{\text{外部损失成本总额}}{\text{销售收入总额}}\times 100\% \qquad (6\text{-}2)$$

式(6-2)反映了由于质量不佳造成的外部损失占销售收入的比重。既是考核企业给用户带来的损失状况，又是考核企业为用户服务的社会经济效益指标，同时也是同行业可比性指标之一。

(3) 质量成本总额与销售收入总额进行比较分析，计算出销售质量成本率。其公式为

$$\text{销售质量成本率}=\frac{\text{质量成本总额}}{\text{销售收入总额}}\times 100\% \qquad (6\text{-}3)$$

式(6-3)反映了销售收入中支付质量成本的多少，是同行业可比性指标。如美国机械加工行业一般控制在 1%～5%。

(4) 损失成本与净产值进行比较，计算出百元净产值的质量损失率。其公式为

$$\text{百元净产值质量损失率}=\frac{(\text{内部损失成本}+\text{外部损失成本})}{\text{工业净产值}}\times 100\% \qquad (6\text{-}4)$$

式(6-4)反映了每百元净产值因质量故障而造成的损失。在目前产值还被各级领导非常重视的情况下，可看到由于故障损失影响产值的情况，可作为考核企业的指标，同时作为企业内部制订质量成本计划，制定对各单位分解考核的重要指标。

(5) 内部损失成本与净产值进行比较分析，计算百元净产值内部质量损失成本率。其

公式为

$$百元净产值内部质量损失率=\frac{内部损失成本总额}{净产值}\times 100\% \tag{6-5}$$

式(6-5)反映了由于企业内部生产过程的质量管理不善而造成的经济损失，是考核企业内部质量管理的主要指标，也是同行业的可比性指标。

(6) 质量成本与利润进行比较分析，计算利润质量成本率。其公式为

$$利润质量成本率=\frac{质量成本总额}{利润}\times 100\% \tag{6-6}$$

式(6-6)是质量成本对全厂经济效益影响的具体体现，不仅考核了质量成本的增加占利润的比重，还考核了由于质量成本的增加或减少对利润的影响。

(7) 内外损失成本与利润进行分析比较，计算百元利润质量损失率。其公式为

$$百元利润质量损失率=\frac{内外损失成本总额}{利润}\times 100\% \tag{6-7}$$

式(6-7)是“矿中黄金”的价值表现，即由于质量损失给企业经济效益带来的损失，是考核质量经济性的重要指标，也是最能引起各级领导重视的指标。

(二)质量成本分析报告

在完成质量成本内容分析的基础上，要形成质量成本分析报告。报告的内容包括：质量成本计划执行和完成情况；质量成本四项构成比例变化情况；质量成本与相关经济指标的对比情况；典型事例，重点问题的解决办法等；最后应作出效益判断的评价和相关建议。

二、质量成本预测

质量成本预测是企业制订质量成本计划的基础，也是企业有关质量问题的重要决策依据。

质量成本预测时要求对各成本构成的明细科目逐项进行。由于影响不同科目的方式不同，表现出的规律也不相同，所以对不同科目可采用不同的预测方法。通常采用下列两种方法。

1. 经验判断法

经验判断法是当影响因素比较多，或者影响的规律比较复杂，难以找出哪怕是很粗糙的函数关系时，这时可组织经验丰富的质量管理人员、有关的财会人员和技术人员，根据已掌握的资料，凭借自己的工作经验作预测。尤其是对于长期质量成本的预测，使用经验判断法比较适合。

2. 计算分析法

计算分析法是如果经过对历史数据作数理统计方法的处理后，有关因素之间呈现出较强的规律性，则可以找到某些反映内在规律的数学表达式，用来作为预测模型进行预测。

三、质量成本的控制

质量成本控制就是以质量成本计划所制定的目标为依据，通过控制手段把质量成本控制在计划范围内。

(一)控制的过程

控制的过程分为核算、制定控制决策和执行控制决策。核算是控制活动中的测量环节，通过定期或不定期地对质量成本的责任单位和产品核算其质量成本计划指标的完成情况，计算实际成本与计划目标的差异，评价质量成本控制的成效。当发现差异量超出控制范围时，需要制定控制决策。控制决策是在找出问题原因的基础上，提出的一系列措施。最后由有关部门或个人执行控制决策。

(二)质量成本控制管理系统

质量成本发生在产品从生产到消费的整个过程中，只有建立起一个完整的管理系统才能实现有效控制。要建立质量成本责任制，对每项质量成本实行归口分级管理，将责、权、利落实到各部门和个人，把质量成本指标层层分解，形成质量成本控制管理系统。

(三)控制方式

根据控制活动中得到信息的时间，可采用事后控制、事中控制和事前控制三种方式。

1. 事后控制

这种方式是指事情发生以后，回过头来总结经验教训，分析事故原因，研究预防对策，争取在下一个计划期把事情做得更好一些。用控制论原理解释，是基于信息的负反馈控制。这一控制方式在管理中有普遍应用，最早出现在质量控制活动中。当质量偏离了目标值，往往是已经产生了不合格品，损失已经造成，再通过查找原因，采取措施，以达到控制目标。这种方式虽然不能及时控制，但由于操作简单，仍然有着广泛的使用价值。

2. 事中控制

这一控制方式是在事后控制的基础上发展起来的。它的指导思想是当有迹象表明将要出现质量问题时，及时采取控制措施，避免质量问题的产生。显然这种控制方式比事后控制更有效，它可以减少甚至避免损失。这一方式在管理活动中也有广泛使用。有意思的是，它也是起源于质量管理。质量控制图就是这种控制方式的具体应用。使用这种方法的关键是需要有一种有效手段来监测受控对象，及时发现不正常的征兆，以便采取措施。问题是这种所谓的“有效手段”并非对每一种质量成本控制对象都是存在的，所以事后控制仍是十分有用的控制方式。

3. 事前控制

这种控制方式的思想是在事情开始以前就采取种种措施，可完全避免不利因素的冲击。它的控制论原理是前馈控制，事实证明只要能够事前预测到不良因素的发生，及时采取预防对策，就可以取得非常好的控制效果。在质量控制和成本控制中已普遍意识到最好的控制在产品设计阶段，设计阶段的工作可以控制 60%的质量问题和产品成本。这是一种防患于未然的思想，是最有效的，但是要能够预见到种种不良的影响因素是不容易的。

在实际工作中这三种方式应该结合起来使用。

本 章 习 题

1. 质量成本的定义是什么？如何理解？
2. 质量成本的构成项目有哪些？分别是什么含义？
3. 质量成本分析有哪四项内容？各有何用途？
4. 质量成本控制有哪三种方式？各有什么特点？
5. 什么叫质量成本特性曲线？如何进行质量成本优化？

案例：某卷烟厂质量成本分析案例

HKM 卷烟厂自 2001 年 3 月起开展质量成本管理活动。质量成本数据主要来自各生产车间、职能部门的废品统计表，原辅材料挑选损耗记录、财务记账凭证、工资明细表等。分类并汇总后得到质量成本数据汇总表，如表 6-4 所示。

一、质量成本构成比例分析

统计 2001 年 3～12 月质量成本二级科目的累计额分别为：预防成本 1 595 952 元、鉴定成本 1 919 614 元、内部损失成本 7 124 417 元、外部损失成本 29 762 704 元，总质量成本为 40 402 693 元；销售收入总额为 2 446 000 000 元。质量成本构成比例分析如下。

(1) 内部损失成本率为

$$\text{内部损失成本率}=\frac{\text{内部损失成本}}{\text{总质量成本}}\times 100\%=17.63\%$$

(2) 外部损失成本率为

$$\text{外部损失成本率}=\frac{\text{外部损失成本}}{\text{总质量成本}}\times 100\%=73.67\%$$

(3) 鉴定成本率为

$$\text{鉴定成本率}=\frac{\text{鉴定成本}}{\text{总质量成本}}\times 100\%=4.75\%$$

(4) 预防成本率为

$$\text{预防成本率}=\frac{\text{预防成本}}{\text{总质量成本}}\times 100\%=3.95\%$$

(5) 质量损失成本率为

$$\text{质量损失成本率}=\text{内外损失成本}\div\text{质量总成本}\times 100\%=91.30\%$$

所计算的每月结果如图 6-6 所示。

根据表 6-5 的数据可绘制出各类成本的分布趋势图，如图 6-7 所示。

表 6-4　质量成本数据汇总

单位：元

明　细	3 月	4 月	5 月	6 月	7 月	8 月	9 月	10 月	11 月	12 月
预防成本	844 437	82 167	87 114	88 964	88 014	86 564	81 026	80 197	79 506	77 963
鉴定成本	147 290	134 482	107 422	103 836	217 743	253 036	125 778	271 870	281 447	276 710
内部损失成本	1 366 818	854 887	1 188 079	2 029 756	614 818	185 588	185 819	149 921	274 191	274 540
外部损失成本	3 185 000	5 377 300	900 000	3 384 500	2 386 000	2 951 200	3 613 600	2 154 600	3 178 600	2 631 904
质量总成本	5 543 545	6 448 837	2 282 616	5 607 056	3 306 576	3 476 388	4 006 223	2 656 588	3 813 746	3 261 117
销售量	43 364.54	46 087.69	27 562.08	32 878.4	36 909.32	35 930.94	41 428.95	33 413.72	32 140.72	24 589.28
销售额	299 373 173	318 000 000	190 000 000	227 000 000	255 000 000	248 000 000	286 000 000	231 000 000	222 000 000	170 000 000

表 6-5　改进后质量成本数据汇总

单位：元

明　细	3 月	4 月	5 月	6 月	7 月	8 月	9 月	10 月	11 月	12 月
预防成本	560 861	560 861	560 861	560 861	560 611	570 611	560 611	560 611	560 611	6 746 644
鉴定成本	157 526	150 424	137 728	147 922	128 325	118 901	106 149	110 779	114 271	1 925 033
内部损失成本	15 423	20 919	45 021	174 517	384 495	92 440	66 183	100 808	59 738	1 475 461
外部损失成本	855 400	756 800	838 900	926 800	996 900	463 400	828 200	859 700	541 618	10 396 018
质量总成本	1 589 210	1 489 004	1 582 510	1 810 100	2 070 331	1 245 352	1 561 143	1 631 898	1 276 238	20 543 156

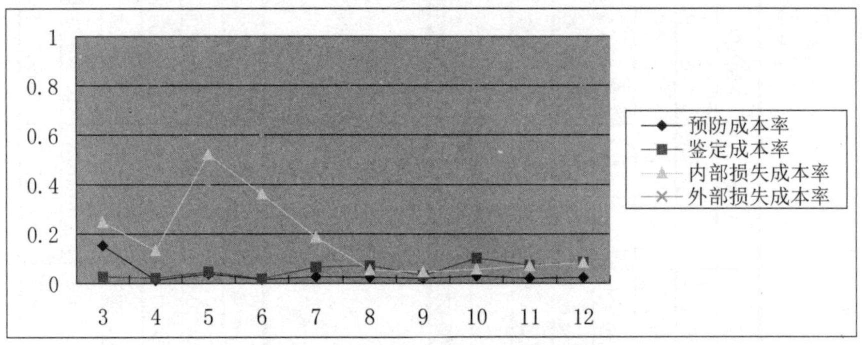

图 6-6 质量成本率的变化情况

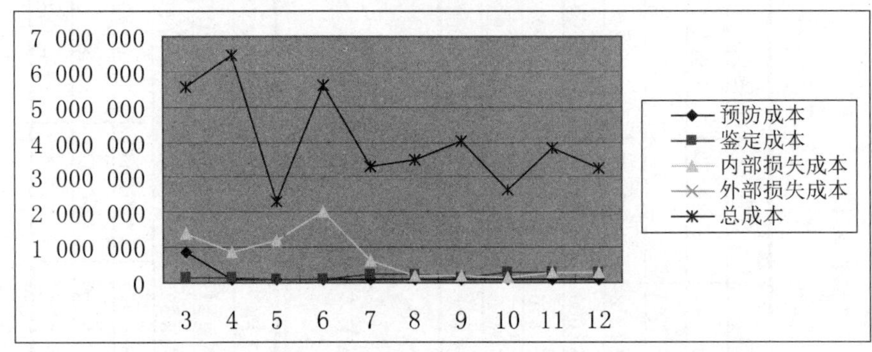

图 6-7 质量成本的变化情况

二、质量成本科目与其他基数的比较分析

(1) $销售收入质量损失率=\dfrac{内部损失成本+外部损失成本}{销售收入总额}\times100\%$

$$=\frac{36\ 887\ 121}{2\ 446\ 000\ 000}\times100\%=1.51\%$$

(2) $销售收入质量成本率=\dfrac{质量成本总额}{销售收入总额}\times100\%=\dfrac{40\ 402\ 693}{2\ 446\ 000\ 000}\times100\%=1.65\%$

(3) $利润质量成本率=\dfrac{质量成本总额}{利润总额}\times100\%=\dfrac{40\ 402\ 693}{73\ 970\ 510}\times100\%=54.62\%$

根据对每月销售收入质量损失率的计算，可以绘制出质量损失率的波动情况，如图 6-8 所示。

通过对 2001 年质量成本数据的分析，可以初步了解企业质量管理活动的经济效果。从质量成本总额 40 402 693 元来看，说明企业的质量管理工作还有改进的空间。图 6-6 反映出内外部损失成本变化幅度较大，尤其是外部损失成本比率的后半部分明显偏高。而且，还可以看出内外部损失成本偏高是导致质量总成本偏高的主要原因，这说明预防和鉴定的措施不足，源头治理的思想和行动不够。图 6-7 反映出各项质量成本曲线前半部分较高，尤其是 4 月份的质量总成本远高于其他月份，这意味着企业在 4 月份的质量管理工作成效不高。图 6-8 反映出质量损失波动幅度较大，说明在生产过程中对质量影响因素的控制不够稳定。

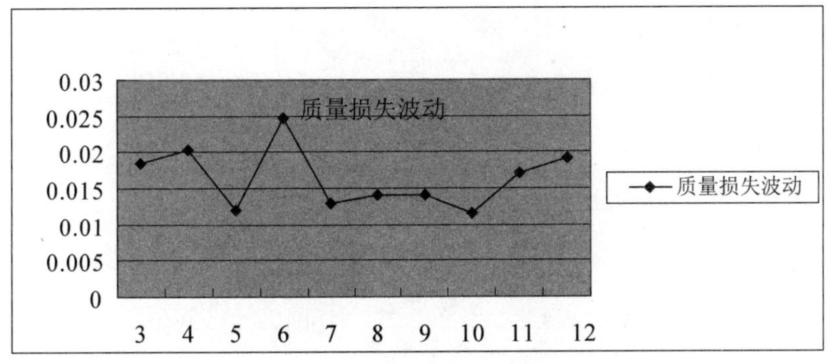

图 6-8　质量损失波动情况

从其他相关指标分析看，销售收入质量成本率 1.65%，销售收入质量损失率 1.51%。销售收入质量成本率虽达不到最优相关比率 1%，尚处于可接受的范围内。利润质量成本率 54.26%，意味着如果能够进一步降低质量成本，对利润的增加将会腾出一部分空间。

从质量成本的构成比例看，内部损失成本和外部损失成本占质量总成本的 91.3%，特别是外部损失成本占 73.67%，显然是造成质量成本的主要因素，如图 6-9 所示。

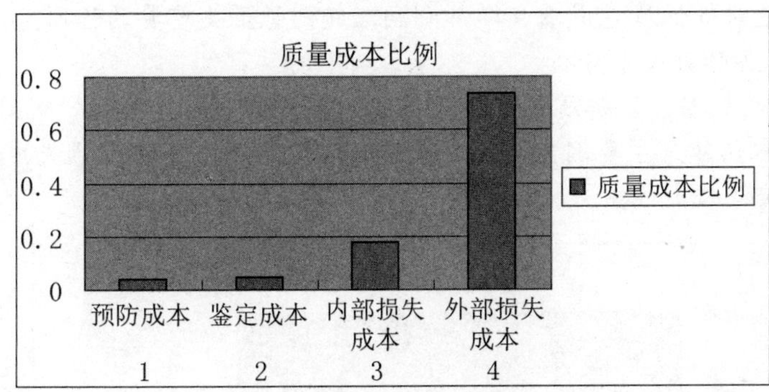

图 6-9　质量成本比例情况

三、质量改进

针对上述问题，企业在工艺技术改进方面做了大量工作，积极采用先进工艺，提高工艺加工水平，以期降低质量成本。

第一，引进先进的 CO_2 膨胀烟丝工艺。

第二，为提高工艺加工能力、提高产品的质量稳定性，全线采用自动控制，采集在线物料的温度、水分、流量等工艺参数，进行稳健性设计，加强质量控制。

第三，利用"热场"理论，优化并设定最佳工艺参数。

采取这些措施后，收集了改进后的 2002 年质量成本数据，如表 6-5 所示。为了与改进前的质量经济性指标比较，进行数据再分析。

(1) 质量成本构成分析。

内部损失成本率为

$$\text{内部损失成本率}=\frac{\text{内部损失成本}}{\text{总质量成本}}\times 100\%=7.18\%$$

外部损失成本率为

$$外部损失成本率=\frac{外部损失成本}{总质量成本}\times 100\%=50.61\%$$

鉴定成本率为

$$鉴定成本率=\frac{鉴定成本}{总质量成本}\times 100\%=9.37\%$$

预防成本率为

$$预防成本率=\frac{预防成本}{总质量成本}\times 100\%=32.84\%$$

从上述质量成本构成比率可以看出，由于采取了改进措施，使得预防成本和鉴定成本较上一年有了合理的上升，导致质量成本内部损失率由上一年的 17.63%下降为 7.18%，外部损失率由上一年的 73.67%下降为 50.61%。最终结果是导致质量总成本由原来的 40 402 693 元降为 34 798 924 元，降了 13.87%。

(2) 质量成本与其他基数的比较。

销售收入质量损失率为 0.449%；销售收入质量成本率为 0.776%；利润质量成本率为 43.40%。改进后的各项经济指标较上一年有了不同程度的改善。说明进行的稳健设计，减小了质量波动，这对降低质量成本、增加利润，起到了至关重要的作用。

(3) 质量成本各项目关系分析。

根据表 6-5 的数据，了解质量成本结构比例，如图 6-10 所示。从图 6-10 中可以看出，外部损失成本仍然是主要因素，但较改进前下降了很多，内部损失成本也有下降，预防成本比改进前有了较大的上升。

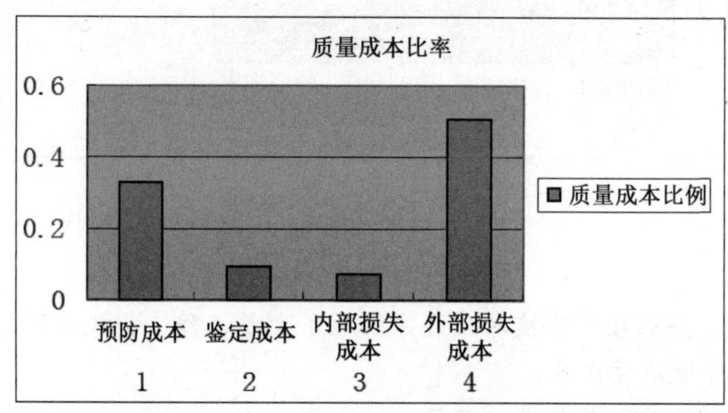

图 6-10　改进后质量成本比例情况

四、总结

质量改进已成为诸多制造企业生存和发展的关键，但企业对质量改进的认识仍需进一步提高。对企业的实际运营来说，质量改进更是一种思想，是一种需要贯穿到企业经营的每一环节的理念——对顾客真正的关注、由数据和事实驱动的管理、对流程的关注管理和提高、主动管理、无界限地合作及对完美的渴望和对失败的容忍等。本案例通过实证分析，从质量改进的经济性出发，提出质量改进与质量成本存在的必然联系，通过质量成本分析，为质量改进过程提供经济基础，并对质量改进决策的有效性和合理性进行科学评估。

(资料来源：张玲珑. 蚌埠卷烟厂质量成本管理研究[D]. 南京：南京理工大学，2003)

第七章　服务质量管理

本章介绍服务、服务质量的概念与服务质量测量方法，分析服务质量问题产生的原因，总结了服务质量管理与持续改进的途径。

第一节　服务的概念、特征与分类

一、服务及其基本要素

(一)服务的概念

ISO 9000：2015 标准对服务的定义是：“在组织和顾客之间完成至少一项活动的组织的输出。”

注 1：服务的主要要素通常是无形的。

注 2：服务通常包含为确定顾客的要求与顾客接触面的活动以及服务的提供，可能还包括建立持续的关系，如银行、会计师事务所或公共组织(如学校或医院)等。

注 3：服务的提供可能涉及，例如：

——在顾客提供的有形产品(如需要维修的汽车)上所完成的活动。

——在顾客提供的无形产品(如为准备申报的纳税单所需要的损益表)上所完成的活动。

——无形产品的交付(如知识传授方面的信息提供)。

——为顾客创造氛围(如在宾馆和饭店)。

注 4：服务通常由顾客体验。

(二)服务的基本要素

上述概念可以归纳出服务是由活动构成的过程，这个过程由服务消费方、服务提供方和服务接触三个基本要素构成。

1. 服务消费方

服务消费方能够确定和提出服务需求，在服务流程中，服务消费方既是服务的起点，也是终点。传统服务管理研究的领域主要涉及个人消费者，随着技术和商务模式的演变，服务的消费方范围也在扩大，涉及组织机构甚至是机器(或系统)。如外包服务中，服务的消费者主要是企业及其他组织机构；而在网络计算领域，一个系统可以向另一系统提出计算请求，另一系统接受任务且完成计算后返回结果，其服务的消费方和提供方为机器(或系统)。

2. 服务提供方

服务提供方包括个人、组织或机器。服务提供方具有服务所需的资源，通过一定的程序(流程)满足消费方的需求。

3. 服务接触

服务接触是指服务提供者与服务消费者之间通过一定的媒介进行的交互过程。例如，劳务派遣公司为企业提供临时的用工服务，属于服务提供方；用工企业提出用工要求，评价服务质量并支付用工费用，属于服务消费方。服务接触是指劳务人员在用工企业从接受任务、完成任务到验收合格为止的一系列活动，这个过程也是服务双方互动最密切的时候。

二、服务的特征

(一)无形性

无形性是服务最主要的特征。无形性是指服务不是由具体材料制成的，没有重量、体积、颜色、形状和轮廓特征，也无法通过人的感官或仪器进行检测。消费者在购买之前无法凭借视、听、味、触、嗅等像对待实体产品的办法那样了解服务的内容和品质并判断其优劣。即使消费者曾经购买过某种服务，再次购买时也无法确定能得到同样质量的服务。服务的无形性还会使消费者在消费服务时，无法准确地测量服务各要素的指标，对于服务质量的好坏只能通过抽象的语言来表达。

(二)生产与消费的同时性

实体产品的生产与消费存在一定的时间和空间距离，生产者与消费者绝大多数是分离的。与此相反，服务生产过程与消费服务过程在时间上是不可分的，消费者在现场消费服务的过程也是服务的生产过程，生产过程结束了，消费也就完成了。例如，医疗服务中的医生和病人，只有两者相遇，服务才有可能成立。即使是网上贸易、远距离电视教学等，服务生产者和消费者也是以互联网或电视传播等媒介发生接触，服务的生产(提供)过程和消费过程也是不可分离的。

(三)差异性

由于服务过程与服务质量是由服务提供者、服务消费者和双方的相互作用共同决定的，人的思想、行为和感知随着时间和环境的变化而变化，使每次服务的构成要素及其质量表现存在差异性。

从服务提供者的角度来看，在同样的环境下，服务人员不同，技术水平、工作态度各异，服务结果也会存在差异。即使是同一个服务人员，在不同的环境下，也会产生不同的服务结果。从服务消费者的角度来看，由于每个消费者对服务的需求和评价标准存在个体的差异性，造成不同顾客对同一服务的评价也有所不同。

(四)不可储存性

服务只产生于服务的生产和消费的时间节点上，消费者在接受完服务之后，服务就消失了。服务不能像有形产品一样提前储存以备未来销售，或者顾客可以一次购买较多数量的服务以备日后消费。一个有 100 间客房的酒店，如果某天晚上只销售出 50 间客房，酒店不可能把没有售出的 50 间客房储存起来留到第二天销售。类似的情况如餐馆剩余的餐位、电影院的空位等。

服务的不可储存性也被称为服务的易逝性，这一特点促使服务企业注重研究如何充分利用现有资源，包括人员、设备等，提高人员、设备等工作效率，来满足对顾客的服务供应。

(五)服务是不包括服务所有权转让的特殊形式的交易活动

与有形产品交易不同，服务是一种经济契约或社会契约的承诺与实施的活动，而不是有形产品所有权的交易。在大多数服务的生产和消费过程中，不涉及任何东西的所有权转移。服务是无形的，又是不可储存的，服务在交易完成以后就消失了，顾客并没有“实质性”地拥有服务。例如，乘客乘坐汽车从一个地方到达另一个地方，乘客除了拥有车票以外，没有再拥有任何东西。客运公司也没有把任何东西的所有权转让给乘客。

三、服务的分类

1. 根据服务的对象特征划分

根据服务对象的特征可分为以下几种。

(1) 经销服务，如运输和仓储、批发和零售贸易等服务。

(2) 生产者服务，如银行、财务、保险、通信、不动产、工程建筑、会计和法律等服务。

(3) 社会服务，如医疗、教育、宗教、邮政和政府服务等。

(4) 个人服务，如家庭服务、修理服务、理发美容服务、宾馆饭店服务、旅游服务和娱乐业服务等。

2. 根据服务存在的形式划分

根据服务存在的形式可划分为以下几种。

(1) 以商品形式存在的服务，如电影、书籍、数据传递装置等。

(2) 对商品实物具有补充功能的服务，如运输、仓储、会计、广告等服务。

(3) 对商品实物具有替代功能的服务，如特许经营、租赁和维修等服务。

(4) 与其他商品不发生联系的服务，如数据处理、旅游、旅馆和饭店服务等。

3. 根据服务企业的性质划分

根据服务企业的性质可分为以下两种。

(1) 以提供设备为主，如洗车、影院和航班服务等。

(2) 以提供服务为主，如园丁、修理工、律师、医师服务等。

第二节　服 务 质 量

一、服务质量的概念

格罗鲁斯(Gronroos)认为，服务质量本质上是顾客的一种主观感知。1982 年，他提出“顾客感知服务质量(customer perceived service quality)”的概念并将其定义为“顾客对服务质量的期望与实际感知的服务绩效之间的差距”。

在这个概念中，顾客对服务质量的期望是指顾客对服务企业所提供服务预期的质量水平，顾客感知的实际服务绩效是指顾客对服务企业所提供服务实际感知到的质量水平。顾客感知服务质量的水平是服务期望与实际感知绩效比较的结果。当实际感知绩效大于服务期望的质量时，证明顾客感知服务质量是好的，顾客是满意的；反之则不满意。

格罗鲁斯的这个概念得到学术界的广泛认同。在服务管理文献中，顾客感知服务质量被简称为服务质量(service quality)。本章所指服务质量即顾客感知服务质量。

二、服务质量的维度

顾客感知服务质量维度是指对顾客服务质量期望与实际感知服务绩效产生影响的因素。在服务质量维度研究中，以格罗鲁斯为代表的北欧学派和以帕拉索拉曼(Parasuraman)、赞瑟姆(Zeithaml)和贝里(Berry)(以下简称 PZB)为代表的北美学派的观点影响力最大。

(一)北欧学派的服务质量维度

1. 技术质量

技术质量是指服务结果的质量，又称结果质量。技术质量表明顾客从服务中得到了什么。例如，旅馆为顾客提供了客房和床位，餐馆为顾客提供食品和饮料，银行为客户提供了贷款，网络用户通过互联网购买了商品等，这里，客房和床位、食品和饮料、贷款、具体的商品是顾客最终得到的结果。顾客会根据这些结果来评价服务质量。

技术质量可以用某种形式来度量。例如在客运服务中，运行时间是衡量服务质量的一个标准，教育服务中，可以利用考试、竞赛成绩或升学率衡量服务质量。

2. 功能质量

功能质量指服务过程的质量。服务过程与顾客消费过程同时发生，服务人员如何提供服务会影响顾客对服务质量的看法。服务过程的质量与服务时间、地点、服务人员的仪态仪表、态度、方法、程序、行为方式等有关，也与顾客的个性特点、态度、知识、行为方式等因素有关。

从顾客的角度来看，顾客经历的服务质量不仅与服务结果有关，而且与服务过程有关。服务质量是服务的技术质量和功能质量的综合。

(二)北美学派的服务质量维度

1988 年，PZB 将顾客感知服务质量划分为 5 个维度，即有形性、可靠性、响应性、保证性和移情性。

1. 有形性

有形性是指服务提供者的设施、设备、人员仪容仪表等有形要素。在顾客必须到场接受服务时，餐饮、景区、酒店等企业的有形性在顾客评价服务质量的过程中起着非常重要的作用。

2. 可靠性

可靠性是指服务提供者能准确地提供所承诺服务的能力。可靠性意味着企业在服务提供环节中，会按照承诺行事，如按时送达、定价与宣传一致、解决问题到位等。可靠性是顾客愿意重复消费的主要原因。

3. 响应性

响应性是指员工向顾客提供服务的自发性。响应性表现在处理顾客需求、询问、投诉时的专注、快捷程度。服务企业如果能从顾客的角度出发，在服务传递、服务补救过程中建立有效的响应机制，及时弥补服务差距，就会提高顾客对服务水准的认可度。

4. 保证性

保证性是指企业员工具有提供专业服务所具备的自信、知识和能力。当服务对顾客而言存在高风险或顾客自己没有能力评价服务时，保证性显得非常重要。

5. 移情性

移情性是指企业员工能够设身处地为顾客着想并提供细致入微的服务。例如，酒店前台的服务员能清楚地记得入住客人的姓名、职业或者其他个人信息，在服务过程中尊称顾客姓名，针对不同顾客的偏好调整服务内容等。

(三)服务质量维度的其他研究

基于不同研究取向，东西方学者对服务质量维度进行过不同划分，相关研究结果汇总如表 7-1 所示。

表 7-1　服务质量维度的研究结果

学者(年代)	服务质量维度的研究结果
朱兰(Juran，1974)	服务质量可分为五个部分：技术方面(如服务的困难度)、心理方法(如味道)、时间导向(可靠度和持续性)、契约性(保证服务)和道德方面(如服务人员态度、服务诚实)
赛瑟(Sasser，1978)	服务表现可分为三个不同的层面：材料、设备和人员。服务质量不仅包括最后的结果，而且还包括提供服务的方式
罗圣德(Rossander，1980)	服务质量包括：人员绩效质量、设备质量、资料质量、决策质量和结果质量
罗赫巴(Rohrbaugh，1981)	服务质量由人员质量、过程质量和结果质量三部分组成

续表

学者(年代)	服务质量维度的研究结果
莱蒂宁(Lehitnen，1982)	服务质量包括三个层面的内容：有形质量(如设备或建筑物)、公司质量(公司形象)和互动质量(顾客与公司之间的互动及顾客之间的互动)
塔克乌奇和奎而奇(Takeuchi & Quelch，1983)	从顾客消费前、消费中和消费后三个阶段来衡量服务质量。消费前考虑的因素包括：公司的品牌名称与形象、过去的消费经历、朋友推荐等。消费中考虑的因素包括：服务的规格、服务人员的评价、服务的保证、支持方案等。消费后所考虑的因素有：使用的便利性、抱怨处理、服务的有效性、可靠度等
马丁(Martin，1986)	好的服务应具备以下五个特性：适用性(服务符合顾客需要)、复制能力(能提供水准一致的服务)、及时性(在最短的时间内完成服务)、最终使用者满意(顾客觉得他们所付出的代价是值得的)和符合既定的规格(有能力维持所制定的服务标准)
阿姆斯泰德(Armistead，1985)	服务质量包括五个方面的内容：组织(服务范围、公司形象等)、人员(服务人员的仪表、服务态度等)、过程(服务的迅捷性等)、设备和商品
杉本辰夫(1987)	服务质量分为：内部质量(顾客看不到的质量)、硬质量(服务结果质量)、软质量(服务过程质量)、反应速度(服务的时间与迅速性)和心理质量(服务人员的礼貌应对与款待)
海伍德(Haywood，1988)	服务质量是有形设备过程和程序(如地理位置、服务场所大小、设备可靠性、流程的控制弹性、服务的速度等)、服务人员行为与响应性(沟通、态度、衣着、礼貌、处理投诉和解决问题的能力)及专业性判断(如诊断、革新、信任、识别和知识技能等)三者交互作用的结果
罗森(Rosen，1990)	服务质量由下列因素组成：人员执行服务的质量、设备执行服务的质量、资料数据的质量、决策的质量和服务执行成果的质量
斯凡内维特等(Schvaneveldt，Enkawa & Miyakawa，1991)	服务质量依属性可分为绩效(服务的核心功能和其达到的程度)、保证(服务过程中的正确性和响应性)、完整性(服务的多样性和附属服务)、便于使用(服务的可借性、简单性和使用的便利性)和情绪/情境(顾客在服务功能之外所得到的愉悦和满足感)
多荷霍卡、桑普和伦茨(Dabholkar，Thorpe & Rentz，1996)	服务质量包括有形设备、可靠性、人员间的互动、问题解决和政策
鲁斯特和奥利弗(Rust & Oliver，1994)	顾客感知服务质量除技术质量和功能质量外，还应纳入第三个要素，即有形的环境质量
鲁斯特(Rust，1999)	在网络服务中，顾客将从以下几个方面感知服务质量：进入容易性(可很快进入网站，寻找到想要接触的公司)、保证/信任性(顾客对公司有信心)、网上浏览的便捷性、效率(网页简单易懂)、安全/隐私(保护个人信息、保证交易安全)、网页美观新颖、可靠性(网址功能良好、服务承诺、结算和产品信息准确)、响应性(对顾客要求和问题的反应速度、解决速度)、服务弹性(顾客浏览、购买、付款和退货方式较多)、定制化/个性化(按照顾客的偏好和过去购买特点提供个性化服务)和价格信息准确

(资料来源：韦福祥. 服务质量评价与管理[M]. 北京：人民邮电出版社，2005)

三、服务质量的测量

管理建立在测量的基础上，企业如果无法了解顾客对服务质量的评价，单纯强调提高服务质量是没有意义的。服务质量在很大程度上被看作一种带有较强主观色彩的感知质量，顾客的感受和认知常常受各种无形因素的影响，因此，测量服务质量具有一定的挑战性。SERVQUAL 量表将顾客的主观感知转化为数值评价，能够较好地解决上述问题，为服务企业提供丰富的、有价值的信息，在实践中得到广泛应用。

SERVQUAL 量表由 PZB 于 1988 年提出，SERVQUAL 是 Service Quality 的简称。这种测量完全建立在顾客感知的基础之上，量表由有形性、可靠性、响应性、保证性、移情性 5 个维度 22 个题项组成，量表内容如表 7-2 所示。

表 7-2　SERVQUAL 量表

测量维度	定　义	题　项
有形性 (Tangibles)	服务中的实体部分，包括服务设施、设备和服务人员的外表	(1)服务设施在视觉上具有吸引力 (2)具有现代化的服务设施 (3)员工仪表整洁 (4)设备与所提供的服务一致
可靠性 (Reliability)	可靠、准确地提供所承诺的服务能力	(5)能履行对顾客的承诺 (6)顾客有困难时，表现出关心并提供帮助 (7)企业是可以依赖的 (8)及时提供所承诺的服务 (9)正确记录相关的服务
响应性 (Responsiveness)	为顾客提供及时的服务	(10)告知顾客各项服务的时间 (11)提供及时的服务 (12)服务人员总是乐意帮助顾客 (13)服务人员不会因忙碌而无法提供服务
保证性 (Assurance)	知识、态度能使顾客放心、信任	(14)服务人员是可以依赖的 (15)消费时，顾客能感到放心 (16)服务人员有礼貌 (17)服务人员能从企业得到适当支持，以便提供更好的服务
移情性 (Empathy)	关心并为顾客提供个性化服务	(18)企业能提供个性化服务 (19)服务人员对客户提供个别的关注 (20)了解顾客的特殊需求 (21)重视顾客利益 (22)企业的营业时间方便所有顾客

(资料来源：Parasuraman A.，Zeithaml V.A., Berry L .L..SERVQUAL：A Multiple-Item Scale for Measuring Consumer Perceptions of Service Quality. *Journal of Retailing*，1988，64(1)：pp.12-40)

SERVQUAL 量表由“服务期望”(E)和“服务感知”(P)两部分内容组成。每部分均由基于服务质量 5 个维度的 22 个题项组成。在步骤上，首先测量顾客对服务的期望，然后测量顾客对服务的感知，每一个相同题项的差距分数代表每个题项的服务质量并将其作为评价服务质量水平的依据，其基本公式为

$$Q = P - E \tag{7-1}$$

式中，Q 表示服务质量；

P 表示顾客实际感知的服务质量；

E 表示顾客期望。

所有题项的服务质量得分加总后，得到总的服务质量分数：

$$SQ = \sum_{i=1}^{22}(P_i - E_i) \tag{7-2}$$

式中，SQ 表示总的服务质量得分；

P_i 表示第 i 题项在顾客服务感知方面的分数；

E_i 表示第 i 题项在顾客服务期望方面的分数。

SERVQUAL 量表的测量结果，有以下三种情况。

(1) 当 $SQ = 0$ 时，表明顾客的感知(P_i)和期望(E_i)是一致的，服务质量可以让顾客接受。

(2) 当 $SQ<0$ 时，表明顾客的感知(P_i)低于期望(E_i)。结果数值的绝对值越大，说明服务的实际感知离期望的差距越大，服务质量越差。

(3) 当 $SQ>0$ 时，表明顾客的感知比期望高出很多($P_i>E_i$)，服务质量令顾客满意。但是，过高的服务质量也会形成过高的服务成本，影响到企业的利润水平，需要引起重视。

SERVQUAL 量表的价值在于管理者能够准确了解顾客实际感知和顾客期望两方面的内容，清楚服务企业存在的差距并提出有针对性的改进措施，以便达到提高服务质量的目的。

值得注意的是，由于 SERVQUAL 量表在最初开发时旨在应用于所有的服务行业，在实际运用过程中，需要研究者适当地增加或减少维度或者对题项进行调整，才能更好地适用不同行业的实际情况。

第三节　服务质量差距的分析

一、服务质量差距分析模型

服务质量是由顾客预期的服务和实际感知的服务差距决定，了解二者的差距所在，就可以为服务质量的改进与提高提供依据。1985 年，PZB 提出了服务质量差距分析模型。该模型区分了导致服务质量问题的五种差距，分析造成各类服务质量问题的根源，帮助管理者采取措施、改进服务、消除差距，进而提高服务质量。该模型的提出，奠定了服务质量测量与评价的理论基础。服务质量差距分析模型如图 7-1 所示。

模型的上半部分是与顾客有关的内容，下半部分是与服务企业有关的内容。从模型可以看出，顾客对服务质量的期望是在口头交流、个人需求、以往经验以及企业市场营销共同影响的结果。顾客的实际感知是服务企业一系列内部运行的结果。

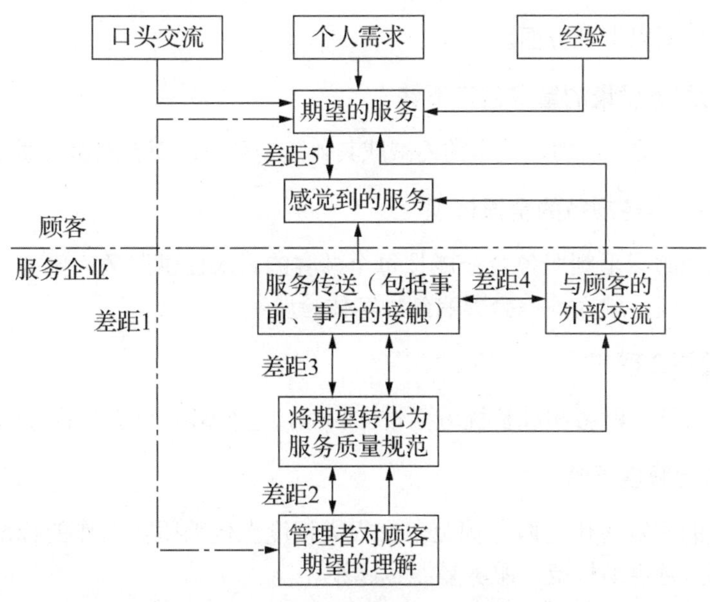

图 7-1 服务质量差距分析模型

二、服务质量差距的类型

(一)管理者认识的差距(差距一)

这是指管理者理解的顾客期望与顾客实际期望之间的差距。形成这种差距的主要原因包括以下几方面。

1. 市场信息不准确

如果服务企业没有进行市场调研，或是调研数据不充分，或是管理者对调研信息理解不正确，或是没有将调研信息反馈和应用到管理实践中，都会造成对顾客期望的认识偏差。

2. 信息沟通失真

管理者在与员工或其他人员在进行正式或非正式的信息沟通时，由于没有采取面对面交流的形式，或者采取了不正确的沟通媒介，都会导致信息的失真。

3. 管理层次复杂

如果一线员工与高层管理人员之间存在过多的管理层级，就会导致信息传递扭曲或传递速度变缓，使服务企业对消费者需求不能及时作出反应。

为了弥合该差距，服务企业应该准确了解顾客期望，做到以下几点。

(1) 实施有效的市场调研，做好顾客抱怨、顾客清单的分析工作。

(2) 增加顾客与高层管理人员之间的直接互动。

(3) 减少管理层级，提高从一线员工到管理层的信息传递效率。

(二)服务质量规范的差距(差距二)

这是指服务企业对顾客期望的理解和企业建立的服务质量规范之间的差距。形成这种差距的主要原因包括以下几方面。

1. 管理者对服务质量的重视程度不够

管理者往往更注重生产力、成本的缩减或其他短期利益，而忽略服务质量要素的改善。

2. 资源限制了服务规范的全面体现

有限的资源经常会限制服务企业能按每个顾客的需求提供服务。例如，场地不足限制了服务及时性的实现，顾客等待会影响到顾客体验质量。

3. 目标设置不合理

服务企业习惯于在财务和成长性方面设立目标，这会影响企业对服务质量的关注。

4. 任务标准化程度不够

将管理人员的理解转化为服务规范，在很大程度上依赖服务工作的标准化程度。服务标准化程度越高，越容易规范，服务差距也越小。

为了弥合该差距，服务企业应该准确了解顾客期望，做到以下几点。

(1) 管理者要把服务质量视为企业生存的基础。

(2) 采用新的经营管理方法，打破提供优质服务的障碍。

(3) 提出明确的、具有挑战性的、能满足顾客期望的服务质量标准。

(4) 建立服务标准，确保服务的一致性和可靠性。

(5) 区分对服务质量有影响的工作任务并优先实施。

(三)服务传递的差距(差距三)

这是指服务在生产和供给过程中表现出的质量水平没有达到服务企业制定的服务规范要求。这种差距是否存在取决于直接与顾客接触的服务人员是否愿意、是否有能力按照服务标准提供服务。形成这种差距的主要原因包括以下几方面。

1. 团队合作程度不足

服务通常是通过团队而不是单个的一线员工来传递的，因此，团队工作的效率与质量会导致服务在传递过程中产生差距。

2. 员工与岗位不匹配

服务员工的条件不适合该服务岗位的相关要求，服务过程中的不称职表现会形成质量传递的差距。

3. 技术设备不完善

当企业为员工所配备的设施、设备不能满足服务需求，或设备的技术支持不到位时，会造成服务质量水平的下降。

4. 考核体系不科学

对服务员工绩效评估的片面性会形成服务质量的不完整性。例如，绩效评估仅仅着眼于服务顾客数量而忽略顾客对服务质量的评价。

5. 员工职责不清晰

员工对顾客期望的理解不准确，对自己岗位的评估不足，不能充分实施自身工作职责，形成服务传递中的差距。

6. 员工出现角色冲突

管理者、监督者、顾客对服务期望不一致或相互矛盾时，员工会感觉到角色冲突，无所适从，不能满足顾客要求。

为了弥合该差距，服务企业应该确保服务绩效达到标准，做到以下几点。

(1) 组建合作融洽的工作团队并制定高效的激励措施。

(2) 为员工提供服务技能和人际沟通培训，将具备服务技能的员工安排到合适的工作岗位上。

(3) 选择合适、可靠的技术和设备，提高服务水平。

(4) 建立针对服务质量的奖罚制度。

(5) 让员工参与服务标准的制定，减少角色冲突。

(6) 通过岗位培训，让所有的员工理解并实施提高顾客满意度的措施。

(四)市场信息传播的差距(差距四)

这是指服务企业在市场营销过程中，对自身服务质量的宣传与实际提供的不一致，形成这种差距的主要原因包括以下几方面。

(1) 市场营销规划与营运系统之间没能做到有效协调。

(2) 市场传播信息与实际服务活动之间缺乏协调。

(3) 实际服务没有达到市场传播的质量标准。

(4) 宣传时夸大服务质量，作出过多承诺，造成与顾客体验间的差距。

为了弥合该差距，服务企业应该恪守承诺，做到以下几点。

(1) 宣传、推广设计要真实地反映员工工作内容。

(2) 服务提供者要有审核、预览宣传、推广内容的必要环节。

(3) 加强营销部门、生产部门和人力资源部门之间的联系。

(4) 确保在不同地点提供一致水准的服务。

(5) 宣传内容要正确反映顾客关注的服务特征。

(6) 根据价格为顾客提供相应水准的服务，并对此予以合理说明。

(五)服务质量感知差距(差距五)

这是指服务企业实际提供的服务与顾客期望得到的服务之间的差距，上述四类差距中的任何一个都将会导致这种差距的出现。

顾客感知或经历的服务与期望的服务不一样，有可能产生积极后果，如顾客认为他们享受到了优质服务，通过口碑宣传为企业吸引了潜在顾客。也可能导致不良后果，如消极的质量评价对企业形象产生的负面影响等。

要消除、弥合该差距，就要在服务过程中让顾客知情并在服务结束后征询顾客意见，必要时提供有形证据。

在服务质量差距分析模型中，预期服务与感知服务之间的差距(差距五)与其他四个差距存在必然联系，差距五由差距一、差距二、差距三、差距四的大小与方向决定。各服务差距之间的关系如图 7-2 所示。

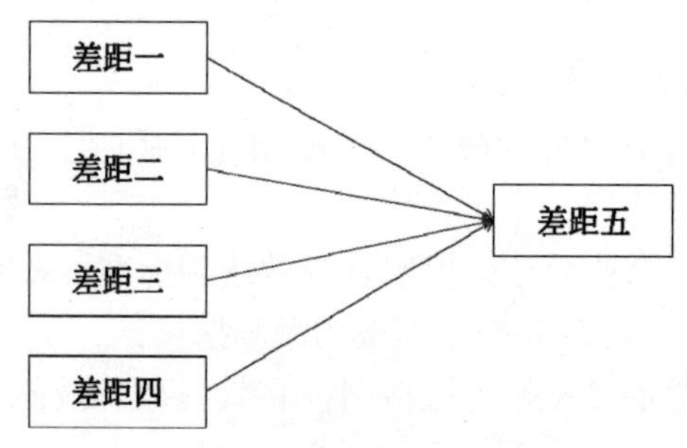

图 7-2　服务质量差距间的关系

第四节　服务质量管理与改进

服务质量的测量是服务质量保证的先决条件。想要得到高质量的服务，需要服务企业加强服务过程的质量管理并进行持续改进。

一、服务过程质量管理

服务过程质量管理包括服务市场研究与开发、服务设计、服务提供等环节的质量管理。

(一)服务市场研究与开发质量管理

与一般产品不同，服务市场研究与开发的内容包括以下几方面。

1. 市场特征分析

顾客对各种服务的需求、各种服务的功能分析、理想的服务特征、顾客寻找服务的方法、顾客的态度与活动、竞争状况、市场占有率、市场装备及竞争趋势等内容。

2. 市场预估

市场成长或衰退的基本动力、顾客的趋势与变迁、新竞争性服务业的类型、环境变迁(社会经济、科技、政治等)等内容。

3. 确定发展重点

根据顾客对服务的需要和期望，确定核心服务、辅助服务的内容，设计组合方式，将本企业与竞争对手进行区别，通过实施服务承诺，增强企业的竞争力。

通过市场研究和分析，服务企业一旦决定提供某项服务，就要把市场研究和分析的结果和服务企业对顾客的义务都纳入到服务提要中。服务提要中规定了顾客的需要和服务企业的相关能力，作为一组要求和细则来构成服务设计工作的基础。

(二)服务设计质量管理

服务设计是服务质量体系中防范出现质量问题的重要保证。服务系统中存在的缺陷如果被忽视，它就会被不断重复，造成员工和顾客之间、员工和员工之间关系的紧张。戴明(Deming)认为，94%的质量问题是服务设计不完善导致的，仅有 6%是由于粗心、忽视、坏脾气等原因造成的。

1. 服务设计的职责

(1) 策划、准备、编制、批准、保持和控制服务规范、服务提供规范和质量控制规范。

(2) 为服务提供过程规划需要采购的产品和服务。

(3) 对服务设计每一阶段的执行，设计评审标准。

(4) 当服务提供过程完成时，确认是否满足服务提要的要求。

(5) 根据反馈或其他外部意见，对服务规范、服务提供规范、质量控制规范进行修正。

2. 服务设计的内容

(1) 员工。员工是服务的基本组成部分，是服务质量的决定性要素。服务设计不仅要根据服务体系对员工作出明确要求，还要考虑如何引导员工队伍为提升服务质量作出最大贡献。员工的服务设计包括人员选择、培训与开发、与激励系统相适应的工作内容和工作设计的分析。

(2) 顾客。服务质量在很大程度上是顾客和不同要素相互作用的结果，如顾客之间、顾客与员工之间、顾客与有形环境之间和顾客与组织之间等。服务设计要考虑顾客在生产服务的不同时间点上所起的作用，要了解顾客与其他要素接触的方式。在服务体系的设计上，要保证顾客能轻松理解和接受。

(3) 组织和管理结构。服务的组织和管理部门必须和服务体系的其他要素协同配合。首先，通过定义服务概念，授权和分配责任，确保在控制和自由之间达成平衡。因为这种平衡对于员工处理重要事件的能力和热情至关重要。其次，要确保组织内的非正式结构(质量、质量项目组)和员工所在部门之间保持协调。

(4) 有形环境和技术环境。对顾客和员工而言，有形环境和技术环境，如办公设备、技术系统和服务价格、建筑物外观设计传递着无形服务的线索和信息，是服务质量体系的一部分。高质量的有形环境和技术环境能对顾客产生良好的第一印象。

(三)服务提供过程的质量管理

1. 服务企业的评价

作为服务提供方，服务企业要保证服务提供过程的质量，要对所提供服务是否符合服务规范进行监督。当出现偏差时，要及时对服务过程进行检视调查。

服务流程图是服务企业进行过程质量测量的常用方法之一。通过流程图，可以显示工作步骤和工作任务，确定关键环节，找出服务流程中管理人员不易控制的部分以及不同部分衔接的薄弱环节。分析各种影响服务质量的因素，确定预防和补救措施。

相比制造类企业，服务企业在服务提供过程中的质量控制标准的制定和执行相对困难一些。目前，许多制造类企业用以改善生产效率的方法，也被服务企业效仿使用。例如更新机器设备、时间与动作研究、具体业务标准化、专门化、流水线作业等。

2. 顾客评价

顾客评价是对服务质量的基本测量。顾客的反映可能是及时的，也可能是滞后的或回顾性的。很少有顾客愿意主动提供自己对服务质量的评价，不满的顾客总是在企业还没有采取纠正措施前就停止了消费服务。片面地依赖顾客评价作为顾客满意的测量，可能会得出错误的结论，导致服务企业决策失误。

对顾客满意方面的评定和测量，应集中在服务规范、服务提供过程满足顾客需要的范围内。服务企业经常会发生自认为提供的是优质服务，但顾客却并不满意的事。这可能表明了规范、过程或测量中的缺陷。顾客评价与服务企业自身评价相结合，可以为改进服务质量、采取改进措施提供帮助。

3. 服务补救

1) 识别不合格服务

(1) 监测顾客抱怨。要完整地了解顾客抱怨，分析顾客的投诉。大多数经历不合格服务的顾客往往并不向服务企业投诉和抱怨，却会向其他人转诉他们消费不合格服务的经历。对服务企业来说，对直接投诉和抱怨顾客的补救比较容易做到；对经历了不合格服务但又不向服务企业投诉的顾客，唯一的补救办法是通过顾客研究，将不合格服务找出来。

(2) 进行顾客研究。进行顾客研究的目的是识别不合格服务。研究的方式可以是定性、定量或者采取二者结合的方式。以顾客身份亲身经历是识别服务是否合格的有效途径。

(3) 监测服务过程。对服务流程图进行检查，找出服务中存在潜在问题的地方。对不合格环节进行观察，提出有效的处理方法。

2) 处理不合格服务

(1) 提高员工素质。服务人员没有能力或不愿意对外部情况作出有效反应，是服务企业普遍存在的难题。对员工沟通技能、创造力、应变能力和对顾客的理解能力进行培训，有助于员工及时补救不合格服务，满足顾客需求。

(2) 给一线员工充分授权。不合格服务几乎都发生在顾客和一线员工之间。当不合格服务发生时，给员工满足顾客需求的权力，会使员工在现场就能解决问题。在一定程度上，这种授权与培训员工提高解决不合格服务能力的行为同样重要，因为员工可能在问题出现之初就能将其解决，避免问题升级。

(3) 培养和建立与顾客的良好关系。长期的、稳定的客户关系能够对不合格的服务起到缓冲作用。顾客与企业的这种关系可以让他们对公司更了解，更能体谅企业，更容易接受企业服务补救的努力。

(4) 对于不能达到的补救结果给予合理的解释。给出的解释应正当、充分，能让顾客理解所发生事情的正当性。对顾客的态度要真诚，能让顾客感觉到企业对服务失误的重视。

二、服务质量持续改进

服务质量的提高不是一次好的设计、一次完美的工作就能实现的。它是一个长期的过程，需要不断地努力和持续地改进才能成功。世界知名的服务企业都是通过对服务的持续改进来赢得业界的美誉度的。服务质量的持续改进既是一种思维方式，也是一种实践方法，更是一种企业文化。

服务质量持续改进的理念源于戴明的质量管理理论。戴明循环(Deming Cycle)尽管最初是为制造业而发明的，但其管理思想可适用于包括服务质量管理在内的所有的产品的质量管理。

根据戴明循环的四个阶段，可以将服务质量的改进分成以下工作步骤。

1. 计划

分析现状，找出存在的问题，如顾客流失率、投诉率等。分析产生质量问题的各种原因或影响因素，找出影响质量的主要因素。然后，针对影响质量的主要因素，提出改进计划，制定解决方案。

2. 执行

在试验的基础上执行计划方案，在该过程中要通过指标的收集和考察，检查计划的落实情况并与开始设定的目标进行比较。

3. 检查

检查和评价计划方案是否达到了预期的目标，并对可能的结果进行分析研究。

4. 总结

对于成功的方案要总结经验，巩固成绩，使工作结果标准化，以便在所有的流程环节推广。同时，提出尚未解决的问题，转入下一个循环。

本 章 习 题

1. 如何理解服务质量的内涵？
2. 服务质量差距产生的原因有哪些？
3. 顾客会从哪些方面对服务质量进行评价？
4. 如何进行服务质量管理？
5. 服务质量如何才能持续改进？

案例：基于 SERVQUAL 模型的 H 市政府服务质量评价

建设服务型政府是我国政府转变职能的一项重要工作。建设服务型政府的一项主要内容是对政府的绩效进行评价，而服务质量是绩效评价的主要内容之一。本案例利用 SERVQUAL 模型演示如何对服务质量进行评价。

一、构建政府服务质量评价指标体系

构建政府服务质量评价指标体系的理论依据是 SERVQUAL 模型。由于最初提出的 SERVQUAL 模型针对的是营利性组织，所以，在评价非营利性组织的政府时还需要分析模型中的维度和指标是否能够满足评价政府服务质量的要求。根据政府服务职能的特点和要求以及对公众的访谈调研，认为在 SERVQUAL 模型原有 5 个维度的基础上，增加“信息性”维度。理由是，政府作为国家行政部门，是人民群众利益的代表者，人民有权利知道自己的利益实现到哪种程度，政府有责任向公众公布提供服务的过程、方式以及服务时间。同时，政府还应该通过多种途径公布所辖部门的职责、提供服务的内容以及渠道等信息，以便公众了解。

因此，本案例对 SERVQUAL 模型调整后的维度包括有形性、可靠性、响应性、保证性、移情性、信息性 6 个维度。在此基础上，结合 SERVQUAL 量表给出的 22 个题项，构建政府服务质量评价指标体系，如表 7-3 所示。

表 7-3 政府服务质量评价指标体系

一级指标	二级指标	三级指标
政府服务质量	有形性	1.政府的总体形象
		2.政府现代化的服务设施完善程度
		3.政府服务设施具有的吸引力程度
		4.政府工作人员服务和外表的整洁程度
		5.政府服务设施与提供服务相匹配程度
	可靠性	6.政府对顾客所承诺事情的完成程度
		7.政府工作人员的业务水平
		8.政府的相关政策合理化程度
		9.政府记录相关服务的水平
	响应性	10.政府工作人员提供服务时间的准确程度
		11.政府工作人员及时提供服务的程度
		12.政府工作人员主动提供服务的程度
		13.政府工作人员的服务态度
	保证性	14.政府工作人员的可信赖程度
		15.政府支持工作人员提供服务的水平
		16.政府工作人员的廉洁行政程度
	移情性	17.政府对顾客的关怀程度
		18 政府针对不同顾客提供个别服务的程度
		19.政府了解群众需求的程度
		20.政府优先考虑群众需求的程度
	信息性	21.政府提供信息的及时程度
		22.政府提供信息的丰富程度
		23.政府提供信息渠道的多样性程度

二、调查问卷设计与检验

(一)调查问卷的设计和发放

根据表 7-3 政府服务质量评价指标体系，设计调查问卷。调查问卷见本案例《附录：政府服务质量调查问卷》。主要调查两方面的内容，一是调查公众对政府服务质量的期望，这种期望往往会受到被调查者的亲身经历、政府的口碑等因素影响；二是调查公众对政府服务质量的感受，这是一种亲身体验的质量。

该问卷采用七级李克特量表的方式打分，从 1 分到 7 分。分值越低表示不满意程度越高，分值越高表示满意程度越高。

本次调查活动由 H 市通过网络发放问卷来完成。共收回有效问卷 184 份。经过分析发现，调查者所接触的政府部门包括工商、税务、教育、公安、卫生、劳动人事、科技、社区等，具有广泛的代表性。

(二)调查问卷的检验

1. 信度检验

信度检验的目的是检验公众填写的问卷是否可信。采用克朗巴哈系数(Cronbach's α)进行检验($\alpha \geqslant 0.7$，问卷可信度高)。

将回收的问卷数据导入 SPSS 软件进行信度分析，结果如表 7-4 所示。其中期望质量量表总α系数为 0.740 1，感知质量量表总α系数为 0.935 3，均大于 0.7 的评判界限，体现出较高的可信度，问卷可靠。

表 7-4 信度检验结果

期望部分	Cronbach's α 系数	实际部分	Cronbach's α 系数
有形性	0.677 8	有形性	0.870 1
可靠性	0.665 4	可靠性	0.754 4
保证性	0.619 7	保证性	0.812 2
响应性	0.520 4	响应性	0.775 0
移情性	0.537 4	移情性	0.774 4
信息性	0.518 8	信息性	0.803 7
总体	0.740 1	总体	0.935 3

2. 效度检验

效度分为内容效度和结构效度。内容效度检验的目的是检查问卷能否反映调查者想要了解的主题。这种检验主观性比较强，主要依靠相关专家的判断。本案例的问卷经专家评审，能够反映调查的要求。结构效度检验主要是检查问卷设计的合理性，一般通过因子分析法进行检验。但是，在进行因子分析之前，需要先对问卷数据进行 KMO 和 Bartlett 球体检验，以确定问卷数据是否适合做因子分析。

1) KMO 和 Bartlett 球体检验

对问卷 23 个测量指标进行 KMO 和 Barlett 球体检验，结果如表 7-5 所示。KMO 值>0.6，P<0.05。说明调查问卷有结构效度，适合做因子分析。

表 7-5 KMO 和 Bartlett 检验

KMO 检验值		期望部分	实际部分
		0.606	0.792
Bartlett 球度检验	Approx. Chi-Square	470.913	1 259.478
	自由度	253	253
	显著性	0.000	0.000

2) 因子分析

运用 SPSS 软件对调查问卷的 23 个题项进行因子分析，结果如表 7-6 所示。

表 7-6　变量的共同度

变　量	初始值		因子提取后的值	
	期望部分	实际部分	期望部分	实际部分
1	1.000	1.000	0.747	0.710
2	1.000	1.000	0.732	0.766
3	1.000	1.000	0.779	0.813
4	1.000	1.000	0.728	0.742
5	1.000	1.000	0.667	0.588
6	1.000	1.000	0.761	0.666
7	1.000	1.000	0.659	0.661
8	1.000	1.000	0.771	0.708
9	1.000	1.000	0.791	0.747
10	1.000	1.000	0.591	0.572
11	1.000	1.000	0.623	0.725
12	1.000	1.000	0.601	0.708
13	1.000	1.000	0.747	0.698
14	1.000	1.000	0.581	0.781
15	1.000	1.000	0.721	0.658
16	1.000	1.000	0.632	0.735
17	1.000	1.000	0.756	0.792
18	1.000	1.000	0.761	0.738
19	1.000	1.000	0.736	0.762
20	1.000	1.000	0.565	0.786
21	1.000	1.000	0.598	0.766
22	1.000	1.000	0.663	0.617
23	1.000	1.000	0.715	0.761

从表 7-6 中可以看出，所有变量因子共同度都大于 0.5，说明所设计的题目之间因子共同度符合要求，每项指标的存在都有意义，问项设置合理，无须对评价指标进行修改或剔除。

通过以上分析，本案例政府服务质量评价指标体系的设置合理，调查问卷具有良好的结构效度。

三、H 市政府服务质量评价

(一)评价公式

基于 SERVQUAL 模型的服务质量评价公式为

$$SQ=\sum_{i=1}^{n}(P_i-E_i) \tag{7-3}$$

式中，SQ 是总服务质量分值；P_i 是第 i 项指标感知质量的分值；E_i 是第 i 项指标期望质量的分值；n 是指标个数。

在公式(7-3)的基础上，为每一指标和每一维度赋予不同的权重，得到加权的服务质量差异评估模型：

$$SQ'=\sum_{j=1}^{6}W_j\sum_{i=1}^{R}W_{ji}(P_i-E_i) \tag{7-4}$$

式中，W_j、W_{ji}、R 分别表示总的服务质量分值、维度的权重、第 i 项指标在第 j 个维度中的权重、每个维度的指标数目。平均的服务质量分值为

$$\text{AVSQ}=\frac{SQ'}{n} \tag{7-5}$$

式中，n 表示指标数目。

(二)计算各指标期望值与感受值的差值

根据调查问卷中公众对指标回答的数据，计算每一个指标的期望值和实际感受值的平均值，并计算两者的差距值，如表 7-7 所示。数据反映公众实际感受到的政府服务质量总体上低于公众的期望。

图 7-3 是各维度期望值与实际感受值的差距比较，其中保证性维度的差距最大。图 7-4 是各维度期望均值与感受均值的比较。

表 7-7　调查指标的期望值与实际感受值统计结果

维度	序号	评价指标	期望值 E	感受值 P	差距值
有形性	1	政府的总体形象	4.94	3.04	−1.90
	2	政府现代化的服务设施完善程度	4.83	2.96	−1.87
	3	政府服务设施具有的吸引力程度	4.81	3.00	−1.81
	4	政府工作人员服务和外表的整洁程度	4.75	3.02	−1.73
	5	政府服务设施与提供服务相匹配程度	4.87	3.00	−1.87
	平均值		4.84	3.00	−1.84
可靠性	6	政府对顾客所承诺事情的完成程度	4.81	3.21	−1.60
	7	政府工作人员的业务水平	4.87	2.99	−1.88
	8	政府的相关政策合理化程度	4.75	3.05	−1.70
	9	政府记录相关服务的水平	4.61	2.88	−1.73
	平均值		4.76	3.03	−1.73
响应性	10	政府工作人员提供服务时间的准确程度	5.33	2.89	−2.44
	11	政府工作人员及时提供服务的程度	5.17	3.10	−2.07
	12	政府工作人员主动提供服务的程度	5.14	3.14	−2.00
	13	政府工作人员的服务态度	5.14	3.15	−1.99
	平均值		5.20	3.07	−2.13

续表

维度	序号	评价指标	期望值 E	感受值 P	差距值
保证性	14	政府工作人员的可信赖程度	6.01	2.94	−3.07
	15	政府支持工作人员提供服务的水平	5.92	3.33	−2.59
	16	政府工作人员的廉洁行政程度	6.04	3.06	−2.96
	平均值		6.00	3.11	−2.89
移情性	17	政府对顾客的关怀程度	5.18	3.10	−2.08
	18	政府针对不同顾客提供个别服务的程度	5.20	3.13	−2.07
	19	政府了解群众需求的程度	5.02	2.87	−2.15
	20	政府优先考虑群众需求的程度	5.29	3.11	−2.19
	平均值		5.17	3.05	−2.12
信息性	21	政府提供信息的及时程度	5.83	3.36	−2.47
	22	政府提供信息的丰富程度	5.64	3.45	−2.19
	23	政府提供信息渠道的多样性程度	5.89	3.45	−2.44
	平均值		5.79	3.42	−2.37

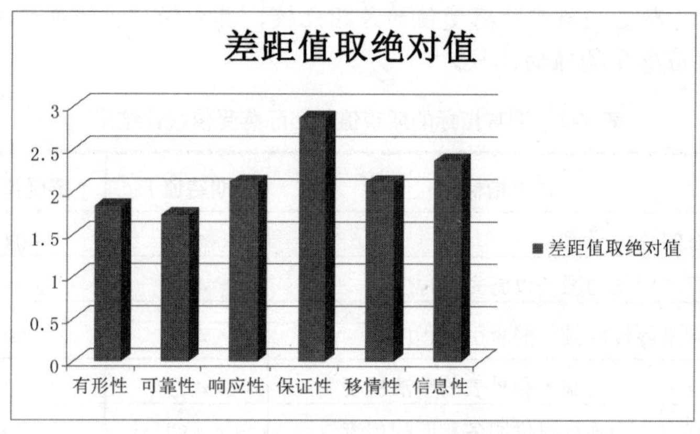

图 7-3　各维度期望值与感受值差距比较图

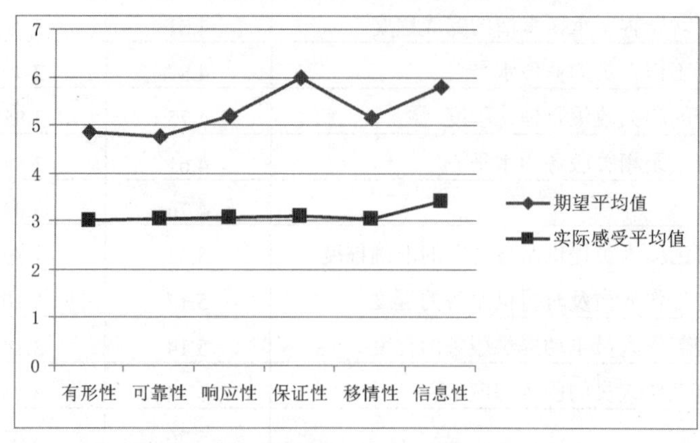

图 7-4　各维度期望均值与感受均值比较图

(三)权重的确定

1. 指标权重的确定

调查问卷的 23 个评价指标在公众心目中的重要程度是不同的。根据问卷实际感受质量中公众对指标重要性回答的情况，将回答所占比重作为指标的权重。比如，在有形性维度中，18.1%的受访者认为“政府的总体形象”最重要，则在有形性维度中，该指标的权重为 18.1%。其余指标的权重同理得出，如表 7-8 所示。

表 7-8　各指标的权重

维　度	序　号	指　标	权重ω_{jt}
有形性	1	政府的总体形象	18.1%
	2	政府现代化的服务设施完善程度	17.6%
	3	政府服务设施具有的吸引力程度	19.3%
	4	政府工作人员服务和外表的整洁程度	23.1%
	5	政府服务设施与提供服务相匹配程度	21.9%
可靠性	6	政府对顾客所承诺事情的完成程度	25.7%
	7	政府工作人员的业务水平	26.1%
	8	政府的相关政策合理化程度	28.6%
	9	政府记录相关服务的水平	19.6%
响应性	10	政府工作人员提供服务时间的准确程度	23.3%
	11	政府工作人员及时提供服务的程度	26.8%
	12	政府工作人员主动提供服务的程度	27.7%
	13	政府工作人员的服务态度	22.2%
保证性	14	政府工作人员的可信赖程度	36.7%
	15	政府支持工作人员提供服务的水平	27.9%
	16	政府工作人员的廉洁行政程度	35.4%
移情性	17	政府对顾客的关怀程度	23.1%
	18	政府针对不同顾客提供个别服务的程度	26.3%
	19	政府了解群众需求的程度	24.8%
	20	政府优先考虑群众需求的程度	25.8%
信息性	21	政府提供信息的及时程度	37.6%
	22	政府提供信息的丰富程度	32.1%
	23	政府提供信息渠道的多样性程度	30.3%

2. 维度权重的确定

根据表 7-7 中各维度期望值的平均值，可了解公众对不同维度重要性的认知，如图 7-5 所示。根据分值高度，各维度重要性排序是(重要→次要)：保证性>信息性>响应性>移情性>有形性>可靠性。

本案例运用乘积标度法对各维度进行赋权。利用乘积标度法计算权重时，将重要性排序最低的维度标度为 1，然后对各个维度进行两两相比，得出六个维度的权重，如表 7-9

所示。

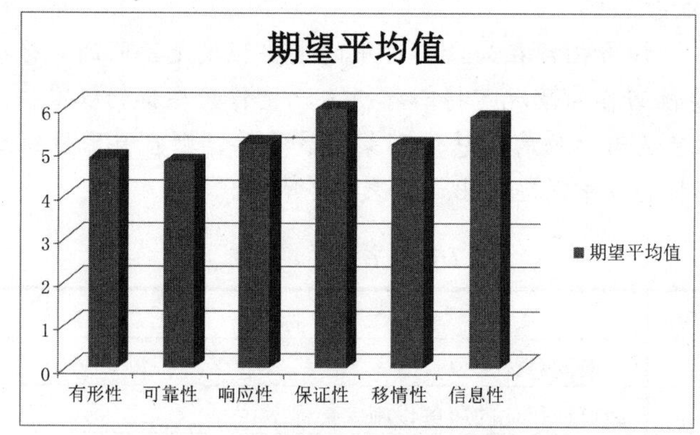

图 7-5 各维度的重要性比较

表 7-9 各维度之间的赋权关系及权重表

维 度	赋权比例关系	权 重
保证性	1×1.354×1.354×1.354×1.354×1.354	31.21%
信息性	1×1.354×1.354×1.354×1.354	23.05%
响应性	1×1.354×1.354×1.354	17.02%
移情性	1×1.354×1.354	12.57%
有形性	1×1.354	9.29%
可靠性	1	6.86%

(四)计算与分析评价结果

1. 计算评价结果

将表 7-8 中调查指标的期望值与实际感受值的差值、表 7-9 中各指标的权重值以及表 7-10 中各维度的权重值，代入式(7-4)和式(7-5)中，得出结果为

$$\mathrm{AVSQ} = -2.054$$

当平均服务质量 AVSQ = 0 时，$P_i = E_i$，说明公众的感知服务质量和期望的服务质量是一致的，公众满意，服务质量的水平也较高；当 AVSQ > 0 时，$P_i > E_i$，说明公众感知的服务质量要高于期望的服务质量，这是一种给公众惊喜的服务质量，公众超满意。对于这种情况政府应该有所反思，因为过高的服务质量会给政府带来更高的服务成本，同时也会给顾客造成一种不切实际的感觉。当 AVSQ < 0 时，$P_i < E_i$，说明公众感知的服务质量低于其所期望的服务质量，未能满足公众顾客的要求，服务质量有待进一步提高。

本案例的平均服务质量 AVSQ < 0，反映出政府服务质量不能很好地满足顾客要求，与顾客所期望的服务质量存在较大差距。这就要求政府根据顾客的感受来有针对性地提高服务质量，达到顾客满意的要求。

2. 评价结果分析

结合调查问卷、表 7-7 以及李克特量表赋予分值的含义，顾客对 H 市政府服务质量的期望值大多处于 4～6 分之间，说明公众对政府服务质量的期望较高；而实际感受值大多接近 3 分或略超过 3 分，说明公众对政府所提供的服务质量是不满意的，但处于可容忍范围，处于这个范围就减小了公众由于不满意而进行投诉的可能性。最终的平均服务质量分值为-2.054，反映了公众对政府提供的服务质量的不满意程度较大。图 7-4 也反映了公众对政府提供服务的实际感受和期望之间存在较大的差距。

从图 7-3 和图 7-5 可以看出，在六个维度中保证性维度和信息性维度无论是从期望和感受差距方面还是从重要性方面都排名靠前。反映了这两个维度是公众最关心的，也是政府服务工作的薄弱环节，说明 H 市政府的工作人员在廉洁自律、可信赖方面以及政府在提供信息的渠道和及时性方面做得还不到位。此外，响应性和移情性这两个维度的差值也较大，说明政府工作人员的服务态度、对公众的关怀与理解、提供服务的主动性与及时性以及服务水平等方面还需要进一步改善。

相对而言，有形性和可靠性这两个维度的差值较小，说明 H 市政府在总体形象、服务设施的完善情况、工作人员外表整洁情况、相关政策合理化情况、工作人员业务水平等方面做得还可以，群众的满意程度相对较高，能较大程度地满足顾客的需求。

四、改善政府服务质量的对策建议

针对 H 市政府服务质量中存在的问题，提出以下改善的对策建议。

(一)加强服务行政先进理念的宣传

(1) 要宣传政府存在的合法性前提是为公众提供服务的先进理念。因此，政府为公民提供服务时不求回报，政府提供了满意的服务时不作为政绩大肆宣传。

(2) 广大公务人员要树立民为天的观念。公务员要认识到公民就是自己的衣食父母，自己的行为一定要体现公民的意志，一切行为的目的是保证公共利益的实现，而自己只是接受他们委托、保护他们利益的代理者。

(3) 在所提供的服务中要贯彻平等原则。政府不能以一种恩赐者的心态来为公众提供服务，要保持一种平等的心态，服务是他们的职责，任何时候都不能体现特权。

(4) 在服务结果中要加强服务问责制度，确立全心全意为人民服务的服务观，摒弃官本位和政府本位的思想。

(二)加强“电子化政府”的建设

电子化政府是指政府有效利用现代化信息和通信技术，对政府机关、企业、社会组织和公民提供自动化的信息及其他服务，从而构建一个有回应力、效率高、负责任、具有更高服务品质的政府。

(1) 政府在职能转变和互联网普及的基础上，精兵简政，重新整合政府职能部门，减少交叉行政，细化并区分行政职权和责任，并通过互联网加强行政监督。

(2) 不断梳理和改进政府信息流程，既促进政府内外信息高效传输，也促进政府权力的运行方式能得到与时俱进的调整。

(3) 在重组政府职能部门和信息流程的基础上，以“方便公民、快捷高效”为准则，建设为企事业单位、社会组织和公民提供自动化的信息及其他服务的电子化政府。

(三)完善公民监督机制

(1) 着力保障公民和社会实施监督的平台，继续推行政务公开制度。

(2) 加强公民的监督作用。

(3) 建立有公民参与的问责制。

附录：政府服务质量调查问卷

尊敬的先生/女士

您好！为了解 H 市政府的服务质量情况发放此问卷，您的宝贵意见将有助于我们的研究和进一步提高政府服务质量的可能。完成这份问卷大约需要花费您 5～10 分钟时间。本问卷采用不记名方式，对您的填写内容和个人信息决不公开。谢谢您的支持和帮助！

一、基本情况：

1. 性别：( )男　　( )女

2. 年龄：( )18～25　( )25～35　( )35～45　( )45～55　( )55～65　( )65 以上

3. 您所接触的政府部门：( )工商　( )税务　( )教育　( )公安　( )科技
( )卫生管理　( )劳动与人事　( )社区　( )其他

二、问卷调查内容

调查内容包括期望和实际感受两部分。在评价过程中，根据你的感受来选择分值。

下面请回答第一部分：期望质量

维度	编码	评价指标	不同意 ◀——▶ 非常同意
有形性	1	期望政府的总体形象	1　2　3　4　5　6　7
	2	期望政府现代化的服务设施完善程度	1　2　3　4　5　6　7
	3	期望政府服务设施具有的吸引力程度	1　2　3　4　5　6　7
	4	期望政府工作人员服务和外表的整洁程度	1　2　3　4　5　6　7
	5	期望政府服务设施与提供服务相匹配程度	1　2　3　4　5　6　7
可靠性	6	期望政府对顾客所承诺事情的完成程度	1　2　3　4　5　6　7
	7	期望政府工作人员的业务水平	1　2　3　4　5　6　7
	8	期望政府的相关政策合理化程度	1　2　3　4　5　6　7
	9	期望政府记录相关服务的水平	1　2　3　4　5　6　7
响应性	10	期望政府工作人员提供服务时间的准确程度	1　2　3　4　5　6　7
	11	期望政府工作人员及时提供服务的程度	1　2　3　4　5　6　7
	12	期望政府工作人员主动提供服务的程度	1　2　3　4　5　6　7
	13	期望政府工作人员的服务态度	1　2　3　4　5　6　7
保证性	14	期望政府工作人员的可信赖程度	1　2　3　4　5　6　7
	15	期望政府支持工作人员提供服务的水平	1　2　3　4　5　6　7
	16	期望政府工作人员的廉洁行政程度	1　2　3　4　5　6　7
移情性	17	期望政府对顾客的关怀程度	1　2　3　4　5　6　7
	18	期望政府针对不同顾客提供个别服务的程度	1　2　3　4　5　6　7
	19	期望政府了解群众需求的程度	1　2　3　4　5　6　7
	20	期望政府优先考虑群众需求的程度	1　2　3　4　5　6　7
信息性	21	期望政府提供信息的及时程度	1　2　3　4　5　6　7
	22	期望政府提供信息的丰富程度	1　2　3　4　5　6　7
	23	期望政府提供信息渠道的多样性程度	1　2　3　4　5　6　7

下面请回答第二部分：实际感受质量

维 度	编码	评 价	不同意 ◄—► 非常同意
有形性	1	实际感受到的政府总体形象	1 2 3 4 5 6 7
	2	实际感受到的政府现代化服务设施的完善程度	1 2 3 4 5 6 7
	3	实际感受到的政府服务设施具有的吸引力程度	1 2 3 4 5 6 7
	4	实际感受到的政府工作人员服务和外表的整洁程度	1 2 3 4 5 6 7
	5	实际感受到的政府服务设施与提供服务相匹配程度	1 2 3 4 5 6 7
	以上“有形性”的5个指标，您认为哪个最重要		1 2 3 4 5
可靠性	6	实际感受到的政府对顾客所承诺事情的完成程度	1 2 3 4 5 6 7
	7	实际感受到的政府工作人员的业务水平	1 2 3 4 5 6 7
	8	实际感受到的政府相关政策的合理化程度	1 2 3 4 5 6 7
	9	实际感受到的政府记录相关服务的水平	1 2 3 4 5 6 7
	以上“可靠性”的4个指标，您认为哪个最重要		6 7 8 9
响应性	10	实际感受到的政府工作人员提供服务时间的准确程度	1 2 3 4 5 6 7
	11	实际感受到的政府工作人员及时提供服务的程度	1 2 3 4 5 6 7
	12	实际感受到的政府工作人员主动提供服务的程度	1 2 3 4 5 6 7
	13	实际感受到的政府工作人员的服务态度	1 2 3 4 5 6 7
	以上“响应性”的4个指标，您认为哪个最重要		10 11 12 13
保证性	14	实际感受到的政府工作人员的可信赖程度	1 2 3 4 5 6 7
	15	实际感受到的政府支持工作人员提供服务的水平	1 2 3 4 5 6 7
	16	实际感受到的政府工作人员的廉洁行政程度	1 2 3 4 5 6 7
	以上“保证性”的3个指标，您认为哪个最重要		14 15 16
移情性	17	实际感受到的政府对顾客的关怀程度	1 2 3 4 5 6 7
	18	实际感受到的政府针对不同顾客提供个别服务的程度	1 2 3 4 5 6 7
	19	实际感受到的政府了解群众需求的程度	1 2 3 4 5 6 7
	20	实际感受到的政府优先考虑群众需求的程度	1 2 3 4 5 6 7
	以上“移情性”的4个指标，您认为哪个最重要		17 18 19 20
信息性	21	实际感受到的政府提供信息的及时程度	1 2 3 4 5 6 7
	22	实际感受到的政府提供信息的丰富程度	1 2 3 4 5 6 7
	23	实际感受到的政府提供信息渠道的多样性程度	1 2 3 4 5 6 7
	以上“信息性”的3个指标，您认为哪个最重要		21 22 23

问卷到此结束，谢谢您的配合！

第八章　顾客满意度测评

学习要点

本章介绍了顾客满意度的相关概念和一般测评方法；阐述了顾客满意度指数的通用模型，以及顾客满意度指数测评指标体系；介绍了顾客满意度指数的计算方法；最后详细讲解了利用顾客满意度测评理论测评T市政府在电子政务方面的公众满意度。

第一节　概　　述

一、基本概念

(一)顾客

国际标准ISO 9000：2015对顾客(Customer)的定义是："将会或实际接收为其提供的、或应其要求提供的产品或服务的个人或组织。"该标准给出示例，认为顾客可以是消费者、委托人、最终使用者、零售商、内部过程的产品或服务的接收者、受益者和采购方。

(二)顾客满意

国际标准ISO 9000：2015对顾客满意(Customer Satisfaction，CS)的定义是："顾客对其期望已被满足程度的感受。"可以从以下几个方面加深理解。

(1) 在产品或服务交付之前，组织有可能不知道顾客的期望，甚至顾客也在考虑之中。为了实现较高的顾客满意度，可能有必要满足那些顾客既没有明示也不是通常隐含或必须履行的期望。

(2) 投诉是一种满意程度低的最常见的表达方式，但没有投诉并不一定表明顾客很满意。

(3) 即使规定的顾客要求符合顾客的愿望并得到满足，也不一定确保顾客很满意。

顾客满意是一个心理概念，顾客满意与否一般是通过顾客对产品或服务消费前的期望与消费后的感知的比较来判断的。也就是说，顾客满意来源于产品或服务"预期与感知"的比较，这也为顾客满意的衡量提供了理论依据。

(三)顾客满意度

顾客满意度(Customer Satisfaction Degree，CSD)定义为："顾客接受产品和服务的实际感受与其期望比较的程度。"

顾客满意度是以顾客为导向的指标，是对顾客满意的定量描述。它既体现了顾客满意的程度，也反映了企业提供的产品或服务满足顾客需求的情况，间接反映了企业经营管理水平和产品或服务的质量水平。企业通过对顾客满意度的测评来判断产品和服务质量的高低，进而识别需要改进的方面。

(四)顾客满意度指数

顾客满意度指数(Customer Satisfaction Index，CSI)是使用计量经济学的理论来处理顾客满意度测评模型中多变量的复杂总体，全面、综合地度量顾客满意度的一种指标。它可以综合反映这一复杂现象总体数量上变动状态，以相对数的形式表明顾客满意程度的综合变动方向和趋势，同时分析总体变动中各个因素变动影响的程度。其最大的特点是能够对不同类别的计量进行趋于“同价”的比较。

这里需要注意，顾客满意度指数与顾客满意度是有区别的。顾客满意度测量的是顾客直接对某产品或服务的满意程度。顾客满意度指数是对各种类型和各个层次具有代表性的顾客满意程度的综合评价指数，它将所测量的指标通过统计方法得到最终的顾客满意度指数，反映了顾客对产品或服务满足自身程度的总体态度。

二、顾客满意度(指数)测评的意义

(一)对社会的意义

1. 有利于从社会角度客观评价国民经济运营质量

评价国民经济运行质量的传统指标(如 GDP)绝大部分是从政府的角度进行统计的，虽然也有些指标(如消费指数、价格指数、股市指数等)带有社会性的成分，但是影响这些指标的各种因素错综复杂，且采用的统计方法又有局限性。顾客满意度(指数)测评则要求完全从顾客的角度来评价对质量的满意程度，因此顾客满意度测评具有较强的社会性和客观性。

2. 有利于进行质量水平的“同价”比较

长期以来，人们一直在寻求一种在不同产业、行业以及不同地区之间的质量水平进行“同价”比较的方法，顾客满意度指数测评采用计量经济学模型，较好地解决了这个问题。它能增强不同产业、行业和不同地域的质量比较的科学性，可以为产业竞争力的持续提升、经济结构的不断优化发挥重要的作用。

3. 有利于培育公平竞争的市场环境

开展顾客满意度(指数)测评，产品的质量由广大顾客直接参与评价，产品的质量由广大顾客说了算，可以不断地规范市场秩序，从而为形成公平竞争的良好市场环境发挥社会监督作用。

4. 有利于提高国民生活质量水平

随着社会消费从数量向质量转变，顾客需求从低层次的生理需求(如温饱、耐用等)向高层次的心理需求(如品位、时尚等)转变，促使人们对产品概念中的质量和价值观念都产生了很大变化。开展顾客满意度测评，可以使产品和服务紧紧围绕顾客的需求和期望不断改进质量和提高价值，使国民生活质量水平得到持续提高。

(二)对企业的意义

通过顾客满意度测评，可以让企业了解到顾客对产品或服务的需求和期望，有助于增强企业员工的市场观念和质量意识。同时，能够使企业及时把握顾客满意或不满意的原因，分析预测顾客隐含的、潜在的需求，从而推动企业对产品质量的持续改进和创新。此外，开展顾客满意度测评，能够了解竞争者满足顾客期望和需求的情况，掌握竞争者在提高顾客满意度方面的经验和做法，寻找自己与竞争者之间的差距，从而采取有效措施和对策，提高顾客满意度，增强企业竞争能力。

三、顾客满意度测评方法

(一)顾客满意率

在其他方法出现以前，衡量顾客满意度主要使用顾客满意率这一指标。顾客满意率是指在一定数量的目标顾客中表示满意的顾客所占的百分比。

$$T=\frac{S}{C}\times 100\% \tag{8-1}$$

式中，T 表示顾客满意率；S 表示满意的顾客数；C 表示顾客总数。

(二)卡诺模型

卡诺模型(KANO)是应用在新产品开发中的一种重要方法。卡诺模型起源于赫兹伯格的双因素理论(激励——保健理论)。日本东京理工大学教授狩野吉照(Noriaki Kano)将赫兹伯格的理论引入到产品质量管理中，于 1984 年提出卡诺模型，如图 8-1 所示。卡诺模型指出，按照顾客的需求特征可以将产品或服务质量分为三种类型，即当然质量、期望质量和迷人质量(或有魅力的质量)。当然质量是产品或服务必须具备的质量，如电视机的图像清晰度、手机通话的清晰程度等。如果这些要求没有得到满足，顾客将非常不满意，会产生抱怨；但是，即使这些要求得到了满足，顾客也不会因此而产生更高的满意度，因为顾客认为当然质量是企业应该提供的。期望质量是指能够满足顾客的需求，而且，顾客对这种质量还存在一些期望，如低的汽车耗油量、快捷的服务等。这类质量特性发挥的充分程度与顾客满意度同步增长。产品或服务质量超出顾客期望越多，顾客的满意度就越高，反之亦然。迷人质量是指令人惊喜的、超越了顾客期望、顾客没有想到的质量，比如，电视遥控器，别人没有时你开发出来了，就会给人惊喜。迷人质量对顾客满意度具有很强的正面影响，所以，识别这样的质量特性并投入开发对企业很重要，它能激发顾客的购买欲望，它也是质量的竞争性元素。但是，即使没有满足顾客的这类需求，顾客的满意度也不会明显下降。

卡诺模型的优点在于易于操作，对数据的处理不需要太多的统计软件来支持。该方法所得出的顾客满意度与重要度对比图，可以为企业的质量改进和经营管理提供建设性的指导，并就企业的经营提供非财务评价。当然也有不足之处，卡诺模型不能在顾客满意度和企业的经营业绩之间建立起直接的、可量化的链接；也不能像结构方程模型那样建立起满意度、顾客忠诚以及各潜在变量的指数体系。

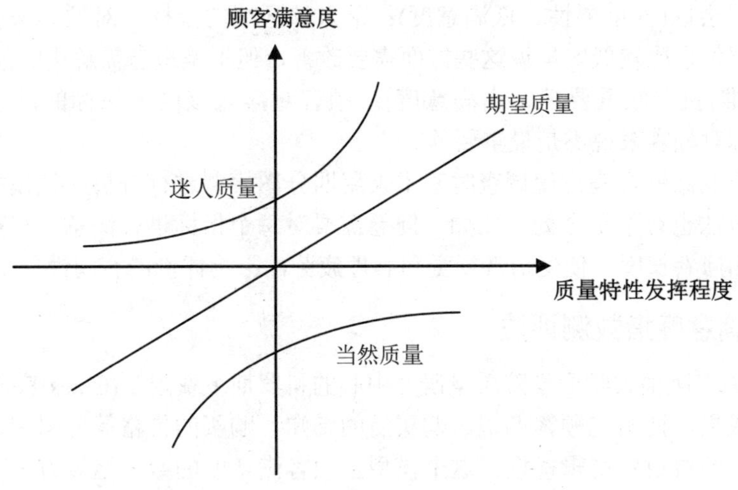

图 8-1 卡诺模型

(三)四分图模型

四分图模型是一种应用比较广泛的方法。它首先通过调研和访谈列出企业产品和服务的所有绩效指标，对每个绩效指标设有重要度和满意度两个属性，根据顾客对该绩效指标的重要度及满意度的打分，将结果反映在图上，如图 8-2 所示。横轴表示顾客满意度，纵轴表示重要度，A、B、C、D 代表四个象限。

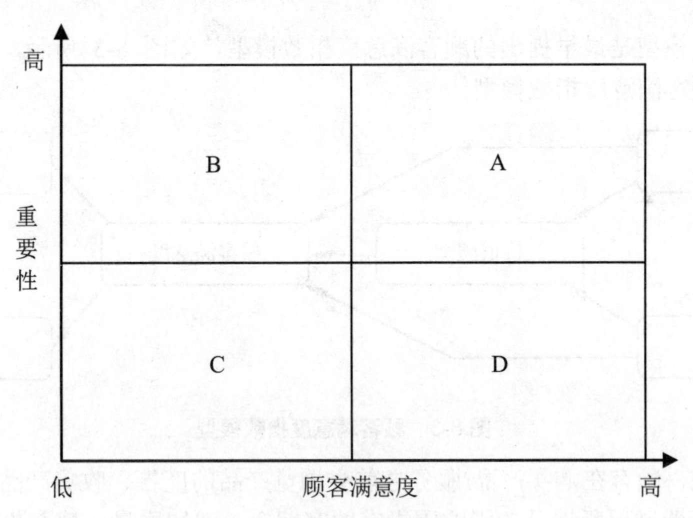

图 8-2 四分图模型

实践操作中，由被访者对各项指标的满意度和重要度评价打分后，将这些分值加权处理或计算其简单算术平均值，标记在图上。不同指标将落入不同的区域，代表了不同的含义。

A 区——优势区(高重要性、高满意度)：落入该区域的指标，对顾客来说是重要的关键性指标，同时，顾客对这些指标的满意度评价也比较高，所以这些优势指标需要继续保持并发扬。

B 区——修补区(高重要性、低满意度)：落入该区域的指标，对顾客来说是重要的关键性指标。但是，企业在这方面的表现比较差、满意度比较低，需要企业重点修补和改进。

C 区——机会区(低重要性、低满意度)：落入该区域的指标，对顾客来说并不重要，而且，满意度评价也比较低。虽说这些方面需要改善，但不是最急需解决的问题。

D 区——维持区(低重要性、高满意度)：顾客对落入该区域指标的满意度评价比较高，但这些指标对顾客来说不是最重要的。

目前国内企业做顾客满意度调查时基本采用四分图模型进行分析，该模型简单明了，易于掌握。该方法也有不足之处，比如，问卷需要对每个指标进行满意度和重要性两方面的测评，会增加问卷长度，使受访者视觉和心理疲劳，影响评价的客观性。

(四)顾客满意度指数测评法

1989 年美国密歇根大学商学院质量研究中心的科罗斯·费耐尔(Claes Fornell)博士总结了理论研究的成果，提出把顾客期望、购买后的感知、购买的价格等方面因素组成一个计量经济学模型，即费耐尔逻辑模型。这个模型把顾客满意度的数学运算方法和顾客购买商品或服务的心理感知结合起来。以此模型运用结构方程模型求解得到的指数，就是顾客满意度指数。

第二节　顾客满意度指数模型

一、顾客满意度指数模型结构

费耐尔逻辑模型是最早提出的顾客满意度指数模型，如图 8-3 所示，这是目前世界上最广泛应用的顾客满意度指数模型。

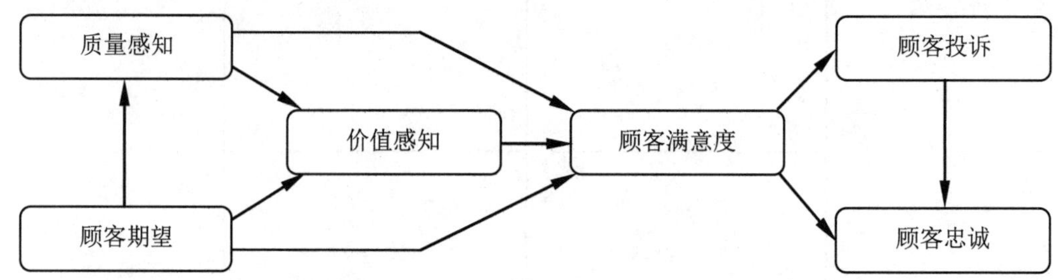

图 8-3　顾客满意度指数模型

该模型反映，顾客在购买产品/服务之前会浏览产品的广告、收集产品的相关信息，因此整个购买和消费过程所涉及的影响因素有顾客期望、感知质量、感知价值、顾客抱怨、顾客忠诚等。其中前三个影响顾客满意度，后两个则受顾客满意度的影响。

二、模型的变量及关系

(一)模型中的变量

1. 顾客期望

顾客期望是顾客在购买决策过程前期即购买前对其需求的产品或服务寄予的期待和希

望。期望有一个容忍区间，包括期望的理想水平和最低限度水平，顾客对某个产品或某项服务的期望一般都落在这个区间范围内。

期望的相关研究发现，在对实际结果或者实际表现没有任何评价和比较的情况下，顾客的期望对于满意水平有着直接影响。根据同化效应理论(指人们的态度和行为接近参照群体或参照人员的态度和行为的过程，是个体在潜移默化中对外部环境的一种不自觉的调适)，顾客并不愿意承认先前的和现在的认知存在差距，因此会让他们感受到的满意水平向期望靠拢。另一方面，根据适应理论，如果顾客先前对产品的认知很高，但结果却不满意，那么他的满意水平可能会介于两者之间，即比先前预期的低而比后来感知的高。

顾客购买产品和使用以后，会把产品的实际表现和期望进行比较。顾客满意的早期研究主要是把期望作为比较的参考标准，通过两种方式来表示：一种是根据调查中顾客的主观判断；另一种是通过计算顾客的期望和产品或服务实际表现之间的差异。这两种方式都验证了同一结论，即当产品的实际表现超过期望时，顾客会满意；当实际表现未达到期望时，顾客会不满意。

2. 感知质量

感知质量就是顾客对质量的感知，是顾客在购买和消费产品或服务过程中对质量的感受和认知。顾客满意不仅是与期望或愿望比较的认知过程，感知质量也是决定顾客满意与否的一个重要因素。感知质量是从顾客的角度出发，对产品或服务质量的一种全面判断。感知质量可以通过三个方面来测量：①顾客对产品或服务质量的总体感受；②顾客对产品或服务质量满足自己要求程度的感受；③顾客对产品或服务质量在可靠性(或稳定性)的感受。

从表面看来，感知质量和顾客满意度都是顾客对产品或服务的评价性指标，但感知质量与顾客满意度存在着本质区别。首先，顾客满意度是在顾客使用产品或接受服务之后作出的事后评价，而对于质量的感知不需要实际消费经历，即可作出事前判断。其次，长期以来，人们认为顾客满意度取决于价值，其中价值是指感知质量与价格之比，或是收益与成本之比，因此，顾客满意度在一定程度上也依赖于价格，而产品和服务的质量是产品本身的固有属性，通常不取决于价格。最后，感知质量是顾客对产品和服务的当前判断，而顾客满意度不仅基于当前判断，还包括对实际使用情况的评价，甚至包括对产品和服务的未来期望。大量实际消费经验表明，感知质量是决定顾客是否满意的一个重要前期因素。感知质量对整体的顾客满意度有正向影响。

3. 感知价值

感知价值就是顾客对价值的感知，是顾客在购买和消费产品或服务过程中，对所支付的费用和所达到的实际收益的体验。感知价值是另一个决定顾客满意的重要因素。加入这个因素实际上就增加了顾客满意度指标在不同企业、行业的可比性。感知价值直接影响顾客满意度，同时它又受到顾客期望和感知质量的影响。感知质量可以通过两个方面来测量：①给定价格时顾客对质量的感受；②给定质量时顾客对价格的感受。

4. 顾客满意度

顾客满意度是指顾客接受产品和服务的实际感受与其期望比较的程度。

顾客满意的基本要素包括：①理念满意(MS)：指经营理念带给顾客的满足状况。②行为满意(BS)：指顾客对提供产品或服务的企业经营上的行为机制、行为规则和行为模式上的要求被满足程度的感受。行为是理念的具体体现。③视听满意(VS)：指顾客对企业的各种形象要求在视觉、听觉上被满足程度的感受。

顾客满意度可以通过三个方面来测量：①顾客对产品或服务的总体满意度；②产品或服务满足顾客期望的程度；③顾客对产品或服务的感知与理想期望的比较。

5. 顾客抱怨

在购买产品并使用以后，顾客对产品会形成一种态度，这种态度将影响顾客满意或者不满意的后续行为，包括抱怨、忠诚、信任和承诺。顾客满意短期结果研究中涉及较多的是抱怨和另外一种更普遍的情况——什么也不做(既不赞扬，也不抱怨)。如果产品或服务与顾客的期望一致，顾客在购买和消费中没有感到损失什么，也没有激起不满的情感，那么顾客很可能处于一种满足状态，他们每天购买日常需要的东西，也不会去讨论这些消费的事情。另外，当顾客对产品不满意的时候，往往对这一结果也不做什么反应，因为他会计算反应的利益和成本，如果得不偿失，就不会去抱怨。顾客对抱怨处理的情况也存在满意和不满意的问题。

6. 顾客忠诚

顾客满意的长期结果主要体现在顾客忠诚。顾客忠诚是指顾客在对某一产品或服务的满意度不断提高的基础上，重复购买(光顾)该产品或服务以及向他人热情推荐该产品(服务)的一种表现。后来人们又将忠诚分为四种类型：缺乏忠诚、虚假忠诚、潜在忠诚和理想忠诚。研究表明，满意的顾客会愿意购买更多的产品、服务，有时还会向其他人推荐，有助于降低价格敏感性，顾客满意对顾客忠诚有显著的正向影响。

(二)变量之间的关系

顾客期望、感知质量、感知价值三个输入变量共同作用下产生了顾客满意度、顾客抱怨、顾客忠诚三个变量。当顾客的事后实际感知低于事前期望时，顾客满意度就低，就容易产生顾客抱怨；当感知高于期望时，顾客满意度就高。当实际感知远远高于事前期望时，就会形成顾客忠诚。基于这样的因果关系，我们称前三个变量为原因变量，后三个变量为结果变量。原因变量决定结果变量，其中，顾客感知质量、感知价值与顾客满意度之间呈正相关关系，感知越高满意度越高，反之亦然。顾客期望与顾客满意度之间呈负相关的关系，期望值越高满意度越低。

原因变量之间也存在相关关系。比如，顾客期望将会对顾客的质量感知、价值感知产生重要影响，呈负相关关系，即期望越高，其实际的感知会相应地降低；期望降低，其实际的感知会相应地提高。此外，顾客对质量的感知也会影响到其对价值的感知。对于较高的质量水平的产品或服务，顾客对价值的感知就会较高，相反则会较低，呈现正相关关系。

结果变量之间也存在相关关系，顾客满意度降低，就会引起顾客的抱怨甚至投诉。提高顾客满意度不但会减少顾客抱怨，而且还可以提高顾客忠诚度。当顾客满意度比较低时，他们可能会寻找替代品，也就是到企业的竞争对手那里去寻找需求的满足；也可能为得到补偿而道出他们的不满(投诉)。因此，顾客满意度与顾客抱怨是负相关的关系，与顾客忠诚是正相关的。

此外，需要特别说明的是顾客抱怨与顾客忠诚的关系。二者的关系取决于企业的投诉处理系统：如果处理得当，企业可以把抱怨和投诉的顾客转变成忠诚的顾客，此时二者是正相关的关系。如果处理不妥，抱怨和投诉的顾客就会成为竞争对手的顾客，此时的关系就是负相关的关系。

上述变量之间的关系，如表 8-1 所示。

表 8-1 模型变量相关关系表

模型变量	顾客期望	感知质量	感知价值	顾客满意度	顾客抱怨	顾客忠诚
顾客期望	—	—	—	—	—	—
感知质量	负相关	—	—	—	—	—
感知价值	负相关	正相关	—	—-	—	—
顾客满意度	负相关	正相关	正相关	—	—	—
顾客抱怨	不相关	不相关	不相关	负相关	—	—
顾客忠诚	不相关	不相关	不相关	正相关	视处理措施而定	—

第三节 顾客满意度指数测评指标体系

很多社会、心理研究中涉及的变量都不能直接测量，这种变量称为潜在变量(Latent Variable)。顾客满意度指数测评模型中的顾客期望、顾客对质量的感知、顾客对价值的感知、顾客满意度、顾客抱怨、顾客忠诚均属于这种变量。潜在变量需要用一组观测变量(Measurable Variable)或显变量来间接测量。所以，我们需要对潜在变量进行逐级展开，直到形成一系列可以测评的指标，这些指标就构成了顾客满意度指数测评指标体系。因此，要测评顾客满意度指数，首先需要建立顾客满意度指数测评指标体系。

一、测评指标体系的层次结构

顾客满意度指数测评指标体系可划分为四个层次。每个层次的指标都是上一层指标的展开，而上一层指标则是通过下层指标的测评结果来反映。其中“顾客满意度指数”是总的测评目标，为一级指标，即第一层次。模型中的顾客期望、顾客对质量的感知、顾客对价值的感知、顾客满意度、顾客抱怨、顾客忠诚六大要素为二级指标，即第二层次。根据不同产品、服务、企业或行业的特点，可将六大要素展开为具体的三级指标，即第三层次。三级指标展开的四级指标，是直接面向顾客的指标，就是反映在调查问卷上的问题，如图 8-4 所示。

顾客满意度指数测评指标体系是依据顾客满意度指数模型建立的，因此指标体系中的一级指标和二级指标的内容基本上适用于所有产品和服务。实际上对顾客满意度指数测评指标体系的研究，主要是设定指标体系中的三级指标和四级指标。三级指标是一个逻辑框架，在各行业原则上都是可以运用。对某一具体产品或服务的顾客满意度测评，在实际操作中应该根据顾客对产品或服务的期望和关注点具体选择，灵活运用。

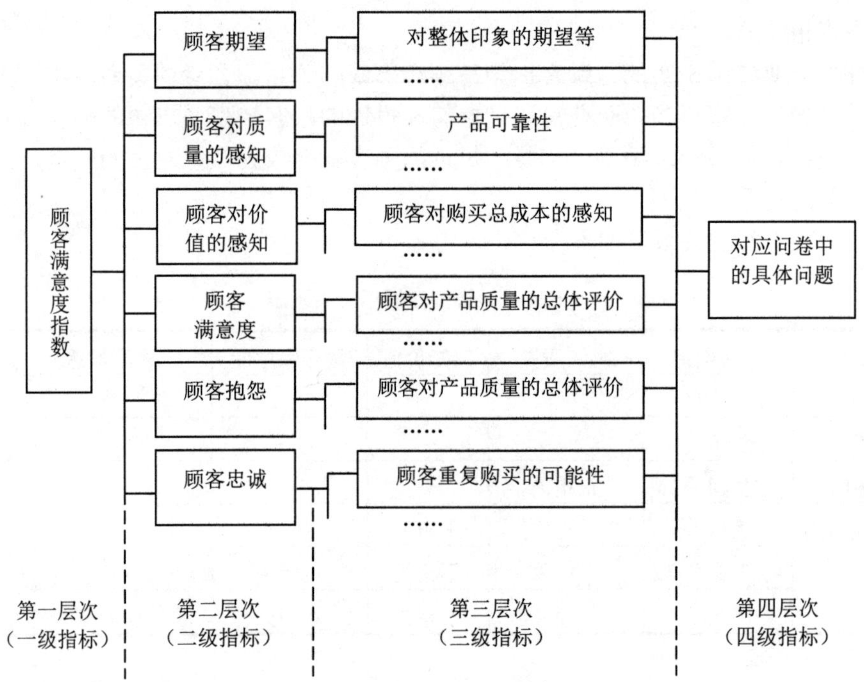

图 8-4　顾客满意度指数测评指标体系

二、测评指标体系

顾客满意度指数测评指标体系的二级指标的内涵及意义在本章第二节中作了阐述。二级指标展开到三级指标的结构模型如图 8-5 所示。由图 8-5 可知，“顾客对质量的感知”(二级指标)就展开为“整体形象、满足顾客需求程度、可靠性”三个三级指标。根据图 8-5 展开的三级指标的具体内容归纳为表 8-2。

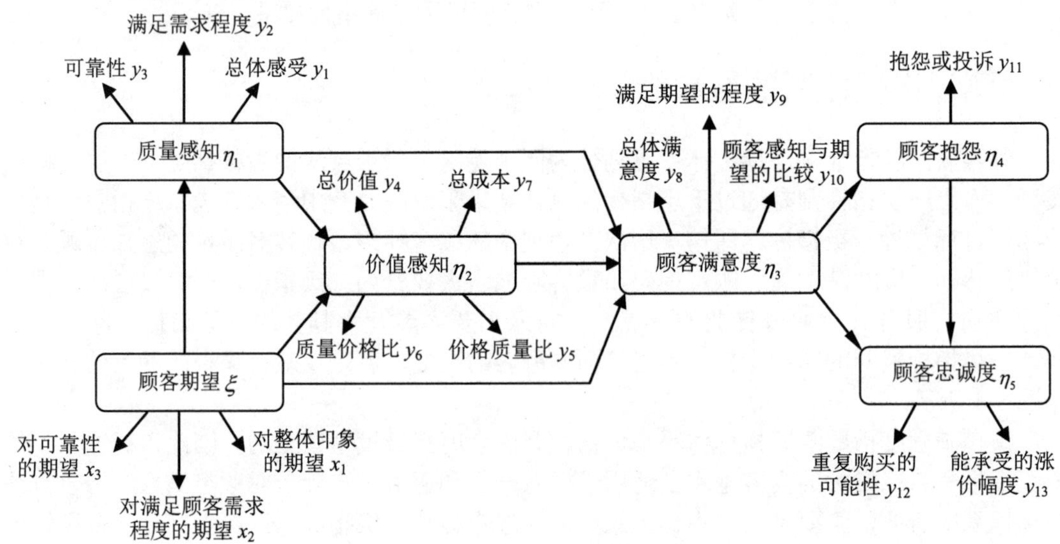

图 8-5　顾客满意度指数测评体系三级指标结构模型

表 8-2 顾客满意度指数测评指标体系

一级指标	二级指标(潜在变量)	三级指标(观测变量) 指标内容	符号
顾客满意度指数	顾客期望	对产品或服务的总体期望	x_1
		对满足顾客需求程度的期望	x_2
		对产品或服务可靠性的期望	x_3
	顾客对质量的感知	对质量的总体感受	y_1
		对质量满足需求程度的感受	y_2
		对产品可靠性的感受	y_3
	顾客对价值的感知	对总价值的感受	y_4
		给定价格时顾客对质量的感受	y_5
		给定质量时顾客对价格的感受	y_6
		对总成本的感受	y_7
	顾客满意度	总体满意度	y_8
		满足期望的程度	y_9
		感知与期望的比较	y_{10}
	顾客抱怨	顾客抱怨情况	y_{11}
	顾客忠诚	重复购买的可能性	y_{12}
		能承受的涨价幅度	y_{13}

应当指出，此表列出的三级测评指标只是一个逻辑框架，在对某一具体产品或服务测评的实际操作中，可根据顾客对产品或服务的期望和关注点，进行增减指标，灵活运用。在进行调查问卷设计时，问卷中的问题就源于三级指标。

三、测评指标的量化

顾客满意度指数测评是一个量化分析的过程，也就是用数字去反映顾客对测量对象满意与否的态度。因此，需要使用态度测量技术来测评顾客对产品、服务式企业的看法、偏好和态度。

(一)态度及其测量

“态度”主要有三方面的含义：一是对某事物的了解和认识；二是对某事物的偏好；三是对未来行为或状态的预期和意向。测量是指根据预先确定的规则，用一些数字或符号来代表某个事物的特征或属性，一般采用量表的方法进行测量。

量表的设计包括两步：第一步，设定规则，并根据这些规则为不同的态度特性分配不同的量级数字；第二步，将这些数字排列或组成一个序列，根据受访者的不同态度，将其在这一序列上进行定位。

(二)李克特量表

顾客满意度指数测评所使用的李克特量表(Likert scale)，是由美国社会心理学家李克特提出的。该量表由一组陈述组成，每一陈述有“非常满意”“满意”“一般”“不满意”“非常不满意”五种回答，分别赋值 5、4、3、2、1，如表 8-3 所示。

表 8-3　李克特量表

测评指标	非常满意	满意	一般	不满意	非常不满意
	5	4	3	2	1
产品外观					
使用性能					
安全性					

李克特量表的五种答案形式使回答者能够很方便地勾画出自己的答案，并且，每个答案都有赋值，这就可以通过汇总、数据处理来得到最终的答案。

第四节　基于结构方程模型的顾客满意度指数测评

从顾客满意度指数测评体系三级指标结构模型(见图 8-5)来看，二级指标是潜在变量，无法直接测量，只能通过可测量的三级指标(称观测变量)来反映。该模型反映了潜在变量与观测变量之间的关系，同时反映了潜在变量之间也存在着相互关系。处理这种多个变量，使用回归分析等传统的统计方法难以胜任。目前，国际上普遍采用的处理方法是结构方程模型(SEM)。结构方程模型可以通过多个观测变量来反映潜在变量，还可以验证变量间的内在关系，用路径的方法直观地显示变量间的复杂关系。目前，处理结构方程模型的软件主要是 AOMS。下面就介绍利用结构方程模型和 AOMS 软件，计算顾客满意度指数。

一、构建结构方程模型

结构方程模型由结构模型和测量模型构成，结构模型反映的是潜在变量与潜在变量之间的关系，测量模型反映的是观测变量与潜在变量之间的关系。为了清楚地表述这些变量之间的关系，将顾客满意度指数测评体系三级指标结构模型(见图 8-5)进行符号化整理，如图 8-6 所示。

(一)结构方程模型的基本元素(变量)

1. 潜在变量 LV

(1) ξ——顾客期望，是潜在自变量或外生变量。

(2) η——潜在因变量或内生变量，具体变量指标为：η_1——顾客对质量的感知；η_2——顾客对价值的感知；η_3——顾客满意度；η_4——顾客抱怨；η_5——顾客忠诚。

2. 测量变量(观测变量)MV

(1) 潜在自变量ξ的测量变量，记为 x 变量。

(2) 潜在因变量η的测量变量，记为y变量。

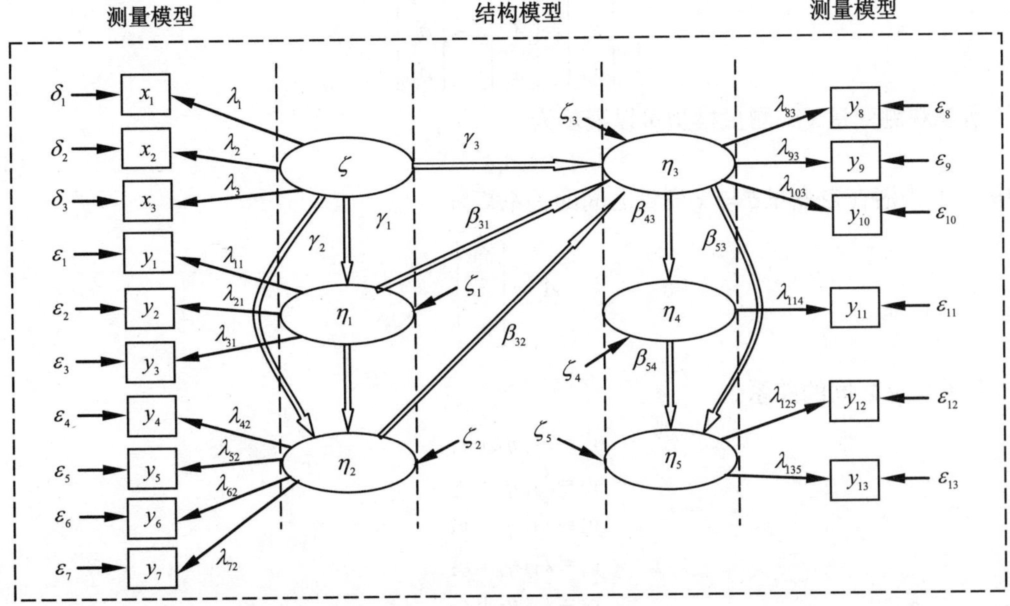

图 8-6　结构方程模型

3. 误差

(1) δ——x 的测量误差。

(2) ε——y 的测量误差。

(3) ζ——模型的误差，即潜在因变量无法被当前结构方程模型解释的残差。

4. 变量之间的系数

(1) λ_i 与 λ_{ij}——回归系数，表示变量之间的影响程度。

(2) β_{ij}——η_j 对 η_i 的系数，表示作为起因的变量 η_j 对作为效应的变量 η_i 的直接影响程度。

(3) γ_i——η_j 对期望的系数，表示作为起因的变量 η_j 对作为效应的变量 ξ 的直接影响程度。

变量之间的系数也称因子载荷，获取这些系数是求解结构方程模型的主要目的。这些系数可以帮助我们分析模型中各潜在变量受到的影响情况，而且，通过这些系数可以计算出顾客满意度指数。

(二)测量模型

测量模型是反映潜在变量与测量变量之间的关系，这种关系有以下两种。

1. ξ 与 x 之间的关系

$$x_1 = \lambda_1 \xi + \delta_1$$
$$x_2 = \lambda_2 \xi + \delta_2$$
$$x_3 = \lambda_3 \xi + \delta_3$$

用矩阵形式记为

$$\begin{bmatrix} x_1 \\ x_2 \\ x_3 \end{bmatrix} = \begin{bmatrix} \lambda_1 \\ \lambda_2 \\ \lambda_3 \end{bmatrix} \xi + \begin{bmatrix} \delta_1 \\ \delta_2 \\ \delta_3 \end{bmatrix}$$

所以观测变量 x 的测量模型可以表示为

$$x = \Lambda_x \xi + \delta \tag{8-2}$$

式中：Λ_x 为潜在自变量 ξ 与 x 变量之间的关系矩阵。

$$\Lambda_x = \begin{bmatrix} \lambda_1 \\ \lambda_2 \\ \lambda_3 \end{bmatrix}$$

2. η 与 y 之间的关系

$$y_1 = \lambda_{11}\eta_1 + \varepsilon_1$$
$$y_2 = \lambda_{21}\eta_1 + \varepsilon_2$$
$$y_3 = \lambda_{31}\eta_1 + \varepsilon_3$$
$$y_4 = \lambda_{42}\eta_2 + \varepsilon_4$$
$$y_5 = \lambda_{52}\eta_2 + \varepsilon_5$$
$$y_6 = \lambda_{62}\eta_2 + \varepsilon_6$$
$$y_7 = \lambda_{72}\eta_2 + \varepsilon_7$$
$$y_8 = \lambda_{83}\eta_3 + \varepsilon_8$$
$$y_9 = \lambda_{93}\eta_3 + \varepsilon_9$$
$$y_{10} = \lambda_{103}\eta_3 + \varepsilon_{10}$$
$$y_{11} = \lambda_{114}\eta_4 + \varepsilon_{11}$$
$$y_{12} = \lambda_{125}\eta_5 + \varepsilon_{12}$$
$$y_{13} = \lambda_{135}\eta_5 + \varepsilon_{13}$$

用矩阵形式记为

$$\begin{bmatrix} y_1 \\ y_2 \\ y_3 \\ y_4 \\ y_5 \\ y_6 \\ y_7 \\ y_8 \\ y_9 \\ y_{10} \\ y_{11} \\ y_{12} \\ y_{13} \end{bmatrix} = \begin{bmatrix} \lambda_{11} & 0 & 0 & 0 & 0 \\ \lambda_{21} & 0 & 0 & 0 & 0 \\ \lambda_{31} & 0 & 0 & 0 & 0 \\ 0 & \lambda_{42} & 0 & 0 & 0 \\ 0 & \lambda_{52} & 0 & 0 & 0 \\ 0 & \lambda_{62} & 0 & 0 & 0 \\ 0 & \lambda_{72} & 0 & 0 & 0 \\ 0 & 0 & \lambda_{83} & 0 & 0 \\ 0 & 0 & \lambda_{93} & 0 & 0 \\ 0 & 0 & \lambda_{103} & 0 & 0 \\ 0 & 0 & 0 & \lambda_{114} & 0 \\ 0 & 0 & 0 & 0 & \lambda_{125} \\ 0 & 0 & 0 & 0 & \lambda_{135} \end{bmatrix} \begin{bmatrix} \eta_1 \\ \eta_2 \\ \eta_3 \\ \eta_4 \\ \eta_5 \end{bmatrix} + \begin{bmatrix} \varepsilon_1 \\ \varepsilon_2 \\ \varepsilon_3 \\ \varepsilon_4 \\ \varepsilon_5 \\ \varepsilon_6 \\ \varepsilon_7 \\ \varepsilon_8 \\ \varepsilon_9 \\ \varepsilon_{10} \\ \varepsilon_{11} \\ \varepsilon_{12} \\ \varepsilon_{13} \end{bmatrix}$$

所以观测变量 y 的测量模型可以表示为

$$y = \Lambda_y \eta + \varepsilon \tag{8-3}$$

式中：Λ_y 为潜在自变量ξ与 y 变量之间的关系矩阵。

$$\boldsymbol{\Lambda}_y = \begin{bmatrix} \lambda_{11} & 0 & 0 & 0 & 0 \\ \lambda_{21} & 0 & 0 & 0 & 0 \\ \lambda_{31} & 0 & 0 & 0 & 0 \\ 0 & \lambda_{42} & 0 & 0 & 0 \\ 0 & \lambda_{52} & 0 & 0 & 0 \\ 0 & \lambda_{62} & 0 & 0 & 0 \\ 0 & \lambda_{72} & 0 & 0 & 0 \\ 0 & 0 & \lambda_{83} & 0 & 0 \\ 0 & 0 & \lambda_{93} & 0 & 0 \\ 0 & 0 & \lambda_{103} & 0 & 0 \\ 0 & 0 & 0 & \lambda_{114} & 0 \\ 0 & 0 & 0 & 0 & \lambda_{125} \\ 0 & 0 & 0 & 0 & \lambda_{135} \end{bmatrix}$$

(三)结构模型

结构模型是反映潜在变量与潜在变量之间的关系。五个潜在因变量η_1、η_2、η_3、η_4、η_5可用方程表示如下：

$$\begin{aligned} \eta_1 &= 0\cdot\eta_1 + 0\cdot\eta_2 + 0\cdot\eta_3 + 0\cdot\eta_4 + 0\cdot\eta_5 + \gamma_1\xi + \zeta_1 \\ \eta_2 &= \beta_{21}\eta_1 + 0\cdot\eta_2 + 0\cdot\eta_3 + 0\cdot\eta_4 + 0\cdot\eta_5 + \gamma_2\xi + \zeta_2 \\ \eta_3 &= \beta_{31}\eta_1 + \beta_{32}\eta_2 + 0\cdot\eta_3 + 0\cdot\eta_4 + 0\cdot\eta_5 + \gamma_3\xi + \zeta_3 \\ \eta_4 &= 0\cdot\eta_1 + 0\cdot\eta_2 + \beta_{43}\eta_3 + 0\cdot\eta_4 + 0\cdot\eta_5 + 0\cdot\xi + \zeta_4 \\ \eta_5 &= 0\cdot\eta_1 + 0\cdot\eta_2 + \beta_{53}\eta_3 + \beta_{54}\eta_4 + 0\cdot\eta_5 + 0\cdot\xi + \zeta_5 \end{aligned}$$

上面五个方程用矩阵形式可以合并为

$$\begin{bmatrix} \eta_1 \\ \eta_2 \\ \eta_3 \\ \eta_4 \\ \eta_5 \end{bmatrix} = \begin{bmatrix} 0 & 0 & 0 & 0 & 0 \\ \beta_{21} & 0 & 0 & 0 & 0 \\ \beta_{31} & \beta_{32} & 0 & 0 & 0 \\ 0 & 0 & \beta_{43} & 0 & 0 \\ 0 & 0 & \beta_{53} & \beta_{54} & 0 \end{bmatrix} \begin{bmatrix} \eta_1 \\ \eta_2 \\ \eta_3 \\ \eta_4 \\ \eta_5 \end{bmatrix} + \begin{bmatrix} \gamma_1 \\ \gamma_2 \\ \gamma_3 \\ 0 \\ 0 \end{bmatrix} \xi + \begin{bmatrix} \zeta_1 \\ \zeta_2 \\ \zeta_3 \\ \zeta_4 \\ \zeta_5 \end{bmatrix}$$

则结构模型可以记为

$$\eta = B\eta + \Gamma\xi + \zeta \tag{8-4}$$

式中：B 为潜在因变量η与潜在因变量η之间的关系矩阵；Γ 潜在自变量ξ与潜在因变量η之间的关系矩阵。

$$
\boldsymbol{B}=\begin{bmatrix} 0 & 0 & 0 & 0 & 0 \\ \beta_{21} & 0 & 0 & 0 & 0 \\ \beta_{31} & \beta_{32} & 0 & 0 & 0 \\ 0 & 0 & \beta_{43} & 0 & 0 \\ 0 & 0 & \beta_{53} & \beta_{54} & 0 \end{bmatrix} \qquad \boldsymbol{\Gamma}=\begin{bmatrix} \gamma_1 \\ \gamma_2 \\ \gamma_3 \\ 0 \\ 0 \end{bmatrix}
$$

此外，为了计算结构方程模型中的各个系数，还需要给出潜在自变量ξ与潜在自变量ξ之间的关系矩阵$\boldsymbol{\Phi}$，可用协方差矩阵表示：

$$
\boldsymbol{\Phi}=\mathrm{Var}(\xi)
$$

二、参数估计

结构方程模型的参数估计实际上是估计模型中存在的八个参数矩阵，这八个矩阵除了包括前面已给出的Λ_x、Λ_y、B、Γ、$\boldsymbol{\Phi}$五个之外，还包括模型中误差项之间的三个关系矩阵。估计这些矩阵的目的是确定矩阵中的参数，以得到计算顾客满意度指数所需要的系数λ(也称因子载荷)和分析顾客满意度影响因素所需要的系数λ、γ、β。

1. 误差项之间的关系矩阵

(1) δ之间的关系矩阵。用δ的协方差矩阵表示：

$$
\Theta_\delta=\begin{bmatrix} \mathrm{Var}(\delta_1) & & \\ \mathrm{Cov}(\delta_1,\delta_2) & \mathrm{Var}(\delta_2) & \\ \mathrm{Cov}(\delta_1,\delta_3) & \mathrm{Cov}(\delta_2,\delta_3) & \mathrm{Var}(\delta_3) \end{bmatrix}=\begin{bmatrix} \mathrm{Var}(\delta_1) & 0 & 0 \\ 0 & \mathrm{Var}(\delta_2) & 0 \\ 0 & 0 & \mathrm{Var}(\delta_3) \end{bmatrix}
$$

(2) ε之间的关系矩阵。用ε的协方差矩阵表示：

$$
\Theta_\varepsilon=\begin{bmatrix} \mathrm{Var}(\varepsilon_1) & & & & & \\ \mathrm{Cov}(\varepsilon_1,\varepsilon_2) & \cdot & & & & \\ \cdot & \cdot & & & & \\ \cdot & \cdot & \cdot & & & \\ \cdot & \cdot & \cdot & \cdot & & \\ \mathrm{Cov}(\varepsilon_1,\varepsilon_{10}) & \cdot & \cdot & \cdot & & \\ \mathrm{Cov}(\varepsilon_1,\varepsilon_{12}) & \cdot & \cdot & \cdot & \mathrm{Var}(\varepsilon_{12}) & \\ \mathrm{Cov}(\varepsilon_1,\varepsilon_{13}) & \mathrm{Cov}(\varepsilon_2,\varepsilon_{13}) & \cdot & \cdot & \cdot & \mathrm{Var}(\varepsilon_{13}) \end{bmatrix}
$$

$$
=\begin{bmatrix} \mathrm{Var}(\varepsilon_1) & 0 & 0 & 0 & 0 & 0 \\ 0 & \mathrm{Var}(\varepsilon_2) & 0 & 0 & 0 & 0 \\ 0 & 0 & \cdot & \cdot & \cdot & \cdot \\ \cdot & \cdot & \cdot & \cdot & \cdot & \cdot \\ \cdot & \cdot & \cdot & \cdot & \cdot & \cdot \\ \cdot & \cdot & \cdot & \cdot & \cdot & \cdot \\ 0 & 0 & 0 & 0 & \mathrm{Var}(\varepsilon_{12}) & \cdot \\ 0 & 0 & 0 & 0 & 0 & \mathrm{Var}(\varepsilon_{13}) \end{bmatrix}
$$

(3) ζ之间的关系矩阵。用ζ的协方差矩阵表示：

$$\psi=\begin{bmatrix} \mathrm{Var}(\zeta_1) & & & & \\ \mathrm{Cov}(\zeta_1,\zeta_2) & \mathrm{Var}(\zeta_2) & & & \\ \mathrm{Cov}(\zeta_1,\zeta_3) & \mathrm{Cov}(\zeta_2,\zeta_3) & \mathrm{Var}(\zeta_3) & & \\ \mathrm{Cov}(\zeta_1,\zeta_4) & \mathrm{Cov}(\zeta_2,\zeta_4) & \mathrm{Cov}(\zeta_3,\zeta_4) & \mathrm{Var}(\zeta_4) & \\ \mathrm{Cov}(\zeta_1,\zeta_5) & \mathrm{Cov}(\zeta_2,\zeta_5) & \mathrm{Cov}(\zeta_3,\zeta_5) & \mathrm{Cov}(\zeta_4,\zeta_5) & \mathrm{Var}(\zeta_5) \end{bmatrix}$$

$$=\begin{bmatrix} \mathrm{Var}(\zeta_1) & 0 & 0 & 0 & 0 \\ 0 & \mathrm{Var}(\zeta_2) & 0 & 0 & 0 \\ 0 & 0 & \mathrm{Var}(\zeta_3) & 0 & 0 \\ 0 & 0 & 0 & \mathrm{Var}(\zeta_4) & 0 \\ 0 & 0 & 0 & 0 & \mathrm{Var}(\zeta_5) \end{bmatrix}$$

2. 参数估计

通过前面的分析和推到，得到了八个参数矩阵：Λ_x、Λ_y、B、Γ、Φ、Θ_δ、Θ_ε、ψ。这八个矩阵正是结构方程模型最终所要求解的内容。因此，要估计的参数也就是这八个矩阵中的参数。估计的方法是通过电脑对矩阵进行迭代，直至迭代到使理论模型隐含的协方差矩阵与样本方差矩阵的差距最小，此时停止迭代，所得到的矩阵就是最终的估计参数。目前，采用 AMOS 软件能够很便捷地完成这个过程，得到所需的参数。本章案例中图 8-9 就是由 AMOS 软件得出的结果。

三、顾客满意度指数计算

1. 顾客满意度(CS)计算

$$\mathrm{CS}=\sum_{i=1}^{n}\omega_i\overline{y}_i \tag{8-5}$$

式中：ω为“顾客满意度”观测变量的权重。结合图 8-6，ω由结构方程模型顾客满意度变量(η_3)的因子载荷(回归系数λ)所得。y_i 是顾客满意度的第 i 个观测变量；$\overline{y}$值是通过调查问卷的统计计算所得。

2. 顾客满意度指数(CSI)的计算

$$\mathrm{CSI}=\frac{E[\mathrm{CS}]-\min[\mathrm{CS}]}{\max[\mathrm{CS}]-\min[\mathrm{CS}]}\times 100\% \tag{8-6}$$

式中：E[CS]、max[CS]、min[CS]分别为顾客满意度的期望值、最大值和最小值。计算公式如下：

$$E[\mathrm{CS}]=\sum_{i=1}^{n}\omega_i\overline{y}_i \tag{8-7}$$

$$\max[\mathrm{CS}]=\sum_{i=1}^{n}\omega_i\max\{y_i\} \tag{8-8}$$

$$\min[\mathrm{CS}]=\sum_{i=1}^{n}\omega_i\min\{y_i\} \tag{8-9}$$

在实际计算中，各国满意度指数一般都采用调查表中的最大值代替各观测变量的最大值，采用调查表中的最小值代替各观测变量的最小值。

比如美国顾客满意度指数 ACSI 的计算中，由于 ACSI 采用 1～10 的 10 级量表，因此 $\max\{y_i\}=10$，$\min\{y_i\}=1$。因此，ACSI 的计算公式为

$$\mathrm{ACSI}=\frac{\sum_{i=1}^{3}\omega_i\overline{y}_i-\sum_{i=1}^{3}\omega_i}{9\sum_{i=1}^{3}\omega_i}\times 100\% \tag{8-10}$$

本 章 习 题

1. 如何解释顾客满意与顾客忠诚之间的关系？
2. 如果你所在的组织需要做满意度测评，你将如何去做？
3. 不同的顾客满意度模型之间有什么区别？
4. 观测变量与潜在变量之间的关系如何？
5. 结构方程模型在顾客满意度测评领域应用的最大优势是什么？

案例：T 市电子政务公众满意度指数测评

本案例通过测评 T 市在电子政务方面的公众满意度，来演示满意度测评过程、满意度指数的计算及其分析方法。

一、构建电子政务公众满意度指数模型

通过对经典顾客满意度指数模型、相关理论以及在对 T 市电子政务服务现状进行分析的基础上，构建本案例电子政务公众满意度指数模型。

(一)潜在变量的选取

1. 公众期望

通过对顾客满意度指数模型的深入分析可以看出，几乎在每个模型中公众期望都是必不可少的一个变量。公众期望是指公众在享用政府门户网站提供的虚拟服务之前，对其政府门户网站服务的整体性和可靠性的预期。

2. 感知质量

感知质量对公众满意度有重要影响。感知质量是指公众在享用政府提供的电子政务服务之后，根据实际感受对电子政务服务质量的评价。

3. 感知易使用和感知有用

作为信息公开、政民互动和提供服务的办事平台，政府通过门户网站向公众提供服务。因此，公众只有进入相关的网络平台(政府门户网站)才能获取服务，所以公众在接受电子政务服务之前，需对网络信息技术以及操作技术有一定的经验。因此，本文选取了 Davis 在技术接受模型理论中提出的两个变量：感知易使用和感知有用。

4. 公众满意度

公众满意度是指公众对政府门户网站产品或服务的整体性评价。它包括电子政务服务质量与公众预期之间的差距和理想满意度之间的差距。

5. 公众信任

政府门户网站作为政府提供信息和服务的办事平台，具有一定的垄断性，如果公众不想通过线下中心去办理相关事务，而是利用网络平台检索信息或办理事务，只能通过该渠道获取线上服务。因此，公众是否对政府门户网站忠诚很难体现，去掉顾客满意度理论中的公众忠诚，选用公众信任是合理的。

6. 政府形象

政府形象作为公众满意度的结果变量，是公众在享用政府门户网站服务后，对政府形象的评价。

(二)构建电子政务公众满意度指数模型

根据选取的潜在变量，以及顾客满意度指数理论模型的结构，构建政府电子政务公众满意度指数模型，如图 8-7 所示。

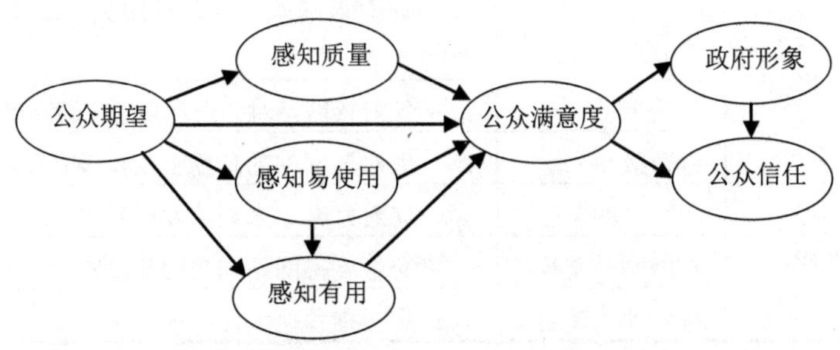

图 8-7　政府电子政务公众满意度指数模型

二、构建电子政务公众满意度指数测评指标体系

由于潜在变量不能凭借主观感受直接测量，需要通过测量变量才能对其进行测评，因此，在深入分析经典顾客满意度指数模型以及专家学者提出的相关指标体系的基础上，选取了反映潜在变量的观测变量作为相关指标，构建电子政务公众满意度指数测评指标体系，如表 8-4 所示。

表 8-4　电子政务公众满意度模型的指标体系

一级指标	二级指标	三级指标	具体问题
公众满意度指数	公众期望	总体性期望	x_1：您对该网站的总体性期望如何
		可靠性期望	x_2：您对该网站的可靠性期望如何
	感知质量	信息资源完整性	y_1：您对该网站的信息资源的完整性是否满意
		信息更新速度	y_2：您对该网站的信息更新速度是否满意
		权威性和可靠性	y_3：您对该网站信息权威性和可靠性是否满意
		信息公开透明度	y_4：您对该网站信息的公开透明度是否满意
		办事咨询	y_5：您对该网站的办事咨询模块设置是否满意
		民意征集	y_6：您对该网站的民意征集模块设置是否满意
		办事功能	y_7：您对该网站的办事功能是否满意
		链接和运行速度	y_8：您对该网站的链接和运行速度是否满意
		安全性	y_9：您对该网站的安全性是否满意
		站点导航功能	y_{10}：您对该网站的站点导航功能是否满意

续表

一级指标	二级指标	三级指标	具体问题
公众满意度指数	感知易使用	易理解性	y_{11}：您对该网站的信息资源目录命名是否满意
		易操作性	y_{12}：您对该网站的操作步骤是否满意
		易学习性	y_{13}：您对该网站的在线帮助功能是否满意
	感知有用	个性化服务	y_{14}：您对该网站提供的个性化服务是否满意
		提高效率程度	y_{15}：您对该网站的提高办事效率是否满意
	公众满意度	总体满意度	y_{16}：您对该网站的总体满意度如何
		与预期的差距	y_{17}：与预期相比，您对该网站的服务质量是否满意
		与理想的差距	y_{18}：与理想相比，您对该网站的服务质量是否满意
	政府形象	责任度	y_{19}：您对该网站创新在线服务，提高服务效率的程度是否满意
		回应度	y_{20}：您对该网站对公众意见的反馈和受理情况是否满意
		办事效率	y_{21}：您对该网站的接受公众投诉和监督渠道是否满意
	公众信任	对网站的态度	y_{22}：您看好网站未来的发展吗
		对网站的支持	y_{23}：您会支持网站未来的建设吗
		推荐他人使用	y_{24}：您会推荐他人使用该网站吗

从逻辑上来讲，表 8-4 的公众满意度指数测评指标体系，应该是对政府电子政务公众满意度指数模型(见图 8-7)进行分析，并得到满意度指数因果结构模型(见图 8-8)后整理而得。

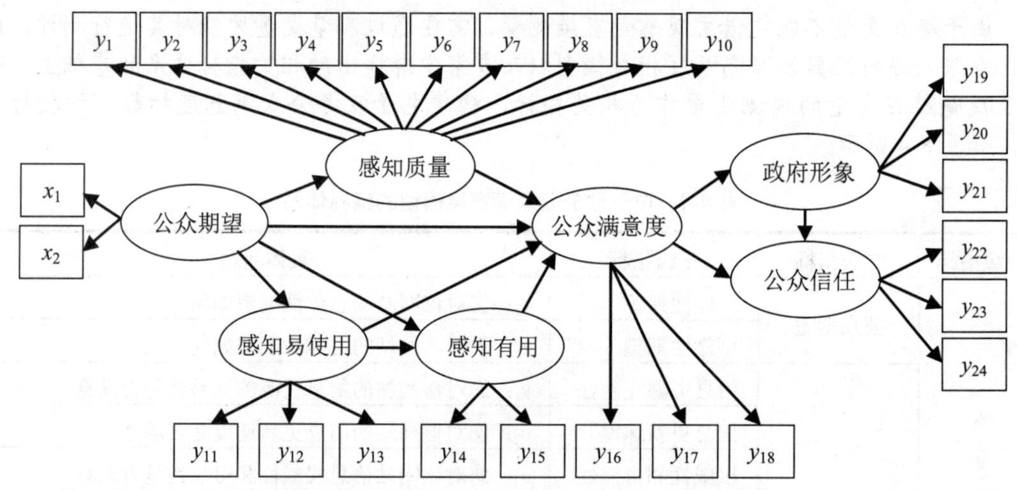

图 8-8　政府电子政务公众满意度指数因果结构模型

三、调查问卷设计与数据处理

(一)调查问卷设计与发放

1. 调查问卷设计

问卷由两部分组成，第一部分包括被调查者的性别、年龄、文化程度、职业、上网年限等内容；第二部分是根据公众满意度指数测评指标体系设计的潜在变量量表问题，共有

26 项。答案选择是按照李克特五级量表划分的很不满意、不满意、一般、满意、很满意五种，对应的分值分别为 1、2、3、4、5 分。

调查问卷见本案例附录 1《T 市电子政务公众满意度调查问卷》。

2. 调查问卷发放

(1) 预调查：为了保证所设计的题项能准确地反映潜在变量的含义以及问卷的合理性，在正式调查之前对被测试者进行预调查，对存在有歧义的题项进行修改和剔除。因此，在预调查时，调查问卷发放的对象为电子政务方面的专家、网站建设者以及随机抽取的普通公众。

(2) 正式调查：调查问卷发放的目标群体是使用过 T 市政府门户网站了解信息和办理相关事宜的公众。对普通公众采取随机抽样的方式发放问卷，对公务员通过移动客户端以及社会关系渠道进行发放，对企事业工作人员采用论坛、微信、邮箱以及利用社会关系进行问卷发放。调查对象的代表性较高。共收集问卷 187 份，剔除无效问卷 71 份，最终回收的有效问卷为 146 份。

调查问卷的数据统计见本案例附录 2：《T 市电子政务公众满意度调查问卷数据统计表(简)》。

(二)研究变量描述性统计分析

本案例运用 SPSS 软件对各变量进行描述性统计分析，结果如表 8-5 所示。

根据表中的均值和标准差，可以进行简单的分析。比如，在感知质量方面，在所属各指标的标准差相差不大的情况下，y_3 均值最高，表明公众对信息的权威性和可靠性的评价相对较高；其次是 y_8、y_9、y_{10} 的均值较高，表明公众对政府门户网站的网站链接和运行速度、网站安全性、网站的站点导航功能的评价尚可；而 y_1、y_2、y_4、y_5、y_6、y_7 的均值较低，表明公众对政府门户网站的信息资源、信息的更新速度、公开透明度、调查征集、在线交流等方面的评价相对较低。

表 8-5 变量描述性统计表

研究变量	题项	总数	最小值	最大值	均值	标准差
公众期望	x_1	382	1	5	3.10	1.003
	x_2	382	1	5	3.24	1.013
感知质量	y_1	382	1	5	3.22	1.078
	y_2	382	1	5	3.29	1.048
	y_3	382	1	5	3.47	1.110
	y_4	382	1	5	3.28	1.143
	y_5	382	1	5	3.21	1.112
	y_6	382	1	5	3.19	1.102
	y_7	382	1	5	3.26	1.076
	y_8	382	1	5	3.34	1.042
	y_9	382	1	5	3.38	1.084
	y_{10}	382	1	5	3.32	1.091

续表

研究变量	题项	总数	最小值	最大值	均值	标准差
感知易使用	y_{11}	382	1	5	3.33	1.048
	y_{12}	382	1	5	3.37	1.039
	y_{13}	382	1	5	3.38	1.025
感知有用	y_{14}	382	1	5	3.27	0.993
	y_{15}	382	1	5	3.33	0.994
公众满意度	y_{16}	382	1	5	3.45	0.997
	y_{17}	382	1	5	3.38	0.999
	y_{18}	382	1	5	3.40	1.034
政府形象	y_{19}	382	1	5	3.65	1.068
	y_{20}	382	1	5	3.74	1.067
	y_{21}	382	1	5	3.55	1.070
公众信任	y_{22}	382	1	5	3.53	1.024
	y_{23}	382	1	5	3.44	1.047
	y_{24}	382	1	5	3.44	1.017

(三)调查问卷检验

1. 信度检验

为了解公众填写的调查问卷的可信程度，采用克朗巴哈系数(Cronbach's α)进行检验。α系数计算公式为

$$\alpha=\frac{k}{k-1}\left(1-\frac{\sum s_i^2}{s^2}\right) \tag{8-11}$$

式中，K是问卷中题项总数量；S_i为问卷第 i 个题项标准偏差。α是在 0 ~ 1 之间的系数，$\alpha \geqslant 0.7$ 时认为问卷的信度较高。运用 SPSS 进行α系数计算，结果如表 8-6 所示。总量表的α系数值为 0.960，各分量表都在 0.80 以上，说明量表的内部一致性较高，公众填写的问卷的可信度高。

表 8-6　内部一致性信度检验表

潜在变量	测量数量	Cronbach's α
公众期望	2	0.820
感知质量	10	0.924
感知易使用	3	0.844
感知有用	2	0.833
公众满意度	3	0.924
政府形象	3	0.898
公众信任	3	0.878
总量表	26	0.960

2. 效度检验

效度分为内容效度和结构效度。内容效度检验的目的是检查问卷能否反映调查者想要了解的主题。这种检验主观性比较强，主要依靠相关专家判断。本案例问卷经专家评审，能够反映调查的要求。结构效度检验主要是检查问卷设计的合理性，一般是通过因子分析法进行检验。而在因子分析之前，需要先对问卷数据进行 KMO 和 Bartlett 球体检验，以确定问卷数据是否适合做因子分析。

(1) KMO 和 Bartlett 球体检验。对问卷 26 个测量指标进行 KMO 和 Barlett 球体检验，结果如表 8-7 所示。KMO 值为 0.958>0.6，$P<0.05$。说明调查问卷有结构效度，适合做因子分析。

表 8-7　KMO 和 Bartlett 的检验

取样足够度的 Kaiser-Meyer-Olkin 度量	0.958
Bartlett 的球形度检验　　近似卡方	7 294.419
df	158
Sig	0.000

(2) 因子分析。运用 SPSS 软件对调查问卷 26 个题项进行因子分析，结果如表 8-8 所示。

表 8-8　因子共同度表

题　项	初　始	提　取	题　项	初　始	提　取
x_1	1.000	0.754	y_{12}	1.000	0.759
x_2	1.000	0.760	y_{13}	1.000	0.785
y_1	1.000	0.625	y_{14}	1.000	0.781
y_2	1.000	0.632	y_{15}	1.000	0.810
y_3	1.000	0.669	y_{16}	1.000	0.848
y_4	1.000	0.708	y_{17}	1.000	0.864
y_5	1.000	0.776	y_{18}	1.000	0.864
y_6	1.000	0.708	y_{19}	1.000	0.807
y_7	1.000	0.710	y_{20}	1.000	0.804
y_8	1.000	0.663	y_{21}	1.000	0.756
y_9	1.000	0.762	y_{22}	1.000	0.788
y_{10}	1.000	0.627	y_{23}	1.000	0.793
y_{11}	1.000	0.754	y_{24}	1.000	0.749

从表 8-8 可以看出，所有变量因子共同度都大于 0.5，说明所设计的题目之间因子共同度符合要求，每项指标的存在都有意义，问项设置合理，无须对评价指标进行修改或剔除。

通过以上分析，本案例电子政务公众满意度结构模型与测评指标体系的设置合理，调查问卷具有良好的结构效度。

四、模型适配度检验与满意度指数计算

由政府电子政务公众满意度指数因果结构模型(见图 8-8)可知，有 7 个潜在变量和 26 个观测变量。变量之间的关系比较复杂，不仅观测变量与潜在变量之间存在因果关系，而且，潜在变量之间也存在相互关系。对于这种变量多且关系复杂问题的处理，如果采用回归、因子分析等常规统计方法是难以解决的。处理这种复杂问题比较合适的方法是结构方程模型。但是，利用结构方程模型处理这种复杂的数据关系，本身也是不容易的，需要用相关软件来处理，目前处理结构方程模型最受青睐的是 AMOS 软件。下面就介绍通过 AMOS 软件，对本案例的结构方程模型数据进行处理，并计算电子政务公众满意度指数。

(一)模型适配度检验

模型适配度(拟合度)检验的目的是评价案例中所提出的结构方程模型与实际情况之间的吻合程度。如果模型适配度差，就需要对模型进行修正。

1. 模型拟合度评价标准

模型适配度检验的指标：①绝对适配统计量；②增值适配统计量；③简约适配统计量。本文选取卡方值、GFI、AGFI、RMSEA、NFI、RFI、IFI、TLI、CFI、PGFI、PNFI、卡方自由度比值来检验模型的适配度。

卡方值愈小，表示模型与实际数据愈适配，但卡方值容易受样本数量大小的影响，样本数量愈大，卡方值愈容易达到显著性水平。若卡方值大于 0.05，则表明所建构的模型与实际数据匹配的可能性越大，因此在进行判断时，通常采用卡方值与自由度的比值。

GFI 为适配度指数，其参考标准在 0 至 1 之间，其值越接近 1，表明模型具有良好的适配度，其值越接近 0，表明模型适配度越差。根据相关学者的观点，认为 GFI 大于 0.9 时，表明模型与量表数据的适配在可接受范围。但在相关文献中，众多专家提出 GFI 取值范围大于 0.8 也认为模型与量表数据是匹配的。

在各项适配度指标中，RMSEA 被学者视为最重要的适配指标信息，其公式如下：

$$\text{总体RMSEA} = \sqrt{\frac{F_0}{df}} = \sqrt{\max\left(\frac{F_{ML}}{df} - \frac{1}{N-1}, 0\right)} \tag{8-12}$$

$$\text{估计的RMSEA} = \sqrt{\frac{\hat{F}_0}{df}} \tag{8-13}$$

F_0 为总体差异函数值，当模型与实际数据完全适配时，总体差异函数值 F_0 等于 0，此时 RMSEA=0。根据学者的观点，当 RMSEA 数值超过 0.1 时，表明模型与量表数据不匹配；在 0.08 ~ 0.10 之间表示模型适配一般，在 0.05 ~ 0.08 之间，表示模型的适配度较好，当 RMSEA 的值低于 0.05 时，表明模型与量表数据匹配非常好。其他适配度指标 NFI、RFI、IFI、TLI、CFI 也都有相应的标准，认为都是大于 0.90 才算适配度尚可，其中 PGFI、PNFI 是大于 0.50 才算模型适配尚可。而 NC 通常在 1 ~ 3 之间，表示模型与数据有简约适配程度。

2. 模型适配度效果验证

根据图 8-8，将附录 2 的统计数据导入 AMOS 软件系统中。通过运行 AMOS 软件，就得到政府电子政务公众满意度模型路径图以及反映模型拟合度的相关数据，如表 8-9 所示。

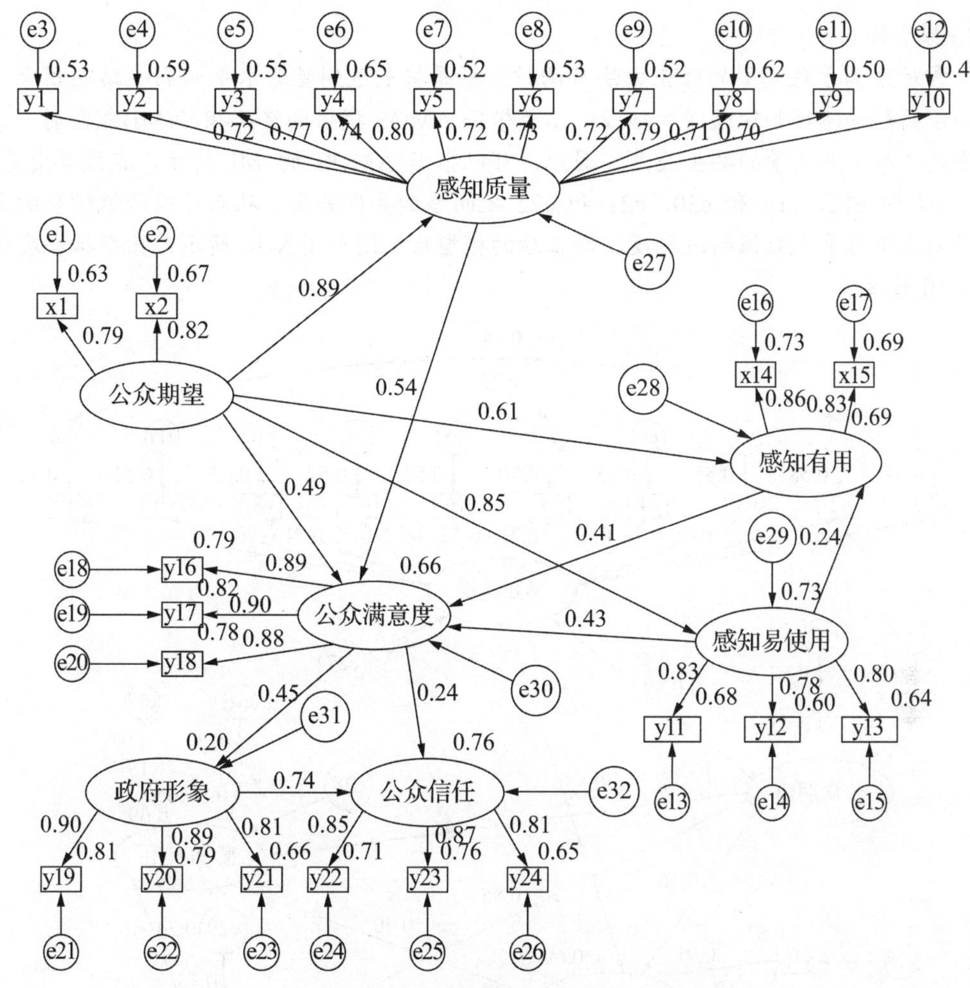

图 8-9 电子政务公众满意度模型路径

表 8-9 模型拟合度表

指标	x^2	x^2/df	GFI	RMSEA	NFI	PNFI
标准	愈小愈好	1<NC<3	>0.90	<0.08	>0.90	>0.50
模型	618.804	2.149	0.892	0.055	0.917	0.813
指标	RFI	IFI	TLI	CFI	PGFI	AGFI
标准	>0.90	>0.90	>0.90	>0.90	>0.50	>0.90
模型	0.907	0.954	0.948	0.954	0.732	0.868

从表 8-9 中可以看出，模型的卡方值 618.804，卡方自由度比值为 2.149，表示模型有简约适配度。GFI 为 0.892，小于 0.90，表明该模型路径图与实际数据的适配度欠佳，AGFI 为 0.868，小于 0.90，表明路径图与实际数据的匹配度也不高。RMSEA 为 0.055，小于 0.08，表示模型具有合理适配度，PNFI 和 PGFI 均大于 0.5，NFI、RFI、IFI、IFI、TLI、CFI 均符合要求。综合考虑，由于该模型一部分指标不够理想，模型拟合程度未达到要求，需对模型进行修正。

3. 模型修正

通常对结构方程模型的修正方法有两种：一是将未达到显著水平的影响路径删除，或将不合理的影响路径删除或增加路径；二是根据 AMOS 提供的修正指标(MI)来判别。常用的方法是添加误差变量的共生关系。因此，可以根据 AMOS 的 MI 提示，在误差变量 e7 和 e8、e4 和 e12、e19 和 e20、e21 和 e22 之间添加共生关系，从而可以降低模型的卡方值，提高模型与量表数据的适配度。修正后的模型路径图如图 8-10 所示；模型拟合度数据如表 8-10 所示。

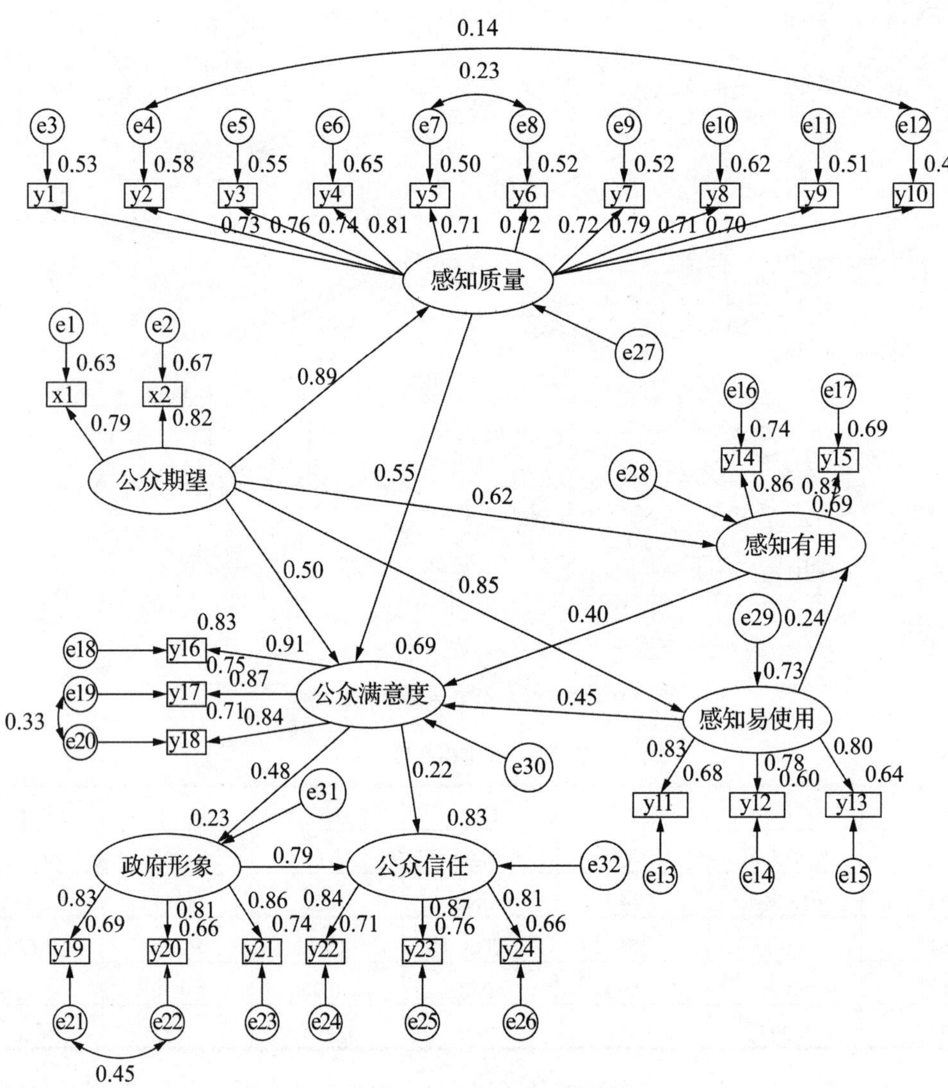

图 8-10　修正后的模型路径

表 8-10 修正后模型的适配度指标

指标	x^2	x^2/df	GFI	RMSEA	NFI	PNFI
标准	愈小愈好	1<NC<3	>0.90	<0.08	>0.90	>0.50
模型	547.712	1.929	0.905	0.049	0.927	0.810
指标	RFI	IFI	TLI	CFI	PGFI	AGFI
标准	>0.90	>0.90	>0.90	>0.90	>0.50	>0.90
模型	0.916	0.963	0.958	0.963	0.732	0.882

通过表 8-10 可看出，修正模型的卡方值变为 547.712，卡方自由度比值为 1.929，表示模型已达到简约适配度。RMSEA 为 0.049，表示模型适配度良好，NFI 为 0.927，PNFI 为 0.810，RFI 为 0.916，IFI 为 0.963，TLI 为 0.958，CFI 为 0.963，PGFI 为 0.732，均达到模型适配的标准。GFI 为 0.905，也已达到标准，但是调整后的 AGFI 为 0.882，接近 0.90，根据相关学者的观点是可以接受的。综合而言，修正后的模型均已达到适配的标准，无须再进行修正。

根据修正后的电子政务公众满意度模型路径图可看出，公众期望与公众满意度之间存在负相关关系，路径系数为-0.50，从一定程度上表明，公众对政府门户网站的期望越高，有可能满意度就会越低，公众对政府门户网站的期望越低，有可能满意度就会越高。

图 8-10 还反映了在影响公众满意度的三个前因变量中，感知质量的影响最大，达到 0.55，其次是感知易使用，路径系数为 0.45，影响最小的是感知有用，系数为 0.40。这三个变量都正向影响公众满意度，表明提高公众满意度要重视感知质量、感知易使用和感知有用。

公众满意度正向影响政府形象与公众信任，而且政府形象对公众信任也有正向影响。公众满意度跟政府形象之间的路径系数为 0.48、与公众信任之间的路径系数为 0.22，而政府形象与公众信任之间的路径系数达到 0.79。表明公众满意度越高，政府在公众的形象越高，同时会促使公众对政府产生信任感。

(二)公众满意度指数计算

根据式(8-6)顾客满意度指数的计算公式，电子政务公众满意度指数计算公式为

$$\mathrm{PSI}=\frac{E(\mathrm{P})-\min(\mathrm{PS})}{\max(\mathrm{PS})-\min(\mathrm{PS})}\times 100 \tag{8-14}$$

式中：

$$E(\mathrm{PS})=\sum_{i=1}^{n}\omega_i\overline{y}_i \tag{8-15}$$

$$\min(\mathrm{PS})=\sum_{i=1}^{n}\omega_i\min(y_i) \tag{8-16}$$

$$\max(\mathrm{PS})=\sum_{i=1}^{n}\omega_i\max(y_i) \tag{8-17}$$

在上述公式中，E(PS)、min(PS)、max(PS)分别代表公众满意度的期望值、最大值和最小值；y_i 表示公众满意度变量的 3 个观测变量，在本案例中分别表示公众满意度变量的第 16、17、18 号题项；ω_i 表示这三个观测变量在公众满意度变量中的权重；n 为观测变量的

数量 3 个。

公众满意度指数在国际上有比较认同的评价标准，如下所示。

当 PSI≥80 时，公众对政府提供的服务很满意。

当 PSI 介于[70,80)时，公众对政府提供的服务较满意。

当 PSI 介于[60,70)时，公众认为政府提供的服务一般。

当 EPSI<60 时，公众对政府提供的政务服务很不满意。

在本案例中，公众满意度这一潜在变量共有 3 个观测变量，且测量标尺为 1～5，因此本案例的政府电子政务公众满意度指数的计算公式为

$$\mathrm{PSI}=\frac{\sum_{i=1}^{3}\omega_i\overline{y}_i-\sum_{i=1}^{3}\omega_i}{4\sum_{i=1}^{3}\omega_i}\times 100\% \tag{8-18}$$

通过图 8-10 中公众满意度变量与 3 个观测变量之间的因素负荷量 0.91、0.87、0.84 可计算出权重，分别为：ω_{16}=0.35，ω_{17}=0.33，ω_{18}=0.32；3 个观测变量 y_{16}、y_{17}、y_{18} 的均值由表 9-5 可知。将ω_i和 y_i 值代入式(9-18)得

$$\mathrm{PSI}=\frac{0.35\times 3.45+0.33\times 3.38+0.32\times 3.40-1}{4}\times 100\%=60.27\%$$

计算得出，T 市的政务电子公众满意度指数为 60.27，可见，公众对政府提供的电子政务服务满意度一般。

五、提高政府电子政务公众满意度的对策建议

根据政府电子政务公众满意度指数模型，从影响公众满意度的公众期望、感知质量、感知易使用、感知有用等的四个方面提出对策建议。

(一)满足公众期望

根据公众满意度模型路径图可看出，公众期望与公众满意度之间具有较强的负向因果关系。随着电子政务基础设施的不断加强，公众期望会越来越高，自然会导致公众满意度发生变化。因此，政府应理性评估电子政务服务与公众期望之间的差距。满足公众期望需注重以下几点。

1. 缩小公众期望与电子政务服务水平之间的差距

电子政务工作对提高我国政府工作效率和公共服务水平发挥了重要作用。但是，政府在建设门户网站时有些工作还不够深入，比如，鲜见对公众进行调研，公众只是被迫接受网上服务。政府主观认为电子政务提高了公众的办事效率，公众只需点击鼠标登录网站就可以获取所需的服务。但是公众期望网站的服务内容是什么，期望获得什么样的服务水平，政府并未了解。因此，政府对公众期望和电子政务服务之间的差距应有一个正确的认识，应通过缩小差距来满足公众期望，进而提高公众满意度。

2. 创新在线服务方式

T 市政府应该与所辖地方政府共建信息查询机制，促进政府职能部门之间的业务协同，使得公众进入政府门户网站就能够检索到自己所需的服务。此外，不断地丰富政府门户网站内容，并做到信息内容的充实性、政民互动的畅通性。

(二)提高公众感知质量

感知质量和公众满意度之间的路径系数达到 0.55，表明感知质量在提高公众满意度中

具有较高的贡献率。通过感知质量来提高公众满意度，需从以下几方面入手。

1. 提升信息资源质量

政府门户网站公开的信息资源主要是面向企业和民众。民众主要涉及婚姻、户籍、税收、交通、就业、社会保障、文化、教育、医疗等服务内容；企业主要涉及质检、税收财务、投资审批、社会保障、知识产权等服务工作。只有做到信息公开透明、完整可靠，并且具有权威性和时效性，才能保证公众的感知质量。

2. 完善网站功能、提高政民互动水平

从潜变量与观测变量的因子负荷量可看出，政府门户网站的链接和运行速度、调查征集类栏目的建设情况、网上办事功能的因素负荷量均在 0.7 以上，说明政府门户网站的互动交流程度与功能也是影响感知质量的重要因素。这就需要调整和再造政府内部政务流程，从根本上加强政府的服务供给机制。目前，进入 T 市政府门户网站可以看到，网站虽然提供了一些服务工作，但是，部分项目还停留在提供办事指南上，公众还需到线下的政务服务中心，才能获得该项服务。

(三)对感知易使用方面进行改进

感知易使用指标对公众满意度的影响达到 0.45，说明感知易使用指标对提高公众满意度有重要贡献。

1. 增强对网站的理解

对网站的理解一般用易理解性来解释。易理解性是指公众在搜索信息和在线办事时，对政府门户网站在感知上形成的第一印象。公众形成的易理解性不仅和政府门户网站的页面背景设置、信息资源检索结果的排列方式以及网站特色有关，更与公众的场依存性与场独立性认知风格有关系。因此，政府在建设一个公众满意的政府门户网站时，应该对公众进行前期的调研，深入分析公众的不同认知风格，将其与政府门户网站的易理解性相结合。如对偏好场依存性的个体，可以增设政府门户网站的主目录而减少子目录，对信息资源的排列应多在主目录中显示。对偏好场独立性的个体应重视信息资源的深度，可以细化信息资源的子目录而减少主目录。这样可以提高公众对政府门户网站的正确认识。

2. 加强公众对网站操作的正确认识

(1) 提高公众对网站易操作性的根本是简化冗余的职能部门和工作业务流程，加强政府各职能部门之间的协作。

(2) 有效地避免公众在使用政府门户网站过程中出现信息查询错误、网站链接错误以及检索信息时运行速度缓慢等各种服务和功能障碍。

(3) 设计“傻瓜式”的操作界面。

3. 加强网站在线帮助功能

从电子政务公众满意度模型路径图可看出，感知易使用的三个观测变量中易学习性的因素负荷量达到 0.83，说明公众对政府门户网站的“在线帮助”和“公众对于使用该网站的疑问和了解”这两个方面比较重视。因此政府在提高公众的感知易学习性时，首先告知公众在使用政府门户网站时可能会遇到哪些问题需要在线帮助；其次，鼓励公众在使用政府门户网站时提出网站的不足。

(四)对感知有用方面进行改进

感知有用指标对公众满意度的影响达到 0.40，说明也是影响公众满意度的重要结构变量。感知有用指标的两个观测变量的因素负荷量分别为 0.86 和 0.83，所以，对感知有用方面进行改进应从这两个方面入手。

1. 提高办事效率

由于政府提供的服务具有一定的垄断性，公众有时是被迫接受，这就有可能导致政府门户网站在线办事效率低、质量不高等问题。因此，政府应从建设服务型政府出发，以公众需求为中心，给予公众选择公共组织的权力，适当地引入企业市场竞争的理念和方式，主动提高政府门户网站的办事效率。也可以适当地引入非政府组织承接政府门户网站的某些公共事务管理职能。

2. 满足公众的个性化需求

通过模型路径图可以看出，个性化需求与感知有用之间的因素负荷量为 0.83，表明满足公众的个性化需求对提高公众的感知有用性影响较大。因此，针对不同认知风格的公众，通过提供个性化检索服务，提高公众的感知有用性。比如，针对偏好场独立性的公众提供主目录在前，检索结果在后的信息界面呈现方式，就可以满足这类公众的个性化需求；而提供相反的信息界面呈现方式，会满足偏好场依存性的公众个性化需求。

附录 1：T 市电子政务公众满意度调查问卷

尊敬的女士/先生：

您好！此项调查是为了解公众使用 T 市政府门户网站的情况以及需求，进而为完善 T 市政府门户网站服务提供对策建议。

感谢您参与本项调查，恳请您根据使用 T 市政府门户网站的真实情况，填写该问卷，可能会占用 5～7 分钟时间。本问卷是匿名填写，调查内容不涉及个人隐私及国家、企业机密，仅用于统计分析，不会对您造成任何不良影响，再次感谢您的支持与合作。

第一部分　个人基本情况

1. 您的性别：① 男 ② 女

2. 您的年龄：① 25 岁以下 ② 26～30 岁 ③ 31～35 岁 ④ 35 岁以上

3. 你的最高学历：① 高中及以下 ② 专科 ③ 本科 ④ 硕士 ⑤ 博士及以上

4. 您目前从事的职业：① 党政机关工作人员 ② 企业工作人员 ③ 事业单位工作人员 ④ 学生 ⑤ 个体商户、业主 ⑥ 其他(含无业、待业、离退休人员)

5. 您的网龄：① 一年以下 ② 1～5 年 ③ 6～10 年 ④ 10 年以上

6. 您使用“中国 · T”网站频率：① 第一次使用 ② 每天都使用 ③ 每周使用一次 ④ 每月使用一次 ⑤ 更长时间使用一次

第二部分　公众满意度调查问卷

1. 您对网站的总体性期望如何？

○ 很低 ○ 低 ○ 一般 ○ 高 ○ 很高

2. 您对该网站的可靠性期望如何？

○ 很低 ○ 低 ○ 一般 ○ 高 ○ 很高

3. 您对该网站的信息资源的完整性是否满意？

○ 很不满意 ○ 不满意 ○ 一般 ○ 满意 ○ 很满意

4. 您对该网站的信息更新速度是否满意？
○ 很不满意 ○ 不满意 ○ 一般 ○ 满意 ○ 很满意
5. 您对该网站信息权威性和可靠性是否满意？
○ 很不满意 ○ 不满意 ○ 一般 ○ 满意 ○ 很满意
6. 您对该网站信息的公开透明度是否满意？
○ 很不满意 ○ 不满意 ○ 一般 ○ 满意 ○ 很满意
7. 您对该网站的办事咨询模块设置是否满意？
○ 很不满意 ○ 不满意 ○ 一般 ○ 满意 ○ 很满意
8. 您对该网站的民意征集模块设置是否满意？
○ 很不满意 ○ 不满意 ○ 一般 ○ 满意 ○ 很满意
9. 您对该网站的办事功能是否满意？
○ 很不满意 ○ 不满意 ○ 一般 ○ 满意 ○ 很满意
10. 您对该网站的链接和运行速度是否满意？
○ 很不满意 ○ 不满意 ○ 一般 ○ 满意 ○ 很满意
11. 您对该网站的安全性是否满意？
○ 很不满意 ○ 不满意 ○ 一般 ○ 满意 ○ 很满意
12. 您对该网站的站点导航功能是否满意？
○ 很不满意 ○ 不满意 ○ 一般 ○ 满意 ○ 很满意
13. 您对该网站的信息资源目录命名是否满意？
○ 很不满意 ○ 不满意 ○ 一般 ○ 满意 ○ 很满意
14. 您对该网站的使用步骤是否满意？
○ 很不满意 ○ 不满意 ○ 一般 ○ 满意 ○ 很满意
15. 您对该网站的提高办事效率是否满意？
○ 很不满意 ○ 不满意 ○ 一般 ○ 满意 ○ 很满意
16. 您对该网站的总体满意度如何？
○ 很不满意 ○ 不满意 ○ 一般 ○ 满意 ○ 很满意
17. 您对该网站的在线帮助功能是否满意？
○ 很不满意 ○ 不满意 ○ 一般 ○ 满意 ○ 很满意
18. 您对该网站提供的个性化服务是否满意？
○ 很不满意 ○ 不满意 ○ 一般 ○ 满意 ○ 很满意
19. 与预期相比，您对该网站的服务质量是否满意？
○ 很不满意 ○ 不满意 ○ 一般 ○ 满意 ○ 很满意
20. 与理想相比，您对该网站的服务质量是否满意？
○ 很不满意 ○ 不满意 ○ 一般 ○ 满意 ○ 很满意
21. 您对该网站创新在线服务、提高服务效率的程度是否满意？
○ 很不满意 ○ 不满意 ○ 一般 ○ 满意 ○ 很满意
22. 您对该网站对公众意见的反馈和受理情况是否满意？
○ 很不满意 ○ 不满意 ○ 一般 ○ 满意 ○ 很满意
23. 您对该网站的接受公众投诉和监督渠道是否满意？

○ 很不满意 ○ 不满意 ○ 一般 ○ 满意 ○ 很满意

24. 您看好网站未来的发展吗？

○ 很不看好 ○ 不看好 ○ 一般 ○ 看好 ○ 很看好

25. 您会支持网站未来的建设吗？

○ 绝对不会 ○ 不会 ○ 看情况 ○ 会 ○ 一定会

26. 您会推荐他人使用该网站获取服务吗？

○ 绝对不会 ○ 不会 ○ 看情况 ○ 会 ○ 一定会

您已完成本次问卷的调查，感谢您的配合与支持。

附录 2：T 市电子政务公众满意度调查问卷数据统计表(简)

序号	测 评 指 标					
	x_1	x_2	y_1	y_2	……	y_{24}
1	4	5	3	2	……	4
2	4	4	3	3	……	3
⋮	⋮	⋮	⋮	⋮	⋮	⋮
⋮	⋮	⋮	⋮	⋮	⋮	⋮
146	5	4	3	3	……	2

(资料来源：荣霞. T 市电子政务公众满意度研究.内蒙古工业大学硕士学位论文.2018)

第九章　6σ管理

学习要点

本章阐述了6σ管理的产生和发展过程，6σ管理的含义与基本原则；介绍了6σ管理的组织构架和核心人员培训要点；阐述了6σ管理项目的策划和实施的方法与步骤；介绍了6σ管理实施案例。

第一节　6σ管理概述

一、6σ管理的产生和发展

1．6σ管理的产生

20 世纪 60 年代，美国质量管理专家费根堡姆(A. V. Feigenbaum)系统地提出了全面质量管理的概念和相关理论。之后，日本的企业普遍接受了费根堡姆的质量管理理论，并结合自己的实践进行了创新。由于质量的改进，日本企业大举占领了美国的市场份额，许多美国企业面临着生死存亡的问题。

摩托罗拉公司同样面临着生死存亡的考验。为了提高产品质量，解决企业的生存问题，1986 年摩托罗拉公司启动了 6σ方案。1987 年摩托罗拉将这项新颖的战略行动推广开来，提出的目标是：到 1989 年将产品和服务质量改善提高 10 倍；到 1991 年至少改进 100 倍，1992 年达到“六西格玛质量”。为了实现上述目标，摩托罗拉的高级管理层十分重视这项工作，在公司建立了摩托罗拉大学，对所有的员工进行了大规模、分层次的 6σ管理培训，每年的培训费超过 5000 万美元。

6σ管理产生的强大动力为摩托罗拉带来了巨大成果：1988 年摩托罗拉公司实施 6σ管理仅两年，就获得了美国著名的马尔科姆·波多里奇国家质量奖。从 1987 年到 1997 年，公司的销售额增长了 5 倍，利润每年增加 20%，通过实施 6σ管理所带来的收益累计达到 140 亿美元，股票价格平均每年上涨 21.3%。

2．6σ管理的发展

在摩托罗拉公司之后，随即有通用电气、德州仪器、联合讯号等公司推行 6σ管理，也获得极大的成功，其中通用电气公司的成果最显著。通用电气公司在杰克·韦尔奇的领导下，把 6σ这一高度有效的质量管理战略变成管理哲学和实践，从而形成一种企业文化。该公司从 1996 年年初开始把 6σ管理作为一种管理战略并列在全公司三大战略(另两项为全球化和服务业)之首，在公司全面推行 6σ管理，并首创了“倡导者—黑带大师—黑带—绿带”的组织形式，并通过这种通用电气所特有的方式推进 6σ管理。

通用电气的 6σ管理计划演化成顾客满意计划，演化成利润增长计划，公司的面貌从此焕然一新。从实施 6σ方案的第一年起，公司的增长速度就不断加快：1999 年的收益是 107 亿美元，比 1998 年增加了 15%，其中，因实施 6σ而获得的收益就达到了 15 亿美元，到 2000 年，这个数字达到了 30 亿美元。从 1981 年杰克・韦尔奇出任通用电气公司首席执行官以来，在短短的 20 年里，通用电气的资本总额从 130 亿美元突破到 6000 亿美元，杰克・韦尔奇因此被誉为全球第一 CEO。

3. 6σ管理在全球的推广

在通用电气应用 6σ管理取得了巨大成功之后，6σ管理为全世界所认识并接受。6σ管理的应用已经从摩托罗拉、通用电气走向了全世界，并从开始的电子工业领域走向了普通制造业、航空业、化工业、冶金业，乃至银行、保险等服务业以及电子商务领域。除摩托罗拉、通用电气、德州仪器、联合讯号外，福特、柯达、三星、西门子、诺基亚、杜邦、施耐德、康柏、英特尔、ABB、IBM 等世界级公司也都是实施 6σ管理的典范。

二、6σ质量水平的统计解释

σ即 sigma，是用来表示随机变量的标准偏差；它是统计学中的概念。在产品的加工制造过程中，σ反映质量特性波动(变异)大小：σ愈小，质量特性愈稳定，不合格品越少；σ愈大，质量特性波动大，不合格品会多。假设只考察某产品的一个关键质量特性 x，$x\sim N(\mu,\ \sigma^2)$，并且规格中心 m 与分布中心μ重合，则有以下结果，如图 9-1 所示。σ质量水平与不合格品率 P 之间的关系为：

$$P(|x-\mu|\geqslant 3\sigma)$$
$$=0.002\,7$$
$$=2\,700\text{ppm}$$
$$P(|x-\mu|\geqslant 6\sigma)$$
$$=0.000\,000\,001\,8$$
$$=0.001\,8\text{ppm}$$

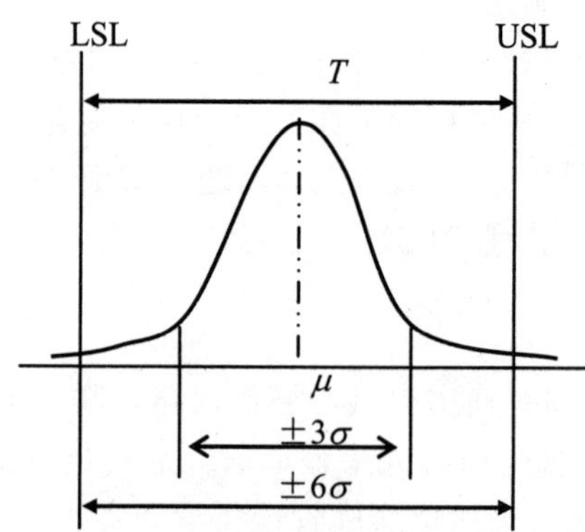

图 9-1　σ质量水平与不合格品率的关系

其他σ质量水平与合格品率、不合格品率之间的对应关系如表 9-1 所示。

表 9-1 σ质量水平与合格品率、不合格品率之间的对应关系

σ质量水平 (设计规格界限)	合格品率 (用%表示)	不合格品率 (用 ppm 表示)
$\pm 1\sigma$	68.27	317 300
$\pm 2\sigma$	95.45	45 500
$\pm 3\sigma$	99.73	2 700
$\pm 4\sigma$	99.993 7	63
$\pm 5\sigma$	99.999 943	0.57
$\pm 6\sigma$	99.999 999 82	0.001 8

注：ppm 是 parts per million 的缩写，即百万次机会差错数。

由表 9-1 可知，σ越小，过程满足顾客要求的能力就越高。上表表示的是过程输出质量特性的分布中心与目标值完全重合的对应关系，但是，实际上这只能是理想状态。根据一些质量专家的研究结果，就目前的科技水平，生产过程的结果不仅在均值上下波动，而且均值本身也会产生漂移，一般情况下，过程平均值与目标值存在的偏移量不超过±1.5σ，偏移可引起过程输出缺陷率的增大。因此，在计算不合格品率(或差错率)时，要考虑均值μ的漂移，如图 9-2 所示。考虑均值漂移的σ质量水平与不合格品率 P 之间的关系为

$$P(|x-\mu|\geqslant 3\sigma\pm 1.5\sigma)$$
$$=0.066\ 81$$
$$=66\ 810\text{ppm}$$
$$P(|x-\mu|\geqslant 6\sigma\pm 1.5\sigma)$$
$$=0.000\ 003\ 4$$
$$=3.4\text{ppm}$$

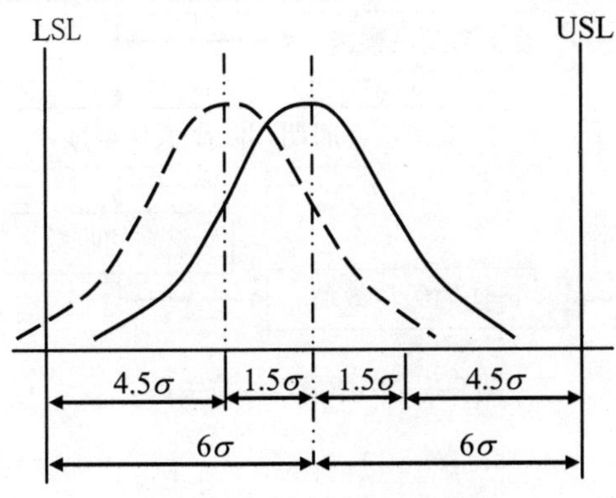

图 9-2 考虑均值漂移情况

考虑均值漂移的其他σ质量水平与合格品率、不合格品率之间的对应关系，如表 9-2 所示。

由此可见，对于只有一个关键质量特性的产品，其 6σ质量水平是每百万个产品中有 3.4 个不合格品。这意味着以 6σ为目标的质量管理追求的是零缺陷，它蕴含着“追求完美卓越”的管理理念。

表 9-2　考虑均值漂移的σ质量水平与合格品率、不合格品率之间的对应关系

σ质量水平 (设计规格界限)	合格品率 (用%表示)	不合格品率 (用 ppm 表示)
±1σ	30.23	697 700
±2σ	69.13	308 700
±3σ	93.319	66 810
±4σ	99.379	6 210
±5σ	99.976 7	233
±6σ	99.999 66	3.4

三、6σ管理的思想和含义

(一)6σ管理的基本思想

6σ管理中蕴含了这样的思想：所有的缺陷和错误都代表风险，而风险就有可能给企业和顾客造成损失。为了减少损失，并且，使顾客和企业同时获得满意，就需要考虑两方面的利益。对顾客而言，要提供优质的产品和服务；对企业而言，则以最低的成本实现企业的最大利益，如图 9-3 所示。

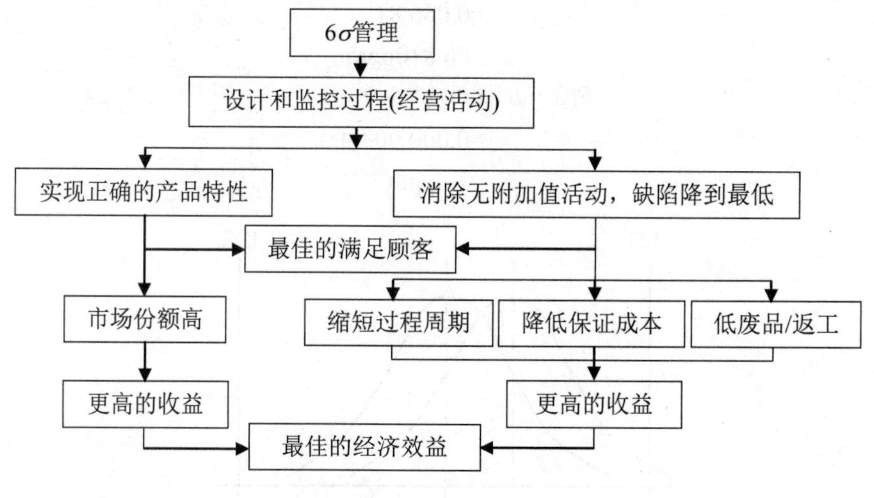

图 9-3　6σ质量与经济关系

(二)6σ管理的含义

6σ 管理的含义并不是简单地在质量上表示每百万个机会中次品少于 3.4 个，而是一整套科学的管理方法体系，是一种能实现持续领先的经营战略和管理哲学。

1. 6σ 管理是一个科学的管理方法体系

6σ 管理是一个以质量为主线，以顾客需求为中心，利用对数据和事实的分析，提升一个组织的业务流程能力的管理方法体系。这一方法体系包括一组强大的系统工具箱。首

先，这些方法针对的是流程改进，6σ 管理在实施的各个阶段使用大量工具。其次，这些方法是基于数据和事实驱动的，所有的方法都需要数据或信息作为基础。

(1) 6σ 管理是一种基于流程优化的管理方法。6σ 管理方法是从关注顾客的角度来优化流程的，特别注重改进核心流程。辨别核心流程的关键是判断其是否向顾客提供价值。6σ 管理方法关注的是核心流程中的关键质量特性，关键质量特性通常有多个。

(2) 6σ 管理是一种基于数据和事实驱动的管理方法。实施 6σ 管理，需要采取大量的数据统计和分析方法，这有别于传统的经验式管理。尽管直到今天，仍有不少企业仅靠经验式管理就取得了相当不错的经营业绩，但缺乏科学的量化管理，企业不可能获得持续发展。6σ 管理由企业中的关键指标的测量开始，在搜集数据、分析数据、研究变量与变量之间制约关系的基础上作出相应的决策。这种数据的统计分析能更好地理解变异的性质、程度和原因，从而有助于组织解决问题并提高有效性和效率，并促进持续改进。

2. 6σ 管理是一种能实现持续领先的经营战略和管理哲学

(1) 6σ 管理使顾客与商家的利益达到高度统一。6σ 管理的最终结果是产品质量水平大幅度提高。从顾客角度看，消费高品质的商品意味着增加了效用，而缺陷必然会给顾客带来损失，即使顾客能够从商家那里得到补偿，也会造成时间和精神上的损失。

为了减少缺陷，必然要增加投入，发生各项费用。因此就有人片面地认为：高质量意味着高成本。事实是，在提高质量上的少量投入，会带来内部和外部损失费用大幅度的降低。6σ 管理以流程优化为出发点，采用基于数据和事实驱动的质量管理方法，最大限度地减少生产过程中的缺陷，最大限度地减少由于缺陷而导致的返修和投诉(甚至索赔)的发生，最大限度地减少失去顾客的风险。

(2) 6σ 管理为组织持续改进提供了理论指导。6σ 管理方法为组织确定了一个高标准的质量水准。任何一个业务都会或多或少地存在缺陷，6σ 管理把缺陷看作是改进的机会。对组织来说，可怕的不是组织内部的管理存在问题，而是看不到问题，或看到问题视而不见。这种视问题为机会的 6σ 管理思维模式为组织持续改进提供了理论上的指导。

综上所述，6σ管理既是一种理念和战略选择，也是一种解决难题的有效工具和方法或程序，同时又是一个持续不断的改进过程。作为一种理念和战略选择，企业选择 6σ管理就是选择了追求完美和卓越；作为一种解决难题的有效工具和方法或程序，6σ管理目前是企业追求完美和卓越过程中所能采用的最佳和最有效的系统方法和程序。

四、6σ管理的特点

1. 追求完美的质量文化

实行 6σ管理，整个公司(组织)从上至下需要改变“我一直这样做，而且做得很好”的想法。推行 6σ管理会改变个人行为、企业行为乃至企业文化。6σ管理的基本要求就是，任何将 6σ作为目标的公司都要向着更好的方向持续努力，不断地追求完美。

2. 真正关注顾客需求

6σ管理强调关注顾客。按照 6σ管理的原则，过程业绩的测量应从顾客开始，通过对顾客的调查和分析，并通过质量功能展开，将顾客需求转化为过程的关键质量特性，最后通过 SIPOC(供方、输入、过程、输出、顾客)模型分析来确定 6σ项目。

3. 把流程的持续改进作为成功的关键

6σ管理采取的种种改进措施应该针对流程，以流程的改进作为精细化管理的突破点。一个流程是指生产一种产品或服务的一系列行动或步骤。公司里所从事的所有活动都有一个流程。一个公司有市场调研流程、产品研发流程、材料采购流程、生产制造流程、销售流程、售后服务流程等。不论公司的规模大小，它每天都是利用成千上万的各种流程来为客户创造性地进行生产和服务，为企业获取利润。

6σ管理把流程视为成功的关键载体，关注的是一个流程中所有环节的持续改进。

4. 以数据和事实驱动管理

6σ管理从识别影响经营业绩的关键指标开始，然后收集数据并分析关键变量，可以更加有效地发现、分析和解决问题。改进一个流程所需要的所有信息都包含在各种数据中。6σ管理强调使用支持决策的相关数据并用它们来指导决策过程。

5. 主张“最高质量水平就是最低费用”的新观点

6σ管理与传统管理方法对质量成本的认识不同，引入了劣质成本这个新概念。传统质量管理对质量成本的定义是“为确保和保证满意的质量而发生的费用以及没有达到满意的质量所造成的损失”，而劣质成本是指“由于质量不良而造成的成本损失，或者说是由于我们没有第一次就把事情做对、做好而额外付出的成本”，生产好的产品的成本不属于质量成本。因此，传统成本观念认为，在质量改进过程中，并不是质量越好，质量成本就越低，一定存在一个最适宜的点，在这个点以上，随着质量水平的提高，质量成本也会提高。而从 6σ管理的观点来讲，质量差错率越小越好，质量水平越高，劣质成本相应会越低，高质量可以导致低成本。

6. 无边界的通力合作

推行 6σ管理，需要加强自上而下、自下而上和跨部门的团队合作，改善公司内部的协作，并与供应商、顾客密切合作，达到共同为顾客创造价值的目的。这就要求组织打破部门间的界限，甚至组织间的界限，实现无边界合作。

第二节　6σ管理的组织与培训

6σ管理作为组织的重要行动，必须依靠组织体系的可靠保证和各管理职能的大力推动。因此，导入 6σ管理时应建立健全组织结构，将经过系统培训的专业人员安排在 6σ管理活动的相应岗位上，规定并赋予明确的职责和权限，从而构建高效的组织体系，为 6σ管理的实施提供基本条件和必备资源。

一、6σ 管理的组织

(一)6σ 管理组织形式

6σ管理的组织系统一般分为 3 个层次，即领导层、指导层和执行层：领导层通常由倡导者(一般由企业高层领导担任)、主管质量的经理和财务主管组成；指导层由组织的黑带主管(一般是组织的技术指导)或从组织外聘请的咨询师组成；执行层由执行改进项目的黑带和绿带组成。6σ管理组织结构如图 9-4 所示。

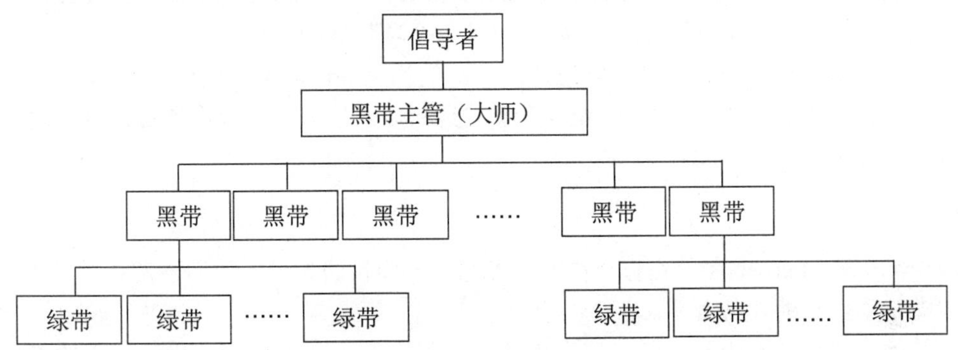

图 9-4 6σ 管理组织结构

(二)6σ 管理组织中各职位描述

1. 倡导者

倡导者是 6σ项目的领导者，一般由组织高级管理层组成，大多数为兼职。企业开始启动 6σ项目时，倡导者通常由最高领导者承担，如通用电气的 CEO 杰克·韦尔奇，联合讯号的 CEO 博西迪都承担过倡导者的角色。当企业有了成功的经验后，可以由分管质量工作的副总经理或质量总监承担倡导者的角色。

倡导者的主要职责是部署 6σ管理实施战略，选择具体项目，分配资源，对 6σ管理的实施过程进行监控，确认并支持 6σ管理的全面推行。

2. 黑带大师

黑带大师(Master Black Belt，MBB)是实施 6σ管理的技术总负责人、专家和咨询师，在企业推进 6σ 管理的过程中起着承上启下的关键作用。他们为倡导者提供推进和实施 6σ管理的建议与意见，同时为黑带提供项目指导与技术支持。他们对 6σ 管理理念和技术方法具有较深刻的理解与体验，并将这种管理理念和技术方法传递到企业中。

黑带大师要通过正式的认定，而且必须通过一个严格的能力发展、确认过程，一般平均为 15 个月。在此过程中，黑带大师要接受与 6σ 管理工具相关的更深层次的统计技术培训，接受推进技能及领导艺术方面的培训，并要求至少完成一个 100 万美元以上的项目。

黑带大师的主要职责是为协助倡导者选择合适的 6σ 项目，组建 6σ 团队，并为 6σ 团队制定工作目标及实施方案，负责培训黑带和绿带，为黑带提供 6σ 高级技术工具支援，参与 6σ 项目评审并提出建议及要求。

3. 黑带

黑带(Black Belt，BB)是专门从事 6σ 项目的技术骨干和 6σ 团队的核心力量。黑带来自组织的各个部门，经过 6σ 管理和统计工具的全面培训。通常黑带是全职人员，他们脱离了原来的岗位，把精力完全放在 6σ 项目的实施上。

一般来说，黑带应是在基层工作过相当年份并担任过基层主管的人员，他们应该具有一定的数理统计和工程技术方面的知识背景，一般应具有大学本科或以上的学历并且学习过高等数学知识。此外更重要的是他们应该对企业管理的改进有相当的热情和信念，愿意积极地投身其中。如果这些员工事先接受过项目管理方面的培训或从事过项目管理的工作，那就更佳，因为6σ项目的改进实际上也是一个项目管理工作。

黑带的主要职责是配合黑带大师组建团队。他们是 6σ 项目的小组负责人，负责 6σ 项目的具体执行和推广；为员工提供 6σ 管理工具和技术培训；对改进项目提供一对一的技术支持。

4. 绿带

绿带(Green Belt，GB)是在自己岗位上参与 6σ 项目的人员，他们通常是经过 6σ 培训的组织中基层部门的业务骨干。

绿带的主要职责是组织推行基层改进项目，侧重于将 6σ 管理应用于每天的工作中。与黑带不同的是，绿带一般还要兼任其他业务。

(三)公司需要 6σ 关键角色的数目

公司的实际情况及业务流程不同，所需要的黑带数目也有所不同。一般每个业务部门或生产单位应有一名黑带大师，或每 1000 名员工需要一名黑带大师。生产制造业每 100 名员工需要一名黑带，而服务业每 50 名员工就需要一名黑带。对于绿带的数目，每 20 名员工就至少应有一名绿带。

二、6σ 管理的培训

6σ 管理团队是一个学习型团队。贯穿始终的培训是 6σ 管理法获得成功的关键因素。培训类型包括黑带培训、绿带培训和团队培训。

1. 对黑带的培训

黑带必须掌握 6σ 的知识和技能，这是实施和领导一个有明确业务目标的 6σ 项目所必须的。

黑带的培训一般由专门培训机构承担，对黑带的完整培训通常需要连续进行 4 个月的时间。其中，每个月的第一周进行课堂学习，其余 3 周把所学到的理论知识和技能用于 6σ 实践。这一过程将一直持续到黑带所有课程完结并能成功地实施具体方案为止。黑带培训完毕后，必须经过几个项目的实践过程。黑带通过所有课程的认证及项目实践后，公司与培训机构会给黑带颁发黑带资格证书。

通过黑带课程的培训，黑带候选人应达到：深入理解 6σ 的主要理念；具备领导和管理 6σ 团队的能力；具备运用 6σ 管理方法观察、分析和处理问题的能力；具备整合并运用各种统计技术和工具的能力。表 9-3 给出了黑带培训各个阶段的主要培训内容。

表 9-3 黑带培训各个阶段的主要内容

第一个月	第二个月	第三个月	第四个月
质量管理发展历程	数据收集方法	可靠性分析	6σ 改进与控制概论
高效团队管理方法	流程分析	回归分析	过程改进技术
顾客需求调查	关键因素分析与确认	相关分析	简单的实验设计技术
改进机会分析	关键质量特性识别	中心极限定理	正交试验设计
6σ 统计学原理	重要概率分布	参数估计	复杂情况的正交设计
DMAIC 方法论	测量系统分析	假设检验	Minitab 应用技术
6σ 的项目管理	失效模式与影响分析	方差分析	
流程图绘制	统计过程控制	多变量分析	
Minitab 软件概述	顾客满意度测评	列联表分析	

2. 对绿带的培训

绿带的课程培训通常在 6 天左右完成。课程内容围绕 6σ 的过程改进模式(DMAIC 模式)的 5 个阶段展开，课程一般由黑带大师或黑带承担。

通过绿带课程培训，绿带候选人应达到：透彻理解 6σ 的主要理念；熟悉 DMAIC 模式的全过程；掌握基本的流程改进工具；熟悉 6σ 团队的工作技巧。

绿带的培训的具体内容包括：质量管理的发展历程，6σ 的基本理念，6σ 的统计学原理，DMAIC 模式。

绿带的培训与黑带的课程类似，但在统计工具方面主要学习一些初等技术与方法，只讲授假设检验、方差分析、回归分析、试验设计的基本概念和简单应用。

3. 对团队的培训

团队培训是 6σ 项目团队组建后开始的培训，一般由黑带大师或黑带承担，培训的对象为团队成员。团队培训在难度和要求上将降低。在培训过程中，特别强调将本项目的实施活动纳入培训内容，使项目团队成员在实际参与项目的过程中，理论水平和实践经验都得到提高。表 9-4 是 6σ 管理培训课程表的一个范例。

表 9-4 6σ 管理培训课程方案

培训项目	核心内容	受训者	课时
6σ 管理导论	6σ 管理基本原则；评估业务需求；简明操作和模拟；评估职责和期望值	所有成员	1～2 天
6σ 管理的领导和发起	领导小组成员和发起人的职责要求和技巧；项目选择与评估	业务领导；执行领导	1～2 天
领导所需要的 6σ 管理操作步骤和工具	经缩减改编的关于 6σ 管理评估、分析流程及工具	业务领导；执行领导	3～5 天
领导变革	设定方向的概念及实施方法，促进和领导组织的变革	业务领导；执行领导；黑带大师；黑带	2～5 天

续表

培训项目	核心内容	受训者	课　时
6σ 改进活动的基本技巧	程序改进，设计/再设计，核心评估和改进工具	黑带；绿带；小组成员；发起人	6～10 天
协作和小组领导技巧	取得一致意见，领导讨论，开会，处理分歧的技巧和方法	业务领导；黑带大师；黑带；绿带；小组成员	2～5 天
6σ 管理活动中期的评估和分析工具	解决更多项目难题的技术性技巧；样本选取和数据收集；统计过程控制；显著性检验；相关和回归分析；实验的基本设计	黑带大师；黑带	2～6 天
高级 6σ 管理工具	专用技巧和工具的组件：质量功能分解高级统计分析；高级实验设计；塔古奇(Taguchi)方法等	黑带大师；内部顾问	课时随专题变化
程序管理的原则和技巧	设定一个核心或支持程序；分析关键结果、要求和评估措施；监测反馈方案	过程总负责人；业务领导；职能经理	2～5 天

第三节　6σ管理的项目策划

6σ 管理的项目策划是 6σ 管理成功的基础。6σ 管理的项目策划活动包括：选择项目、选择项目的改进模式、组织项目团队、输出 6σ 项目方案。

一、选择项目

(一)项目选择方法

企业中需要改进的项目很多，但不可能把所有的项目都作为 6σ 项目进行改进，通常应该选择那些问题多、隐藏的劣质成本大的项目。一般采用劣质成本分析和流通合格率(又称过程的动态生产能力)分析的方法进行选择。

1. 劣质成本分析

6σ 管理的一大特点是用财务的语言来阐述现状和改进的绩效，用财务指标，将业绩转换成财务效益。

劣质成本是指不给过程增值的那一部分运行资源成本。在实际管理中，许多质量成本的项目中，只有显而易见的项目才被考虑，恰如冰山浮出水面的只是一角而已，如浪费、报废、返工、返修、测试和检验成本(分析不合格原因)、顾客投诉、退货等，这些显性成本通常占销售额的 5%～8%。没在水下的冰山则是大部分，包括设计生产周期过长、加班过多、时间延误、延迟发货、上门服务支出过多、文件延迟、对现状缺少跟踪、报价或结账错误、未正确完成销售订单、过度库存等，这些成本大多并未直接计入损益表或资产负债表。这些真正隐藏在水下的“冰山”，称之为“隐藏”的劣质成本，这些隐性成本通常占销售额的 15%～25%。通过劣质成本分析可以将水下的“冰山”托出水面，即将隐性成本变为显形，进而将劣质成本大的项目确立为6σ 改进项目。

由于 6σ 管理的根本目的是提高效益，因此，降低不增值的劣质成本对于识别、挑选和评价项目都是重要的依据和标准。摩托罗拉和通用电气推行 6σ 管理之所以成功，是因为他们发现了企业中存在的一些不增值的过程。

2. 流通合格率分析

流通合格率分析是界定 6σ项目的又一个经常采用的重要工具，该方法能够有效地揭示劣质成本，帮助人们对产生缺陷的过程、领域、步骤，以及它们对整个过程的关系和影响进行更清楚的分析。

流通合格率分析方法就是引入新的统计合格率指标 FTY 和 RTY。

FTY 即一次提交合格率，是英文 First Time Yield 的缩写，是指产品或服务在流程的某个环节不出现任何缺陷的概率。

RTY 即流通合格率，是英文 Rolled Throughput Yield 的缩写，是指产品或服务经过整个流程的每个环节都不出现任何缺陷的概率。终端合格率等于每个一次提交合格率的乘积。即：

$$\text{RTY} = \text{FTY}_1 \times \text{FTY}_2 \times \text{FTY}_3 \times \cdots \times \text{FTY}_n$$

流动合格率是暴露生产过程不增值环节的有力指标，也是揭示劣质成本的有效方法，它使人们对产生缺陷的过程有更清楚的了解。

【例 9-1】某一过程由 8 个环节组成，如图 9-5 所示。在 S_2、S_5、S_7 环节设置质量检验点对关键质量特性(CTQ)进行检验。

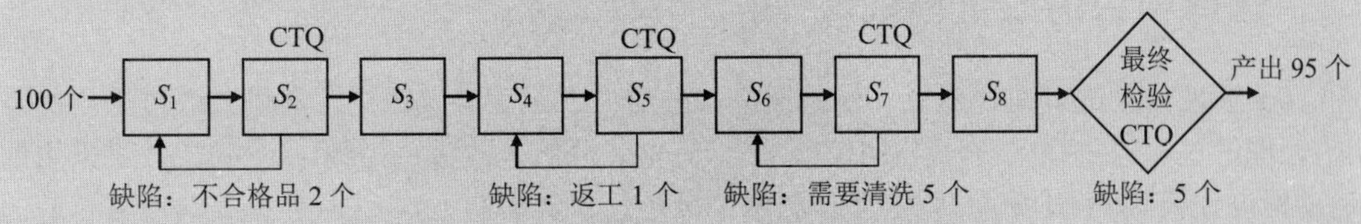

图 9-5　流通合格率计算实例

在最终检验处经检验发现 5 个产品不合格，按照传统合格率的计算，合格率为 P=95%。但是，这个合格率未考虑在 S_2、S_5、S_7 三个环节发现的缺陷，这些缺陷都被隐藏在劣质成本当中了。若采用流通合格率(RTY)的概念，则可以对整个过程进行分析、测量，从构成过程的每个环节的影响来研究整个过程。

RTY 分析：

(1) 计算各个环节的合格率。

$$y_2 = \left(1 - \frac{2}{100}\right) \times 100\% = 98\% \text{；} \quad y_5 = \left(1 - \frac{1}{100}\right) \times 100\% = 99\% \text{；} \quad y_7 = \left(1 - \frac{5}{100}\right) \times 100\% = 95\%$$

(2) 计算流通合格率(RTY)。

$$\text{RTY} = \prod_{i=1}^{n} y_i = y_2 \times y_5 \times y_7 \times 100\% = 0.98 \times 0.99 \times 0.95 \times 100\% = 87.6\%$$

由此可见，6σ管理的评估标准与传统的计算合格率的衡量标准存在着本质差别。计算传统合格率的方法掩盖了产品在生产制造过程中存在的劣质成本，而流通合格率提示了劣质成本的存在，能更加精确地反映流程的客观实际情况。

(二)项目选择的评价

在众多需要改进的项目中，需要对这些项目进行评价，以便找出改进后能够产生显著效益或带来较大成绩的项目作为6σ项目进行改进。

项目选择的评价应遵循以下标准。

1. 回报或业务利润标准

回报或业务利润标准包括：有利于增加顾客满意度，提高组织的市场竞争力，提高组织的核心能力，提高资金回报率，解决问题的紧迫性。

2. 可行性标准

可行性标准包括资源需求量(人员、时间、资金)；是否具备或容易获得实施这个项目所需要的知识和技能；实施这个项目的复杂性和困难程度；在合理的时间限度内成功的可能性有多大；组织内部的关键部门能在多大程度上支持这个项目的实施，项目完成后会有多大收获。

3. 对组织的影响标准

对组织的影响标准包括员工从项目中可以学到哪些新的知识；项目在多大程度上帮助组织打破部门之间的障碍，创造无边界合作的氛围。

二、选择项目的改进模式

6σ 管理的改进有两种途径：一是渐进式改进；二是突破式改进。渐进式改进采用的是6σ 管理的过程改进模式——DMAIC(定义、测量、分析、改进、控制)；突破式改进采用的是过程设计模式——DMADV(定义、测量、分析、设计、验证)。这两种模式对应着相应的改进路径，但它们相互依赖、相互补充。具体内容将在下一节详细阐述。

项目选定后，应针对特定项目的改进途径选择不同的改进模式，从而确定有效的实施步骤。

三、组织项目团队

在选定 6σ 项目之后，应为特定项目组织 6σ 团队。以黑带为项目团队的执行领导，团队由绿带和与项目相关的人员参加，人员的数量视项目的复杂程度、要求的完成周期以及团队人员的专业水平和投入时间而定。

组建项目团队后，应由倡导者与团队共同建立项目特许任务书，为项目提供书面指南。项目特许任务书的内容包括项目的选择理由、项目的完成目标、项目的基本计划、项目团队成员的职责描述等。特许任务书还将在项目实施的定义阶段，由倡导者与团队一起进一步调整和细化，并在实施的全过程中随着项目的进展不断完善。

第四节　6σ管理的实施

在 6σ 管理实施方法中，被广泛认同并使用的是用于对现有过程进行改进的 DMAIC 模式，以及对新产品和新的业务过程进行开发设计的 DMADV 模式。

一、过程改进模式——DMAIC 管理过程

DMAIC 模式是由定义(define)、测量(measure)、分析(analyze)、改进(improve)和控制(control)五个步骤构成的过程改进方法。下面简单介绍 DMAIC 模式。

1. 定义

定义(define)阶段是 DMAIC 法的第一步，其主要作用是明确项目所解决的问题。它的工作内容主要有以下几方面。

(1) 识别顾客的要求。按照顾客的要求建立企业的工作标准，并依次来改进企业的各项工作，是 6σ 管理的重要理念。如前所述，6σ 项目所要解决的问题，是由顾客的要求转化而来，所以要清楚准确地界定项目所要解决的问题，必须首先识别顾客的要求。

(2) 设定项目目标。明确顾客要求后，就要将此要求转化为 6σ 项目的具体目标。6σ 项目目标的类型主要有缺陷率、周期时间和费用成本率等。

(3) 界定项目范围。6σ 项目的范围应有一个清晰的界定。一般认为，搞清楚如何确保目标产品或服务质量、项目改进目标与改进程度、项目代价与成本、项目流程与控制等问题，有助于界定项目的范围。

(4) 认清项目条件。6σ 项目都有其制约条件，认清这些制约条件，是项目界定的前提。这些制约条件有组织的人、财、物、信息等资源情况，项目的时间要求，外部环境等。一般认为，明确项目的最后完成期限、可投入项目的时间与人力、可支配的资金、硬件资源可否满足需要、外部环境的影响等，有助于认清项目的制约条件。

(5) 确认需要改进的工作流程。6σ 改进，主要是通过流程改进，实现企业绩效改进。因此，对流程的描述和管理，就成为 6σ 改进的基础。确认需要改进的业务流程，可以在项目目标分析的基础上，通过绘制流程图的方法进行。

绘制流程图，可明确过程范围、关键要素、输入与输出等主要事项，是界定阶段明确项目改进的核心流程的重要方法。

2. 测量

测量(measure)阶段的工作内容主要有以下几方面。

(1) 确定关键的产品质量特性和过程质量特性。关键的产品质量特性和关键的过程质量特性，对产品质量和资源成本有重要影响。它们的平均水平和波动大小，常常对劣质成本和劣质质量的减少起决定作用。此外，只有找出关键的产品质量特性和过程质量特性，才能提出对它们的控制要求和方法，并加以控制和改进。

(2) 收集数据。测量阶段收集数据，有重要的意义和作用。它可以为测量系统的验证提供必不可少的数据，用数据证实测量系统精确可信；为分析阶段奠定数据基础，使分析

真实准确；为统计分析方法的应用提供前提条件，使其应用成为可能等。收集数据应做到真实可靠。

(3) 验证测量系统。系统准确的数据来源于准确的测量，为确保数据准确，必须对测量系统的效能进行验证。测量系统包括：测量设备和软件、测量人员、测量程序和方法、测量用的辅料和试剂、测量环境等。测量系统应具有足够的分辨力和统计稳定性。

(4) 测试过程能力。过程能力是处于稳定生产状态下的过程的实际工作能力。在满足精度要求的条件下，过程能力是以该过程的产品质量特性值的变异或波动来表示。这种变异和波动的分布，可用“±3σ 原则”来确定，即以 6σ 为标准来衡量过程是否具有足够的精确度和经济性。

过程能力测量，就是在已搜集的数据的基础上，应用专业方法推算出过程的实际能力，即 σ 水平。

3. 分析

分析(analyze)阶段的作用在于，通过对影响过程能力或造成缺陷的种种因素的深入分析，找出最关键的影响因素，为过程改进奠定基础。分析阶段的主要工作有以下几方面。

(1) 收集并分析数据。收集和分析数据的目的在于通过收集用于过程分析的数据，并对其进行分析，以确定关键的产品质量特性和关键的过程质量特性的影响因素。

(2) 建立和验证因果关系。建立因果关系，就是在上述关键质量特性和过程特性分析的基础上，使用专业方法建立这些特性与其影响因素之间的因果关系。通过因果关系，把关键质量特性和过程特性与其影响因素有机地联系起来。

(3) 确定关键因素。建立并验证因果关系后，就要应用专业方法，从中确定少数关键影响因素，以便能集中有限的资源和时间，对所要解决的问题实施 6σ 改进。

4. 改进

改进(improve)阶段是 6σ 改进方法的核心。改进阶段的主要工作是，在上述分析的基础上，应用专业方法找出可行的改进方案，并予以实施。其具体内容有以下几方面。

(1) 广泛征集改进建议。改进建议是改进方案的基础。制定改进方案前，必须广泛征集改进建议。征集改进建议中，应让项目团队成员充分了解分析阶段所提供的信息资料，以便他们能从中理出头绪，进而提出以数据和事实为依据的改进建议。应很好地应用头脑风暴法等先进的思维方法，充分激发项目团队成员的创造思维，既发挥每个成员的特长和优势，又发挥团队的集体作用，为征集改进建议提供正确的思想指导。此外，还应注意征集团队外部的有益建议。由于团队外部人员所处角度与环境不同，往往他们会提出一些有精彩创意和有价值的改进建议。

(2) 制定改进方案。制定改进方案的具体工作是，对征集来的各种改进建议，进行分析研究、加工整理，以形成一个能够达到项目目标要求，符合企业实际、切实可行和完整的改进方案。

(3) 实施改进。实施改进的工作主要有：做好实施过程策划，内容包括按照《改进方案说明书》要求，制订详细的工作计划，确认改进措施，确认管理模式及进度要求等；对发生的问题及时采取纠正措施；对可能遇到的问题拟定备用替代方案和相应的措施；对实施过程适时进行评价和总结等。

5. 控制

控制(control)阶段是控制改进成效、巩固改进成果工作阶段，其目的在于保证改进工作的流程处于受控状态，预防重走“老路”。本阶段的主要工作有以下几方面。

(1) 制定相应文件，保证成果的推广。应用实施过程取得成果后，应对成果制定相应的执行性文件，并纳入到组织的文件体系之中，这样就可以用法制化的方法，通过执行文件，以保证这些改进成果的推广应用。组织的管理体系便可以通过跟踪和评价成果文件的实施成效，及时作出调整，以进行有效的控制。

(2) 明确过程管理的监控职责。为了做好 6σ 改进过程的监控工作，必须明确和落实过程管理的监控职责。6σ 过程管理的监控职责主要有：监控过程文件的实施，保持过程记录，确认失控现象，不合格和纠正措施的分析，与其他管理者的沟通等。其目的在于使改进过程达到预期的效果。

(3) 实施过程监控。过程监控是 6σ 改进成果能否巩固，6σ 改进能否持续发展的重要环节。实施有效的过程监控，能对过程是否满足顾客需求做出及时的反应，能对过程出现的问题及时作出分析，并采取相应措施加以纠正和改进，这样便能有效地推动改进过程不断地发展和提高。常用的过程监控实施方法主要有：顾客反馈表(显示过程满足顾客需求的程度)、控制图、故障报告等。

在运用 DMAIC 分析和解决问题的过程中，每个阶段都有明确的输入和输出要求，各阶段的工作辅以若干分析和解决问题的科学工具，如表 9-5 所示。

表 9-5 DMAIC 方法各阶段的主要支持工具

阶 段	常用工具和技术	
定义阶段 D	SIPOC	顾客仪表板
	CT 分解	VOC/VOM
	流程图	QFD
	排列图	FMEA
测量阶段 M	运行图	长/短期能力分析
	直方图	因果图
	流程分析	测量系统分析
分析阶段 A	箱线图	假设检验
	散布图	方差分析
	多变量图	回归分析
	点图	实验设计
改进阶段 I	实验设计	测量系统分析
	田口方法	FMEA
	响应面法	过程改进
控制阶段 C	防错方法	控制图(SPC)
	标准操作	控制计划

二、过程设计模式——DMADV 管理过程

目前过程设计的模式较多，比较有代表性的有通用电气公司使用的 DMADV 方法，与 DMAIC 相类似，DMADV 将过程或产品的设计过程分解为五个阶段，分别是定义(define)、测量(measure)、分析(analyze)、设计(design)和验证(verify)。每个阶段都以若干工具方法为支持，以实现每个阶段的目标，并达到要求。

DMAIC 方法和 DMADV 方法是相辅相成的。企业可以针对不同的问题和解决问题的需求，选用不同的方法。

三、推行 6σ 管理的成功经验和失败教训

6σ 管理在一些企业中得到了成功的实施。但并不是所有实施 6σ 管理的企业都获得了成功，也有失败的教训。美国质量协会(ASQ)通过调查实施 6σ 管理的企业，总结企业实施 6σ 管理的成功经验和失败的教训。

(一)成功经验

(1) 高层管理者的承诺是必备的基础。由于 6σ管理不是一项简单的活动，而是一项从根本上对组织的变革，所以，如果组织的高层领导对 6σ管理没有足够的认识，就不可能有坚定的决心加以推广。

(2) 须有可胜任 6σ管理过程的负责人和“黑带大师”等人才。

(3) 具有足够启动 6σ活动的资金。

(4) 已经通过 ISO 9001 的认证，取得合格证书。这是企业进行科学管理的基础。

(5) 6σ 管理必须与现有的方法、战略、测量和实践进行整合，6σ 必须是企业指导经营的一个完整的部分。

(6) 需要建立绩效跟踪、度量和报告系统，并监控过程进展。应将 6σ 方法与企业的目标和计划联系起来。

(二)失败教训

(1) 缺少激励机制。

(2) 评审与授权不足。

(3) 缺少财务支持。

(4) 形式主义或者仅仅使用 6σ的一些工具。

(5) 来自部门间的壁垒或人为的抵触。

本 章 习 题

1. 6σ管理的过程改进模式 DMAIC 与 PDCA 循环有何关系？
2. 试述 6σ管理的基本原则，并与 TQM 比较分析。
3. 比较分析 6σ管理中，水平 Z 与 SPC 中的 C_p。

案例：某火锅连锁经营公司6σ管理

本案例介绍某火锅连锁经营公司为提高服务质量，减少顾客抱怨的6σ管理改进项目。通过案例分析了解 6σ管理的实施过程、具体实施方法，以及企业实施 6σ改进项目的 DMAIC 模式。

一、公司背景介绍

某火锅连锁经营公司成立于 1986 年，现已发展成为拥有上百家直营或加盟连锁店，并且集原料生产、物流配送、员工培训等为一体的大型餐饮企业。经过多年的经验积累，该火锅连锁企业已经形成比较规范的作业流程，服务人员经过专门的培训方可上岗，同时配有服务手册和厨师手册，专门指导前厅和后堂的具体工作。

公司在 20 世纪 90 年代发展很快，到了 2006 年以后，虽然整体上处于赢利状态，但是已经有相当一部分连锁店的营业额出现明显下降。

二、问题的具体分析与改进

按照6σ管理的 DMAIC 流程来分析和解决问题，如图 9-6 所示。

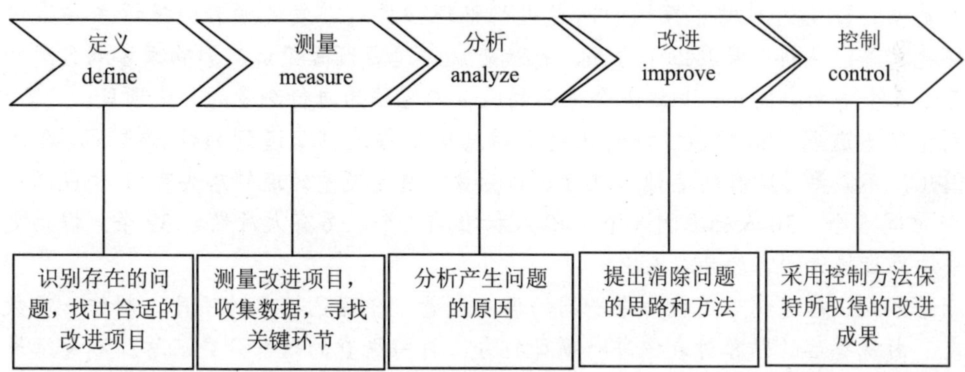

图 9-6 6σ管理 DMAIC 流程

(一)定义阶段

定义阶段的主要工作是识别火锅连锁店发生的现象和问题，找出合适的 6σ管理改进项目。

具体情况：近一年来，客户部经理发现对火锅店投诉的客户比较多，许多投诉针对相同的问题，而且，投诉的顾客数量在不断上升。此外，有更多的顾客出于某些考虑只是抱怨而没有投诉，这种情况的直接结果是顾客的数量在不断减少。如今的餐饮业竞争激烈，顾客就餐更看重的是服务。客户部经理向总经理汇报了该情况，并建议开展改进活动，全方位地提高顾客满意程度，留住曾经前来就餐的顾客。

火锅店采纳了客户部经理的建议，并提出通过 6σ管理来改善目前的状况。因此，提出6σ管理改进项目：降低顾客投诉，减少顾客抱怨，提高顾客满意度。

为了提高顾客满意度，并且能够正确识别需要改进的问题，在该阶段需设计有效的顾客抱怨处理流程，流程图如图 9-7 所示。通过绘制流程图可以很清楚地了解处理顾客抱怨的过程。同时，为以后的测量阶段和分析阶段打好基础。

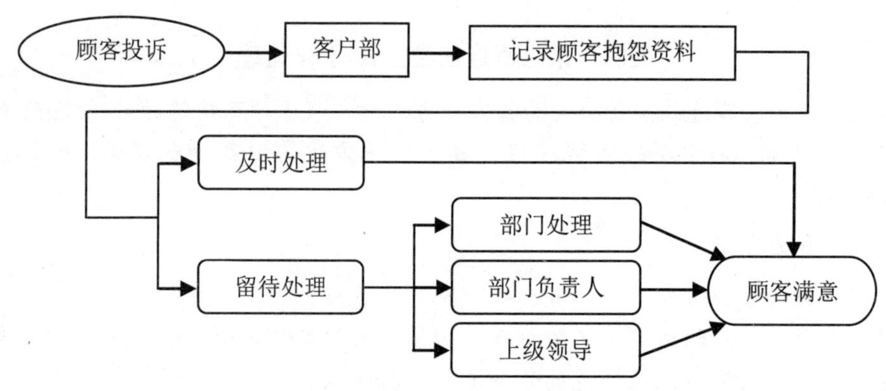

图 9-7　处理顾客抱怨流程

(二)测量阶段

测量阶段的主要任务是识别造成顾客投诉与抱怨的环节或项目，并对顾客投诉与抱怨的环节或项目进行测量，即通过测量，收集顾客抱怨的数据，通过对数据的整理与分析，找出造成顾客投诉与抱怨的主要环节。

测量项目识别：对顾客投诉的问题进行整理归类后，发现顾客的投诉主要集中在服务、环境、菜、底料、餐具五个方面。也就是说，造成顾客投诉、影响顾客满意度的因素主要是这五个方面。因此，把这五个方面的服务内容作为进行测量的具体项目。

测量样本选取：从顾客投诉的历史资料总结出各连锁店遭到的顾客投诉内容基本一致。因此，不需要对所有的连锁店进行全面测量。选定测量的连锁店共有 9 个包间，其中 10 人标准间 5 个，20 人标准间 3 个，40 人标准间 1 个，另有大厅散台 32 个。据历史数据得知平均每日接待顾客约 800 人次。

测量方式：对连锁店进行为期一周的调查测量。根据已确定的项目，制作一定数量的调查表，由就餐后的顾客对表中每一项目打分，再将调查的结果分类汇总。测量结果的统计数据如表 9-6 所示。

表 9-6　测量统计数据表

项目 / 日期	服务	环境	菜品	底料	餐具	总计
星期一	3	0	2	1	0	6
星期二	6	1	3	2	2	14
星期三	4	0	6	2	4	16
星期四	6	0	6	2	2	16
星期五	28	1	12	5	11	57
星期六	25	0	10	7	7	49
星期日	10	0	7	2	1	20
总计	82	2	46	21	27	178

根据表 9-6 的数据可以看出，抱怨次数最多的项目是“服务”，并且，一周内周五与周六顾客抱怨得最多。

为了进一步了解影响顾客满意度的五大因素所占比例，根据调查表得到统计数据，服务方面的抱怨 82 次，菜品方面 46 次，餐具方面 27 次，底料方面 21 次，环境方面 2 次。做抱怨数据饼图，如图 9-8 所示。

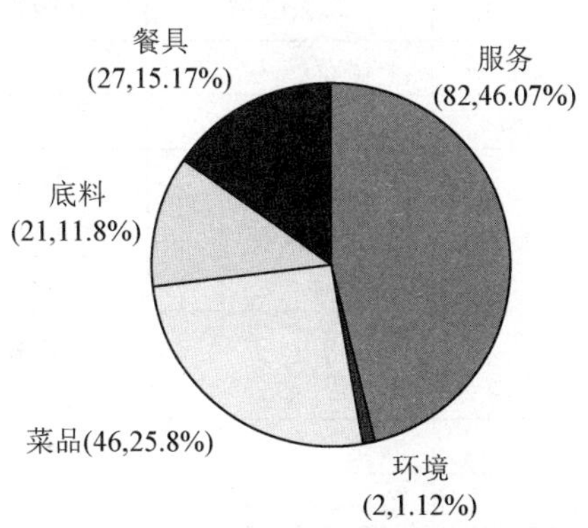

图 9-8　抱怨数据饼图

从图 9-8 中可以看出，在调查期间服务方面引起的抱怨最多，占总体的 46.07%；抱怨次数仅次于服务的为菜品方面，占总体比的 25.84%。这两方面的问题引起顾客的抱怨占 70%以上，是需要改进的主要项目。环境方面的抱怨仅有 2 次，相对而言环境方面引起的抱怨非常小，暂不作为改进的项目。

(三)分析阶段

分析阶段的主要工作是分析所测量的项目如何影响顾客满意度，找出各项目的主要影响因素。

1. 细化抱怨项目

由于顾客的抱怨与提出的意见虽然反映在上述五个方面，但是，每一方面的问题都有所不同，都包括很多二级乃至三级问题。因此，为了更清楚地了解顾客抱怨的深层次问题，需要根据收集到的调查表对上述五个方面进行项目细化。具体的项目细化方法采用因果图法，如图 9-9 所示。

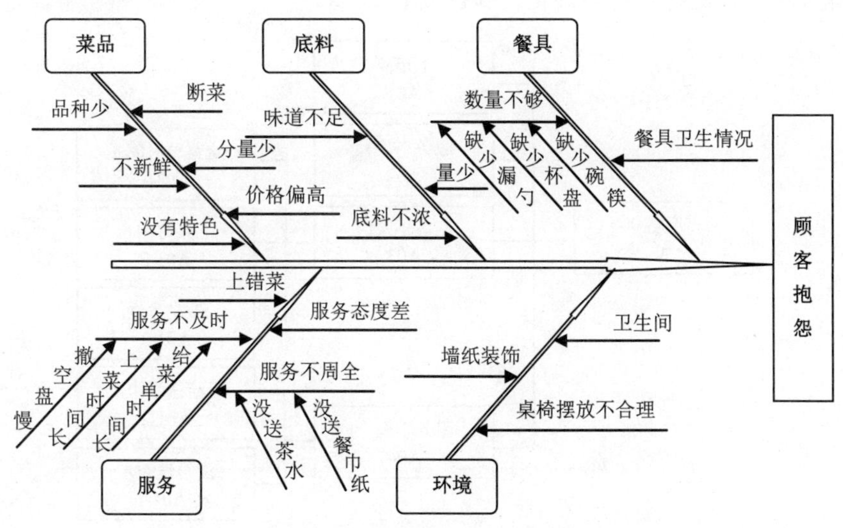

图 9-9　顾客抱怨项目细化因果

根据图 9-9 进行具体的抱怨项目细化，如表 9-7 所示。

表 9-7　抱怨项目细化表

一级编码	一级项目	二级编码	二级项目	三级编码	三级项目
A	服务	A01	上错菜		
		A02	服务态度差		
		A03	服务不及时	A03-1	给菜单时间长
				A03-2	上菜时间长
				A03-3	撤空盘慢
		A04	服务不周全	A04-1	没给送茶水
				A04-2	没给送餐巾纸
C	菜品	C01	断菜		
		C02	价格高		
		C03	不新鲜		
		C04	分量少		
		C05	品种少		
		C06	没有特色		
D	底料	D01	量少		
		D02	味道不足		
		D03	底料不浓		
E	餐具	E01	餐具卫生		
		E02	缺少餐具	E02-1	缺少碗筷
				E02-2	缺少杯盘
				E02-3	缺少漏勺

2. 抱怨项目分析

1) 对“服务”项目的分析

(1) 对服务项目进行分解与细化，如图 9-10 所示。

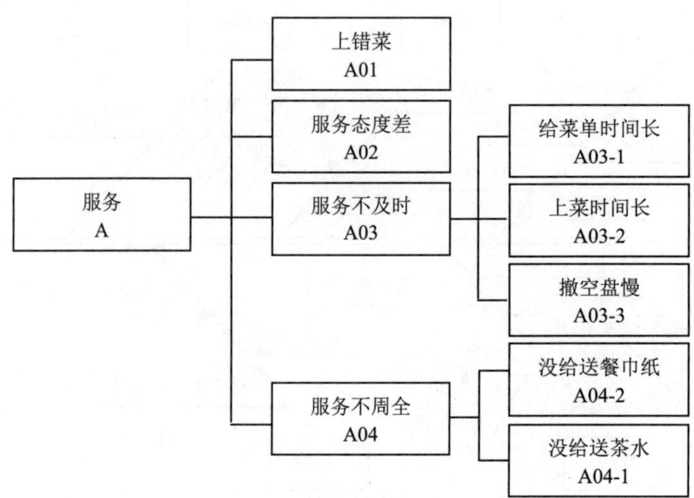

图 9-10　服务项目分解与细化

(2) 通过排列图找出服务项目的主要影响因素。

① 做服务抱怨项目统计表，如表 9-8 所示。

表 9-8 服务抱怨项目统计表

编 码	抱怨项目	统 计 数	所占百分比
A	服务	82	
A01	上错菜	18	21.95%
A02	服务态度差	20	24.39%
A03	服务不及时	35	42.68%
A03-1	给菜单时间长	12	14.63%
A03-2	上菜时间长	6	7.32%
A03-3	撤空盘慢	17	20.73%
A04	服务不周全	9	10.98%
A04-1	没有给送茶水	3	3.66%
A04-2	没有给送餐巾纸	6	7.32%

由于表 9-8 中的服务(A)、服务不及时(A03)、服务不周全(A04)等项目的统计数据不是从顾客调查表中直接统计而来的，而是由下一级项目的数据统计而来的，我们称这样的变量项目为隐变量项目。能够直接从调查表中测量的项目称为显变量项目。隐变量项目不会直接影响顾客满意度，直接影响顾客满意度的项目是显变量项目(也称观测变量项目)。因此，我们具体分析影响顾客满意度的项目是显变量项目。作排列图时就需要剔除隐变量项目，只保留显变量项目。

② 做服务观测变量项目统计表。

剔除服务、服务不及时、服务不周全等隐变量项目后，统计数据如表 9-9 所示。

表 9-9 服务观测变量项目统计表

编 码	抱怨项目	次数	所占比例	累计百分数
A02	服务态度差	20	24.39%	24.39%
A01	上错菜	18	21.95%	46.34%
A03-3	撤空盘慢	17	20.73%	67.07%
A03-1	给菜单时间长	12	14.63%	81.70%
A03-2	上菜时间长	6	7.32%	89.02%
A04-2	没有给送餐巾纸	6	7.32%	96.34%
A04-1	没有给送茶水	3	3.66%	100%
合计		82	100%	

③ 做排列图，如图 9-11 所示。

排列图中一般把累计百分数在 0～80%的因素作为需要改进的关键因素(项目)。因此，从图 9-11 中可以看出，影响顾客满意度最主要的问题是服务态度差、上错菜、撤空盘慢、给菜单时间长，这四个项目占服务方面抱怨的 80%以上。

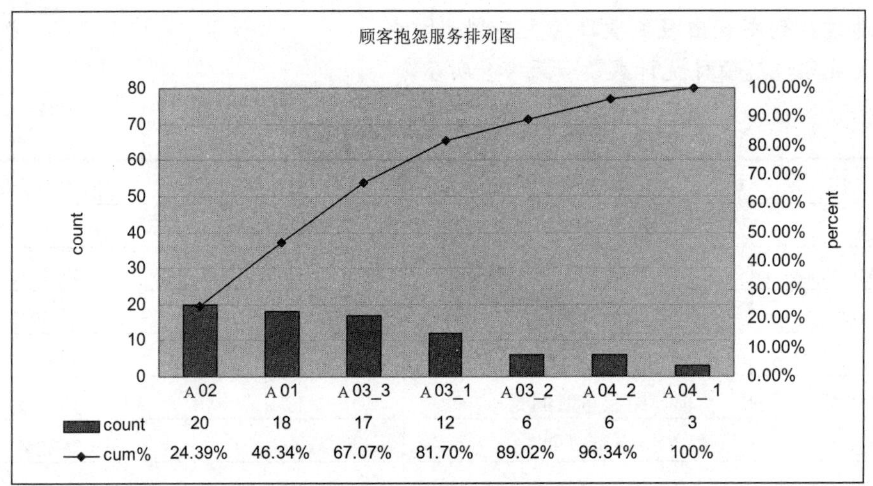

图 9-11 服务抱怨项目排列

2) 对“菜品”项目的分析

(1) 做菜品抱怨项目统计表，如表 9-10 所示。

表 9-10 菜品抱怨项目统计表

编 码	抱怨项目	统 计 数	所占菜品的百分比
C	菜品	46	
C01	断菜	20	43.48%
C02	价格高	2	4.35%
C03	不新鲜	10	21.74%
C04	分量少	7	15.22%
C05	品种少	3	6.51%
C06	没有特色	4	8.70%

(2) 作菜品观测变量项目统计表。

剔除“菜品”一项隐变量项目后，统计数据如表 9-11 所示。

表 9-11 菜品观测变量项目统计表

编 码	抱怨项目	次 数	所占比例	累计百分数
C01	断菜	20	43.48%	43.48%
C03	不新鲜	10	21.74%	65.22%
C04	分量少	7	15.22%	80.44%
C06	没有特色	4	8.70%	89.14%
C05	品种少	3	6.51%	95.65%
C02	价格高	2	4.35%	100%
合计		46	100	

(3) 作排列图，如图 9-12 所示。

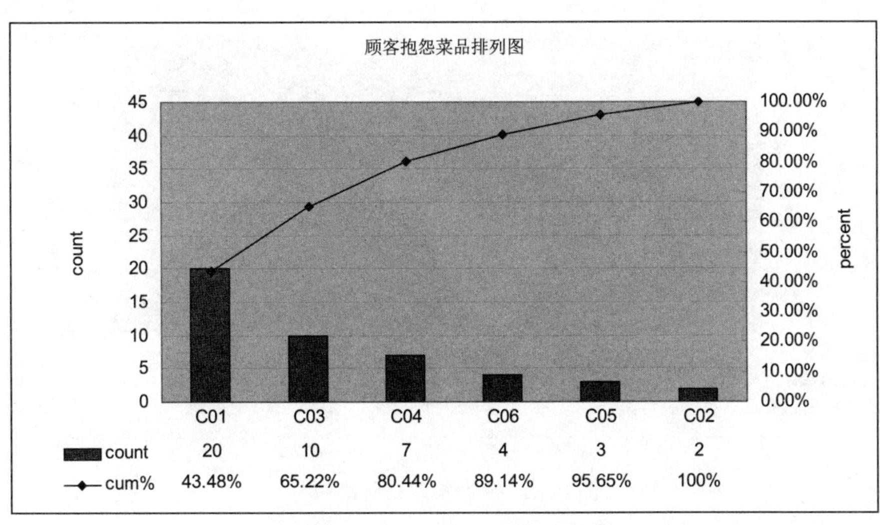

图 9-12 菜品抱怨项目排列

从图 9-12 可以看出，菜品方面的问题集中在“断菜”(抱怨 20 次)、“菜品不新鲜”(抱怨 10 次)和“菜量少”(抱怨 7 次)上。这三项占对菜品方面的抱怨总数的 80%以上。

3) 对“底料”项目的分析

(1) 作底料抱怨项目统计表。如表 9-12 所示。

表 9-12 底料抱怨项目统计表

编 码	抱怨项目	统 计 数	所占底料的百分比
D	底料	21	
D01	量少	18	85.71%
D02	味道不足	1	4.76%
D03	底料不浓	2	9.53%

(2) 作底料观测变量项目统计表。

剔除“料”一项隐变量项目后，统计数据如表 9-13 所示。

表 9-13 底料观测变量项目统计表

编 码	抱怨项目	次 数	所占比例	累计百分数
D01	量少	18	85.71%	85.71%
D03	底料不浓	2	9.53%	95.24%
D02	味道不足	1	4.76%	100%
合计		21	100	

(3) 作排列图。如图 9-13 所示。

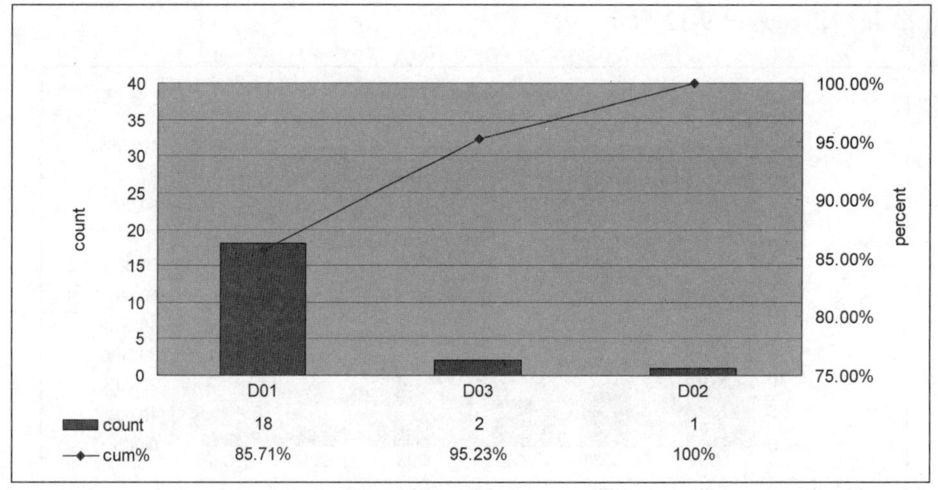

图 9-13 底料抱怨项目排列图

从图 9-13 可以看出，在底料方面，关键项目是“量少”。

4) 对“餐具”项目的分析

(1) 作餐具抱怨项目统计表，如表 9-14 所示。

表 9-14 餐具抱怨项目统计表

编 码	抱怨项目	统 计 数	所占餐具的百分比
E	餐具	27	
E01	餐具卫生	3	11.11%
E02	缺少餐具	24	88.89%
E02-1	缺少碗筷	4	14.81%
E02-2	缺少杯盘	5	18.52%
E02-3	缺少漏勺	15	55.56%

(2) 作餐具观测变量项目统计表。

剔除餐具、缺少餐具两项隐变量项目后，统计数据如表 9-15 所示。

表 9-15 餐具观测变量项目统计表

编 码	抱怨项目	次 数	所占比例	累计百分数
E02-3	缺少漏勺	15	55.56%	55.56%
E02-2	缺少杯盘	5	18.52%	74.08%
E02-1	缺少碗筷	4	14.81%	88.89
E01	餐具卫生	3	11.11%	100%
合计		27	100%	

(3) 作排列图，如图 9-14 所示。

从图 9-14 中可以看出，在餐具方面经常引起顾客抱怨的是：缺少“漏勺”和“缺少杯盘”。

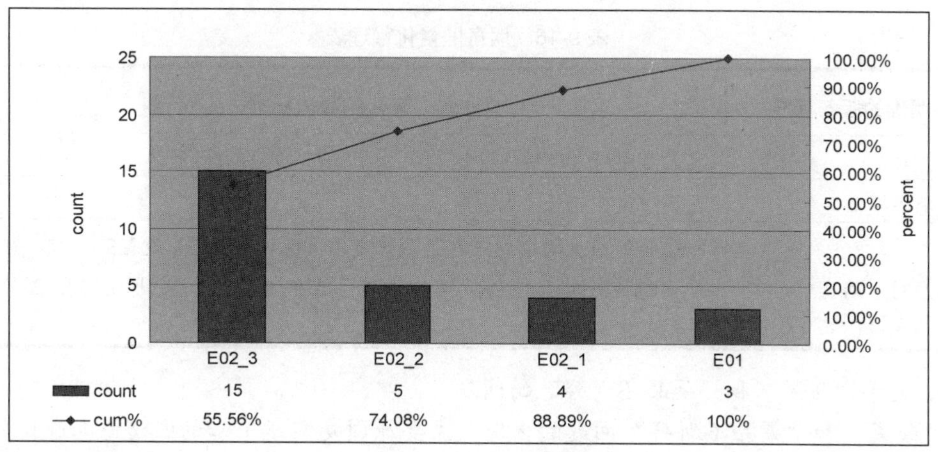

图 9-14 餐具抱怨项目排列

根据上述分析，汇总顾客抱怨，主要集中在以下 10 个方面：服务态度差，上错菜，撤空盘慢，给菜单时间长，断菜，菜品不新鲜，菜量少，调料量少，缺少漏勺，缺少杯盘。

根据历史的点菜单记录进一步分析，发现"撤空盘慢"项目主要是大厅散台的顾客抱怨多；"上错菜"多发生在顾客换菜或者加菜的时候；"没有送餐巾纸"在包间和散台的发生机会均等；"断菜"和"菜品不新鲜"容易发生在晚间；"缺少漏勺"则都发生在包间。

(四)改进阶段

在分析阶段找出影响顾客满意度的主要因素有 10 项。改进阶段的主要工作是针对这 10 项影响因素，提出改进措施。本案例提出改进措施采用的方法是头脑风暴法，即广泛发动员工集思广益，提出有效的改进措施。具体改进方案如下。

1. 关于服务态度差的问题

餐厅服务员要面带微笑，使用礼貌语言。要做到主动、热情和耐心服务的标准。同时提倡"用心"做事的理念。认真做事只能把事做对，用心做事才能把事做好。

2. 关于上错菜的问题

要求服务员在给顾客换菜或加菜时，加强标识管理，提高服务员的责任心，并在给顾客换菜或加菜的同时把茶水送到顾客就餐的餐桌。

3. 关于撤空盘慢的问题

因为服务人员有限，增加服务员就要增加成本。因此，在不增加服务人员的情况下，在大厅散台餐桌旁放几辆推车，一方面顾客可以把夹完菜的空盘自己放到车内，另一方面，餐桌旁有了推车，服务员收空盘的速度也能提高。

4. 关于上菜单时间长的问题

在顾客就座前就将一式三联的菜单放于干净的餐桌上，服务员在引导顾客到餐桌后马上把笔递给顾客。

上述四个问题是有关服务方面的问题。对服务过程进行改进的另一个主要方面是实行量化管理。对某些问题，没有量化就难以管理。因此，把以前服务手册中的一些模糊表述转变为清晰的定量化管理标准，如表 9-16 所示。

表 9-16　服务的量化管理表

不明确的服务标准	量化的服务标准
及时上菜	客人点菜后 5 分钟内开始上菜；或听从客人的吩咐上菜
尽快撤下空盘	无菜空盘在 3 分钟内被撤下
服务及时主动	门厅服务员主动询问顾客是否预定房间(座位)或前来就餐的人数，并引领顾客到餐桌就座。顾客入座时菜单已放在桌面上。要求服务员在 2 分钟内走到餐桌前

5. 关于“断菜”和“菜品不新鲜”的问题

“断菜”和“菜品不新鲜”问题的出现，主要原因是配送中心的配送量与配送时间不合理造成的。菜品不新鲜主要出现在青菜、鲜豆腐等不易保存的品种。

配送量分析：目前配送量的多少主要是按照经验确定。经验做法如下。

(1) 每天一次定时定量将当天的蔬菜和肉类食品等送往当地的各家连锁店，逢节假日只是按照经验多配送一些。

(2) 某些菜断货时，连锁店就让配送中心第二天多送一些，积压了就让少送一些，没有严格的量化。

上述经验做法会出现如下问题：如果当天顾客多，就会造成配送量不够，到晚上就有一些品种出现“断菜”的情况。如果当天顾客少，就会造成配送量过剩，到第二天一些品种就会出现“菜品不新鲜”的现象。

配送时间分析：目前的做法是每天早晨 6 点钟采购人员去批发市场采购蔬菜等货物，然后返回配送中心对蔬菜进行初步清理，再装上其他的货物，在 8 点钟左右开始为连锁店配送。配送的顺序是由近到远依次配送。

上述做法会出现如下问题：由于交通高峰期堵车等原因，使距离较远的连锁店经常在中午 12 点以后还没有接到配送，造成一些青菜在上午就出现“断菜”的现象。连锁店的开业时间是早 10 点到晚 10 点，为了避免“断菜”现象的出现，连锁店就要求增加配送量，这样又会出现菜品积压现象，造成菜品不新鲜，顾客同样不满意。

为了从根本上解决所产生的问题，首先对配送流程进行改进。

改进前的配送流程，如图 9-15 所示。

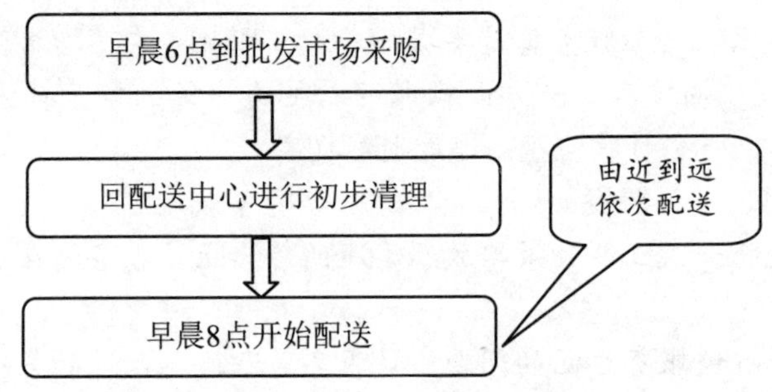

图 9-15　改进前配送流程图

改进后的配送流程，如图 9-16 所示。

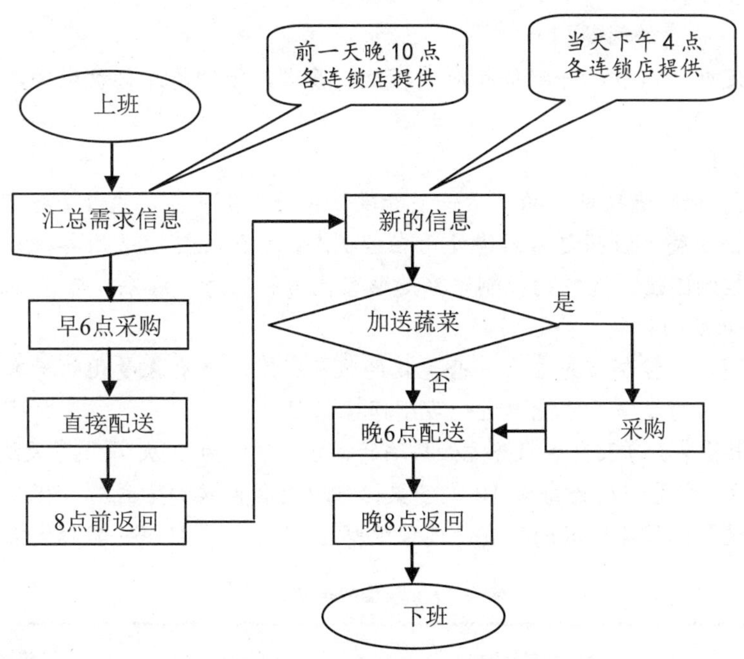

图 9-16 改进后的配送流程

改进后的流程是配送中心每日分早晚两次配送，早晨主要配送蔬菜等不易保存的物品，晚上主要配送肉类、干菜、底料、酒水等容易保存的物品。同时根据各店报告的库存量补足缺少的蔬菜，各连锁店每天两次(下午 4 点和晚上 10 点各一次)把物资的库存和需求数量通报给配送中心。配送中心仍然是每天早晨 6 点去批发市场采购，仅采购蔬菜等不易保存的品种，采购数量依据前一天晚上各连锁店上报的需求，采购后直接送到各连锁店，由各连锁店自行清理制作。配送顺序是从远至近依次配送，即先送最远的一家，这样就有效地避开了交通高峰期堵车等问题。

第二次配送是在晚 6 点开始，配送的主要品种是肉类、干菜、底料、酒水等容易保存的品种，同时根据下午 4 点连锁店提供的需求报告补充搭送一些蔬菜品种。这时已经过了交通的高峰期，所以只需要一个多小时就可以返回。

实行了每天两次的配送制度，每天下午的配送可以对上午的需求量做调节，基本消除了“断菜”和“菜品不新鲜”的问题。虽然是每天两次配送，但是配送中心的工作量实际并没有增加。以前主要是把时间都浪费在了路上，中午还经常不能按时吃饭。现在的配送过程几乎没有浪费时间，配送员也不会经常饿肚子。

6. 关于菜品分量少的问题

将菜分为大、中、小三种份额供顾客选择。

7. 关于调料量少的问题

将调料分成小碗和大碗两种份额供顾客选择。

8. 关于缺少漏勺的问题

顾客人数较多的包间同时送两把漏勺，服务员在顾客开始就餐 5 分钟后，再次询问是否需要增加漏勺。

9. 关于缺少杯盘的问题

首先，确定就餐人数，并配备相应的杯盘。其次，仔细清点杯盘数量，并且配有备用杯盘。

(五)控制阶段

控制阶段是6σ改进项目中的最后一个阶段，它的主要任务是通过一些有效的方法确保改进后的成果，使整个服务过程始终处于在控状态。该阶段可以选用各种有效的方法，本改进项目采用控制图法。选择的控制对象是顾客抱怨最多的“服务”与“菜品”的问题。

1. 对服务问题的控制

采用控制图进行控制首先要有一套量化的服务标准，只有在量化的标准下，才能够收集绘制控制图所需的数据，才能够进一步制作控制图。

公司将每张餐桌上每天发生服务方面缺陷的容忍限度定为 2 次/桌，每天随机抽取店中的 5 张桌子。此时，容忍程度为每天 10 次/5 桌。采取全程监控的方式对 5 张桌子发生的缺陷进行记录。通过量化服务标准的核查，连续观察 25 天，收集数据。数据如表 9-17 所示。

表 9-17　缺陷数据统计表

观测天数	顾客抱怨次数	观测天数	顾客抱怨次数
1	7	14	3
2	6	15	2
3	6	16	7
4	3	17	5
5	22	18	4
6	12	19	8
7	6	20	8
8	1	21	2
9	3	22	6
10	5	23	7
11	7	24	4
12	15	25	3
13	10	合计	162

根据控制图原理计算缺陷数控制图的控制界限，并作控制图，如图 9-17 所示。

$$\overline{C}=\frac{\sum_{i=1}^{n}C_i}{25}=\frac{162}{25}=6.48$$

$$\text{UCL}=\overline{C}+3\sqrt{\overline{C}}=6.48+3\times 2.55=14.13$$

$$\text{LCL}=\overline{C}-3\sqrt{\overline{C}}=6.48-3\times 2.55\approx 0$$

从图 9-17 中可以看出，服务缺陷的均值为 6.48，在公司制定的能容忍界限下，平均水平符合公司的规定。上控制限为 14.13，此时有 2 点落在了上控制限外，为异常点，这说明服务过程处于失控状态。

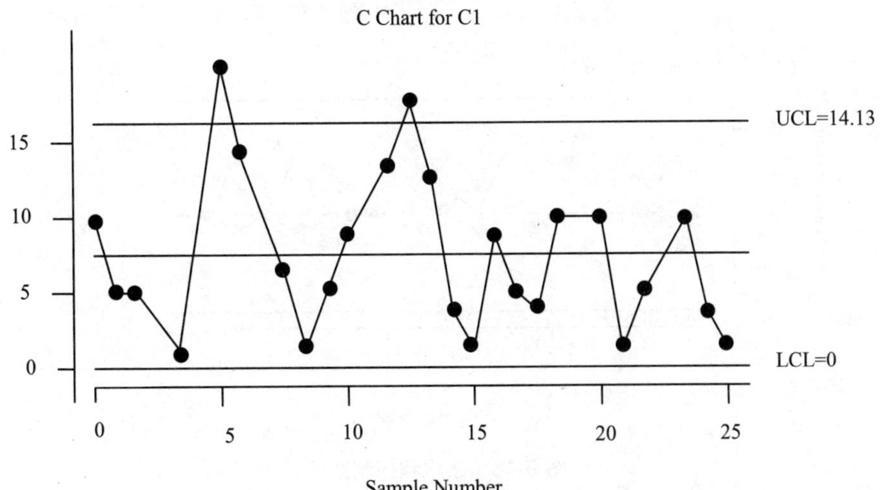

图 9-17 缺陷数控制

采用缺陷数控制图，虽然可以比较直观地检测出整个过程中的异常点，但在描述缺陷数的变化及波动方面所揭示的信息并不明显，因此，通过累积和控制图进一步进行分析。通过对累积和控制图的观察与分析，可以追踪到缺陷数连续波动的趋势，防止不良趋势的蔓延，提前找出不良趋势的解决办法，这样就有可能把问题解决在萌芽阶段。累积和控制图反映的是目标值与样本观测值间差异的积累。

$$\mathrm{CL}_i = \min\left[0, \mathrm{CL}_{i+1} + \bar{X}_i - \left(T - \frac{k \times \sigma}{\sqrt{n}}\right)\right]$$

$$\mathrm{CU}_i = \max\left[0, \mathrm{CL}_{i+1} + \bar{X}_i - \left(T - \frac{k \times \sigma}{\sqrt{n}}\right)\right]$$

确定中心线和控制限：

$$S = \sqrt{\frac{1}{n-1}\sum_{i=1}^{n}\left(C_i - \bar{C}\right)^2} = \sqrt{\frac{1}{25-1} \times 498.26} = 4.556\,3$$

则

$$\sigma = 4.556\,3$$

$$\mathrm{UCL} = \frac{h \times \sigma}{\sqrt{n}} = \frac{15 \times 4.556\,3}{\sqrt{25}} = 13.668\,9$$

$$\mathrm{UCL} = -\frac{h \times \sigma}{\sqrt{n}} = -13.668\,9$$

$$\mathrm{CL} = 0$$

其中：$k = 5$；$h = 15$ 为默认值。

累积和控制图如图 9-18 所示。

由图 9-18 可以看出，缺陷的累积波动好像在做周期运动，不断有波峰出现，前期的波峰比较高，随着控制的进行，波峰高度逐次降低，到最后缺陷数趋于平稳。说明该连锁店的缺陷数总是在容忍界限附近上下波动，整个过程处于可控状态；波峰周期的出现说明在周末由于就餐顾客增多，服务方面的缺陷会相应地增加；但随着 6σ管理的应用和深入推广，员工的 6σ管理观念日益加深，出现了缺陷数不断下降的可喜局面。

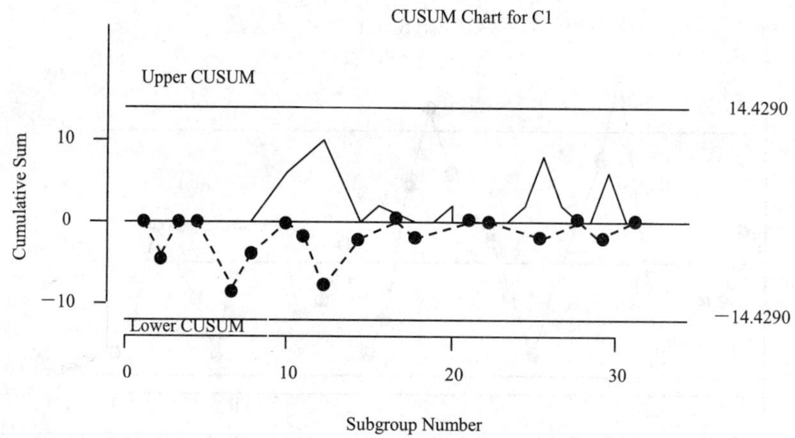

图 9-18　累积和控制图

2. 对菜品问题的控制

顾客对连锁店菜品(包括肉和蔬菜)的抱怨仅次于对服务的抱怨。在分析阶段得知对菜品的抱怨主要集中于菜价高、蔬菜不新鲜以及菜量少这三个方面，由于现已推广 6σ管理的控制方法，成本已逐步降低，同时服务质量显著提高，近期对菜价高的抱怨显著减少。又由于对配送流程的改进，蔬菜不新鲜已不是主要问题了，主要问题集中在了菜量少的问题上。于是为了了解菜量少的原因，随机对顾客所点的食品进行抽查，选取就餐顾客在某一时刻点的青菜、牛肉(各 4 份)、木耳、粉丝(各 3 份)、鸭血(2 份)、羊肉(5 份)。测量数据如表 9-18 所示。

表 9-18　菜品重量数据

序号	名称	重量 X	标准数 Z	序号	名称	重量 X	标准数 Z
1	羊肉	0.60	0	12	牛肉	0.50	0
2	羊肉	0.55	−2.5	13	鸭血	0.28	−1
3	羊肉	0.62	1	14	鸭血	0.32	1
4	羊肉	0.63	1.5	15	青菜	0.22	0.5
5	羊肉	0.60	0	16	青菜	0.18	−0.5
6	木耳	0.16	−2	17	青菜	0.25	1.25
7	木耳	0.24	2	18	青菜	0.15	−1.25
8	木耳	0.20	0	19	粉丝	0.07	−1
9	牛肉	0.44	−1.5	20	粉丝	0.11	0.33
10	牛肉	0.52	0.5	21	粉丝	0.12	0.67
11	牛肉	0.54	1				

由于各食品的体积外形等不同，其重量也不同，采用小批量控制图进行监控比较合适。小批量控制图是用来监控产生标准不同的对象(数据)的一种控制图。它是通过对不同标准要求的数据进行标准化，使其达到数据之间具有可比性的目的。通过此控制图可以了解连锁店的配菜人员在实行 6σ管理后，工作比以前有无改进。小批量控制图所需的均值与标准差数据如表 9-19 所示。

表 9-19 菜品重量均值与标准差数据

序号	名称	均值(μ)	标准差σ
1	羊肉	0.60	0.02
2	木耳	0.20	0.02
3	牛肉	0.50	0.04
4	鸭血	0.30	0.02
5	青菜	0.20	0.04
6	粉丝	0.10	0.03

根据公式 $Z=(X-\mu)/\sigma$，使数据标准化(Z)，见表 9-19 最后一列。

做小批量产品的控制图一般采用 $X-$MR(单值-移动极差)控制图。采用的是标准化后的数据。

单值(X)控制图的控制界限:

$$\mathrm{CL}_X=\bar{X}=0$$
$$\mathrm{UCL}_X=\bar{X}+3\sigma=3$$
$$\mathrm{UCL}_X=\bar{X}-3\sigma==3$$

移动极差(MR)控制图的控制界限:

$$\mathrm{CL}_{\mathrm{MR}}=\frac{2}{\sqrt{\pi}}\sigma=1.128\sigma=1.128$$
$$\mathrm{UCL}_{\mathrm{MR}}=\frac{2}{\sqrt{\pi}}\sigma+3\sqrt{2-\frac{4}{\pi}}\sigma=3.686\sigma=3.686$$
$$\mathrm{UCL}_{\mathrm{MR}}=\frac{2}{\sqrt{\pi}}\sigma-3\sqrt{2-\frac{4}{\pi}}\sigma=0$$

$X-$MR 控制如图 9-19 所示。

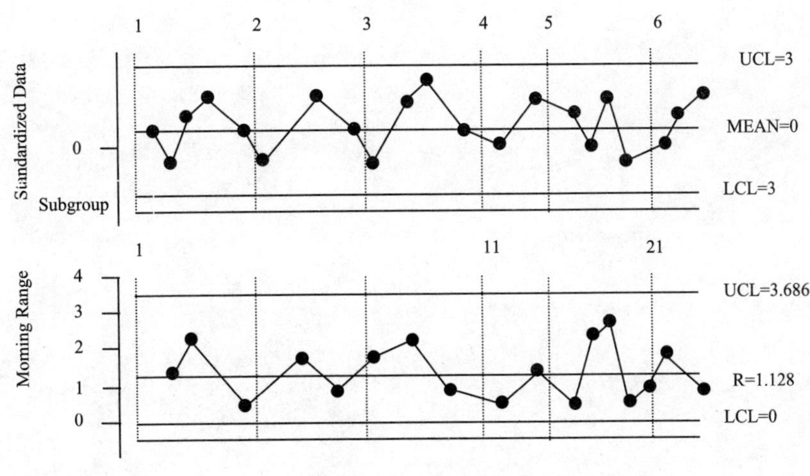

图 9-19 小批量控制

从图 9-19 来看，羊肉等六种食物的极差均在控制界限内波动，没有异常点出现。6 种食品的重量，经过标准化后，几乎不存在差异，且在控制界限范围内随机波动。因此，可以认为这 6 种食物的重量都符合公司制定的标准，不应在菜量方面引起顾客的抱怨，肯定了配菜员在这方面作出的贡献。通过严格的 6σ管理方案，员工提高了服务质量，为公司的健康发展作出了自己的贡献。

总公司通过向所有的连锁店推广 6σ管理方案，提高了服务质量，增强了顾客满意度，降低了成本。使该企业的管理水平上升到一个新的层次，提高了企业的竞争力。

第十章　卓越绩效模式

学习要点

本章主要介绍了卓越绩效模式产生的背景和特点，卓越绩效模式的基本理念，以及我国卓越绩效评价标准的内容和分值分配。最后以案例分析的形式说明企业如何建立实施卓越绩效模式，促进企业的快速发展。

第一节　卓越绩效模式概述

卓越绩效模式产生于 20 世纪下半叶，它是以美国质量奖评价准则为代表的一类经营管理模式的总称。实施卓越绩效模式已成为世界各国提升企业竞争力、实现企业自身持续改进、保持并不断增强竞争力的有效途径。

一、卓越绩效模式产生的背景

(一)世界最有影响的质量奖

1. 美国波多里奇国家质量奖

美国国家质量奖于 1987 年通过立法设立，每年由总统亲自颁奖。该质量奖以美国前商业部部长马尔科姆·波多里奇的名字命名，这是因为波多里奇为提高美国的产品质量、推进企业的质量管理工作作出了巨大贡献。为表彰波多里奇的贡献，时任总统里根于 1987 年 8 月 20 日签署了国会通过的《马尔科姆·波多里奇国家质量提高法》法案(又称《101—107 号公共法》)。依据该法案设立的美国国家质量奖被称为波多里奇质量奖。

波多里奇质量奖的评审，依据的是一套科学、有效的准则，该准则由美国国家标准技术研究院(NIST)提出，称为《卓越绩效评价准则》。具体的质量奖评审和推进工作由美国质量协会(ASQ)负责。国际上将波多里奇质量奖模式称为“卓越绩效模式”。

2. 日本戴明质量奖

第二次世界大战失败后的日本，几乎整个工业都遭到破坏。为了重振日本经济，提出“以质量打开市场”的发展战略，并邀请美国的爱德华·戴明博士到日本讲授质量控制技术。这对日本经济特别是产品质量的提高起到了关键作用。为了永久纪念戴明对日本的友情和贡献，日本科技联盟(JDA)于 1951 年设立了日本国家质量奖，并以戴明的名字命名，称为戴明质量奖。该奖项用来奖励在质量控制和提高生产率方面做出杰出贡献的公司和个人。

3. EFQM 卓越奖

EFQM 卓越奖(原欧洲质量奖)是 1991 年由欧洲委员会副主席马丁·本格曼先生倡议，

欧洲委员会、欧洲质量组织(EOQ)和欧洲质量管理基金会(EFQM)共同发起，每年颁发一次。其目的和美国马尔科姆·波多里奇质量奖、日本戴明质量奖相同，是为了推动质量改进运动，并对展示出卓越质量承诺的企业进行认可，以提高欧洲企业在世界一体化市场上的竞争力。

(二)中国的质量奖

2001 年中国质量协会根据《产品质量法》的有关规定，经国务院同意，重新启动了全国质量奖。2003 年国家质检总局着手启动国家质量奖(政府奖)，制定了 GB/T 19580—2004《卓越绩效评价准则》和 GB/T 19579—2004《卓越绩效评价实施指南》国家标准，于 2004 年 9 月颁布。以该标准为评价依据，国家质检总局于 2013 年设立了“中国质量奖”。我国《卓越绩效评价准则》主要参考了美国波多里奇国家质量奖的评价条款和内容。

《卓越绩效评价准则》提供了先进的质量经营管理理念、内容严谨的框架结构以及实现企业卓越绩效的实施方法，符合托马斯·库恩提出的“范式”概念。因此，其本身就是一种管理模式，称为“卓越绩效模式”。它为了解组织的优势和改进空间，以及指导组织的改进工作提供了一种框架和评价工具，是全面质量管理实践的标准化、条理化和具体化，是经营管理的成功途径，事实上的企业管理国际标准。

二、卓越绩效模式的特点

(一)卓越绩效的概念

GB/T 19580—2012《卓越绩效评价准则》对卓越绩效的定义是：通过综合的组织绩效管理方法，为顾客、员工和其他相关方不断创造价值，提高组织整体的绩效和能力，促进组织获得持续发展和成功。

定义中“绩效”指的是过程输出的结果和从产品、服务中获得的结果。这些结果可以对照目标、标准、以往的结果以及其他组织进行评价和比较，以非财务的和财务的术语来表示。《卓越绩效评价准则》中所描述的绩效包括产品和服务、顾客和市场、财务、资源、过程有效性和领导等方面绩效。绩效水平应与竞争对手、标杆对比并进行评价。

运用综合的绩效管理方法实现卓越绩效，可使组织获得持续成功，具体体现在三个方面：一是使组织和个人得到进步和发展，即组织的经营规模扩大、产品和服务质量提高、技术水平提高等，员工的业务能力和综合素质提高；二是提高组织的整体绩效和能力，增强组织的竞争力；三是为顾客和其他相关方创造价值，促进组织的市场成果。

(二)卓越绩效模式的特点

卓越绩效模式反映了现代经营管理的先进理念和方法，是国际上许多成功企业的总结，其主要特点有以下几个方面。

1. 质量内涵的拓展——强调大质量的概念

卓越绩效模式将质量的内涵进行了拓展与延伸。卓越绩效模式中质量的内涵不仅限于产品质量、服务质量，而是强调“大质量”的概念，由产品质量、服务质量扩展到工作质量、过程质量、体系的质量，进而扩展到组织经营的质量。产品质量、服务质量追求的是满足顾客需求，赢得顾客和市场。经营质量是在此基础上实现企业的综合绩效和永续经营的能力。因此，卓越绩效模式追求的是顾客、股东、员工、供应商与合作伙伴、社会等相关方的利益平衡。只有强调组织系统的协调与平衡，才能保证企业的可持续发展。与追求“顾客”满意为目的的 ISO 9001 标准相比，卓越绩效模式追求的是“相关方”满意。

2. 关注比较优势和竞争能力的提升

卓越绩效模式的目的，在于提升组织的竞争能力，因此特别关注组织的比较优势和市场竞争力。在战略策划时，注重对市场和竞争对手的分析，以制定出超越竞争对手，能在市场竞争中取胜的战略目标和规划；在评价组织的绩效水平时，不仅要与自己原有水平和目标进行纵向比较，而且更强调与竞争对手、标杆水平等横向的比较，在比较中识别自己的优势和改进空间，增强组织的竞争意识，提升组织的竞争能力。

3. 聚焦经营结果

卓越绩效模式注重以下关键的组织绩效领域：顾客方面结果、产品和服务结果、财务和市场结果、人力资源结果、组织有效性结果(包括关键的内部运营绩效指标)、组织治理和社会责任结果。这是因为卓越绩效模式关注的重点是组织的绩效，而组织的绩效不仅是利润和销售额，还包括顾客、产品和服务、财务和市场、人力资源、组织有效性和社会责任等六个方面。综合使用这些指标，可以确保组织战略平衡。

4. 成熟度标准

卓越绩效模式不同于 ISO 9000 标准。ISO 9000 标准是一个符合性标准，类似于体育达标、电影审查合格。卓越绩效模式属于质量管理体系是否卓越的成熟度评价标准。它不是规定企业应达到的某一水平，而是引导企业建立一个持续改进的系统，不断完善和趋于成熟，永无止境地追求卓越，类似于运动会拿奖牌、电影得奖。因此卓越绩效模式不仅是质量奖评审的依据，而且更多是将卓越绩效模式作为企业进行自我评估的管理工具，帮助企业找出改进的机会，促进企业的持续改进、逐步成熟。

第二节　卓越绩效模式的基本理念

《卓越绩效评价准则》建立在九项相互关联的基本理念的基础之上。这些基本理念反映了国际上最先进的经营管理理念和方法，也是许多世界级成功企业的经验总结。它贯穿于准则的各项要求之中，应成为企业全体员工，尤其是企业高层经营管理人员贯彻实施标准的指导原则。这九项基本理念分为三个层面。

一、组织驱动力的基本理念

(一)远见卓识的领导

组织的高层领导力，是一个组织成功的关键。远见卓识的领导基本理念，是指组织的高层领导者以前瞻性的视野、敏锐的洞察力，确立组织的使命、愿景和价值观，带领全体员工实现组织的发展战略和目标。

前瞻性的视野是指领导应具有长远的眼光，能看到组织的未来。敏锐的洞察力是指组织在迅速变化的竞争中取得成功，领导就必须保持清晰的头脑，密切地关注市场的变化，并且具有快速变化和灵活性方面的应变能力。使命是指组织存在的价值，是组织所应承担并努力实现的责任。愿景是指组织对未来的展望，是组织实现整体发展方向和目标的理性状态。价值观是指组织所崇尚文化的核心，是组织行为的基本准则。

(二)战略导向

战略导向基本理念，是指以战略统领组织的经营管理活动，获得持续发展和成功。

在复杂多变的竞争环境下，组织要有战略思维，关注组织未来持续稳定的发展，让组织的利益相关方对组织建立长期信心。

组织应分析、预测影响组织发展的诸多因素，制定长期发展战略和目标。例如，顾客的期望、新的商机和合作机会、员工的发展和聘用、新的顾客和市场细分、技术的发展和法律法规的变化、社区和社会的期望、竞争对手的战略等。战略目标和资源配置需要适应这些影响因素的变化。战略要通过长期规划和短缺计划进行部署，以保证战略目标的实现。组织的战略要与员工和关键供应商沟通，使员工和关键供应商与组织同步发展。

(三)顾客驱动

顾客驱动基本理念，是指将顾客当前和未来的需求、期望和偏好作为改进产品和服务质量、提高管理水平及不断创新的动力，以提高顾客满意和顾客忠诚。

组织应充分认识到质量和绩效是由顾客来评价和决定的。因此，组织必须重视产品和服务如何为顾客创造价值，以吸引顾客并得到顾客的高度认可。

顾客驱动不只是重视满足顾客基本要求的那些产品和服务，而且还要重视质量创新，打造与竞争者差异化的产品和服务。

二、组织经营行为的基本理念

(一)社会责任

社会责任基本理念，是指组织的决策和经营活动对社会的影响承担责任，促进社会的全面协调可持续发展。

组织应重视对社会负有的公共责任，要恪守商业道德，保护公众健康、安全、环境，注重节约资源。组织不应仅满足于达到国家和地方法律法规的要求，还应寻求更进一步的改进机会，要有发生问题时的应对方案，能作出准确、快速的反应。履行公民义务是指组织在资源许可的条件下，对社区公益事业的积极参与和支持。

(二)以人为本

以人为本的基本理念，是指员工是组织之本，一切管理活动应以激发和调动员工的主动性和积极性为中心，促进员工的发展。

组织的成功越来越取决于全体员工及合作伙伴不断增长的知识、技能、创造力和工作动机，因此，应关注员工工作和生活的需要，创造公平竞争的环境。

(三)合作共赢

合作共赢的基本理念，是指组织与顾客、关键的供应商及其他相关方建立长期合作伙伴关系，相互为对方创造价值，实现共同发展。

组织良好的外部和内部合作伙伴关系，应着眼于共同的长远战略目标，从制度和渠道上保证做到加强沟通，互相为对方创造价值，共同发展。

三、组织运行方法与技术的基本理念

(一)重视过程与关注结果

重视过程与关注结果的基本理念，是指组织的绩效源于过程，体现于结果。因此，既要重视过程，又要关注结果，通过有效的过程管理，实现卓越的结果。

组织的绩效评价应体现结果导向，关注关键的结果。经营结果不能只是销售额和利润，还应包括产品和服务、顾客与市场、财务、资源、过程有效性、社会责任等方面。这些结果能为组织关键的利益相关方创造价值，并平衡其相互间的利益。

(二)学习、改进与创新

学习、改进与创新的基本理念，是指培育学习型组织和个人是组织追求卓越的基础，传承、改进和创新是组织持续发展的关键。

组织的学习是组织针对环境变化的一种持续改进和适应能力，通过引入新的理念和做法带来系统的改进。学习必须成为组织日常工作的一部分，员工通过新知识和能力的获得，引起员工的认知和行为的改变，提高员工的创新能力，从而增强组织的市场应变能力和绩效水平。

创新意味着对产品、服务和过程进行有意义的变革，为组织和利益相关方创造新的价值，把组织的绩效提升到一个新的水平。创新不应仅仅局限于产品和技术的创新，创新对于组织经营的各个方面和所有过程都是非常重要的。

(三)系统管理

系统管理的基本理念，是指组织强调以系统的观点来管理整个组织及其关键过程。系统的观点体现了组织所有活动都是以市场和顾客需求为出发点，最终达到顾客和其他相关方满意的目的。

第三节　《卓越绩效评价准则》国家标准

一、准则的框架结构

GB/Z 19579—2012《卓越绩效评价准则实施指南》的附录 A 给出了《卓越绩效评价准则》框架结构，如图 10-1 所示。

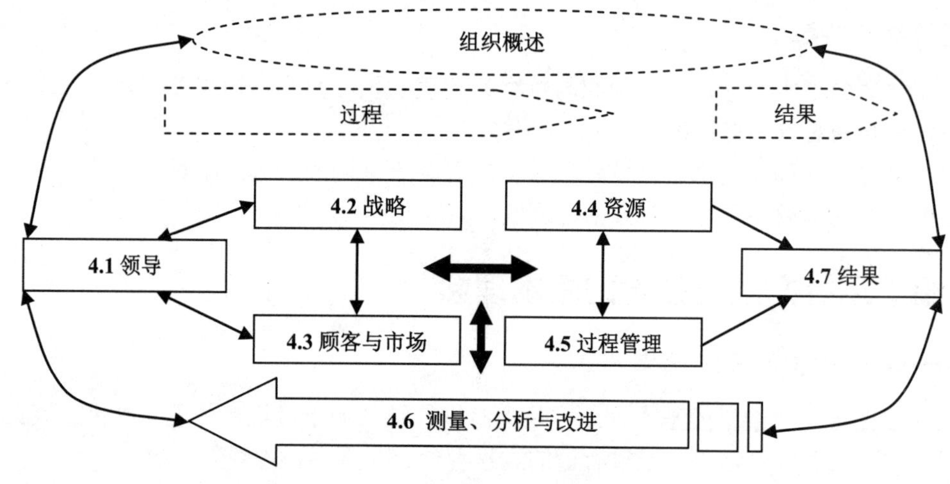

图 10-1 《卓越绩效评价准则》框架

图 10-1 清楚地反映了 GB/T 19580—2012《卓越绩效评价准则》的内容结构，是由组织概述及 4.1 至 4.7 七个条款所构成。各条款之间的关系解释如下。

图的左侧由“4.1 领导”“4.2 战略”和“4.3 顾客与市场”三部分构成“领导作用”三角。“领导作用”三角在组织绩效管理系统中起着驱动性的作用，并强调领导对战略、顾客与市场的关注。图的右侧由“4.4 资源”“4.5 过程管理”和“4.7 结果”三部分构成“资源、过程和结果”三角。“资源、过程和结果”三角在组织绩效管理系统中是从动性的，显示组织利用资源，通过过程及其管理追求结果。“4.6 测量、分析与改进”是组织绩效管理系统的基础，推动着组织的改进和创新，为提升组织的绩效和竞争力发挥着至关重要的作用。图中正上方的“组织概述”的内容，包括组织的环境、关系和组织面临的挑战，显示了组织运营的背景状况和关键因素，旨在强调《卓越绩效评价准则》的实施必须结合组织的实际。

图 10-1 还用“过程”和“结果”两个虚线的箭头，以及“4.6 测量、分析与改进”实线箭头表明了“过程”条款(4.1 至 4.6)和“结果”条款(4.7)的逻辑关系，即卓越绩效模式旨在通过卓越的过程创造卓越的结果，并基于结果的测量、分析，驱动过程的改进。其中“过程”强调的是：应对评价准则中的条款要求，确定、开展组织的方法并定期评价、改进、创新和分享，使之达到系统的一致、协调。“结果”强调的是：不断提升组织的综合绩效，赶超竞争对手和标杆，实现组织的持续发展和成功，获得世界级的绩效。

二、准则的内容和分值分配

GB/T 19580—2012《卓越绩效评价准则》包括七个一级条款和 23 个二级评分条款，并根据不同的权重分配了评分的分值，总分为 1000 分，如表 10-1 所示。

表 10-1 中的评价要点，绝大部分是准则中的明确提法。个别评价要点的提法，比如 1.1、1.2、4.2、4.3、4.4、4.5、4.6 等，是作者根据准则的相关评价要求总结提炼而成。在进行具体评价时，准则中有更加明确、细致的内容要求，需要时可参阅准则原文。

表 10-1 《卓越绩效评价准则》的内容与分值分配

一级评价指标	二级评价指标	评价要点
1.领导 (110 分)	1.1 高层领导的作用(50 分)	a.组织使命、愿景和价值观的确定 b.营造组织可持续发展的环境
	1.2 组织治理(30 分)	a.组织治理的关键因素的考虑 b.高层领导和组织治理机构成员的绩效评价
	1.3 社会责任(30 分)	a.公共责任 b.道德行为 c.公益支持
2.战略 (90 分)	2.1 战略制定(40 分)	a.战略制定过程 b.战略和战略目标
	2.2 战略部署(50 分)	a.实施计划的制定与部署 b.绩效预测
3.顾客与市场 (90 分)	3.1 顾客和市场的了解(40 分)	a.顾客和市场的细分 b.顾客需求和期望的了解
	3.2 顾客关系与顾客满意(50 分)	a.顾客关系的建立 b.顾客满意的测量
4.资源 (130 分)	4.1 人力资源(60 分)	a.工作的组织和管理 b.员工绩效管理 c.员工的学习与发展 d.员工的权益与满意程度
	4.2 财务资源(15 分)	a.资金需求的确定 b.资金供给的保障
	4.3 信息和知识资源(20 分)	a.数据与信息的获取与分析 b.组织的知识管理 c.数据、信息和知识的质量
	4.4 技术资源(15 分)	a.技术的评估与比较 b.技术开发与改进
	4.5 基础设施(10 分)	a.基础设施的提供 b.基础设施正常运行的保障
	4.6 相关方关系(10 分)	建立良好的合作关系
5.过程管理 (100 分)	5.1 过程的识别与设计(50 分)	a.过程的识别 b.过程要求的确定 c.过程的设计
	5.2 过程的实施与改进(50 分)	a.过程的实施 b.过程的改进

续表

一级评价指标	二级评价指标	评价要点
6.测量、分析与改进 (80 分)	6.1 测量、分析和评价(40 分)	a.绩效测量 b.绩效分析与评价
	6.2 改进与创新(40 分)	a.改进与创新的管理 b.改进与创新方法的应用
7.结果 (400 分)	7.1 产品和服务结果(80 分)	a.关键绩效指标水平 b.关键绩效指标与竞争对手的对比 c.特色及创新成果
	7.2 顾客与市场结果(80 分)	a.顾客方面的结果 b.市场结果
	7.3 财务结果(80 分)	关键绩效指标的当前水平和趋势
	7.4 资源结果(60 分)	人力资源及其他资源关键绩效指标的当前水平和趋势
	7.5 过程有效性结果(50 分)	a.关键过程有效性 b.过程效率方面的关键绩效指标的水平和趋势
	7.6 领导方面的结果(50 分)	a.实现战略目标的关键绩效指标 b.组织治理的关键绩效指标 c.公共责任的关键绩效指标 d.道德行为的关键绩效指标 e.公益支持的关键绩效指标

三、准则内容的相互关系

卓越绩效评价准则的基本理念中强调了“重视过程和关注结果”，并诠释为“组织的绩效源于过程，体现于结果。因此，既要重视过程，更要关注结果；要通过有效的过程管理，实现卓越的结果”，即通过过程的策划、控制和改进(即方法、展开、学习、整合)，实现组织的卓越绩效，并基于结果的测量、分析，推动过程的改进和创新。有效的过程与组织的卓越绩效结果是相互关联且一致的，如图 10-2 所示为“过程”条款与“结果”条款关联图。

按照 PDCA 循环的原理，过程和结果之间存在因果关系，在“过程”的各条款中明确了相关的绩效目标、测量方法和改进程序，必然在“4.7 结果”中有关联一致的绩效数据和比较分析数据。例如，“领导”和“战略”对应“领导方面的结果”；“顾客与市场”对应“顾客与市场结果”和“产品和服务结果”；“资源”对应“资源结果”；“过程管理”对应“过程有效性结果”“产品和服务结果”和“财务结果”；“测量、分析与改进”对应所有的结果。

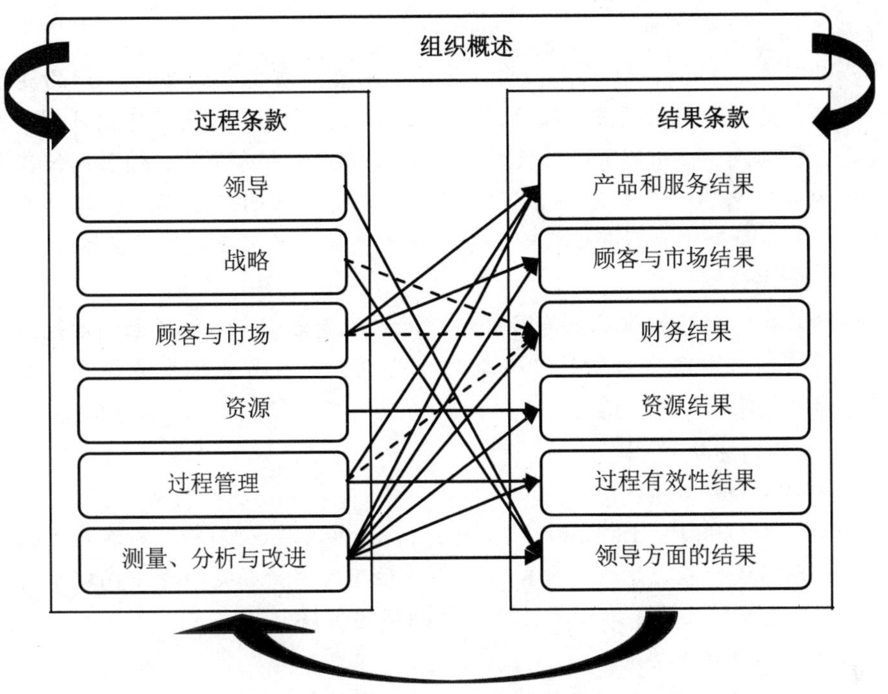

图 10-2 “过程”条款与“结果”条款关联

本章习题

1. 卓越绩效模式的核心价值观是什么？
2. 我国《卓越绩效评价准则》包括哪些评价内容？
3. 《卓越绩效评价准则》与 ISO 9000 标准有什么区同？
4. 世界上最有影响的质量管理奖有哪些？它们与卓越绩效模式有什么关系？
5. 卓越绩效模式核心价值观中“顾客驱动的卓越”的含义是什么？

案例：大丰公司卓越绩效管理模式构建

一、大丰公司环境分析

浙江大丰实业股份有限公司是文体设施行业内唯一一家集设计研发、生产制造、安装调试、售后服务、系统集成于一体的综合性实体企业。公司占据中国大中型文体设施项目60%以上的市场，成功交付国家大剧院、央视春晚(连续 20 年)、上海世博会、上海迪斯尼、雅典奥运会等 3000 多项标志性项目，以及俄罗斯、哈萨克、印度等 10 多家国际性大剧院，是国家重点高新技术企业。

(一)公司内部环境分析

1. 组织结构与人员分析

公司是以科技人员为主要股东组建的股份公司，现有正式员工 1 408 人，其中技术人员有 142 余人。

2. 主要产品及销售范围

主要产品有舞台机械、灯光、音响、座椅、看台、智能化设备等。产品类型属于项目，一个产品就是一个工程项目。项目的承揽以招投标为主，采用销售项目部、销售办事处、代理商三种模式。公司在北京、上海、西安、贵州设有办事处，销售网络覆盖包括台湾在内的国内所有省市。公司还成立了欧洲大丰公司，与西班牙环球公司、美国赫氏公司、印度帕拉米公司等建立了营销代理关系，使大丰的产品真正走向了世界。

3. 主要技术与设施设备

公司始终站在行业的最前沿，是国家知识产权示范企业和浙江省专利示范企业；具有国家甲级设计资质，具备舞台机械、舞台灯光音响、建筑智能化系统集成、专业灯光工程、专业音响工程等设计研发能力。

(二)公司外部环境分析

1. 主要顾客群与细分市场

公司通过了 ISO 9001、ISO 14001、GB/T 28001 认证。公司将目标客户定位于国内具备良好信誉和合同履行能力的政府公益性、事业性单位。产品定位于中高端市场，希望在与国外品牌相差无几的品质下享受略低于国外品牌的价格。

2. 关键供方和经销商类别

公司致力于与供应商建立战略合作关系，将“以顾客为中心”的经营理念传递给供应商。

3. 公司面临的挑战

公司产品虽然居国内同行领先地位，但是，面临的挑战逐渐显现：

(1) 产业政策、市场环境的变化带来项目投标中中标的不确定性增大；

(2) 公司的进一步发展，需要相关人才的加盟，尤其是项目集成类人才严重短缺；

(3) 客户个性化设计的要求造成产品标准化和批量化难度加大。

(三)导入卓越绩效模式前存在的问题

公司聘请专业人员对公司管理层进行了《卓越绩效评价准则》的培训，并进行了相关内容的诊断，结果如下。

1. 文化建设与战略层面

(1) 公司的文化建设工作较好，对企业文化的阐释比较清晰。但是，对企业文化宣传力度不够，员工对企业文化认知不足。

(2) 公司领导层有成熟的战略思维，企业近期发展方向清晰，但没有明确的战略规划。

2. 制度层面

(1) 过程管理尚未建立合理的工作流程和完善的管理制度，管理较粗放。

(2) 人力资源管理方面缺乏系统、科学的规划，没有具体的人才培训体系和晋升体系，没有完善的薪酬考核体系。

3. 生产与操作层面

(1) 生产及安装现场管理比较混乱。

(2) 公司信息化资源匮乏，尚未导入 ERP，没有 CRM、PLM 等先进科学的信息化管理系统。

二、大丰公司卓越绩效管理模式构建

公司依据国家标准 GB/T 19580—2012《卓越绩效评价准则》和 GB/Z 19579—2012

《卓越绩效评价准则实施指南》，构建卓越绩效管理模式，如图 10-3 所示。

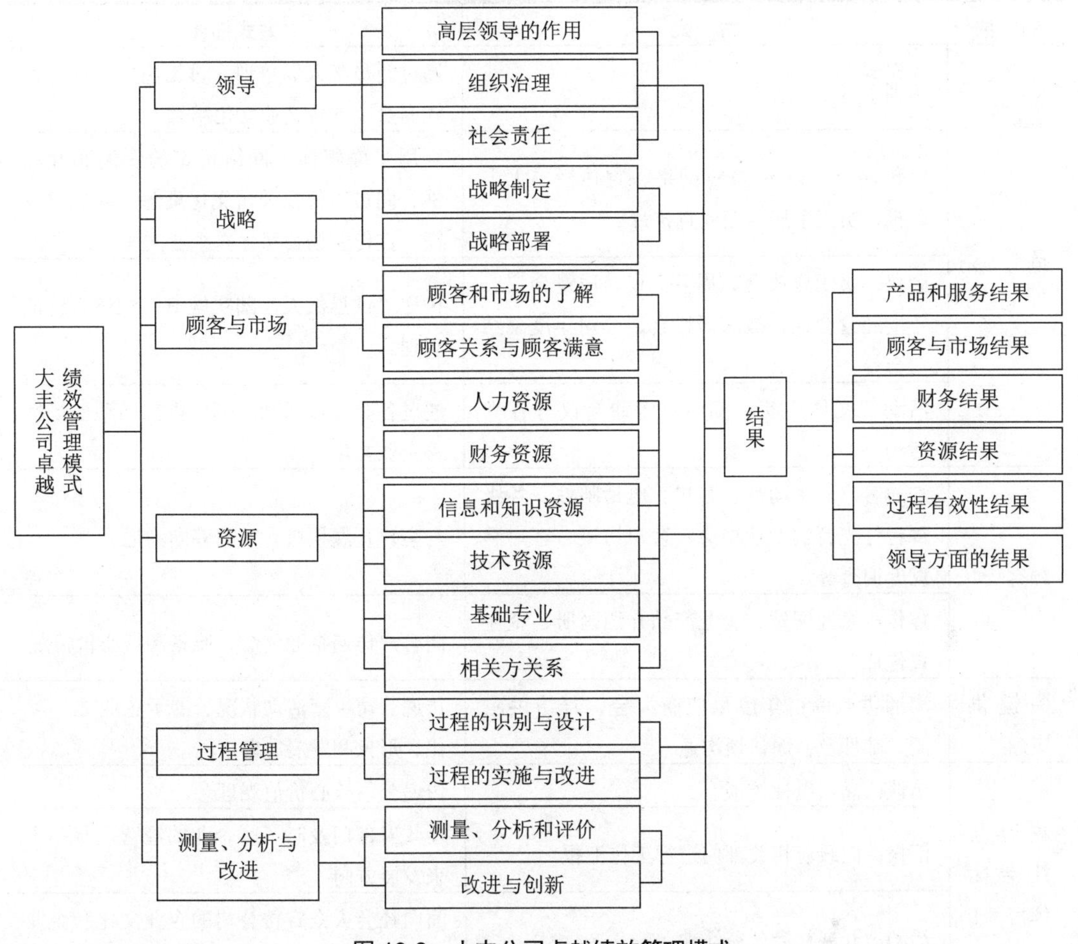

图 10-3　大丰公司卓越绩效管理模式

(一)领导

1. 高层领导的作用

(1) 组织的使命、愿景和核心价值观的确定和落实。

① 使命、愿景和核心价值观的确定。

企业使命：让文体产业因大丰更精彩。

企业愿景：全球领先文体设施整体方案解决商。

核心价值观：诚恳做人，踏实做事。

② 将使命、愿景、核心价值观贯彻到全体员工，并影响到组织的供方、合作伙伴、顾客及其他相关方，如表 10-2 所示。

(2) 双向沟通和绩效激励。

公司倡导全方位、多渠道、无障碍的沟通法则，与全体员工及其他相关方坦诚、双向的沟通。表 10-3 所示为大丰公司双向沟通体系。

绩效激励。公司高层领导通过物质奖励、年度表彰、实时表扬等方式体现对高绩效员工以及能为客户提供良好服务的员工的奖励和认可。

表 10-2　使命、愿景、核心价值观落实体系

对　象	方　式	方式描述
员工	培训	通过新员工入职培训、员工岗位培训等方式向员工宣传企业文化精髓
	宣传媒介：公司 OA 网络、宣传栏、大丰月报、员工手册、企业宣传片	利用平面媒体、网络传媒的快速和互动性、向员工传播公司文化理念，并提供反馈，宣传弘扬公司优秀企业文化
	会议：员工座谈会、周务会议、质量会议、年度经营会议、战略研讨会、公司年度总结大会等	传递“诚恳做人，踏实做事”的核心价值观理念
	活动：文体活动、部门月沟通会议等各类活动	通过各类文体活动、部门内部活动弘扬优秀企业文化
顾客	沟通客户：主动拜访客户、电话邮件、各级舞台灯光音响专业展会、客户访谈、客户满意度调查等	与客户开展积极有效的双向沟通
	宣传：企业网站、企业产品介绍画册、企业宣传片	向客户传递企业使命、愿景和核心价值观
关键供应商	沟通供应商：年度供应商大会、拜访供应商、邮件及会面访谈沟通	传递公司经营活动状况、展示企业文化、形象和发展方向
政府及社会团体	访谈：高层电视访谈	传递公司核心价值观理念
	汇报：向政府相关部门进行工作汇报	让政府部门及时了解企业的经营现状和未来发展方向
	活动：开展社会公益活动	面向社会大众宣传公司的企业文化和企业社会形象，传递社会正能量

表 10-3　大丰公司双向沟通体系

沟通类型	沟通方式			
内部沟通	总经理信箱	中、高层工作会议	各职能部门例会	大丰月报、宣传栏
外部沟通	股东大会	供应商大会	客户互访	售后服务

(3) 履行确保组织所提供的产品和服务质量安全的职责。

公司通过设立品质管理部、舞台安全总监等岗位来保证质量管理的落实。

2. 组织治理

(1) 组织治理考虑的关键因素：管理层所承担的责任、对利益相关方的保护、运营的透明性、审计的独立性、财务方面的责任归属。

(2) 评价及改进高层领导：根据《绩效管理实施细则》及《绩效责任书》等文件，公司综合评价公司高层领导的绩效。

3. 社会责任

(1) 公共责任：重视运营过程中在环境保护、资源综合利用、职业健康、安全生产、

公共卫生等方面的公共责任并履行公共职责。

(2) 道德行为：严格遵守国家法律和各项制度，自觉营造和构建和谐、诚信的经营环境，按时纳税，合法经营。

(3) 公益支持：公司应积极参与，并鼓励员工参加公益活动。

(二)战略

1. 战略制定

公司成立了战略规划组织机构，如图 10-4 所示。董事会下设战略委员会，负责公司战略的总体协调和领导实施。战略委员会由董事长任主任，以战略投资部为下属常设机构，承担战略规划的日常管理工作。

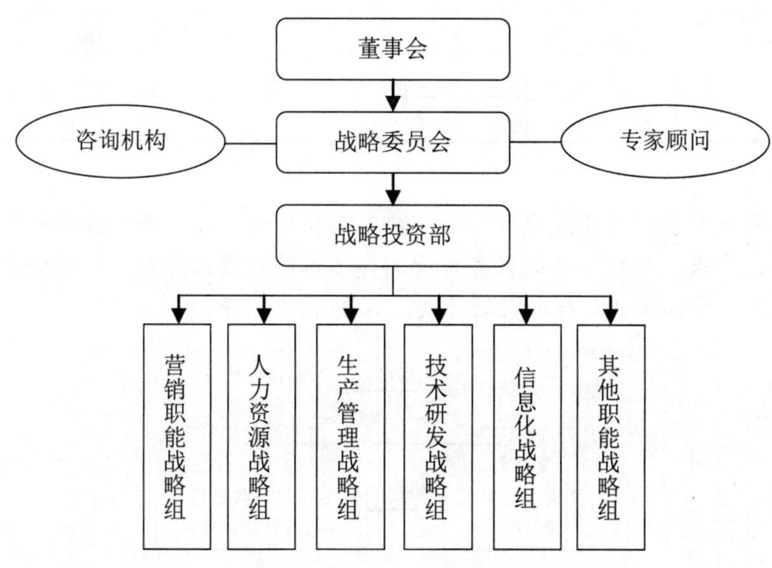

图 10-4　大丰公司战略规划组织机构

公司制定的九大战略为：集成化战略、市场开拓战略、管理模式创新战略、快速反应战略、品牌战略、多元化战略、CRM 战略、人才战略、信息化战略。运用平衡计分卡，从财务、顾客与市场、内部流程、学习与成长四个方面设计了大丰公司的关键战略指标。如表 10-4 所示。

表 10-4　大丰公司关键战略指标

序号	平衡计分卡	关键绩效指标	单位	2016 年	2017 年	2018 年
1	财务	销售额	亿	12.20	14.30	16.00
		利润总额	亿	2.07	2.40	2.70
		合同成交额	亿	13.56	15.60	17.80
		货款回收额	亿	10.70	12.60	14.00
2	顾客与市场	舞台市场占有率	%	67	67	68
		座椅市场占有率	%	64	65	65
		舞台顾客满意度	%	95.7	95.9	96
		座椅顾客满意度	%	95.1	95.3	95.5

续表

序号	平衡计分卡	关键绩效指标	单位	2016 年	2017 年	2018 年
3	内部流程	人均产值	万元/人/年	69.50	70.00	71.00
		交付及时率	%	98	98.5	99
		新产品开发数	个	6	7	8
		信息化投入	万元	250	325	406
4	学习与成长	关键人才流失率	%	2	2	2
		关键人才引进数	个	5	6	6
		员工满意度	%	72	73	74
		培训投入	万元	99	104	109
		人均培训课时	小时/年	50	53	56
		卓越绩效自评	分	620	630	635

2. 战略部署

由战略委员会制定公司年度经营计划，分解细化战略目标，并以任务的形式下达至各职能部门。各职能部门根据下达的任务目标制定本部门年度工作计划，将任务指标分解到部门人员，并制定员工绩效目标和行动计划，如图 10-5 所示。

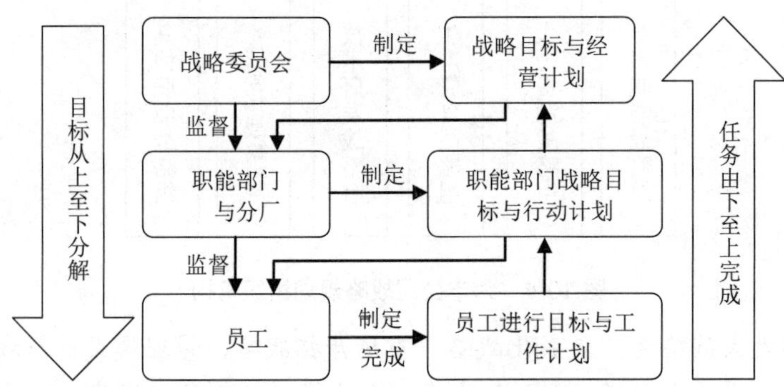

图 10-5　大丰公司战略目标部署流程

为确保九大关键战略和战略目标的实现，通过目标管理的方法将战略目标分解到职能部门，并制定市场及产品战略和相关职能战略的实施计划。九大战略与职能战略实施计划的关系如表 10-5 所示。

表 10-5　关键战略和职能战略实施计划之间的关系

关键战略	销售业务计划	生产实施计划	采购实施计划	人力资源实施计划	财务实施计划	设计开发实施计划	工程项目实施计划	销售服务实施计划	信息化实施计划
集成化战略	★★	★		★	★	★	★★		★
市场开拓战略	★★								★
管理模式创新战略		★★	★				★★		★

续表

关键战略	销售业务计划	生产实施计划	采购实施计划	人力资源实施计划	财务实施计划	设计开发实施计划	工程项目实施计划	销售服务实施计划	信息化实施计划
快速反应战略		★★				★	★★	★★	★
品牌战略							★★		★
产品开发战略	★			★		★★	★		★
多元战略					★★				★
信息化战略	★	★			★				★★
人才战略	★	★		★★			★		

注：★★表示关联度强，★表示有一定关系性，未标识的表示关联度不大。

(三)顾客与市场

1. 顾客与市场的了解

(1) 顾客和细分市场的识别和确认，如表 10-6 所示。

表 10-6 大丰公司顾客群分类

顾客群	战略顾客	重点顾客	一般顾客
类别细分	剧院会堂、会展会议、电视电台	大专院校	交通运输、医院企业
地域细分	国内一类城市(省会城市、沿海发达地区地级市)	国内二类城市(其余地级市)	三类城市(县级市)、国外客户

(2) 顾客需求和期望的了解：公司营销中心负责顾客信息的收集，并通过参加各类展会、行业会议了解行业发展趋势和政府相关政策。进而利用这些信息，不断地改进产品与服务，提高顾客满意度，提升公司竞争力。

2. 顾客关系与顾客满意

(1) 顾客关系的建立：大丰公司通过以下方式赢得新的顾客。①通过政府部门与行业协会信息发布平台，了解顾客需求；②派遣专职销售员，上门了解潜在顾客的需求；③派遣专业的设计团队，对顾客的前期要求提供技术上的支持，消除顾客的疑虑；④邀请顾客参与公司的各类展销会。

(2) 顾客满意的测量：通过邮件、拜访及会谈的形式了解顾客满意度情况。对于战略顾客，公司还会委托第三方检测机构通过问卷调查其满意度。

(四) 资源

为了确保公司战略的实施和战略目标的实现，需提供以下必要资源。

1. 人力资源

(1) 工作的组织和管理：为了使设置的岗位符合战略及行动计划的要求，公司梳理并优化了岗位，还通过细化《部门职能》《岗位说明书》等，明确了各岗位的任职资格、职责、组织关系等。

(2) 员工绩效管理系统：公司建立了“以岗位定级、以战略定位、以能力定薪、以绩效定奖”为主要内容的薪酬福利体系。

(3) 员工的学习与发展：制定了《培训管理制度》，以制度形式确保培训的有效实施。

(4) 员工的权益与满意程度：公司从 2007 年起工作执行 OHSAS18000 职业健康安全体系，确保员工的职业健康。公司鼓励员工开展科技创新、QC 小组等活动。

2. 财务资源

(1) 资金的需求和供给：根据公司五年发展战略，制定相应的需求计划，并据此计划制定年度资金需求计划，并通过银行借款、企业经营活动现金净流入等方式解决融资。

(2) 实施资金预算管理、成本管理和风险管理。

(3) 加快资金周转，提高资产利用率。

3. 信息和知识资源

(1) 信息源的识别及管理：战略投资部负责情报信息的收集与管理工作。

(2) 信息化项目建设：公司在目前已有的 OA、ERP、CAD 等信息处理软件基础上，制定了信息化项目建设及具体的实施计划。

4. 技术资源

(1) 公司成立了工业设计中心，负责舞台、灯光、音响、智能、电气、座椅产品的功能性设计和外观设计。

(2) 由大丰公司牵头制定了《演出场馆设备技术术语舞台机械》(WH/35—2009)等多项行业标准。这些标准对整个行业的发展起到了重要的指导作用，也确立了公司在行业中的领导地位。

(3) 公司倡导创新，制定了《创新项目管理办法》《专利管理制度》等。

5. 基础设施

拥有激光切割机、数控冲床、门式数控切割机、大型龙门铣床、高压发泡机等国内外先进设备。

6. 相关方关系

公司一贯秉“诚信合作、双向沟通、优胜劣汰、共赢发展”的原则，与供方及合作伙伴建立了良好的利益共同体关系。

(五) 过程管理

1. 过程的识别与设计

(1) 关键过程的识别：把能为公司增值并对组织的成功具有直接贡献的过程确定为关键过程。确定六大关键过程，如表 10-7 所示。

表 10-7　关键过程

序号	关键过程	列为关键过程的理由	相关联的核心竞争力
1	市场与销售管理过程	通过对市场的管理，可以充分掌握市场与顾客的需求，及时了解政策、形势的变化，这是公司制定战略的重要依据。销售是公司利润实现的重要保证，需重点关注渠道建设、客户关系处理及高效的投标水平等	适应市场的营销策略和稳定的顾客群

续表

序号	关键过程	列为关键过程的理由	相关联的核心竞争力
2	设计与开发过程	产品设计和开发是在了解客户需求的基础上，通过研发具体的系列产品来实现客户需求的过程	高效的研发、设计、检测、施工和品质保障体系
3	采购过程	公司的一切经营活动都需要采购参与。采购物品的质量、交期直接影响到产品的质量与交期	快速反应的制造能力；高效的研发、设计、检测、施工和品质保障体系
4	制造过程	将原材料按照设计要求通过加工，转化为现场待安装的半成品。由于产品属于离散制造，强调各单位、各项目协调生产，保障项目顺利安装	快速反应的制造能力；高效的研发、设计、检测、施工和品质保障体系
5	项目管理过程	项目管理是将生产的半成品通过现场施工安装、调试，交付给客户使用。它是通过沟通协调各职能部门，确保项目按时、保质、保量交付的重要过程	快速、高效、安全的施工能力
6	售后服务过程	由于产品的特殊性，需要售服中心定期开展售后服务，保证客户的正常使用，以此来增强客户的满意程度	快速高效的维保能

(2) 过程要求的确定：针对确定的关键过程，识别与过程有关的利益相关方，并确定过程的要求，再将要求转化为过程的关键绩效测量指标，从而对各过程进行监控，如表 10-8 所示。

表 10-8 关键过程要求的识别与关键绩效指标的确定

关键过程	利益相关方					过程要求	关键绩效测量指标
	员工	顾客	供方	社会	股东		
市场与销售管理过程		●			●	及时交期，按时完成销售任务，售后服务完善，有效收款	•市场占有率 •销售额、利润、回款额 •顾客满意度 •集成化项目签订数 •销售增长率
设计与开发过程	●	●	●		●	控制成本，保护知识产权，研发周期短，新产品市场认可率高	•产品开发周期 •设计引起外部质量损失 •发明专利数 •新品开发数 •人均设计能力
采购过程			●		●	交货及时，质量稳定，控制成本长期合作共赢	•材料成本控制 •采购件一次合格率 •采购件交付准时率 •预付款控制率

续表

关键过程	利益相关方					过程要求	关键绩效测量指标
	员工	顾客	供方	社会	股东		
制造过程	●	●		●	●	生产效率高，产品质量稳定，生产成本低，安全生产	•检验一次合格率 •生产产值 •人均产值 •安全事故 •交付及时率
项目管理过程	●	●		●	●	交付及时，施工安全，控制成本，力求增项	•竣工验收及时率 •一次验收通过率 •项目成本控制率 •安全质量事故次数
售后服务过程		●			●	维保任务完成，成本控制合理	•客户满意率 •维保及时率 •维保销售额与利润

(3) 过程设计。根据各关键过程的要求，对过程进行流程梳理，识别过程的输入与输出，设计关键过程的流程。同时，收集各部门对过程流程的反馈信息，运用流程再造理论，对关键过程的流程进行优化和完善。在六个关键过程中，选其中的“项目管理过程”作为示例加以说明，如图 10-6 所示。

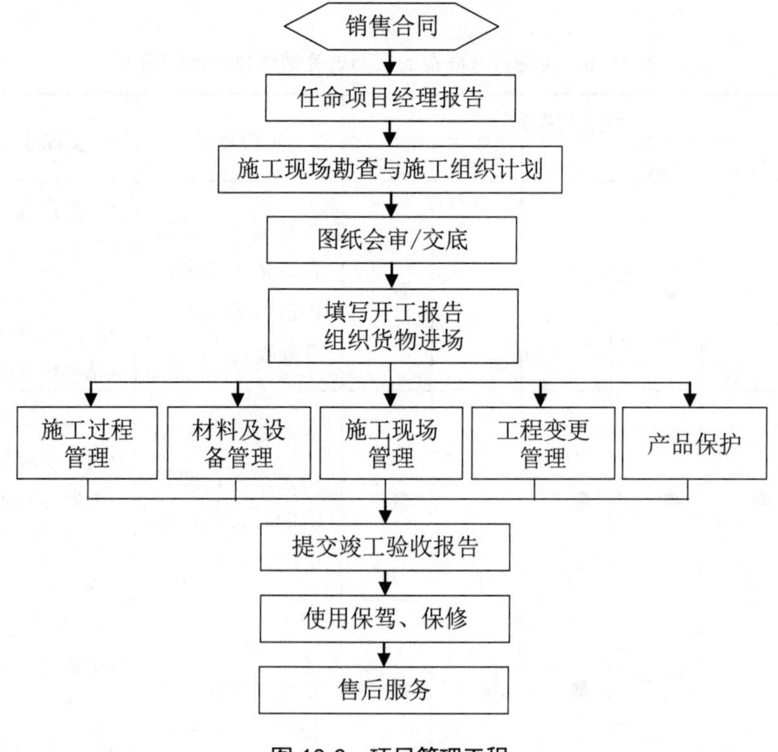

图 10-6　项目管理工程

2. 过程的实施与改进

(1) 过程的实施：各职能部门对所负责的关键过程，采取有效的手段，完成关键过程的要求，实现关键绩效指标。

市场与销售管理过程、设计与开发过程、采购过程、制造过程、项目管理过程、售后服务过程的实施手段：略。

(2) 过程的改进：公司各部门根据过程关键绩效指标监测的结果，对关键过程进行改进，使过程管理与企业战略规划相适应，使企业通过改进后的过程管理活动获得更好的经营绩效。对于改进方法的应用举例，如表 10-9 所示。

表 10-9　生产制造过程中各项改进方法应用举例

过程	改进项目	改进方法	改进成果与共享
生产制造过程	一般项目	自下而上的改进方法：由员工提出问题及改善提案，再由工艺科提供技术支持，改善实际生产制造过程中的问题	每月对合理化建议的提案进行总结，评选当月改善效果明显的提案为优秀提案，并加以表彰
	集中供气改造项目	自上而下的改进方法：管道集中供气是一种将气源通过管路集中汇流到用气点的现代化供气方式，这种方式大大地提高了供气效率，降低了人力的消耗及气体的采购成本，同时气体输出更加安全和稳定	(1) 相对而言，集中供气方式浪费少、成本优势明显；(2) 集中供气采用氩气和 CO_2 的混合气体，焊接热量集中，焊接速度高，焊接后的抛光打磨工作量可减少；(3) 混合气体是单分子气体，焊丝利用率高，焊缝均匀美观，焊接质量提高
	焊接废气集中处理装置安装项目	自上而下的改进方法：烟尘收集装置是一种工业环保设施，通过安装在机器上的吸气臂，把焊接烟尘、木工切割灰尘经过处理后排放到车间外	改善前焊接烟尘四处飘散，不但影响车间工作环境，还损害工人健康；改善后焊接烟尘被排到室外，车间工作环境得到大大改善，对工人健康起到很好的保护作用

(六)测量、分析与改进

1. 测量、分析和评价

(1) 绩效测量。

① 建立绩效测量系统，监测日常运营和整体绩效。

② 有效应用对比数据和信息。

③ 确保绩效监测系统的有效性。

(2) 绩效分析和评价：通过现代化信息管理系统，采集数据并进行绩效评价，动态地监测公司绩效目标的实现情况。

2. 改进与创新

(1) 改进与创新的管理。

(2) 改进与创新方法的应用。

(七)结果

1. 产品和服务结果

通过开展卓越绩效管理模式，公司主要产品性能指标在近三年中稳步上升，大部分技术指标超过国内同行水平，部分指标已超过国际先进水平。

2. 顾客与市场结果

公司每年对顾客进行顾客满意度和顾客忠诚度调查。上一年度公司总体顾客满意度95.45 分，高于竞争对手 84.18 分的平均满意度。公司各类产品市场占有率一直保持同行业首位。

3. 财务结果

公司近三年的总资产、主营业务收入、利润总额、资本保值增值率、资产负债率、销售成本率等财务指标，远优于主要竞争对手总装公司。财务结果对照表：略。

4. 资源结果

从公司关键绩效指标近三年变化情况来看，比如，引进关键岗位人才、全员劳动生产率、员工薪酬增长率、关键员工离职率、人均培训经费投入、信息化投入、研发费用投入、新产品销售金额、技术改造投资额、重点供应商采购比例等，均有较大程度的发展和改进。资源结果统计表：略。

5. 过程有效性结果

公司近三年的过程有效性结果，比如，产品开发周期、人均设计能力、采购件一次合格率、采购件交付及时率、预付款控制率、自制件检验一次合格率、安全事故、项目交付及时率、生产产值、设备利用率、顾客满意度、销售费用、集成化项目签订数、维保及时率、项目成本控制率、回款额、竣工验收及时率等，均有很大程度的提升。过程有效性结果统计表：略。

6. 领导方面的结果

(1) 组织治理方面的结果：高层领导在组织治理过程中未出现经营上的失误，公司产品已连续 8 年产销量位居全国同类产品中的第一位，成为中国演艺设备行业的首选品牌。

(2) 公共责任方面的结果：公司未发生过重大安全生产事故。公司无环保事故、无公共卫生事件和无职业健康安全事故发生。

(3) 道德行为方面的结果：公司一贯依法诚信经营，在工商、税务、司法方面没有任何不良记录，无任何违法和违反诚信的记录。

(4) 对公益支持方面的结果：公司重视对公益的支持，把“敬老、助学、和谐社会”作为重点支持领域，为社区老人提供活动经费，到朗霞敬老院慰问并捐助物资。

(资料来源：周黎明. 高速公路服务质量与顾客容忍区实证研究. 西南交通大学博士学位论文. 2013)

附　　表

附表 I　标准正态分布表

$$\Phi\left(u\right)=\int_{0}^{u}\frac{1}{-\infty\sqrt{2\pi}}\mathrm{e}^{\frac{u^2}{2}}\mathrm{d}u$$

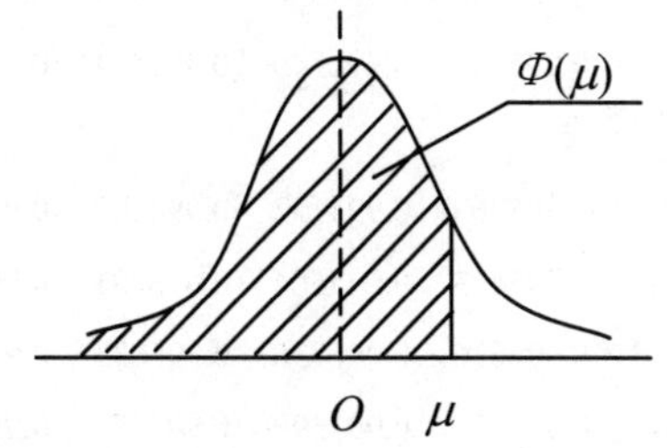

μ	0.00	0.01	0.02	0.03	0.04	0.05	0.06	0.07	0.08	0.09
0.0	0.500000	0.503989	0.507978	0.511966	0.515953	0.519939	0.523922	0.527903	0.531881	0.535856
0.1	0.539828	0.543795	0.547758	0.551717	0.555670	0.559618	0.563559	0.567495	0.571424	0.575345
0.2	0.579260	0.583166	0.587064	0.590954	0.594835	0.598706	0.602568	0.606420	0.610261	0.614092
0.3	0.617911	0.621720	0.625516	0.629300	0.633072	0.636831	0.640576	0.644309	0.648027	0.651732
0.4	0.655422	0.659097	0.662757	0.666402	0.670031	0.673645	0.677242	0.680822	0.684386	0.687933
0.5	0.691462	0.694974	0.698468	0.701944	0.705401	0.708840	0.712260	0.715661	0.719043	0.722405
0.6	0.725747	0.729069	0.732371	0.735653	0.738914	0.742154	0.745373	0.748571	0.751748	0.754903
0.7	0.758036	0.761148	0.764238	0.767305	0.770350	0.773373	0.776373	0.779350	0.782305	0.785236
0.8	0.788145	0.791030	0.793892	0.796731	0.799546	0.802337	0.805105	0.807850	0.810570	0.813267
0.9	0.815940	0.818589	0.821214	0.823814	0.826391	0.828944	0.831472	0.833977	0.836457	0.838913
1.0	0.841345	0.843752	0.846136	0.848495	0.850830	0.853141	0.855428	0.857690	0.859929	0.862143
1.1	0.864334	0.866500	0.868643	0.870762	0.872857	0.874928	0.876976	0.879000	0.881000	0.882977
1.2	0.884930	0.886861	0.888768	0.890651	0.892512	0.894350	0.896165	0.897958	0.899727	0.901475
1.3	0.903200	0.904902	0.906582	0.908241	0.909877	0.911492	0.913085	0.914657	0.916207	0.917736
1.4	0.919243	0.920730	0.922196	0.923641	0.925066	0.926471	0.927855	0.929219	0.930563	0.931888
1.5	0.933193	0.934478	0.935745	0.936992	0.938220	0.939429	0.940620	0.941792	0.942947	0.944083
1.6	0.945201	0.946301	0.947384	0.948449	0.949497	0.950529	0.951543	0.952540	0.953521	0.954486
1.7	0.955435	0.956367	0.957284	0.958185	0.959070	0.959941	0.960796	0.961636	0.962462	0.963273
1.8	0.964070	0.964852	0.965620	0.966375	0.967116	0.967843	0.968557	0.969258	0.969946	0.970621
1.9	0.971283	0.971933	0.972571	0.973197	0.973810	0.974412	0.975002	0.975581	0.976148	0.976705

续附表 I

μ	0.00	0.01	0.02	0.03	0.04	0.05	0.06	0.07	0.08	0.09
2.0	0.977250	0.977784	0.978308	0.978822	0.979325	0.979818	0.980301	0.980774	0.981237	0.981691
2.1	0.982136	0.982571	0.982997	0.983414	0.983823	0.984222	0.984614	0.984997	0.985371	0.985738
2.2	0.986097	0.986447	0.986791	0.987126	0.987455	0.987776	0.988089	0.988396	0.988696	0.988989
2.3	0.989276	0.989556	0.989830	0.990097	0.990358	0.990613	0.990863	0.991106	0.991344	0.991576
2.4	0.991802	0.992024	0.992240	0.992451	0.992656	0.992857	0.993053	0.993244	0.993431	0.993613
2.5	0.993790	0.993963	0.994132	0.994297	0.994457	0.994614	0.994766	0.994915	0.995060	0.995201
2.6	0.995339	0.995473	0.995604	0.995731	0.995855	0.995975	0.996093	0.996207	0.996319	0.996427
2.7	0.996533	0.996636	0.996736	0.996833	0.996928	0.997020	0.997110	0.997197	0.997282	0.997365
2.8	0.997445	0.997523	0.997599	0.997673	0.997744	0.997814	0.997882	0.997948	0.998012	0.998074
2.9	0.998134	0.998193	0.998250	0.998305	0.998359	0.998411	0.998462	0.998511	0.998559	0.998605
3.0	0.998650	0.998694	0.998736	0.998777	0.998817	0.998856	0.998893	0.998930	0.998965	0.998999
3.1	0.999032	0.999065	0.999096	0.999126	0.999155	0.999184	0.999211	0.999238	0.999264	0.999289
3.2	0.999313	0.999336	0.999359	0.999381	0.999402	0.999423	0.999443	0.999462	0.999481	0.999499
3.3	0.999517	0.999534	0.999550	0.999566	0.999581	0.999596	0.999610	0.999624	0.999638	0.999651
3.4	0.999663	0.999675	0.999687	0.999698	0.999709	0.999720	0.999730	0.999740	0.999749	0.999758
3.5	0.999767	0.999776	0.999784	0.999792	0.999800	0.999807	0.999815	0.999822	0.999828	0.999835
3.6	0.999841	0.999847	0.999853	0.999858	0.999864	0.999869	0.999874	0.999879	0.999883	0.999888
3.7	0.999892	0.999896	0.999900	0.999904	0.999908	0.999912	0.999915	0.999918	0.999922	0.999925
3.8	0.999928	0.999931	0.999933	0.999936	0.999938	0.999941	0.999943	0.999946	0.999948	0.999950
3.9	0.999952	0.999954	0.999956	0.999958	0.999959	0.999961	0.999963	0.999964	0.999966	0.999967
4.0	0.999968	0.999970	0.999971	0.999972	0.999973	0.999974	0.999975	0.999976	0.999977	0.999978
4.1	0.999979	0.999980	0.999981	0.999982	0.999983	0.999983	0.999984	0.999985	0.999985	0.999986
4.2	0.999987	0.999987	0.999988	0.999988	0.999989	0.999989	0.999990	0.999990	0.999991	0.999991
4.3	0.999991	0.999992	0.999992	0.999993	0.999993	0.999993	0.999993	0.999994	0.999994	0.999994
4.4	0.999995	0.999995	0.999995	0.999995	0.999996	0.999996	0.999996	0.999996	0.999996	0.999996
4.5	0.999997	0.999997	0.999997	0.999997	0.999997	0.999997	0.999997	0.999998	0.999998	0.999998
4.6	0.999998	0.999998	0.999998	0.999998	0.999998	0.999998	0.999998	0.999998	0.999999	0.999999
4.7	0.999999	0.999999	0.999999	0.999999	0.999999	0.999999	0.999999	0.999999	0.999999	0.999999
4.8	0.999999	0.999999	0.999999	0.999999	0.999999	0.999999	0.999999	0.999999	0.999999	0.999999
4.9	1.000000	1.000000	1.000000	1.000000	1.000000	1.000000	1.000000	1.000000	1.000000	1.000000

本表对于 μ 给出正态分布函数 $\Phi(\mu)$ 的数值。

例：对于 $\mu=1.33$， $\Phi(\mu)=0.908241$

附表 II　F 检验的临界值(F_α)表

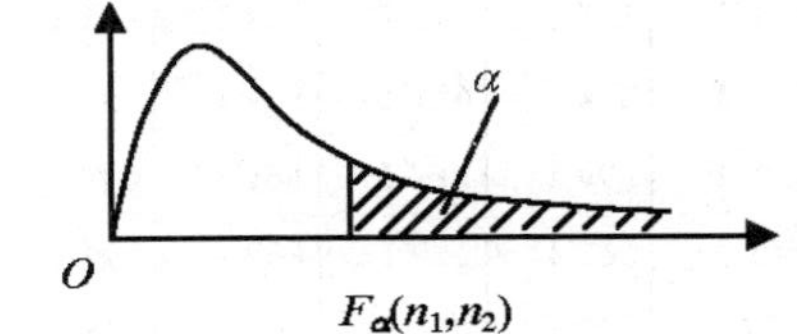

F 分布表　$p\{(n_1, n_2) > F_a(n_1, n_2)\} = a$

$\alpha = 0.05$

n_2 \ n_1	1	2	3	4	5	6	7	8	9	10	12	15	20	24	30	40	60	120	∞
1	161.448	199.500	215.707	224.583	230.162	233.986	236.768	238.883	240.543	241.882	243.906	245.950	248.013	249.052	250.095	251.143	252.196	253.253	254.313
2	18.513	19.000	19.164	19.247	19.296	19.330	19.353	19.371	19.385	19.396	19.413	19.429	19.446	19.454	19.462	19.471	19.479	19.487	19.496
3	10.128	9.552	9.277	9.117	9.013	8.941	8.887	8.845	8.812	8.786	8.745	8.703	8.660	8.639	8.617	8.594	8.572	8.549	8.526
4	7.709	6.944	6.591	6.388	6.256	6.163	6.094	6.041	5.999	5.964	5.912	5.858	5.803	5.774	5.746	5.717	5.688	5.658	5.628
5	6.608	5.786	5.409	5.192	5.050	4.950	4.876	4.818	4.772	4.735	4.678	4.619	4.558	4.527	4.496	4.464	4.431	4.398	4.365
6	5.987	5.143	4.757	4.534	4.387	4.284	4.207	4.147	4.099	4.060	4.000	3.938	3.874	3.841	3.808	3.774	3.740	3.705	3.669
7	5.591	4.737	4.347	4.120	3.972	3.866	3.787	3.726	3.677	3.637	3.575	3.511	3.445	3.410	3.376	3.340	3.304	3.267	3.230
8	5.318	4.459	4.066	3.838	3.687	3.581	3.500	3.438	3.388	3.347	3.284	3.218	3.150	3.115	3.079	3.043	3.005	2.967	2.928
9	5.117	4.256	3.863	3.633	3.482	3.374	3.293	3.230	3.179	3.137	3.073	3.006	2.936	2.900	2.864	2.826	2.787	2.748	2.707
10	4.965	4.103	3.708	3.478	3.326	3.217	3.135	3.072	3.020	2.978	2.913	2.845	2.774	2.737	2.700	2.661	2.621	2.580	2.538
11	4.844	3.982	3.587	3.357	3.204	3.095	3.012	2.948	2.896	2.854	2.788	2.719	2.646	2.609	2.570	2.531	2.490	2.448	2.405
12	4.747	3.885	3.490	3.259	3.106	2.996	2.913	2.849	2.796	2.753	2.687	2.617	2.544	2.505	2.466	2.426	2.384	2.341	2.296
13	4.667	3.806	3.411	3.179	3.025	2.915	2.832	2.767	2.714	2.671	2.604	2.533	2.459	2.420	2.380	2.339	2.297	2.252	2.206
14	4.600	3.739	3.344	3.112	2.958	2.848	2.764	2.699	2.646	2.602	2.534	2.463	2.388	2.349	2.308	2.266	2.223	2.178	2.131
15	4.543	3.682	3.287	3.056	2.901	2.790	2.707	2.641	2.588	2.544	2.475	2.403	2.328	2.288	2.247	2.204	2.160	2.114	2.066

续表 II

n_2 \ n_1	1	2	3	4	5	6	7	8	9	10	12	15	20	24	30	40	60	120	∞
16	4.494	3.634	3.239	3.007	2.852	2.741	2.657	2.591	2.538	2.494	2.425	2.352	2.276	2.235	2.194	2.151	2.106	2.059	2.010
17	4.451	3.592	3.197	2.965	2.810	2.699	2.614	2.548	2.494	2.450	2.381	2.308	2.230	2.190	2.148	2.104	2.058	2.011	1.960
18	4.414	3.555	3.160	2.928	2.773	2.661	2.577	2.510	2.456	2.412	2.342	2.269	2.191	2.150	2.107	2.063	2.017	1.968	1.917
19	4.381	3.522	3.127	2.895	2.740	2.628	2.544	2.477	2.423	2.378	2.308	2.234	2.155	2.114	2.071	2.026	1.980	1.930	1.878
20	4.351	3.493	3.098	2.866	2.711	2.599	2.514	2.447	2.393	2.348	2.278	2.203	2.124	2.082	2.039	1.994	1.946	1.896	1.843
21	4.325	3.467	3.072	2.840	2.685	2.573	2.488	2.420	2.366	2.321	2.250	2.176	2.096	2.054	2.010	1.965	1.916	1.866	1.812
22	4.301	3.443	3.049	2.817	2.661	2.549	2.464	2.397	2.342	2.297	2.226	2.151	2.071	2.028	1.984	1.938	1.889	1.838	1.783
23	4.279	3.422	3.028	2.796	2.640	2.528	2.442	2.375	2.320	2.275	2.204	2.128	2.048	2.005	1.961	1.914	1.865	1.813	1.757
24	4.260	3.403	3.009	2.776	2.621	2.508	2.423	2.355	2.300	2.255	2.183	2.108	2.027	1.984	1.939	1.892	1.842	1.790	1.733
25	4.242	3.385	2.991	2.759	2.603	2.490	2.405	2.337	2.282	2.236	2.165	2.089	2.007	1.964	1.919	1.872	1.822	1.768	1.711
26	4.225	3.369	2.975	2.743	2.587	2.474	2.388	2.321	2.265	2.220	2.148	2.072	1.990	1.946	1.901	1.853	1.803	1.749	1.691
27	4.210	3.354	2.960	2.728	2.572	2.459	2.373	2.305	2.250	2.204	2.132	2.056	1.974	1.930	1.884	1.836	1.785	1.731	1.672
28	4.196	3.340	2.947	2.714	2.558	2.445	2.359	2.291	2.236	2.190	2.118	2.041	1.959	1.915	1.869	1.820	1.769	1.714	1.654
29	4.183	3.328	2.934	2.701	2.545	2.432	2.346	2.278	2.223	2.177	2.104	2.027	1.945	1.901	1.854	1.806	1.754	1.698	1.638
30	4.171	3.316	2.922	2.690	2.534	2.421	2.334	2.266	2.211	2.165	2.092	2.015	1.932	1.887	1.841	1.792	1.740	1.683	1.622
40	4.085	3.232	2.839	2.606	2.449	2.336	2.249	2.180	2.124	2.077	2.003	1.924	1.839	1.793	1.744	1.693	1.637	1.577	1.509
60	4.001	3.150	2.758	2.525	2.368	2.254	2.167	2.097	2.040	1.993	1.917	1.836	1.748	1.700	1.649	1.594	1.534	1.467	1.389
120	3.920	3.072	2.680	2.447	2.290	2.175	2.087	2.016	1.959	1.910	1.834	1.750	1.659	1.608	1.554	1.495	1.429	1.352	1.254
∞	3.842	2.996	2.605	2.372	2.214	2.099	2.010	1.939	1.880	1.831	1.752	1.666	1.571	1.517	1.459	1.394	1.318	1.222	1.000

续表 II

$\alpha = 0.01$

n_2 \ n_1	1	2	3	4	5	6	7	8	9	10	12	15	20	24	30	40	60	120	∞
1	4052.181	4999.500	5403.352	5624.583	5763.650	5858.986	5928.356	5981.070	6022.473	6055.847	6106.321	6157.285	6208.730	6234.631	6260.649	6286.782	6313.030	6339.391	6365.833
2	98.503	99.000	99.166	99.249	99.299	99.333	99.356	99.374	99.388	99.399	99.416	99.433	99.449	99.458	99.466	99.474	99.482	99.491	99.499
3	34.116	30.817	29.457	28.710	28.237	27.911	27.672	27.489	27.345	27.229	27.052	26.872	26.690	26.598	26.505	26.411	26.316	26.221	26.125
4	21.198	18.000	16.694	15.977	15.522	15.207	14.976	14.799	14.659	14.546	14.374	14.198	14.020	13.929	13.838	13.745	13.652	13.558	13.463
5	16.258	13.274	12.060	11.392	10.967	10.672	10.456	10.289	10.158	10.051	9.888	9.722	9.553	9.466	9.379	9.291	9.202	9.112	9.021
6	13.745	10.925	9.780	9.148	8.746	8.466	8.260	8.102	7.976	7.874	7.718	7.559	7.396	7.313	7.229	7.143	7.057	6.969	6.880
7	12.246	9.547	8.451	7.847	7.460	7.191	6.993	6.840	6.719	6.620	6.469	6.314	6.155	6.074	5.992	5.908	5.824	5.737	5.650
8	11.259	8.649	7.591	7.006	6.632	6.371	6.178	6.029	5.911	5.814	5.667	5.515	5.359	5.279	5.198	5.116	5.032	4.946	4.859
9	10.561	8.022	6.992	6.422	6.057	5.802	5.613	5.467	5.351	5.257	5.111	4.962	4.808	4.729	4.649	4.567	4.483	4.398	4.311
10	10.044	7.559	6.552	5.994	5.636	5.386	5.200	5.057	4.942	4.849	4.706	4.558	4.405	4.327	4.247	4.165	4.082	3.996	3.909
11	9.646	7.206	6.217	5.668	5.316	5.069	4.886	4.744	4.632	4.539	4.397	4.251	4.099	4.021	3.941	3.860	3.776	3.690	3.603
12	9.330	6.927	5.953	5.412	5.064	4.821	4.640	4.499	4.388	4.296	4.155	4.010	3.858	3.780	3.701	3.619	3.535	3.449	3.361
13	9.074	6.701	5.739	5.205	4.862	4.620	4.441	4.302	4.191	4.100	3.960	3.815	3.665	3.587	3.507	3.425	3.341	3.255	3.166
14	8.862	6.515	5.564	5.035	4.695	4.456	4.278	4.140	4.030	3.939	3.800	3.656	3.505	3.427	3.348	3.266	3.181	3.094	3.004
15	8.683	6.359	5.417	4.893	4.556	4.318	4.142	4.004	3.895	3.805	3.666	3.522	3.372	3.294	3.214	3.132	3.047	2.959	2.869
16	8.531	6.226	5.292	4.773	4.437	4.202	4.026	3.890	3.780	3.691	3.553	3.409	3.259	3.181	3.101	3.018	2.933	2.845	2.753

续表 II

n_2 \ n_1	1	2	3	4	5	6	7	8	9	10	12	15	20	24	30	40	60	120	∞
17	8.400	6.112	5.185	4.669	4.336	4.102	3.927	3.791	3.682	3.593	3.455	3.312	3.162	3.084	3.003	2.920	2.835	2.746	2.653
18	8.285	6.013	5.092	4.579	4.248	4.015	3.841	3.705	3.597	3.508	3.371	3.227	3.077	2.999	2.919	2.835	2.749	2.660	2.566
19	8.185	5.926	5.010	4.500	4.171	3.939	3.765	3.631	3.523	3.434	3.297	3.153	3.003	2.925	2.844	2.761	2.674	2.584	2.489
20	8.096	5.849	4.938	4.431	4.103	3.871	3.699	3.564	3.457	3.368	3.231	3.088	2.938	2.859	2.778	2.695	2.608	2.517	2.421
21	8.017	5.780	4.874	4.369	4.042	3.812	3.640	3.506	3.398	3.310	3.173	3.030	2.880	2.801	2.720	2.636	2.548	2.457	2.360
22	7.945	5.719	4.817	4.313	3.988	3.758	3.587	3.453	3.346	3.258	3.121	2.978	2.827	2.749	2.667	2.583	2.495	2.403	2.306
23	7.881	5.664	4.765	4.264	3.939	3.710	3.539	3.406	3.299	3.211	3.074	2.931	2.781	2.702	2.620	2.535	2.447	2.354	2.256
24	7.823	5.614	4.718	4.218	3.895	3.667	3.496	3.363	3.256	3.168	3.032	2.889	2.738	2.659	2.577	2.492	2.403	2.310	2.211
25	7.770	5.568	4.675	4.177	3.855	3.627	3.457	3.324	3.217	3.129	2.993	2.850	2.699	2.620	2.538	2.453	2.364	2.270	2.170
26	7.721	5.526	4.637	4.140	3.818	3.591	3.421	3.288	3.182	3.094	2.958	2.815	2.664	2.585	2.503	2.417	2.327	2.233	2.132
27	7.677	5.488	4.601	4.106	3.785	3.558	3.388	3.256	3.149	3.062	2.926	2.783	2.632	2.552	2.470	2.384	2.294	2.198	2.097
28	7.636	5.453	4.568	4.074	3.754	3.528	3.358	3.226	3.120	3.032	2.896	2.753	2.602	2.522	2.440	2.354	2.263	2.167	2.064
29	7.598	5.420	4.538	4.045	3.725	3.499	3.330	3.198	3.092	3.005	2.868	2.726	2.574	2.495	2.412	2.325	2.234	2.138	2.034
30	7.562	5.390	4.510	4.018	3.699	3.473	3.304	3.173	3.067	2.979	2.843	2.700	2.549	2.469	2.386	2.299	2.208	2.111	2.006
40	7.314	5.179	4.313	3.828	3.514	3.291	3.124	2.993	2.888	2.801	2.665	2.522	2.369	2.288	2.203	2.114	2.019	1.917	1.805
60	7.077	4.977	4.126	3.649	3.339	3.119	2.953	2.823	2.718	2.632	2.496	2.352	2.198	2.115	2.028	1.936	1.836	1.726	1.601
120	6.851	4.787	3.949	3.480	3.174	2.956	2.792	2.663	2.559	2.472	2.336	2.192	2.035	1.950	1.860	1.763	1.656	1.533	1.381
∞	6.635	4.605	3.782	3.319	3.017	2.802	2.640	2.511	2.408	2.321	2.185	2.039	1.878	1.791	1.697	1.592	1.473	1.325	1.000

附表Ⅲ 常用正交表

(1) $L_4(2^3)$

试验号 \ 列号	1	2	3
1	1	1	1
2	1	2	2
3	2	1	2
4	2	2	1

(2) $L_8(2^7)$

试验号 \ 列号	1	2	3	4	5	6	7
1	1	1	1	1	1	1	1
2	1	1	1	2	2	2	2
3	1	2	2	1	1	2	2
4	1	2	2	2	2	1	1
5	2	1	2	1	2	1	2
6	2	1	2	2	1	2	1
7	2	2	1	1	2	2	1
8	2	2	1	2	1	1	2

(3) $L_9(3^4)$

试验号 \ 列号	1	2	3	4
1	1	1	1	1
2	1	2	2	2
3	1	3	3	3
4	2	1	2	3
5	2	2	3	1
6	2	3	1	2
7	3	1	3	2
8	3	2	1	3
9	3	3	2	1

(4) $L_{16}(4^5)$

试验号 \ 列号	1	2	3	4	5
1	1	1	1	1	1
2	1	2	2	2	2
3	1	3	3	3	3
4	1	4	4	4	4
5	2	1	2	3	4
6	2	2	1	4	3
7	2	3	4	1	2
8	2	4	3	2	1
9	3	1	3	4	2
10	3	2	4	3	1
11	3	3	1	2	4
12	3	4	2	1	3
13	4	1	4	2	3
14	4	2	3	1	4
15	4	3	2	4	1
16	4	4	1	3	2

注：任何二列的交互作用列是另外三列。

(5) $L_{18}(2^1\times3^7)$

试验号 \ 列号	1	2	3	4	5	6	7	8
1	1	1	1	1	1	1	1	1
2	1	1	2	2	2	2	2	2
3	1	1	3	3	3	3	3	3
4	1	2	1	1	2	2	3	3
5	1	2	2	2	3	3	1	1
6	1	2	3	3	1	1	2	2
7	1	3	1	2	1	3	2	3
8	1	3	2	3	2	1	3	1
9	1	3	3	1	3	2	1	2
10	2	1	1	3	3	2	2	1
11	2	1	2	1	1	3	3	2
12	2	1	3	2	2	1	1	3
13	2	2	1	2	3	1	3	2
14	2	2	2	3	1	2	1	3

续表

试验号＼列号	1	2	3	4	5	6	7	8
15	2	2	3	1	2	3	2	1
16	2	3	1	3	2	3	1	2
17	2	3	2	1	3	1	2	3
18	2	3	3	2	1	2	3	1

附表 IV　相关系数检验表

n-2	5%	1%	*n*-2	5%	1%	*n*-2	5%	1%
1	0.997	1.000	16	0.468	0.590	35	0.325	0.418
2	0.950	0.990	17	0.456	0.575	40	0.304	0.393
3	0.878	0.959	18	0.444	0.561	45	0.288	0.372
4	0.811	0.917	19	0.433	0.549	50	0.273	0.354
5	0.754	0.874	20	0.423	0.537	60	0.250	0.325
6	0.707	0.834	21	0.413	0.526	70	0.232	0.302
7	0.666	0.798	22	0.404	0.515	80	0.217	0.283
8	0.632	0.765	23	0.396	0.505	90	0.205	0.267
9	0.602	0.735	24	0.388	0.496	100	0.195	0.254
10	0.576	0.708	25	0.381	0.487	125	0.174	0.228
11	0.553	0.684	26	0.374	0.478	150	0.159	0.208
12	0.532	0.661	27	0.367	0.470	200	0.138	0.181
13	0.514	0.641	28	0.361	0.463	300	0.113	0.148
14	0.497	0.623	29	0.355	0.456	400	0.098	0.128
15	0.482	0.606	30	0.349	0.449	1000	0.062	0.081

参考文献

[1]孙静. 质量管理学(第三版)[M]. 北京：高等教育出版社，2011.

[2]白宝光. 质量管理——理论与案例[M]. 北京： 高等教育出版社，2012.

[3]全国质量管理和质量保证标准化技术委员会，中国合格评定国家认可委员会，中国认证认可协会. 2016版质量管理体系国家标准理解与实施[M]. 北京：中国质检出版社，中国标准出版社，2017.

[4]龚益鸣. 现代质量管理学[M]. 北京：清华大学出版社，2007.

[5]吴陵庆. 质量管理体系基础教程[M]. 北京：北京理工大学出版社，2007.

[6]宗蕴璋. 质量管理[M]. 北京：高等教育出版社，2008.

[7]秦静，等. 质量管理学[M]. 北京：科学出版社，2005.

[8]俞明南，等. 质量管理[M]. 大连：大连理工大学出版社，2005.

[9]何晓群. 六西格码及其导入指南[M]. 北京：中国人民大学出版社，2003.

[10]张玲珑. 蚌埠卷烟厂质量成本管理研究[D]. 南京：南京理工大学，2003.

[11]刘宇. 顾客满意度测评[M]. 北京：社会科学文献出版社，2003.

[12]唐晓芬. 顾客满意度测评[M]. 上海：上海科学技术出版社，2001.

[13]金勇进，梁艳，张宗芳. 满意度评估系统应用研究[M]. 北京：中国统计出版社，2007.

[14]廖颖林. 顾客满意度指数测评方法及其应用研究[M]. 上海：上海财经大学出版社，2008.

[15]汤万金，咸奎桐，郑兆红，等. 顾客满意测评理论与应用[M]. 北京：中国计量出版社，2009.

[16]刘金兰. 顾客满意度与 ACSI[M]. 天津：天津大学出版社，2006.

[17]黄凯. 运达喜来登大酒店顾客满意度研究[D]. 长沙：长沙理工大学. 硕士学位论文，2008.

[18]易丹辉. 结构方程模型方法与应用[M]. 北京：中国人民大学出版社，2008.

[19]荣泰生. AMOS 与研究方法[M]. 重庆：重庆大学出版社，2009.

[20]舒放. 我国公共服务质量改进的理论框架与实施策略[J]. 当代财经，2019.

[21]马蔚华. “因您而变”：现代商业银行的服务理念[J]. 银行家，2004(7).

[22]李枫林. 现代服务管理理论与实践[M]. 武汉：武汉大学出版社，2010.

[23]张淑君. 服务管理[M]. 北京：中国市场出版社，2010.

[24]蔺雷，吴贵生. 服务管理[M]. 北京：清华大学出版社，2008.

[25]丁宁. 服务管理[M]. 北京：清华大学出版社，2007.

[26]韩经纶，董军. 顾客感知服务质量评价与管理[M]. 天津：南开大学出版社，2006.

[27]韦福祥. 服务质量评价与管理[M]. 北京：人民邮电出版社，2005.

[28]宋彦军. TQM、ISO 9000 与服务质量管理[M]. 北京：机械工业出版社，2005.

[29]王晓东. 基于 SERVQUAL 模型的政府服务质量评价实证研究[D]. 内蒙古工业大学，2011.

[30]荣霞. 呼和浩特市电子政务公众满意度研究[D]. 内蒙古工业大学，2018.

[31]周黎明. 高速公路服务质量与顾客容忍区实证研究[D]. 西南交通大学，2013.

[32]徐骁. 卓越绩效管理模式在大丰公司的应用研究[D]. 宁波大学，2016.

[33]中国质量协会. 《卓越绩效评价准则》国家标准导入培训[Z]. 中国质量协会卓越培训中心，2005：4-20.

[34]Edward Sallis. 全面质量教育[M]. 何瑞薇译. 上海：华东师范大学出版社，2005.

[35]Kostas N.Dervitsiotis. Emerging Elements of a World View for Sustainable Quality[J].Total Quality Management.2001,12:817~824.

[36]Derek R Allen. Analysis of customer satisfaction data[M]. Milwaukee Wisconsin:ASQ quality press.2000.

[37]Bradley, Leo H.; Kloppenborg, Timothy J. Total quality management for schools [J]. Quality assurance in education and training: conference papers.2009,2: 93-108.

[38]David I.Levie,Michael W.Toffel. Quality Management and Job Quality: How the ISO 9001 Standard for Quality Management Systems Affects Employees and Employers[J].Management Science.2010, 6(56):978-996.

[39]Wayhan V. B. , Balderson, E. L..TQM and financial performance: What has empirical research discovered?[J]. Total Quality Management .2007,18:403-412.

[40]Vapnik V. N. Statistical learning theory [M]. New York:John Wiley.1998.

[41]Jenny Waller, Andrew Burns. The TQM Toolkit: A Guide to Practical Techniques for Total Quality Management[M]. London:Kogan Page Ltd..1995.

[42]R.Monczka,R.Handfield,D.Frayer,G.Ragatz,K.Petersen. Supplier Integration New Product/ Process Development: Best Practices [M].Milwaukee Wisconsin: ASQC Press.2000.

[43]Mikel Harry, Richard Schroeder. Six Sigma [M].New York: Currency.2000.

[44]Forrest，Breyfogle III etc .Managing Six Sigma [M].New York: John Wiley and Sons.2001.

[45]Kevin Linderman, Roger G. Schroeer. Six Sigma: a goal-theoretic perspective [J].Journal of Operations Management. 2003,No.21:56-63.

[46]M.Bevilacqua,F.E.Ciarapicab,G.Giacchetta. A fuzzy-QFD approach to supplier selection [J]. Journal of Purchasing & Supply Management.2006,12:14-27.

[47]McGuire, S. J. ,Dilts, D. M..The financial impact of standard stringency: An event study of successive generations of the ISO 9000 standard [J].Internat. J. Production Econom.2008:113:3-22.

[48]Watson G H. Six Sigma: An Evolving Stage in the Maturing of Quality, Quality into 21th Century [M].Milwaukee Wisconsin: ASQ Quality Press.2003.

[49]D.Garg,Y.Naraharl,N.Viswanadham. Design of Six Sigma Supply Chains [J].IEEE Transactions on Automation Science And Engineering.2004, 1(1):59-66.

[50]Michael Hammer. Process Management and the Future of Six Sigma[J].MIT Sloan Management Review.2002, 43(2):26-32.

[51]Jeroen de Mast. A Methodological Comparison of Three Strategies for Quality Improvement [J].International Journal of Quality and Reliability Management 2004,21(2) :198-213.

[52]Kano,N.,N.Seraku,F.Takahashi,S.Tsuji. Attractive Quality and Must-be quality[J].The Journal of Japanese Society for Quality Control. 1984,14(2):39-48.

[53]Bcnner M. J.,Veloso, F. M..ISO 9000 practices and financial performance: A technology coherence perspective [J].J. Oper. Management.2008,26:610-629.

[54]S. Thomas Foster Jr. Towards an understanding of supply chain quality management[J].Journal of Operations Management.2009,4(26): 461-467.

[55]Jain,Sanjay K., Gupta,Garima. Measuring Service Quality：SERVQUAL vs. SERVPERF [J]. The Journal for Decision Makers. 2004, 29：25-37.

[56]Richard Reed,David J.Lemak, Neal P.Mero. Total Quality Management and Sustainable Competitive Advantage [J].Journal of Quality Management. 2000,(5):5~26.

[57]A. Parasuraman，Valarie A. Zeithaml，and Leonard L. Berry. A Conceptual Mo8del of Service Quality and Its Implications for Forture Research [J]. Journal of Marketing(Fall 1985), p. 44. Reprinted from Journal of Marketing，published by the American Marketing Association.